现代汉语

主　编　张春泉　邱庆山　黄劲伟

副主编　吴方敏　段曹林　赫　琳　李治平　王强军

编　委（按姓氏笔画排序）

马晓娟　王　荔　王秀云　牛亚丽　毛志萍　邓　雅
邓杉杉　冉　晨　代　璐　朱英姿　孙红举　李　姗
李玉鹏　杨　帅　吴　丹　吴锋文　余俊宏　张艺娇
陈金秋　陈鹏冰　范姝呈　金高辉　赵梦歆　董宪臣
童恋然　谢　刚　谢　晴　臧　岚　熊　沁　黎　楠

丛书总主编　王本朝

新文科

新文科·中国语言文学系列教材

西南大学出版社
国家一级出版社　全国百佳图书出版单位

图书在版编目(CIP)数据

现代汉语 / 张春泉, 邱庆山, 黄劲伟主编. -- 重庆: 西南大学出版社, 2024.5
新文科·中国语言文学系列教材
ISBN 978-7-5697-2320-5

Ⅰ. ①现… Ⅱ. ①张… ②邱… ③黄… Ⅲ. ①现代汉语-高等学校-教材 Ⅳ. ①H109.4

中国国家版本馆CIP数据核字(2024)第053600号

现代汉语

XIANDAI HANYU

主编◎张春泉　邱庆山　黄劲伟

总 策 划:杨　毅　杨景罡
执行策划:钟小族　鲁　艺
责任编辑:钟宇欣
责任校对:徐庆兰　邓　慧
整体设计:魏显锋
排　　版:黄金红
出版发行:西南大学出版社(原西南师范大学出版社)
　　　　重庆·北碚　邮编:400715
印　　刷:重庆市合川区书香印务有限公司
幅面尺寸:185mm×260mm
印　　张:22.25
字　　数:449千字
版　　次:2024年5月 第1版
印　　次:2024年5月 第1次
书　　号:ISBN 978-7-5697-2320-5
定　　价:59.80元

新文科·中国语言文学系列教材

丛书编委会

本书教学资源

联系电话:023-68252455

总序

“新文科·中国语言文学系列教材”是由西南大学文学院和西南大学出版社合作出版的一套教材。在工作开展过程中，确立的编写目标，就是贯彻落实新文科理念。新文科建设勃兴于新时代，是对传统文科的革故鼎新。新文科新在哪里？它要求围绕培养堪当民族复兴大任的德智体美劳全面发展的时代新人，构建展现中国实践、凝练中国经验、体现中国智慧、发出中国声音的文科学派，形成交叉、融合、守正、创新的文科形态和目标。新文科之新，体现在多个方面。从学科维度，它主要体现在人文精神的主题变化、多学科交叉融合、信息技术的渗透和影响等；从历史维度，它是人文精神随历史发展而不断演变的必然结果；从时代维度，它是教育领域应对“百年未有之大变局”和“人文学科危机”的产物；从中国维度，它是构建中国学科体系、话语体系、学术体系的必然要求，突出人才培养立德树人的中心地位。新文科之“新”不仅是新旧之“新”，更是创新之“新”。唯其如此，方能体现新文科的本质和核心要义。创新之意重在价值重塑和交叉融合。相对于自然科学，人文学科具有以“人”为中心的价值理性，带有鲜明的主观性、民族性、理念性和意识形态特征。

新文科建设带来了一场革命，谈得最多的则是突破小文科思维，构建大文科视野，注重与其他学科的交叉融合。学科交叉和科际整合，已经成为推动学科建设的重要手段。新文科的最大特点是文理交叉。在方法论上，传统人文社科的方法，转向了运用现代科技、信息技术和人工智能，特别是运用算法，将文科的定性方法与定量方法相统一，彰显了新文科的科学性。如何建设新文科，则需要在理论体系、学科体系、教学体系、评价体系上积极探索，强化价值引领、打造数字人文、彰显文科质性。建构新文科理论体系，应把握过去，面向未来，扎根中国大地，厚植中华文明，坚定文化自信，着力阐释中国精神、中国价值、中国力量，提升中国学术的话语权，同时借鉴汲取人类文明中一切有价值、有意义的思想成果，坚持守正创新，贡献学术新知和学理创见，不断扩展人类的知识疆域和理论边界。要深刻解读历史性变革中蕴藏的内在逻辑，运用中国理论解读中国实践，为新时代社会发展提供强大精神动力和理论支撑。

建构新文科教学体系，就要持续做好现有专业、方向、课程的更新、优化、改造、提升和赋能，同时加快对新专业或新方向、新课程的探索与拓展。对现代大学而言，学科是引领，专业是方向，课程就是基础。我们主持编写的"新文科·中国语言文学系列教材"，主要针对汉语言文学、中文国际教育相关专业。汉语言文学是中国大学最早开设的专业之一，最早出现于19世纪末，1980年代以后，得到了快速发展，对中国人文科学做出了重大贡献。它的课程一般分为三类，除必修的公共课程外，还有专业必修课程和选修课程。专业必修课程，即所谓的老八门，"文学类"有"文学概论""中国古代文学史""中国现当代文学史""外国文学史"，"语言类"有"语言学概论""古代汉语""现代汉语"，再加上"写作学"。虽名称有差异，如"文学概论"，也称为"文学原理""文学基本理论"，"写作学"也有称"文学写作""创意写作"的。无论怎样，中文专业的基本课程总是脚踩在两条船——语言和文学上。学好基础课程，才会转身灵活。至于专业选修课，那是五花八门，多种多样，不同学校根据教师治学专长开设不同课程。围绕中外经典作家作品，可开设如杜甫、李白、苏轼、李清照、鲁迅、莎士比亚等作家专题课程，以及《诗经》《楚辞》《战国策》《红楼梦》《野草》等专书课程，还有某种文体及流派研究等课程。

这是中国语言文学专业的基本课程，因存在不同区域、不同层次、不同类型的差异，在统一课程名称下面，主要还是通过教材和教法来体现。编写"新文科·中国语言文学系列教材"，就意在向上接通新文科理念，向下立足专业差异，特别是区域和层次差异，对中国语言文学专业课程进一步优化和完善，保证课程、教材、教学和学生的无缝对接，体现学生、学术、学科一体化发展。积极贯彻新文科理念，坚持以文化人、以文培元之宗旨，真切体验文学之"道"，感悟语言之“教”，倡导新语文思维，坚守语言文学的工具性与存在性、概念性与审美性、人文性与生态性相统一，真正践行新文科人才培养的特色、全面、综合之路，不断提高人才培养质量。

我们相信，一时代有一时代的学科，新时代呼唤新文科。从传统文科到新文科，显然不是对传统文科的否定和颠覆，而是进一步推动传统文科与时俱进、自我转型、自我变革。这套教材的编写就是在原有教材和教学实践基础上，以原创性、可读性、可操作性为原则，着重培养中国语言文学的应用型、复合型人才，同时坚持体例统一、各有侧重、区分主次的编写原则。我们的倡议，很快就得到了国内兄弟院校的积极响应，一批知名专家、教授担任主编、副主编或直接参与编写，负责总撰和统稿，既保证了坚实的学术质量，又融入了丰富的教学实践。可以说，这是一套具有前沿性、学术性、科学性和实用性的专业教材。

2023年孟冬

前言

近年来，新文科建设如火如荼。2021年3月2日，教育部发布《教育部办公厅关于推荐新文科研究与改革实践项目的通知》(教高厅函〔2021〕10号)，可看作是新文科具体落地的一个重要标志。在此背景下，西南大学出版社筹划了"新文科·中国语言文学系列教材"。

2022年7月2日，西南大学出版社召集相关教师召开"新文科·中国语言文学系列教材"编写研讨会。会上确定由教育部国家级高层次人才、西南大学文学院院长、教育部首批新文科研究与改革实践项目"新文科视域下汉语言文学专业'一基础三融合'改革及实践"项目负责人王本朝教授担任本套教材的总主编。由张春泉、邱庆山、黄劲伟担任《现代汉语》主编。

一、本教材适用对象

这部教材主要面向普通高校中国语言文学类专业(含汉语言文学等专业)的本科生，也可供其他同等学力的学习者使用，另可供广大语言文字工作者参阅。教材力求适应新文科语境，守正创新，在吸收现有教材的优势特色的基础上，增加一些新鲜的、恰当合适的元素。

二、本教材主要特点

其一，知识条理化、图表化。力避大量篇幅的理论描述。

其二，语料新鲜、典型、确切。力求精细反映国家通用语言文字的诸多方面。

其三，秉持“以学生为中心”的理念，讲练结合，以练为学。不尚空谈，授人以渔。让学习者通过实例分析和练习形成感性认识，再归纳知识点，以供学习者复习；尽量避免与语言学概论类教材重复。

其四，注重基础，以形成共识的观点为主，适当吸收前沿成果。

三、本教材写作分工

具体分工见下表。

编写人员分工表

章次	节次	作者	作者单位
前言		张春泉	西南大学
第一章　绪论	【学习提示】 第一节　现代汉语概说 第二节　现代汉民族共同语 第三节　现代汉语方言 第四节　增强语言规范意识　弘扬中华语言文化 【本章小结】 【本章自测】	吴锋文	四川外国语大学
第二章　现代汉语语音	【本章概要】 【学习目标】 【学习重难点】 【思维导图】 第一节　语音概说 第二节　辅音和声母 第三节　元音和韵母 第四节　声调 第五节　汉语拼音方案 第六节　音节 第七节　语流音变 第八节　韵律 第九节　语音规范 【本章小结】 【学习评价】 【推荐阅读】 【本章自测】 【参考文献】	黄劲伟、吴丹、朱英姿	四川外国语大学

续表

章次	节次	作者	作者单位
第三章　现代汉语文字	【本章概要】 【学习目标】 【学习重难点】 【思维导图】 第一节　汉字概说 第二节　汉字的性质和特点	谢刚	西华师范大学
	第三节　汉字构造 第四节　汉字书写	李玉鹏	西南大学
	第五节　汉字文化	牛亚丽	西华师范大学
	第六节　汉字规范化 第七节　汉字标准化 第八节　汉字信息化	童恋然	四川文理学院
	【本章小结】 【学习评价】 【推荐阅读】 【本章自测】 【参考文献】	牛亚丽	西华师范大学
第四章　现代汉语词汇	【本章概要】 【学习目标】 【学习重难点】 【思维导图】	邓杉杉	湖北大学
	第一节　词汇概说 第二节　词汇系统	马晓娟	湖北大学
	第三节　词义分析 第四节　词语的类聚	邓杉杉	湖北大学
	第五节　词汇系统的构成 第六节　词汇发展	邓雅	湖北大学
	第七节　现代汉语词汇系统的特点 第八节　常用汉语词典和词典编纂	臧岚	湖北大学
	【本章小结】 【学习评价】 【推荐阅读】 【本章自测】 【参考文献】	马晓娟	湖北大学
第五章　现代汉语语法	【本章概要】 【学习目标】 【学习重难点】 【思维导图】	吴锋文	四川外国语大学
	第一节　语法概说	余俊宏	南昌师范学院
	第二节　句法成分	张艺娇	西南大学

续表

章次	节次	作者	作者单位
第五章　现代汉语语法	第三节　析句方法	黎楠	四川外国语大学
	第四节　短语	冉晨	西南大学
	第五节　句子的类型	金高辉	湖北师范大学
	第六节　句组	王荔	湖北文理学院
	第七节　现代汉语语法系统的特点	余俊宏	南昌师范学院
	第八节　标点符号	杨帅	湖北经济学院
	【本章小结】 【学习评价】 【推荐阅读】 【本章自测】 【参考文献】	余俊宏	南昌师范学院
第六章　现代汉语语用	【本章概要】 【学习目标】 【学习重难点】 【思维导图】 第一节　语用概说 第二节　话语理解	代璐	西南大学
	第三节　会话原则 第四节　语境 第五节　语言表达 【本章小结】 【学习评价】 【推荐阅读】 【本章自测】 【参考文献】	赵梦歆	武汉晴川学院
第七章　现代汉语修辞	【本章概要】 【学习目标】 【学习重难点】 【思维导图】	陈金秋	湖北大学
	第一节　修辞概说 第二节　选词炼句	李姗	湖北师范大学
	第三节　修辞格（上） 第四节　修辞格（中） 第五节　修辞格（下）	谢晴	海南师范大学
	第六节　修辞与篇章 第七节　语体	陈金秋	湖北大学

续表

章次	节次	作者	作者单位
第七章　现代汉语修辞	【本章小结】 【学习评价】 【推荐阅读】 【本章自测】 【参考文献】	谢晴	海南师范大学
第八章　现代汉语的特点	【本章概要】 【学习目标】 【学习重难点】 【思维导图】 第一节　语言特点概说 第二节　现代汉语的语音特点 第三节　现代汉语的词汇特点	王秀云	西华师范大学
	第四节　现代汉语的语法特点 第五节　现代汉语的语用特点 第六节　现代汉语的修辞特点	陈鹏冰	中南民族大学
	【本章小结】 【学习评价】 【推荐阅读】 【本章自测】 【参考文献】	陈鹏冰	中南民族大学
后记		张春泉	西南大学

主编负责建构框架、统稿、修改编委初稿和凝练全书特色。

目录 CONTENTS

第一章　绪论

学习提示

了解语言的结构与功能，掌握现代汉语的含义及外延；了解民族共同语的基础方言及其形成历程，掌握现代汉民族共同语确立的标准与现代汉语的特点；了解汉语方言的成因，掌握汉语方言分区大致情况及代表性方言；了解国家语言文字政策与法规，掌握汉语规范化的主要内容，理解动态的汉语规范观的原则。

第一节　现代汉语概说

一、语言与汉语

语言是一种社会文化现象。它是人类社会的产物，随着社会的产生而产生，随着社会的发展而发展。

从结构上说，语言是一种音义结合的符号系统。符号是事物的标记，语言符号是用声音形式标记事物或思想的。语言的各种要素和单位，组合形成一个有机的系统。在这个系统内，它们相互联系、相互制约。语音、语汇、语法是语言系统的三要素，其中语法结构和基本语汇决定着一种语言的基本面貌。

文字是记录语言的书写符号系统，是在语言的基础上产生的，但不是所有的语言都有文字。语言至少有几万年的历史，而文字的历史不过几千年。口头语言一发即逝，受到时间、空间的限制；而文字打破了语言时空的局限，使语言得以留于异时，传于异地。语言和文字之间，语言是第一性的，文字是第二性的。

从功能上说，语言具有社会交际、思维认知和文化传承三大功能。从社会属性来看，语言是最重要的社会交际工具，人类社会交际离不开语言，没有了语言，社会就难以维系。从心理层面看，语言是人类认知世界的重要工具。人类进行思维活动的时候，往往要依赖某种语言。此外，语言还是文化的载体，人们利用语言积累知识，形成并传承文化。在当今社会，语言的重要性不言而喻。它不仅关系到个人的生存和发展，而且关系到国家稳定与社会和谐。

汉语是汉民族的语言。如同汉民族的历史一样，汉语的历史也可谓源远流长。从古到今，汉语的发展大致经历了五个阶段：汉字产生以前，只有口语而没有书面语，属于原始阶段；先秦时代，属于上古汉语阶段；两汉至隋唐时代，属于中古汉语阶段；从晚唐至五四运动以前，属于近代汉语阶段；五四运动以后，随着长期言文分歧的重新统一和现代汉民族共同语的逐步形成，进入了现代汉语阶段。

在语言谱系分类上，汉语属于汉藏语系。①一般认为，汉藏语系除汉语外，还有藏缅、苗瑶、壮侗（侗台）三个语族，主要分布在中国、泰国、缅甸、不丹、印度、越南、老挝、柬埔寨等亚洲国家。中国是使用汉藏语系语种最多、使用汉藏语系人口最多的国家。除汉藏语系的语言外，还有阿尔泰语系、南亚语系、印欧语系等语系的语言。

二、现代汉语的含义与外延

现代汉语是现代汉民族的语言，它是现代汉民族最重要的交际工具。“现代汉语”一词有广义和狭义两种理解：广义的包括现代汉民族共同语和汉语方言；狭义的现代汉语则仅指现代汉民族共同语，即“以北京语音为标准音，以北方话为基础方言，以典范的现代白话文著作为语法规范的普通话。”

汉语方言有社会方言和地域方言之分。社会方言是社会内部不同的性别、年龄、职业、阶层的人们在语言使用上表现出来的一些变体，是言语社团的一种标志。地域方言是社会内部某一地区的人们所使用的语言，是民族共同语的地域分支或地方变体。本教材所说的方言是指地域方言。民族共同语对方言来说是一种高级形式，从语音、语汇、语法等方面给方言的发展以积极的影响，方言的作用随着民族共同语的推广和影响的扩大而减小。

普通话是法定的全国通用的标准语言。国家推广全国通用的普通话，主要是为了消除不同语言、不同方言之间的隔阂，使各民族、各方言区的人们都会说普通话，以利于全民的社会交往。经过60多年的努力，推广普通话取得了可喜的成绩②，普通话在社会生活中的影响越来越大，各地方言与普通话的差异越来越小，呈现出向普通话靠拢的趋势。同时，普通话也不断地从各地方言中吸取需要的语言成分，自身不断地丰富和完善，以更好地发挥其全民交际工具的作用。

在推广普通话的同时，国家也注重对方言的保护和传承。为推广和规范使用

①谱系分类，是根据语言之间发生学上关系的有无、亲疏对语言进行分类的一种方式。在发生学上有关系的语言称为亲属语言，同属于一个语系。世界语言按谱系分类可以分为印欧语系、汉藏语系、阿尔泰语系、闪—含语系、南亚语系等12个语系。

②国务院1956年发布《关于推广普通话的指示》，1982年《中华人民共和国宪法》规定“国家推广全国通用的普通话”，推广普通话的工作正式纳入法定范围。1997年下半年国务院批准，每年9月的第三周是全国推广普通话宣传周（简称为“推普周”），第一届推普周自1998年开始。

国家通用语言文字，科学保护各民族语言文字，中国于2015年启动了中国语言资源保护工程（简称为“语保工程”）。到2016年，国家语保工程已经按计划完成81个少数民族语言（含濒危语言）调查点、53个汉语方言（含濒危方言）调查点和32个语言文化调查点的工作任务。

现代汉语主要有口语和书面语两种形式。口语就是人们口头上使用的语言，往往比较灵活，用词通俗易懂，常用省略句、独词句、非主谓句等。书面语在口语的基础上加工而成，比较严谨周密，用词精确规范，多用整句、修饰语较多的长句等，结构较为复杂和完备。值得注意的是，随着互联网的普及和自媒体时代的来临，网络语言的流行影响着汉语的发展，并衍生出一种新兴的“网络语体”。

三、汉语的国际地位

汉语是世界上历史最为悠久的语言之一，不仅对中华民族的发展进步和中华文化的传播发挥着巨大的作用，在世界上也有着十分重要的影响。在全世界数千种语言中，汉语是当今世界上以它为母语使用人数最多的语言。历史上，汉语曾对周边的东亚、东南亚国家产生过巨大影响，其中受影响最深的是日本、朝鲜半岛和越南，它们的语言都曾大量借用汉语的词汇，并在此基础上创造了很多新词，这些地区的人甚至长期使用汉字来记录自己的语言。

当今，汉语作为联合国六种正式工作语言之一（另外五种是英语、法语、俄语、西班牙语和阿拉伯语），在国际交往中发挥着十分重要的作用。尤其是近年来，随着我国综合国力的显著增强和国际地位的日益提高，汉语在国际上的影响力也与日俱增。海外学习和研究汉语的人越来越多，国际中文教育得到了前所未有的发展。

第二节　现代汉民族共同语

一、共同语的基础方言

民族共同语是在某一种方言的基础上形成的。作为民族共同语基础的方言称为基础方言。

现代汉民族共同语的基础方言是北方方言。北方方言能成为现代汉民族共同语的基础方言，是几百年来北方方言区的政治、地域、人口、经济、文化等因素相互作用、相互影响的结果。

第一，政治因素的影响。使用北方方言的代表城市北京，自公元1153年金迁都到中都燕京（今北京）以来，上下800余年，始终是我国的政治、经济和文化中心，从而为以北京话为代表的北方方言最终上升到民族共同语的高度提供了特殊的社会背景。

第二，地域及人口因素。北方方言在汉语诸方言中分布地域最广、使用人口最多。北方方言的分布面积约占全国总面积的四分之三，使用人口占说汉语人数的三分之二；并且方言内部的一致程度高，从哈尔滨到昆明，南北相距达3000千米，两地人通话却不存在很大困难，这在世界上也是绝无仅有的。

第三，文化层面的因素。从晚唐五代直至明清，前后逾千年，许多重要的白话文学作品都是用北方方言或是在北方方言的基础上写成的。这些作品流传到广大的非北方方言区，对非北方方言区的作家、作品也产生了重大影响。

二、共同语的形成历程

汉族早在先秦时期就存在着民族共同语。春秋时代，这种共同语称为“雅言”，从汉代起称为“通语”，明代改称为“官话”，辛亥革命后，称为“国语”。新中国成立以后称为“普通话”，也就是现代汉民族共同语①。在汉民族共同语漫长的形成过程中，北方方言成为现代汉民族共同语的基础方言。

中国古代的书面语是文言（或称“文言文”），后来由于口语发展较快，这种书面语逐渐脱离了口语，形成“言文不一”的现象。到了唐宋时代，一种接近口语的书面语——白话产生了。唐宋以来用白话写作的各种文学作品很多，如唐代的变文，宋代的语录，宋、元的话本，以及宋、金、元的诸宫调和元曲，而影响最大的则是明、清的小说，像《水浒传》《西游记》《儒林外史》《红楼梦》等。这些白话文学作品主要是用北方方言写成的，流传很广，加速了北方方言的推广，并成为现代汉民族共同语书面语的主要来源。

在汉语北方方言中，北京话有着特殊的地位。金、元以来，北京成为我国政治、经济和文化的中心，北京话的影响逐渐显著，地位日益重要。明清时期的北京话是影响最大的汉语官话，它作为官府的通用语言传播到了全国各地；与此同时，白话文学作品也更多地受到了北京话的影响。可见，几百年前，以北京话为代表的北方方言在整个社会中就已经处于非常重要的地位。

到了20世纪初，“白话文运动”和“国语运动”的兴起直接促成了现代汉民族共同语的形成。前者动摇了文言文的统治地位，为白话文最后在书面上取代文言文创造了条件；后者在口语方面增强了北京话的代表性，促使北京语音成为现代汉民

①现代汉民族共同语在世界不同地区有着不同的称呼，在中国大陆称为普通话，在中国台湾称为国语，在新加坡、马来西亚等地称为华语。

族共同语的标准音。这两个运动互相推动，互相影响，促使书面语和口语接近起来，形成了书面语和口语基本统一的现代汉民族共同语。

新中国成立以后，由于国家的统一，人民的团结，政治、经济和文化的发展，对民族共同语的进一步统一和规范有了更高的要求，各地人民对学习统一的共同语也有了迫切的需要。因此，国家确定把汉民族共同语称为普通话，主张向全国大力推广。2000年，国家颁布《中华人民共和国国家通用语言文字法》，首次以立法的形式确定普通话为国家的通用语言。该法于2001年1月1日起施行。

三、共同语标准的确立

1955年召开的全国文字改革会议和现代汉语规范问题学术会议，从语音、语汇、语法三个方面确立了现代汉民族共同语的标准。

1. 语音方面，以北京语音为标准

共同语的语音通常以基础方言的代表话的语音系统为标准。在大方言区内，语音系统并不完全一致，因此不可能以整个区域的语音为标准。而各方言区之间的语音分歧更为严重，人为地兼采不同语音系统的音作为标准显然是不切实际的。1913年，"读音统一会"为现代汉民族共同语拟定的国音标准（后称"老国音"），以京音为主，兼顾其他方音，结果证明不可行。在现代汉民族共同语的形成过程中，事实上已经形成了北京语音的标准音地位。1923年，"国语统一筹备会"对"老国音"加以调整，采用北京语音作为国音标准（后称"新国音"）。

对于北京语音系统中的一些特殊的土音成分和异读现象，需要加以审定和取舍。1985年，国家语言文字工作委员会、国家教委、广播电影电视部颁布的《普通话异读词审音表》，是涉及普通话异读词读音的国家标准。例如，"复杂"只读 fùzá，"比较"只读 bǐjiào，"教室"只读 jiàoshì。

2. 语汇方面，以北方方言语汇为基础

现代汉民族共同语是在北方方言的基础上形成的，北方方言语汇自然是共同语语汇的基础和主要来源。一方面，作为共同语语汇的基础，北方方言语汇也要舍弃其某些过于土、俗的成分。比如，"玉米"一词，在北方方言区就有"苞米"（东北）、"棒子"（河北、山东）、"玉茭子"或"玉茭"（山西）等多种说法，这些词的使用范围太小，不能作为共同语的词语。

另一方面，共同语也要从其他方言、古语词和外来词中吸收其所需要的富有表现力的词语，像"名堂、尴尬、接洽、商榷、沙发、的士"等词就已吸收进并保留在共同语中。

3.语法方面,以典范的现代白话文著作为语法规范

语法规范的标准是典范的现代白话文著作。“现代白话文著作”要与早期的白话文著作相区别,无论是宋、元、明、清时期的白话文,还是五四时期的白话文,都同现代白话文有着明显的差别;典范的要与一般的相区别,“典范的”是指具有广泛代表性的,有广泛的代表性,才能在规范的发展和巩固上起决定性的作用。典范的现代白话文著作的语法规范是经过加工、提炼的规范化的文学语言,是民族共同语的高级形式,它可以把规范的标准稳固下来,便于人们遵循。

四、现代汉民族共同语的特点

现代汉民族共同语同古代汉语、印欧语及汉藏语系中的其他语言相比较,显示出其鲜明的特点。

(一)与古代汉语比较

现代汉语是对古代汉语的继承和发展。但由于时代的变迁及语言自身的发展,二者在语音、语汇、语法等方面都存在着一定的差异。下面我们先看两则材料:

【材料一】见渔人,乃大惊,问所从来。具答之。便要还家,设酒杀鸡作食。村中闻有此人,咸来问讯。自云先世避秦时乱,率妻子邑人来此绝境,不复出焉,遂与外人间隔。问今是何世,乃不知有汉,无论魏晋。此人一一为具言所闻,皆叹惋。余人各复延至其家,皆出酒食。停数日,辞去。此中人语云:“不足为外人道也。”

——陶渊明《桃花源记》

【材料二】秦业现任营缮郎,年近七十,夫人早亡。因当年无儿女,便向养生堂抱了一个儿子并一个女儿。谁知儿子又死了,只剩女儿,小名唤可儿,长大时,生的形容袅娜,性格风流。因素与贾家有些瓜葛,故结了亲,许与贾蓉为妻。

——曹雪芹《红楼梦》

上述材料一与现代汉语相比,其词汇方面主要特点为:其一,古今汉语词语的音节数量不同,古汉语词语多是单音节,而现代汉语以双音节词语为主。其二,从词语的意义和用法看,真正古今一致的很少,多数词要么意义不同,要么用法有了变化。如古今意义差别较大的词语有“云、问讯、妻子、绝境、外人、间隔、无论、不足”等;还有一种情形就是这些语素意义没改变,但现在一般不单用,如“惊、自、乱、今、道”等;此外,古今汉语的虚词不同,如“不复出焉,遂与外人间隔”中的“复”“遂”,现代汉语里用“再”“就”,“乃不知有汉”中的“乃”现代汉语里则说“竟然”,“不足为外人所道也”中的“为”现代汉语里要说“向”。

而材料二与现代汉语不同之处，除上面所提及的词语音节数量（“近、亡、素、故、许”）不同外，还有比较明显的两点：其一，实词词义不同，如“形容、风流、瓜葛”的词义古今有别；其二，虚词用法不同，如“便向养生堂抱了一个儿子并一个女儿”中的“并”连接的是一个名词性并列结构，而现代汉语中“并”则用来连接谓词性并列结构。此外，还存在古今词语（官职名称）的更迭，如“营缮郎”。

可见，语言是不断发展变化的，汉语“古今言殊”。与古汉语相比，现代汉语共同语在语音、词汇及语法方面的主要特点如下。

1.语音方面

语音系统呈简化的趋势。现代汉民族共同语的浊塞音、浊塞擦音和清鼻音声母消失；韵尾辅音大大减少；入声不再独立成为调类。

与此不同的是，上古汉语的塞音、塞擦音不仅分送气、不送气，而且还有一套不送气的浊音，同时鼻音也分清、浊；还存在[b]、[d]、[g]、[p]、[t]、[k]、[m]、[n]、[ŋ]等辅音韵尾。在长期的历史演变过程中，浊塞音、浊塞擦音都已清化；可以作韵尾的辅音只限于[n]、[ŋ]。古代汉语有平声、上声、去声、入声四个调类，现代汉语有阴平、阳平、上声、去声四个调类；古入声字在现代汉语里分别归并到阴平、阳平、上声和去声字中。

2.词汇方面

新词语大量产生；词的双音节化倾向很明显；词缀和类词缀有所增加，以词缀附加式构成的合成词增多。

现代汉语的词汇，通过增加新词语、大量吸收其他民族语言和其他来源的词语等途径，不断充实和扩大。例如：“火车、因特网、幽默、火车、社会”等。

古代汉民族单音节词占优势，在历史的演进中，伴随着音节结构的单纯化，词的双音节化趋势在现代汉语里越来越明显。古代汉语里的单音节词大多被双音节词代替，如“都——都市、都城”“征——征收、征战、远征”等。

就词缀而言，古今汉语都比较缺乏，但现代汉语的构词词缀有所增加。由于双音节的产生，一些在古代汉语中作词根的语素，在现代汉语中逐渐虚化为词缀、类词缀，由词缀附加法构成的合成词也因此增多。例如现代汉民族共同语常见的词缀，前缀有“老、阿”等，后缀有“子、儿、头”以及正处于虚化过程中的类词缀“家、员、手、化、热、族”等。

3.语法方面

现代汉民族共同语的量词非常丰富；先秦时代没有的动态助词成为常用的词类；词类活用现象显著减少；代词宾语在否定句、疑问句中的位置发生了改变；句子连带成分增多,结构趋于复杂,表意更为精确。

上古汉语量词为数不多,数词通常与名词直接组合;在现代汉语中,数词一般不能直接修饰名词,而必须同量词组合,因而量词日趋丰富。

古代汉语的词类活用现象相当常见。如"友风而子雨"(《荀子·赋》)中的名词"友""子"用作意动,"是以君子远庖厨也"(《孟子·梁惠王上》)中的形容词"远"用作使动。这种现象在现代汉语中已不常见。

古代汉语里代词作宾语前置现象突出。例如否定句"保民而王,莫之能御也。"(《孟子·梁惠王上》)、"每自比管仲、乐毅,时人莫之许也。"(陈寿《隆中对》)的人称代词宾语"之"在动词"御""许"之前;疑问句"吾谁欺? 欺天乎"(《论语·子罕》)、"微斯人,吾谁与归?"(范仲淹《岳阳楼记》)的疑问代词宾语"谁"在动词"欺""归"之前。而在现代汉语中,不论是否定句还是疑问句,宾语一般都放在动词之后。

现代汉语的句子,特别是书面语句子,短语充当句法成分的现象很常见。附加成分明显增多,还常有多层次的定语、状语,句式有所增长,结构趋于复杂,表意也更为精密。

(二)与印欧语比较

1.语音特点

汉语里声调是音节的重要组成部分,具有音位价值;音节中元音占优势,没有复辅音;音节总数有限,音节简短,界限分明。

汉语是有声调的语言。汉语声调具有区别意义的作用。例如,"妈(mā)""麻(má)""马(mǎ)""骂(mà)"四个语素的意义不同,就是靠声调的不同来区别的。印欧语普遍属于非声调语言,词的意义与音节的高低升降无关。

元音是现代汉语音节中不可缺少的成分。一个音节至少有一个元音,最多有三个元音,如"鹅(é)"只有一个元音音素,"飘(piāo)"包含三个元音。辅音在现代汉语音节中是可有成分,主要出现在音节的开头,只有少数辅音可以处在音节的末尾,而且现代汉语没有复辅音。

现代汉民族共同语的基本音节只有400多个,加上不同的声调,共计1300多个音节。而印欧语,如英语,音节的总数则大大超过汉语。

上述语音特点,使现代汉民族共同语具有独特的音乐性:节奏明朗、声音悦耳、韵律和谐。

2.词汇特点

语素以单音节为主,词以双音节为主,构词主要采用词根复合法。

汉语语素的基本形式是单音节语素。一个汉字通常代表一个语素。多音节语素较少，主要用来构成联绵词、叠音词、拟声词及音译外来词，如"蜿蜒、汩汩、哗啦啦、莫斯科"等。

词以双音节词所占比重最大。例如《现代汉语词典》共收录了词条5万多个，其中双音节词约4万个，单音节词约3千个，其余为三个音节以上的词语。

汉语构词主要采用词根复合法，即语素与语素组合成词和词与词组合成短语的构造规则基本一致。与印欧语不同，词缀附加法在汉语构词法中不占主要地位。

3. 语法特点

句法成分缺少严格意义的形态变化，汉语主要的语法手段是语序和虚词；词类具有多功能性，与句法成分之间不存在简单对应关系；句子和短语的构造规则基本一致；现代汉语里有许多独具特色的词类和短语，句式呈现多样化的特点。

此外，现代汉语还有十分丰富的量词，有能表达各种语气差异的语气词，还有一些特殊的句式结构，如主谓谓语句等句法形式。

（三）与汉藏语系中其他语言比较

汉语和汉藏语系中其他语言存在着亲属关系，在语音、语汇、语法各方面存在着共性。大致说来，都有起区别意义作用的声调，缺少形态变化，构词以词根复合法为主等。但是在经历了漫长的发展演变之后，它们各自也有相当大的差异。主要差异体现如下。

1. 语音特点

现代汉语没有复辅音，塞音、塞擦音等辅音也没有清、浊的对立；可以做韵尾的辅音只限于[n]、[ŋ]；元音不分长短。

与汉语不同的是，汉藏语系中其他语言里，有的至今保留着复辅音，如藏语、布依语、苗语；有的塞音、塞擦音仍存在着清、浊对立，如哈尼语、水语、黎语；有的元音仍分成长、短音，如壮侗语族以及藏语、珞巴语、独龙语、勉语。

2. 语法特点

现代汉语某些句法成分在句法结构中的位置、词重叠形式的分布和表示的语法意义，与汉藏语系中的其他语言不尽相同。

动词与宾语、定语与中心语的位置，现代汉语与藏缅语存在差异。现代汉语一般采用"主语+动词+宾语""定语+中心语"结构，而藏缅语中的藏语、彝语、景颇语等普遍采用"主语+宾语+动词""中心语+定语"结构。

汉藏语系语言都有词的重叠形式。在现代汉语里，只有一部分动词、形容词和单音节量词可以重叠。动词重叠后表示尝试态或短时态，形容词重叠后表示程度的加深或合适，量词重叠表示“每”的意思。而在汉藏语系中其他语言里，名词、代词、动词等均可以重叠。如，纳西语的动词重叠表示“相互”的意义，景颇语的名词重叠表示多数，凉山彝语的动词重叠表示疑问。

第三节　现代汉语方言

一、方言的成因

语言是随着社会的发展变化而发展变化的。汉族的先民开始时人数很少，使用的汉语也比较单纯。随着社会的发展，居民逐渐向四周扩展，有的集体向远方迁移，有的和异族人发生接触，其语言跟当地土语混杂交融。因而汉语逐渐地发生分化，产生了分布在不同地域上的方言。

汉语方言的形成，既有外部的因素，也有内部的因素。外部因素主要有社会、历史、地理等因素，如战乱导致的社会分化、人口迁徙或地理上的山川阻隔等；内部因素主要是语音、词汇、语法诸子系统在各地域发展的不平衡，以及与外族语言的接触等。

二、汉语方言分区的主要依据

汉语的方言，首先可以分为北方方言和南方方言，大体上以长江为界。南方方言可以再分为中部方言和南部方言。长江流域的吴方言、湘方言和赣方言，属于中部方言：而珠江流域和东南沿海的粤方言、闽方言和客家方言属于南部方言。这样区分的依据主要是：第一，方言的可懂度。第二，方言的类型学特征。第三，移民历史。第四，地理位置。中部方言呈现出过渡型方言的特点，而南部方言跟北方方言则相去甚远。总的格局是：北方各方言一致性强、差异性小；南方各方言差异性大、一致性弱。

三、汉语方言七区说

我国幅员辽阔，方言情况比较复杂。关于汉语方言分区，学界主要有七区说、十区说两种观点。[①]目前比较主流的看法是“七区说”，将汉语方言分为七大方言

①1955年10月，现代汉语规范问题学术会议提出，把汉语方言分为八区，即：官话、吴语、湘语、赣语、客家话、闽北话、闽南话、粤语。后来又有人把闽北话和闽南话合为闽方言，形成了“七区说”。

区[①]，即北方方言（官话方言）、吴方言、湘方言、赣方言、客家方言、闽方言和粤方言。在方言分区的层级上，按五个层次来划分：大区—区—片—小片—点。方言七区的大体情况如下。

1.北方方言

北方方言是现代汉民族共同语的基础方言；以北京话为代表，内部一致性较强，分布地域最广，使用人口约占汉族总人口的71.4%。

北方方言可分为四个次方言：(1)华北、东北方言，分布在京、津两市，河北、河南、山东、辽宁、吉林、黑龙江，还有内蒙古东部地区。(2)西北方言，分布在山西、陕西、甘肃等省和青海、宁夏、内蒙古的西部地区。新疆的汉族人使用的语言也属西北方言。(3)西南方言，分布在四川、重庆、云南、贵州等省及湖北大部分（东南角咸宁地区除外），广西西北部、湖南西北角等。(4)江淮方言，分布在安徽省的东南部长江以北地区、江苏长江以北地区（徐州、蚌埠一带除外）、镇江和镇江以西九江以东的长江南岸沿江一带。

2.吴方言

分布在上海市、江苏省长江以南镇江以东地区（不包括镇江）以及南通的小部分地区、浙江的大部分地区。典型的吴方言以苏州话为代表。吴方言内部存在一些分歧现象。杭州曾作为南宋都城，杭州城区的吴语就带有浓厚的“官话”色彩。吴方言使用人口约占汉族总人口的6.4%。

3.湘方言

分布在湖南省大部分地区（西北角除外），以长沙话为代表。湘方言内部还存在新湘语和老湘语的差别。新湘语通行在长沙等较大城市，受北方方言的影响较大。湘方言使用人口约占汉族总人口的3.0%。

4.赣方言

分布在江西省大部分地区（东北沿长江地区和南部除外），以南昌话为代表，使用人口约占汉族总人口的4.0%。

5.客家方言

以广东梅县话为代表。客家人分布在广东、福建、台湾、江西、广西、湖南、四川等省（区），其中以广东东部和北部、福建西部、江西南部和广西东南部为主。客家人从中原迁徙到南方，虽然居住分散，但客家方言仍自成系统，内部差别不太大。四川客家人与广东客家人虽相隔千山万水，彼此仍可以交谈。客家方言使用人口

---

①汉语方言“十区说”就是在方言七区的基础上，再划分出晋语、徽语、平话土话。

约占汉族总人口的3.5%。

6. 闽方言

闽方言主要分布区域跨越六省区，包括福建和海南的大部分地区，广东的潮汕地区和雷州半岛部分地区，浙江温州地区的一部分，广西的少数地区，台湾省的大多数汉族居住区。闽方言使用人口约占汉族总人口的6.2%。

闽方言可分为闽南、闽东、闽北、闽中、莆仙五个次方言。其中闽南方言使用人口最多，通行范围最广，分布在以福建厦门、漳州、泉州为中心的二十四个县(市)，台湾、广东的潮汕地区和雷州半岛、海南、浙江南部，以厦门话为代表。闽东方言分布在福建东部闽江下游，以福州话为代表。相比其他方言，闽方言内部差异最大。

7. 粤方言

以广州话为代表，当地人叫"白话"。分布在广东中部、西南部和广西东部、南部以及香港、澳门特别行政区。粤方言内部也有分歧，四邑(台山、新会、开平、恩平)话、阳江话和桂南粤方言等都各有一些有别于广州话的特色。粤方言使用人口约占汉族总人口的5.5%。

闽方言、粤方言、客家方言，是海外华人使用最多的方言。

汉语方言七大分区和十大分区对照表

七大方言名称	十大方言名称	分布地区	代表	所占比例(%)	
				十区人口	七区人口
北方方言	官话	内蒙古、黑龙江、吉林、辽宁、北京、天津、河北、河南、山东、安徽、江苏(长江以北、镇江和镇江以西九江以东)、湖北大部分(东南角咸宁地区除外)、湖南西北角、四川、重庆、云南、贵州、山西、陕西、宁夏、甘肃、青海、新疆、广西西北部、江西、浙江等26个地区的1500多个县市	北京话	66.2	71.4
	晋语	山西省及河北、河南、陕西、内蒙古4省区与山西省毗邻地区	太原话	5.2	
吴方言	吴语	江苏省南部、上海市和浙江省大部分以及江西、福建和安徽省的小部分地区	苏州话 上海话	6.1	6.4
	徽语	新安江流域的旧徽州府(包括今属江西省的婺源县)、浙江省的旧严州府地区和江西省德兴县、旧浮梁县(今属景德镇市)等安徽、江西和浙江三省的16个县市	绩溪话	0.3	6.4

续表

<table>
<tr><th rowspan="2">七大方言名称</th><th rowspan="2">十大方言名称</th><th rowspan="2">分布地区</th><th rowspan="2">代表</th><th colspan="2">所占比例(%)</th></tr>
<tr><th>十区人口</th><th>七区人口</th></tr>
<tr><td>湘方言</td><td>湘语</td><td>湖南省大部分地区(西北角除外),广西北部</td><td>长沙话</td><td>3.0</td><td>3.0</td></tr>
<tr><td>赣方言</td><td>赣语</td><td>江西、湖北、湖南和安徽、福建等省的101个县市</td><td>南昌话</td><td>4.0</td><td>4.0</td></tr>
<tr><td>客家方言</td><td>客家话</td><td>广东、广西、江西、福建、湖南、四川、海南、台湾等8个省的200多个县市</td><td>梅县话</td><td>3.5</td><td>3.5</td></tr>
<tr><td>闽方言</td><td>闽语</td><td>福建、台湾和海南省大部分地区、广东潮汕地区和雷州半岛、浙江温州地区</td><td>福州话
厦门话</td><td>6.2</td><td>6.2</td></tr>
<tr><td rowspan="2">粤方言</td><td>粤语</td><td>广东中部、西南部和广西东部、南部及香港、澳门特别行政区</td><td>广州话</td><td>4.9</td><td rowspan="2">5.5</td></tr>
<tr><td>平话</td><td>广西境内交通要道沿线地区以及与广西毗邻的湖南的道县、宁远和通道侗族自治县等10多个县市</td><td></td><td>0.6</td></tr>
</table>

第四节　增强语言规范意识　弘扬中华语言文化

我国幅员辽阔,是一个有着悠久历史的、统一、团结的多民族国家。在这样一个拥有多种民族语言和多样化地域方言的国家里,建立全民族甚至全社会通用的共同语,从而更好地适应社会生活的需要,是国家宏观层面语言建设的一项长期而艰巨的工作。不但要使普通话成为汉民族的共同语,而且要使其成为我国的官方语言和全国各民族的通用语,首先要做的就是大力推广普通话,同时也要认真做好现代汉语规范化工作,解决好出现的种种新问题。

一、国家的语言文字方针政策与法规

我国政府历来十分重视语言文字工作。1951年6月6日《人民日报》发表了题为“正确地使用祖国的语言,为语言的纯洁和健康而斗争”的重要社论。1954年12月中国文字改革委员会正式成立。1955年10月,教育部和中国文字改革委员会联合召开了全国文字改革会议,接着中国科学院哲学社会科学部召开“现代汉语规范问题学术会议”，确定了将“促进汉字改革、推广普通话、实现汉语规范化”作为语言文字工作的三大任务。1956年2月6日，国务院发出了在全国推广普通话的通知。在1958年1月10日召开的全国政协报告会上，周恩来总理作了《当前文字改革的任务》的报告，确定把“简化汉字、推广普通话、制定和推行汉语拼音方案”作为当时文字改革的三大任务。1958年2月11日，全国人民代表大会通过了《汉语拼音方案》。经过几十年的努力，我国语言文字工作取得了显著的成绩。

1982年，国际标准化组织通过了《ISO-7098文献工作——中文罗马字母拼写法》(ISO-7098 Documentation-Romanization of Chinese)，正式采用汉语拼音方案作为国际上拼写汉语普通话的国际标准。在国外许多重要图书馆的汉语图书编目中，都采用了ISO-7098作为拼写汉语人名、地名的规范。

1986年1月国家教委和国家语委联合召开了全国语言文字工作会议，确定了新时期语言文字工作的方针和当前的任务。新时期语言文字工作的方针是：“贯彻执行国家关于语言文字工作的政策和法令，促进语言文字规范化、标准化，继续推动文字改革工作，使语言文字在社会主义现代化建设中更好地发挥作用。”当前语言文字工作的主要任务是：“做好现代汉语规范化工作，大力推广和积极普及普通话；研究和整理现行汉字，制定各项有关标准；进一步推行《汉语拼音方案》，研究并解决实际使用中的有关问题；研究汉语、汉字信息处理问题，参与鉴定有关成果；加强语言文字的基础研究和应用研究，做好社会调查和社会咨询、服务工作。”

《中华人民共和国宪法》明确规定：“国家推广全国通用的普通话。”半个多世纪以来，我国的普通话推广工作取得了显著成绩，普通话作为通用语的影响与日俱增，流通的范围日渐扩大，不仅在消除方言隔阂、促进汉民族内部交流方面取得了重大成就，在与兄弟民族交流沟通方面也发挥了重要作用。

2001年1月1日，我国历史上首部关于语言文字方面的专门法律——《中华人民共和国国家通用语言文字法》正式施行，标志着我国通用语言文字的使用将全面走上法制的轨道。这部法律规定了国家关于语言文字的基本政策，它的颁布旨在进一步促进语言文字的规范化和标准化，推动国际交流和国家政治、经济、科技、文化和艺术的发展。该法《总则》部分第三条明确规定：“国家推广普通话，推行规范汉字。”首次以立法的形式确定普通话、规范汉字为国家的通用语言文字，给推广普通话和汉字规范化工作的开展创造了更为有利的条件。

2020年11月23日，中华人民共和国教育部和国家语言文字工作委员会(国家语委)联合发布了《通用规范汉字笔顺规范》(GF0023-2020)，并于2021年3月1日正式实施。该《规范》将代替1997年国家语委发布的《现代汉语通用字笔顺规范》。该新规范，是服务和满足语言生活对语言文字规范标准需求的一项基础性规范，将为社会通用层面的汉字教学与研究、信息处理、排序检索、辞书编纂等提供重要依据。

二、现代汉语规范化

实行语言规范化，不仅是必要的，而且也完全是有可能的。现代汉语规范化，就是要确立现代汉民族共同语及其语音、词汇、语法和文字等方面的标准，并且运用这一标准去消除语言使用中出现的分歧和混乱。具体而言，现代汉语规范化工作包括推广普通话和汉字规范化这两项重要内容。

（一）推广普通话

早在20世纪50年代中期，国家就确定了“大力提倡、重点推行、逐步普及”为推广普通话的工作方针。到了20世纪80年代，根据推广普通话工作的实际情况，这个方针调整为“大力推行、积极普及、逐步提高”，工作重点转移至普及和提高上来。经过几十年的实践，推广普通话取得了巨大成绩。

“以北京语音为标准音，以北方话为基础方言，以典范的现代白话文著作为语法规范”，这就从语音、词汇和语法方面明确了现代汉语规范化的标准。

以北京语音为标准音，这是就北京语音系统的整体而言的，并不意味着北京语音中的所有语音成分都能成为普通话的标准音。由于种种原因，北京语音也同样存在着一些内部分歧，存在着不少异读现象和土音，如把“比较（bǐjiào）”读成“bǐjiǎo”，“忒不是东西”中“忒（tuī）”读成“tēi”等。国家语委、国家教委和广电部联合颁布的《普通话异读词审音表》对此加以审定。还有，北京话中存在着大量的轻声和儿化现象，也不能全部吸收到普通话中，因为这不利于在方言地区的普通话学习和推广。

现代汉民族共同语是在北方方言的基础上形成的，自然要以北方方言中的词汇为基础。但并非所有北方方言的词都能进入普通话。北方方言覆盖地区广，各地之间用词存在着分歧，有些土语成分不能吸收到普通话中，如官话中的“俺”和“馍”。此外，普通话的词汇系统不是一成不变的，不仅需要从其他方言中汲取营养，而且需要从古语词以及外来词中进行吸收和借鉴，不断扩大和丰富自己的词汇系统。

典范的现代白话文著作，是指具有广泛代表性和影响力的现代白话文作品，尤其是现代著名作家的优秀白话文作品，它们的语言是经过反复推敲和提炼的，自然可以作为语法规范的标准。当然，要以它们的一般用例作为规范，排除那些逻辑上有毛病、带有方言或土语成分的特殊用例。

（二）汉字规范化

20世纪50年代开始，我国就着手汉字整理和简化工作。经过半个多世纪的努力，汉字规范化工作取得了很大的成绩，如制定了一些汉字方面的规范和标准，整理规范异体字，发布《简化字总表》，规范印刷字形，更改地名中的生僻字，统一部分计量单位名称用字，公布《现代汉语常用字表》《现代汉语通用字表》《通用规范汉字表》《通用规范汉字笔顺规范》等。但是，当前社会上滥用繁体字、乱造简化字以及更改成语的现象不少，商标，广告，招牌，电影和电视剧的片名、字幕、演职员的姓名，报纸的标题，杂志和书籍的封面等内容中的用字问题时有出现。这些问题的存在对我国现代化建设和文化教育事业造成了消极影响。

新时期国家推行规范汉字的重点是：学校教育教学用字，机关公务用字，新闻出版、广播影视等媒体用字，公共场所标牌、宣传标语、广告等的用字。我们所处的信息时代对汉字规范化提出了更高的要求，推行规范汉字比以前任何时候都更加重要，更加迫切。

2012年以来，国家标准委和国家语委又发布了几项修订的语言文字国家标准，包括《汉语拼音正词法基本规则》《中国人名拼音规范》《中国地名拼音规范》，以及《标点符号用法》和《出版物上数字用法规范》等。这些都是最新的关于现代汉语的规范标准。

三、动态的汉语规范观

语言的规范化是社会言语交际正常进行的保障。语言是随着社会时代的前进而不断发展、变化的，尤其是进入网络信息化时代，社会语言发展变化加快，经常产生一些新的成分和新的用法，需要用发展的、辩证的眼光来看待它们。因而，现代汉语的规范化也应该是一个与时俱进的、动态的、不断更新和调整的过程，没有一成不变的规范。严格地说，语言的变异是绝对的，而语言的规范是相对的，这就是所谓的“动态的语言规范观”。对待不断发展变化的汉语言新现象，我们应该秉持动态的语言规范观。

具体说，动态的语言规范观包括三层意思，即约定俗成、排除例外和兼容并蓄。

（一）约定俗成

语言作为社会交际工具，也是一种社会习惯，因此，进行语言规范化，应该从语言的社会功能角度去分析各种语言变化的利弊得失，要充分考虑各种语言现象和变化在社会公众中的使用情况，并在这个基础上做出判断和选择。

比如对“异读词”的处理方面，有些异读词是可以按照语音的规律来规范的。像“（普）遍”，应读作“biàn”，不能读“piàn”；“熟”应读作“shú”，不能读“shóu”等。但是也有些字或词，不但现实生活中存在着两种以上不同的读音，而且不同的读音似乎“势均力敌”，甚至错误的读音还可能占优势，因而又是遵从“约定俗成”原则来进行规范处理的。比如“说服”的“说”本该读作“shuì”,但大多数人都念成“shuō”;“确凿”的“凿”本该读作“zuò”,但大多数人都念成“záo”;“呆板”的“呆”,本该读作“ái”,但几乎所有人都念成“dāi”。换句话说,就是要承认语言使用中的“习非成是”,不得不认可公众的选择。因此那些字词的后一种读音经过异读词审音,就成为普通话语音规范的标准。

语法中也有类似情况。比如普通话中“很+名词”的用法越来越多,像“很中国、很女性、很娘、很铁、很水”等都有人说,就不能不承认这是一种可以接受的结构形式了。当然其中也必须考虑像“很牛”完全能说,“很猪、很狐狸”有一部分人说,而“很蛇、很老鼠”却还不能说的原因。可见“很+名词”这种格式不能简单类推。再如汉语的被动句,原来大都只能用来表示句中的主语所不希望发生或者对自身不如意的事情,如“被杀、被打、被批评”,但现在似乎已没有了这种限制,像“被选为人大代表、被送出国深造”这种被动句已为越来越多的人说,甚至近年来流行的“被自杀、被小康、被就业”等特殊被字句,似乎也被认可为合格的句式。

(二)排除例外

语言规范当然有一定的标准,但也要注意排除标准中的特例现象。

比如汉语普通话在语音上的规范标准是“以北京语音为标准音”,但是也需要具体研究北京语音的情况,不能全盘照搬北京方音。这里必须明确,“以北京语音为标准音”是就整个音系而言的,而北京话中有一些特殊读音,如“太(tuī)难”“剪(jiǎo)头发”“把(bǎi)”等,就不能作为普通话的语音标准,而应该予以排除。

又如普通话在词汇上的规范标准是“以北方话为基础方言”,就是以北方方言的词语为主,但是也需要淘汰或尽量避免使用北方方言(包括北京方言)中一些比较土俗的词语。像老北京话中“颠儿了、葛儿了、一丢丢、屁颠屁颠”等,近年北京话中的一些词语如“二、大腕、晕菜、歇菜、起腻”等,还有其他北方话中的“忽悠、磕碜、造”等,这些虽然都是北京或北方方言词语,但在普通话中使用得还不够普遍。

(三)兼容并蓄

语言规范要在语音、词汇、语法等方面有一定的范围限制和标准规定,但是也要注意适当吸收语言中新的成分和新的用法,允许不同的语言成分和用法并存。

普通话词汇系统多年来也大量吸收了南方方言甚至外语中有生命力和表现力的新词语,例如“搞、瘪三、煞有介事、的士、量贩、奥特莱斯”等,就被收入了现代汉语的词典。语法格式上,像南方方言中的“试试看、吹吹干、说说清楚”之类的用法早已进入了普通话。而现在很多人都说的“知不知道、喜不喜欢、干不干净、好不好看”和“吃不吃得下、听不听得懂”这样的反复问句格式其实也是一种进入普通话的方言语法格式。“登陆中国、约会女朋友、进军好莱坞”这样的“动宾+宾”格式也已成为大家所接受的语法格式。

总之，现代汉语规范化是顺应时代发展的需要，是建设新时代社会文明的需要。生活在网络化、信息化的大数据时代，生活在传媒手段多样化与世界文化交流日益频繁的中国特色社会主义新时代，我们要努力形成一种集体的语言规范意识，保持一种动态的汉语规范观，促进祖国语言文字的健康发展，大力弘扬中华优秀语言文化。

本章小结

<table>
<tr><td rowspan="20">绪论</td><td rowspan="7">现代汉语概说</td><td rowspan="4">语言与汉语</td><td rowspan="2">语言</td><td>结构:音义结合的符号系统(语音、语汇、语法)</td></tr>
<tr><td>功能:社会交际、思维认知和文化传承</td></tr>
<tr><td rowspan="2">汉语</td><td>原始汉语—上古汉语—中古汉语—近代汉语—现代汉语</td></tr>
<tr><td>汉藏语系</td></tr>
<tr><td rowspan="2">现代汉语含义与外延</td><td>狭义</td><td>现代汉民族共同语，即以北京语音为标准音，以北方话为基础方言，以典范的现代白话文著作为语法规范的普通话</td></tr>
<tr><td>广义</td><td>包括现代汉民族共同语和汉语方言
汉语方言:社会方言和地域方言</td></tr>
<tr><td>国际地位</td><td colspan="2">历史最为悠久的语言之一;母语者最多;影响周边国家语言文字;联合国工作语言;国际影响力与日俱增</td></tr>
<tr><td rowspan="4">现代汉民族共同语</td><td>基础方言</td><td colspan="2">北方话，原因:政治因素、地域及人口因素、文化因素</td></tr>
<tr><td>共同语形成历程</td><td colspan="2">雅言(春秋)—通语(汉)—官话(明)—国语(辛亥革命)—普通话
书面语:文言文—白话文;口语:北京语音—标准音
《中华人民共和国国家通用语言文字法》:法定普通话为国家通用语言</td></tr>
<tr><td>共同语标准确立</td><td colspan="2">语音:以北京语音为标准
语汇:以北方方言语汇为基础
语法:以典范的现代白话文著作为语法规范</td></tr>
<tr><td>民族共同语特点</td><td colspan="2">与古代汉语比较:语音、语汇、语法方面的不同
与印欧语比较:语音、语汇、语法方面的不同
与汉藏语系中其他语言比较:语音、语法方面的不同</td></tr>
<tr><td rowspan="9">现代汉语方言</td><td>方言的成因</td><td colspan="2">外部因素:社会、历史、地理等
内部因素:语音、词汇、语法诸子系统在各地域发展的不平衡，与外族语言的接触等</td></tr>
<tr><td rowspan="4">方言分区及主要依据</td><td colspan="2">北方方言</td></tr>
<tr><td rowspan="2">南方方言</td><td>中部方言(过渡型方言):吴方言、湘方言和赣方言</td></tr>
<tr><td>南部方言:粤方言、闽方言和客家方言</td></tr>
<tr><td colspan="2">依据:可懂度、类型学特征、移民历史、地理位置</td></tr>
<tr><td rowspan="4">方言七区说</td><td>北方方言</td><td>代表:北京话
次方言:华北、东北方言，西北方言，西南方言，江淮方言</td></tr>
<tr><td>吴方言</td><td>代表:苏州话</td></tr>
<tr><td>湘方言</td><td>代表:长沙话</td></tr>
<tr><td>赣方言</td><td>代表:南昌话</td></tr>
</table>

续表

绪论	现代汉语方言	方言七区说	客家方言	代表:广东梅县话
			闽方言	代表:厦门话、福州话
			粤方言	代表:广州话
	增强语言规范意识,弘扬中华语言文化	语言文字方针政策法规	1958年2月11日,《汉语拼音方案》 新时期语言文字工作的方针和主要任务 2001年1月1日,《中华人民共和国国家通用语言文字法》 2021年3月1日,《通用规范汉字笔顺规范》	
		汉语规范化	推广普通话、汉字规范化	
		动态规范观	约定俗成、排除例外、兼容并蓄	

本章自测

1.名词解释

(1)语言 (2)现代汉语 (3)普通话 (4)基础方言 (5)方言七区说 (6)动态的语言规范观

2.问答题

(1)语言在结构上有什么特点?它有哪些功能?

(2)汉语主要经历了哪些发展阶段?

(3)广义的现代汉语和狭义的现代汉语各指什么?

(4)什么是普通话?什么是汉语方言?

(5)现代汉民族共同语是如何形成的?

(6)简述现代汉民族共同语确立的标准。

(7)结合实例,说明现代汉语与古汉语在词汇与语法方面的异同。

(8)结合实例,说明汉语与英语在语音方面的不同点。

(9)汉语方言分区的依据有哪些?

(10)现代汉语有哪些方言区?各自的代表方言是什么?

(11)你的家乡话属于哪个方言区?结合实例说明它与普通话在语音及语法方面的异同。

(12)新时期语言文字工作的方针是什么?当前语言文字工作的主要任务是什么?

(13)我国历史上首部关于语言文字方面的专门法律是何时实施的?有何意义?

(14)为什么要对现代汉语进行规范化?

(15)动态的汉语规范观包括哪些原则?

第二章　现代汉语语音

本章概要

本章共九节，旨在系统介绍现代汉语普通话的语音系统、语音组合规律、语流音变以及语音规范，通过教学和实践训练使学生掌握系统描写汉语语音面貌的基本能力，为更好地掌握普通话语音、从事语文教学及相关语言文字工作打下基础。

学习目标

1. 了解现代汉语语音的基本面貌和音节结构特点，理解现代汉语语音系统的特点。

2. 掌握声母、韵母、声调的发音和辨正技能，为说好普通话提供基本的知识和技能支持。

学习重难点

学习重点

1. 了解语音的基本概念。

2. 理解现代汉语语音系统的特点。

3. 掌握汉语普通话声母、韵母、声调及其发音、听音、辨音和正音技能，掌握音节、音位的分析方法。

4. 培养说好普通话的能力。

学习难点

1. 掌握描写汉语普通话语音系统的方法。

2. 掌握声母、韵母、声调及其正确发音、听音、辨音、正音技能和分析音位的方法。

3. 理解汉语普通话的音变现象和掌握语音规范。

思维导图

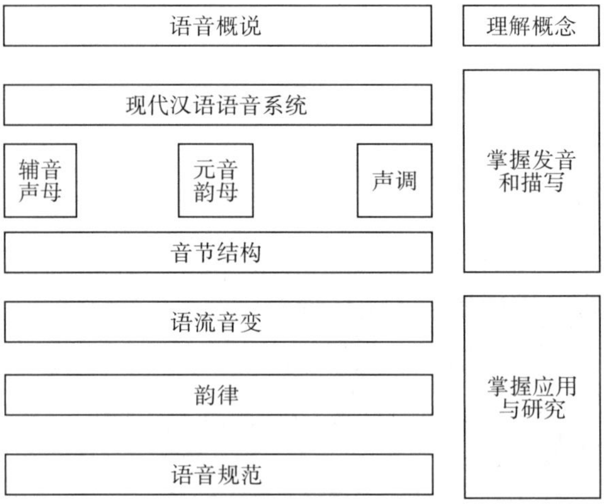

第一节　语音概说

一、语音的界定

语音是由人的发音器官发出来的，表达一定意义，具有社会交际功能的声音，是语言的物质外壳，是语言交际得以实现的物质手段。语音具有三个重要属性：物理属性、生理属性、社会属性。语音的本质属性是社会属性。

物理属性	语音是一种声音，同自然界的一切声音一样，具有音高、音强、音长、音色四要素
生理属性	语音是人的发音器官发出来的。人的发音器官分为呼吸器官、发声器官、共鸣器官三大部分
社会属性	具有约定俗成性和系统性。是语音区别于其他声音的本质属性

语音不同于自然界的风声、雨声、流水声等声音，也不同于其他动物发出的叫声。此外，人类发出的咳嗽声、喷嚏声、鼾声等声音也不是语音。

声音源于物体的振动。语音也源于发音体的振动，并通过媒介传播而产生。声音传播最重要的媒介是空气。

二、语音的属性

（一）语音的物理属性

物理属性是就发音体而言的。任何声音都是由发音体的振动而产生的，语音的发音体是人的声带，同琴弦、喇叭簧片、钟鼓等发音体一样，也是物质振动体，具有音高、音强、音长、音色四个要素。

要素	定义	作用	决定因素	举例
音高	声音的高低	影响语言中的声调和语调	取决于发音体（声带）单位时间内振动的频次	汉字的声调“乌、吴、武、务”
音强	声音的强弱	影响语言中的重音、轻音	取决于发音体振动幅度的大小，与发音时用力的大小有关	汉语的轻声、英语的轻重音，“莲子”的“子”读重音，“帘子”的“子”读轻声
音长	声音的长短	影响语言中的重音、轻音和语调	取决于发音体振动持续时间的长短	长音和短音（如英语里的sit[sit]和seat[si:t]；广州话里的“三”[sa:m]，“心”[sam]）
音色	声音的特色	影响语言中的不同音素	取决于发音体振动所形成的音波波纹的曲折形式	普通话的辅音（如声母b和p，国际音标分别是[p]和[p']）

语音的发音体是声带。语音的高低与声带的长短、厚薄、松紧有关。一般来说，男性声音低，女性声音高，是因为一般男性的声带比女性的声带厚。声带厚的要比薄的振动得慢，这是绝对音高。声调的音高是相对音高。

语音是气流冲击声带发出的。气流越强，冲击声带形成的音波振动幅度就越大，声音就强一些；反之，就弱一些。普通话里的轻声就是发音时音强较弱的表现。

音色的差异涉及以下三个因素：

发音体不同	如：钢琴和三角铁；小提琴和笛子；胡琴和唢呐
发音方法不同	如：二胡可以拉，也可以拨；“乌”和“夫”
共鸣器形状不同	如：二胡的琴筒和小提琴的音箱；“啊”和“嗯”

任何语言的语音都是音高、音强、音长和音色的统一体，四者缺一不可。

语音的四个要素中，音色是最主要的辨义因素。音素（i和ü）的不同是由音色不同造成的。

（二）语音的生理属性

动力源	肺、气管
发音体	喉头、声带
共鸣腔	口腔、鼻腔、咽腔、喉腔

口腔具有放大和调节音色的作用;鼻腔与口腔相通,形成共鸣,也具有放大音色的作用。

语音是发音器官通过不同形式的合作共同作用的结果,发音器官作用的部位和方法不同,会形成不同的声音。发音器官示意图如下。

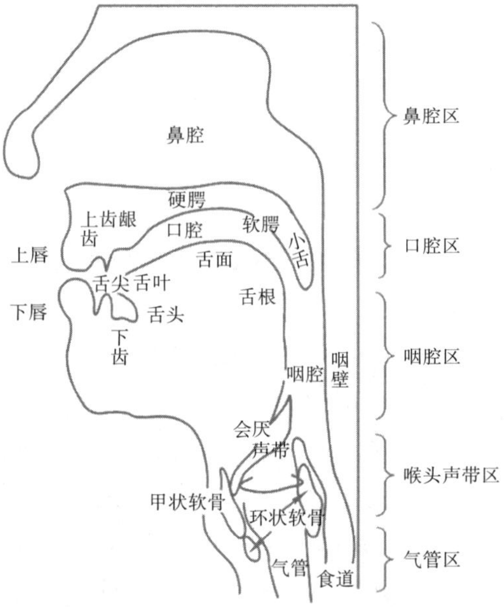

发音器官示意图

(三)语音的社会属性

约定俗成性	汉语里辅音送气和不送气能区别意义,如“肚子饱了(dùzibǎole)”和“兔子跑了(tùzipǎole)”;而英语里送气与否不区别意义,如sport的p可发为送气音
	汉语里声调具有重要的区别意义的作用,如“事实(shìshí)”和“实事(shíshì)”;而英语里没有声调,音节的音高变化不区别意义
系统性	每个语言都有自己的语音系统,如汉语语音有声母系统、韵母系统、声调系统
民族性、地域性	不同民族自己的语言;同一个语言不同的方言

语音的社会属性是指语音的形式和意义结合的约定俗成性。这是语音具有交际功能的基础,是语音区别于其他声音的本质属性。换言之,任何语言或方言都有其独特的语音系统,其中有哪些语音形式,哪些语音能和哪些语音相拼,语音与语音之间能不能区别意义,用什么语音形式表达什么意义,必须是由使用该语言的全体成员约定俗成的,即这些是由语音的社会属性决定的。

音义的结合本是约定俗成的,取决于不同的社会习惯。如:同样是某种书写工具,汉语称之为钢笔,英语称之为pen,印尼语称之为pena。语音的社会属性还体现在系统性和一定的民族性、地域性。

三、基本语音单位

音节、音素和音位是语音的基本单位。此外，声母、韵母、声调、辅音、元音以及语调、音步、节奏、重音等也是语音分析的重要概念。

（一）音节

<table>
<tr><td rowspan="6">音节</td><td>声母</td><td>音节开头的辅音，如果没有辅音，则称为零声母</td><td>辅音声母、零声母</td></tr>
<tr><td rowspan="3">韵母</td><td rowspan="3">音节中声母后边的部分，可以是一个元音，或者是元音的组合，也可以是元音和辅音的组合</td><td>韵头（元音）</td></tr>
<tr><td>韵腹（元音）</td></tr>
<tr><td>韵尾（元音或辅音）</td></tr>
<tr><td>声调</td><td>一个音节的高低升降的变化</td><td>阴平、阳平、上声、去声</td></tr>
<tr><td></td><td></td><td></td></tr>
<tr><td rowspan="2">音素</td><td>辅音</td><td>发音时气流在发音部位受到阻碍形成的音，又叫子音</td><td rowspan="2">从音色（音质）角度划分出来的最小的语音单位</td></tr>
<tr><td>元音</td><td>发音时气流振动声带，发音部位不受阻碍形成的音，又叫母音</td></tr>
<tr><td colspan="2">音位</td><td colspan="2">一个语音系统中能够区别意义的最小的语音单位</td></tr>
</table>

音节是听觉上自然感知到的最小的语音单位。每发一个音节时，发音器官的肌肉，特别是喉部的肌肉就要明显地紧张一下。

例如在说“我是中国人”时，喉头肌肉有5次紧张，产生5个音节。再如我们读“离离原上草，一岁一枯荣。野火烧不尽，春风吹又生”时，可以清晰地感受到发音器官产生了20次明显的紧张，聆听的人也能感受到20个界限清晰的语音单位。这20次紧张，就是语音学上的20个音节。

一般来说，一个汉字就是一个音节，但是在儿化韵中表示卷舌动作的“儿”不是一个独立的音节，其标注符号“r”也不是一个独立的音素。

音素是从音色角度划分出来的最小的语音单位。例如汉语普通话的jiɑn能划分出来的最小单位是j、i、ɑ、n等4个单位，它们各有不同的性质，就是4个不同的音素。

一个音节可以是一个音素，也可以由几个音素合成。汉语普通话的音节最少由一个音素构成，最多由四个音素构成。如：“ā（啊）”“tā（他）”“tān（贪）”“tiān（天）”分别是由一个音素[ʌ]、两个音素[t][ʌ]、三个音素[t][a][n]和四个音素[t][i][ɛ][n]构成。注意：像“chuāng（窗）”这样的音节也是由四个音素[tʂ’][u][a][ŋ]构成，其中“ch”“ng”都是两个符号代表一个音素，分别是[tʂ’][ŋ]。

汉语是有声调语言，每一个音节都有一个具体的声调（包括轻声音节的变调）贯穿于音节的始终。换言之，汉语中不存在没有声调的音节。

对音节构成的分析有两种方法：音素分析法和声韵调分析法。前者是现代语音学的分析法，后者是传统音韵学的分析法。

（二）音素和音位

音素	基于语言的自然属性	二者都是最小的语音单位
	从音色（音质）角度划分出来的最小的语音单位	
音位	基于语音的社会属性	
	从语音的辨义功能划分出来的语音系统中能够区别意义的最小语音单位	

比如：n、l、ɑ和i从物理属性上分析，四者的音色不同，所以是四个音素。

音位要在特定语言系统中才能确定。比如：在汉语普通话中，n和l区分意义（如“牛”和“刘”），所以它们在普通话中是两个音位。但在重庆话中，n和l不区分意义，niú láng和liú láng对当地人来说是一样的，所以在重庆话中n和l是一个音位。

音位与音素是一般和个别的关系，同一个音位的不同音位变体（不同音素）通常使用国际音标加方括号“[ ]”来表示，而音位则用双斜线“/ /”来表示。

音素可分为元音和辅音两大类：

音素	元音	发音时气流振动声带，发音部位不受阻碍形成的音，又叫母音	从音色（音质）角度划分出来的最小的语音单位
	辅音	发音时气流在发音部位受到阻碍形成的音，又叫子音	

元音和辅音的主要差异有四点：

	气流通过发音部位是否受阻	声带是否一定振动	发音器官肌肉紧张状态、均衡程度	发音时气流强弱
元音	不受阻	一定振动	均衡紧张	声带振动能量消耗，气流较弱
辅音	受阻	不一定振动	局部（成阻部位）紧张	气流较强

辅音发音时，声带不一定振动。清辅音不振动，如b[p]、p[pʼ]、f[f]；浊辅音振动，如m[m]、n[n]、l[l]、r[ʐ]。

从发音原理来看，元音的发音取决于口腔的开合（也就是舌位的升降）、舌头的伸缩以及唇形的圆展三个因素；辅音的发音取决于发音时形成阻碍的部位（发音部位）和克服阻碍的方式（发音方法）。详见第二节和第三节对辅音和元音的分析。

（三）音位和音位变体

音位	一个语音系统中能够区别意义的最小语音单位
音位变体	一个音位所代表的不同的音

音位是语音系统中能够区别意义的最小单位。一般用符号“/ /”表示。不同的音系有不同的语音结构与音节结构特点，因此音位分析必须在某一个具体的音系内进行。音位的分析必须落实在语音的最小单位——音素上。也就是说，音位

必须在一个具体的音系中,考察不同的音素之间有无区别意义的功能,凡是不能作为最小对立的音就不能成为一个独立的音位。归纳一个音系的音位,实际上就是全面寻找该音系全部最小对立。

音位变体是音位的具体表现形式,同一个音位的不同变体(不同音素)一般使用国际音标加方括号“[ ]”表示。音位和音位变体(表现为音素)是一般和个别的关系。比如,普通话/ɑ/的音位变体有[ᴀ]、[a]、[ɑ]、[ɛ],分别是“阿、开、当、先”等音节里的ɑ;/i/的音位变体有[i][ɿ][ʅ],分别是“一、滋、只”等音节里的i。

音位变体可以分为条件变体和自由变体两类。普通话中的音位/ɑ/包括四个音位变体[ᴀ]、[a]、[ɑ]、[ɛ],四者的出现有各自的条件,所以说[ᴀ]、[a]、[ɑ]、[e]是音位/ɑ/的条件变体。在重庆话中,[n]和[l]这两个音可互相替换而不影响意义,不受其他音素的影响,就是同一个音素的自由变体。

从声调归纳出来的音位叫“声调音位”,简称“调位”,属于非音质音位,也叫“超音段音位”。

四、国际音标

国际音标是国际上通用的一套记音符号,用来记录各种语言的语音。由国际语音协会1888年制订,后经多次修订补充,一直沿用至今。掌握国际音标对于语言学习、教学和研究都很有帮助。语言文字工作者应该努力学习并掌握。

制定者	国际语音协会
制定时间	1888年
制定原则	记录的是音素。一个音素用一个符号表示,一个符号只表示一个音素。符号大部分采用世界通用的拉丁字母印刷体
数量	一百多个符号
记音方式	严式、宽式

五、现代汉语语音系统的特点

特点	举例
没有复辅音	respect中的s、p和c、t都是复辅音;Frankfort音译为“法兰克福(Fǎlánkèfú)”
辅音有送气和不送气的区别	“我饱(bǎo)了”和“我跑(pǎo)了”意义不同
元音占优势,元音是音节的必备组成部分	“小(xiǎo)是三个元音一个辅音,额(é)”由一个元音组成,没有辅音
每个音节都有声调	“我要睡觉(shuì jiào)”和“我要水饺(shuǐjiǎo)”意义不同
每个音节界限分明	“西安(xī’ān)”“仙(xiān)”与“名额(míng’é)”“民革(mín gé)”音节界限不同,意思也不同

声调是汉语语音系统最重要的特点，是外国人学习汉语语音的一大难点。

汉语中没有两个或者三个辅音连用的现象。“闯(chuǎng)”声母ch虽然用了两个字母，但是代表的是一个辅音，韵尾-ng也是一个辅音。

汉语普通话中有六组送气和不送气音：b-p、d-t、g-k、j-q、z-c、zh-ch。

汉语普通话中送气与否能够区别意义。比如bà和pà这两个音节的韵母和声调一样，但是声母一个不送气一个送气，两个音节的意思完全不一样。

汉语普通话中音节可以没有辅音，但不能没有元音。一个音节中，可以包含一个元音，也可以包含两个甚至三个元音。所以说元音在音节中占优势。

第二节　辅音和声母

一、辅音分析

辅音是气流在口腔或咽头受阻而形成的音素。“中华”(zhōnghuá)中的zh、ng、h就是辅音音素。普通话里的辅音音素有22个，根据对形成阻碍的部位(发音部位)和克服阻碍的方式(发音方法)进行分析而得来。辅音的主要功能是担当音节的声母或韵母的韵尾。

普通话辅音发音特征表

发音部位		发音方法							
		塞音		擦音		塞擦音		鼻音	边音
		清音		清音	浊音	清音		浊音	浊音
		不送气	送气			不送气	送气		
双唇音	上唇 下唇	b [p]	p [p’]					m [m]	
唇齿音	上齿 下唇			f [f]					
舌尖前音	舌尖 上齿背			s [s]		z [ts]	c [ts’]		
舌尖中音	舌尖 上齿龈	d [t]	t [t’]					n [n]	l [l]
舌尖后音	舌尖 硬腭			sh [ʂ]	r [ʐ]	zh [tʂ]	ch [tʂ’]		
舌面音	舌面前 前硬腭			x [ɕ]		j [tɕ]	q [tɕ’]		

续表

发音部位		发音方法							
		塞音		擦音		塞擦音		鼻音	边音
		清音		清音	浊音	清音		浊音	浊音
		不送气	送气			不送气	送气		
舌根音	舌面后 软腭	g [k]	k [k']	h [x]				ng [ŋ]	

对辅音一般按照发音部位、发音方法的顺序进行描述，其中对发音方法又按照送气不送气、清浊和成阻形式的顺序依次进行描述。例如：

b[p]：双唇、不送气、清、塞音

zh[tʂ]：舌尖后、不送气、清、塞擦音

ng[ŋ]：舌根、浊、鼻音

二、辅音和声母的关系

声母(22个)		辅音(22个)	
b p m f	d t n l	b p m f	d t n l
g k h	j q x	g k h	j q x
z c s	zh ch sh r	z c s	zh ch sh r
零声母		ng	

声母≠辅音。现代汉语一共有22个声母，21个是辅音声母，1个是零声母。辅音有22个，辅音声母是21个，其中辅音ng不能作声母，只能做韵尾。而辅音n既能做声母，又能做韵尾。

声母是音节开头的辅音，如果没有辅音，则称为零声母。如“村庄cūnzhuāng”的声母分别是辅音声母c和zh；而“昂áng”音节开头没有辅音，所以是零声母。

三、辅音声母的分类

辅音声母的分析可以从发音部位和发音方法两个角度进行。

（一）发音部位

发音部位是指发音时气流受到阻碍的部位。普通话22个辅音共分为7种不同的发音部位。

发音部位	阻碍点	辅音	声母
双唇	上下唇之间形成阻碍	b、p、m	b、p、m
唇齿	上齿与下唇之间形成阻碍	f	f
舌尖前	舌尖和上齿背形成阻碍	z、c、s	z、c、s
舌尖中	舌尖和上齿龈形成阻碍	d、t、n、l	d、t、n、l
舌尖后	舌尖和硬腭前部形成阻碍	zh、ch、sh、r	zh、ch、sh、r
舌面	舌面前部和硬腭前部形成阻碍	j、q、x	j、q、x
舌根	舌面后部(舌根)和软腭形成阻碍	g、k、h、ng	g、k、h

辅音ng只出现在韵尾位置,是普通话中唯一不做声母的辅音。

对有些学习者来说,声母f和h比较容易混淆。二者都是清擦音,但是发音部位不一样。f是上齿和下唇形成阻碍,h是舌面后部和软腭形成阻碍。

声母z、c、s和zh、ch、sh的发音部位不一样。zh、ch、sh这组也叫翘舌音,发音时舌尖要向上翘起,抵住硬腭前部;z、c、s这组也叫平舌音,发音时舌头伸平,舌尖抵住齿背。

有些学习者容易把声母中的舌面音j、q、x错发成英语的舌叶音[ʤ]、[ʧ]、[ʃ]。

有些学习者容易混淆舌根音h[x]与喉擦音[h]。

注意区分声母的本音与呼读音。本音是辅音本身的读音,而呼读音是在辅音基础上加上元音。例如:b的呼读音是在辅音b后面加上元音o,读作bo(玻)[po]。

普通话辅音呼读音表

辅音	元音	呼读音
b、p、m、f	o	bo(玻)、po(坡)、mo(摸)、fo(佛)
d、t、n、l、g、k、h	e	de(得)、te(特)、ne(呐)、le(嘞)
j、q、x	i	ji(基)、qi(期)、xi(希)
zh、ch、sh、r	-i[ʅ]	zhi(知)、chi(吃)、shi(诗)、ri(日)
z、c、s	-i[ɿ]	zi(资)、ci(疵)、si(斯)

(二)发音方法

发音方法指发音时形成或克服阻碍的方式。发音部位接触形成阻碍叫做“成阻”;成阻后蓄积气流,保持成阻点内外气流的压力差以待爆发叫“持阻”;克服阻碍冲出发音气流叫“除阻”。

发音方法	从成阻和除阻的方式来分	塞音	b-p、d-t、g-k
		擦音	f、h、x、s、sh、r
		塞擦音	z-c、zh-ch、j-q
		鼻音	m、n、ng
		边音	l
	从持阻时声带是否振动来分	清音(声带不振动)	除m、n、ng、l、r外的其他辅音
		浊音(声带振动)	m、n、ng、l、r
	从除阻时气流的强弱来分	送气音(气流强)	p、t、k、q、c、ch
		不送气音(气流弱)	b、d、g、j、z、zh

根据形成和解除阻碍的方式，普通话声母可分为五类：塞音，在成阻阶段发音部位形成闭塞，在除阻阶段爆发成音；擦音，在成阻阶段两个发音部位靠近，留一条缝隙，然后在持阻阶段摩擦发声；塞擦音，是先塞后擦，摩擦发声；鼻音，是在持阻阶段气流从鼻腔透出成音；边音，是在持阻阶段气流从舌头两边通过成音。

根据除阻时气流强弱，可区分为送气音和不送气音。塞音、塞擦音有送气和不送气的区别。发送气音时，肺部呼出的气流比较强；发不送气音时，肺部呼出的气流比较弱。六组对立的不送气和送气音分别是b-p、d-t、g-k、j-q、z-c、zh-ch。

在普通话的四个浊辅音中，只有一个[r]的性质比较特殊。一般情况下，r[r]的摩擦很轻微，甚至可以完全没有摩擦，是典型的浊通音。只有在有意强调这个音时，才会产生比较明显的摩擦，变成浊擦音[ʐ]。①

四、普通话声母总表

普通话声母分类及其发音情况如下表所示。

普通话声母总表

发音方法			发音部位						
			双唇音	唇齿音	舌尖前音	舌尖中音	舌尖后音	舌面音	舌根音
塞音	清音	不送气音	b[p]			d[t]			g[k]
		送气音	p[p’]			t[t’]			k[k’]
塞擦音	清音	不送气音			z[ts]		zh[ts]	j[tɕ]	
		送气音			c[ts’]		ch[ts’]	q[tɕ’]	
擦音	清音			f[f]	s[s]		sh[ʂ’]	x[ɕ]	h[x]
	浊音						r[ʐ]		

①林焘，王理嘉：《语音学教程》(增订版)，北京大学出版社，2013年，第79页。

续表

发音方法		发音部位						
		双唇音	唇齿音	舌尖前音	舌尖中音	舌尖后音	舌面音	舌根音
鼻音	浊音	m[m]			n[n]			
边音	浊音				l[l]			

辅音音素-ng[ŋ]不能作声母，只能作韵尾，所以不在表内。

描述声母时，可从表中的发音部位、发音方法等维度展开。比如：b是双唇音、塞音、清音、不送气音；m是双唇音、鼻音、浊音。

记忆的时候注意分类记忆，如按发音部位记忆；要善于发现规律，比如塞音和塞擦音包含送气与否的六组辅音。

五、零声母音节

零声母音节是指没有辅音开头的音节。

零声母音节的三种表述	
零声母音节的三种表述	不以辅音开头的音节
	辅音的位置等于零的音节
	只含有韵母的音节

严格来说，以元音开头的零声母音节在发音时并不是以纯粹的元音开头，而是以轻微的喉塞音或者是与起始元音部位相同的轻微的舌根浊擦音开头的。

《汉语拼音方案》规定，含有i、u、ü的音节前面没有声母时要加上y、w或用y、w代替。y、w这两个字母不是声母，只是起隔音的作用。例如：压yā、腰yāo、烟yān、央yāng的四个音节实际上是ia、iao、ian、iang，由四个韵母独自充当音节，都属于零声母音节。

零声母音节汇总

零声母音节	例字
a、ai、ao、an、ang	阿、挨、凹、安、昂
o、ou	哦、欧
e、en	屙、恩
ya、yao、yan、yang、ye、yi、yin、ying、you、yong	鸭、腰、烟、央、也、一、音、英、优、拥
wa、wai、wan、wang、wo、wei、wen、weng、wu	娲、歪、弯、网、蜗、威、温、翁、乌
yu、yue、yun、yuan	迂、月、韵、元
er	儿、耳、二

六、现代汉语声母体系的特点

与其他语言（或方言）相比，汉语普通话的声母体系具有如下特点：

1.所有的声母都是肺部气流音。即汉语普通话的声母发音时所产生的气流是从肺部发出的，与其相对的是非肺部气流音（搭嘴音、内爆音和挤喉音）。[①]

2.塞音和塞擦音区分送气与不送气。如b[p]-p[p']、d[t]-t[t']、g[k]-k[k']、z[ts]-c[ts']、j[tɕ]-q[tɕ']、zh[tʂ]-ch[tʂ']。（不送气时，气流较弱，发音时没有很多气流；送气时，气流比较强，气流从阻碍部分急速冲出。）

3.声母中没有复辅音。

第三节　元音和韵母

一、元音分析

元音是气流振动声带，在发音部位（口腔和咽头）不受阻碍而形成的音素。元音又叫母音。例如ɑ[ᴀ]、o[o]、e[ɤ]、ê[ɛ]、i[i]、u[u]、ü[y]等，“文化”（wénhuà）中的e、u、ɑ就是元音音素。元音的主要功能是做构成音节的韵母。

影响元音发音的因素，包括口腔的开合（也就是舌位的高低升降）、舌头的伸缩以及唇形的圆展。因此，元音的分析可以根据口腔的开合、舌头的伸缩以及唇形的圆展三个方面进行。对元音一般按照舌位前后、舌位高低、唇形圆展的顺序进行描写。例如：

ɑ[ᴀ]：舌面央、低、不圆唇元音

ü[y]：舌面后、高、圆唇元音

i[i]：舌面前、高、不圆唇元音

-i[ʅ]：舌尖后、高、不圆唇元音

元音根据舌位分为舌面元音、舌尖元音和卷舌元音。

汉语普通话元音表

	元音	舌位前后	舌位高低	唇形圆展	例字
舌面元音	ɑ[ᴀ]	舌面央	低	不圆唇	啊

①朱晓农：《语音学》，商务印书馆，2010年，第228—229页。

续表

	元音	舌位前后	舌位高低	唇形圆展	例字
舌面元音	ɑ[a]	舌面前	低	不圆唇	呀
	o[o]	舌面后	中高	圆唇	喔、波
	e[ɤ]	舌面后	半高	不圆唇	哥
	ê[ɛ]	舌面前	中高	不圆唇	欸
	i[i]	舌面前	高	不圆唇	一
	u[u]	舌面后	高	圆唇	屋
	ü[y]	舌面前	高	圆唇	鱼
舌尖元音	-i[ɿ]	舌尖前	高	不圆唇	资
	-i[ʅ]	舌尖后	高	不圆唇	织
卷舌元音	er[ɚ]	舌面央	中	不圆唇	儿

舌尖元音是依靠舌尖的活动来调节共鸣腔形状而发出的元音。普通话中只有舌尖前元音-i[ɿ]和舌尖后元音-i[ʅ]两个不圆唇元音。舌尖元音不能独立成音节，在前面添加小短横“-”，以便和舌面元音i[i]相区分。舌尖前元音-i[ɿ]只能和z、c、s相拼，舌尖后元音-i[ʅ]只能和zh、ch、sh、r相拼。

卷舌元音er[ɚ]在汉语拼音方案中用e、r两个符号标写。其中的e代表央元音[ə]，是一个位于舌面中央位置的不圆唇元音，是er的主体部分；其中的r并不是一个音素，它只表示发出主体音素e[ə]后的一个伴随动作——翘舌，因此被命名为“卷舌元音”。严格来讲，普通话的卷舌元音er[ɚ]应属于舌面元音，但因为不同于其他舌面元音，有伴随性的卷舌动作，故单列。

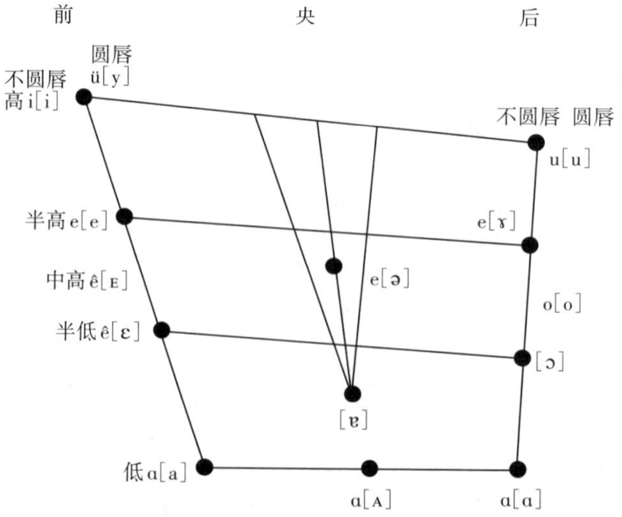

舌面元音舌位图

二、元音的变化

元音≠韵母。

元音是构成韵母的主体。可由一个元音构成单元音韵母，也可由两个或三个元音构成复元音韵母，还可由元音和辅音韵尾组合而成鼻韵母。

《汉语拼音方案》中某个记音符号所记录的实际音值在具体语音环境（语音结构和语流）中发生变化，出现一个音位的音位变体，从而导致一个记音符号代表几个实际读音的情况出现。

（一）a的音变

	实际音值	语音条件	举例
/ɑ/	[a]舌面、前、低、不圆唇	出现在韵尾[-i]和[-n]前面或介音[-i]的后面	爱 ài、乖 guāi、安 ān、班 bān、压 yā
	[A]舌面、央、低、不圆唇	没有韵尾	啊 ā、蛙 wā
	[ɑ]舌面、后、低、不圆唇	出现在韵尾[-u]和[-ŋ]前面	凹 āo、腰 yāo、仓 cāng、香 xiāng、创 chuāng
	[ɛ]舌面、前、中高、不圆唇	出现在介音[-i]和韵尾[-n]之间	烟 yān、天 tiān、冤 yuān、宣 xuān

a的音变与“啊”在语流中的音变不同，a的音变是音节内部的变化。

（二）o的音变

	实际音值	语音条件	举例
/o/	[o]舌面、后、半高、圆唇	出现在唇音声母后面或单独成音节	波 bō、坡 pō、魔 mó、佛 fó、窝 wō
	[ɤ]舌面、后、半高、不圆唇	做复韵母的韵腹	后 hòu、说 shuō

o在单独成音节时音值是[o]，在《汉语拼音方案》中写作wo。

（三）e的音变

	实际音值	语音条件	举例
/e/	[e]舌面、前、半高、圆唇	出现在韵尾[-i]前面，如ei、uei	诶 ēi、北 běi、亏 kuī
	[ɛ]舌面、前、半低、不圆唇	没有韵尾，如ie、üe	欸 ê、耶 yē、歇 xiē、约 yuē、薛 xuē
	[ə]舌面、央、中、不圆唇	出现在鼻韵母中或做轻声音节的韵腹	恩 ēn、文 wén、横 héng、翁 wēng、我的 de、来了 le、两个 ge
	[ɤ]舌面、后、半高、不圆唇	没有韵头和韵尾	饿 è、哥 gē

e的音变[e]和[ε]是舌面前元音，[ə]和[ɣ]是舌面央元音和舌面后元音。在《汉语拼音方案》中uei写作ui，ie单独成音节写作ye，üe单独成音节写作yue。

（四）i的音变

	实际音值	语音条件	举例
/i/	[i]舌面、前、高、不圆唇	做韵腹（有声母时）	皮pí、金jīn、听tīng
	介于[i]和[e]之间，舌面、前、半高、不圆唇	做韵尾	开kāi、给gěi
	略带摩擦	做零声母的韵头	压yā、叶yè、要yào

舌尖元音-i[ɿ]和-i[ʅ]在《汉语拼音方案》中也写作i，如“资zī”“雌cí”“思sī”中的-i[ɿ]和“知zhī”“蚩chī”“诗shī”“日rì”中的-i[ʅ]。

（五）u的音变

	实际音值	语音条件	举例
/u/	[u]舌面、后、高、圆唇	做韵腹（有声母时）	哭kū、工gōng
	介于[u]和[o]之间，舌面、后、半高、圆唇	做韵尾	好hǎo、后hòu
	略带摩擦	做零声母音节中的单韵母或韵头	屋wū、万wàn、未wèi
	略带摩擦	出现在唇齿声母f[f]后	夫fū、父fù

u做零声母音节中的单韵母或韵头时，发音略带一些摩擦，在《汉语拼音方案》中写为wu。

（六）ü的音变

	实际音值	语音条件	举例
/ü/	[y]舌面、前、高、圆唇	做韵腹（有声母时）	居jū、决jué、圈quān
	略带摩擦	做零声母音节中的单韵母或韵头	于yú、月yuè、圆yuán、晕yūn

ü做零声母音节中的单韵母或韵头时，发音略带一些摩擦，在《汉语拼音方案》中写为yu。

（七）er的音变

	实际音值	语音条件	举例
/er/	[ɚ]舌面、前、高、圆唇	er的阳平、上声音节	儿[$ɚ^{35}$]、尔[$ɚ^{214}$]
	[ɐr]	er的去声音节	二[$ɐr^{51}$]

/er/[ɚ]在儿化时，在不同方言中的音变不同，在普通话中一般记作[ɐr]。

三、韵母的分类

韵母是一个音节的声母后面的部分，由元音或元音加鼻辅音构成。汉语普通话一共有39个韵母。在结构上，韵母可分为韵头、韵腹和韵尾。

韵腹	韵母的主干，也指主要元音	韵腹常由ɑ、o、e、ê充当；当没有ɑ、o、e、ê时，可由i、u、ü、-i[ɿ]、-i[ʅ]、er单独充当
韵头	韵腹前的元音，又叫介音	普通话中的韵头只有i、u、ü三个元音可以充当
韵尾	韵腹后的元音或辅音	普通话的韵尾只能由元音i、u(o)和鼻辅音n、ng四个音素充当

按照韵母结构，可分为单元音韵母、复元音韵母和带鼻音韵母；按照开头元音的口型可分为开口呼、齐齿呼、合口呼和撮口呼四类，具体分类如下表。

普通话韵母总表

韵母结构		韵母开头元音口型分类			
		开口呼	齐齿呼	合口呼	撮口呼
单元音韵母（10个）		-i[ɿ]-i[ʅ]	i[i]	u[u]	ü[y]
		ɑ[A]			
		o[o]			
		e[ɤ]			
		ê[ɛ]			
		er[ɚ]			
复元音韵母（13个）			iɑ[iA]	uɑ[uA]	
				uo[uo]	
			ie[iɛ]		üe[ye]
		ɑi[ai]		uɑi[uai]	
		ei[ei]		uei[uei]	
		ɑo[au]	iɑo[iau]		
		ou[ou]	iou[iou]		
带鼻音韵母（16个）	前鼻音	ɑn[an]	iɑn[iɛn]	uɑn[uan]	üɑn[yan]
		en[ən]	in[in]	uen[uən]	ün[yn]
	后鼻音	ɑng[aŋ]	iɑng[iaŋ]	uɑng[uaŋ]	
		eng[eŋ]	ing[iŋ]	ueng[uəŋ]	
				ong[uŋ]	iong[yŋ]

韵母 iou、uei、uen 和辅音声母相拼组成音节时，省写为 iu、ui、un。比如：qiū、guì、tūn。注意在分析韵母的结构的时候要还原为 iou、uei、uen。

韵母中开头的元音是指韵腹前的元音，又叫介音。普通话中只有 i、u、ü 三个元音可以充当韵头。

韵母还可以按韵尾的情况进行分类：没有韵尾的叫无韵尾韵母，如 a、er、i、ia、ua、uo、üe 等 15 个；有元音 i、u 作韵尾的叫元音韵尾韵母，如 ai、uai、ou、iou 等 8 个；有 n、ng 作韵尾的叫鼻音韵尾韵母，如 an、ian、uan、üan、ang、iang、uang 等 16 个。

四、单元音韵母的类型及其发音

汉语普通话中的单元音，见下表。

单元音总表

类别		舌位高低					舌位前后			唇形圆展	
		高	半高	中	半低	低	前	央	后	圆	不圆
舌面元音	a[A]					√		√			√
	o[o]		√						√	√	
	e[ɤ]		√						√		√
	i[i]	√					√				√
	u[u]	√							√	√	
	ü[y]	√					√			√	
	ê[ε]				√		√				√
舌尖元音	-i[ɿ]	√					√				√
	-i[ʅ]	√							√		√
卷舌元音	er[ɚ]			√				√			√

单元音分三类：舌面元音 7 个，舌尖元音 2 个，卷舌元音 1 个。

分析舌面元音的发音主要从舌位的高低、舌位的前后、唇形圆展三个方面展开。比如：a 是舌面、低、央、不圆唇元音；u 就是舌面、高、后、圆唇元音。

舌尖前元音-i[ɿ]、舌尖后元音-i[ʅ]不能单独成音节。前者只能跟 z、c、s 相拼，后者只能跟 zh、ch、sh、r 相拼。在教学中，一般不必单独练习，可以跟声母结合起来，整体认读，念准 zi、ci、si、zhi、chi、shi、ri 即可感知二者的区别。

卷舌元音 er 虽是两个字母，但只有一个音素[ɚ]，r 只表示卷舌动作——翘舌。它不跟任何声母相拼，可自成零声母音节。常用的字有“而、儿、尔、耳、二”等。er 也经常和别的韵母结合构成儿化韵，注音时要写成 r，如：花儿 huār、尖儿 jiānr。

五、复元音韵母的类型及其发音

普通话中一共有13个复合元音韵母。

分类	举例
前响复元音	ai[ai] ei[ei] ao[ɑu] ou[ou]
中响复元音	iao[iɑu] iou[iou] uai[uai] uei[uei]
后响复元音	ia[iA] ie[iɛ] ua[uA] uo[uo] üe[yɛ]

前响复元音韵母只有韵腹和韵尾，主要元音在前面，前面的元音开口度较大。中响复元音韵母有韵头、韵腹、韵尾，主要元音在中间，中间的元音开口度较大。后响复元音韵母只有韵头和韵腹，主要元音在后面，后边的元音开口度较大。

a和e在单元音韵母、复元音韵母和带鼻音韵母中的发音如下：

音位	音位变体	出现条件	例字
/ɑ/	[A]	ɑ、iɑ、uɑ	阿、呀、蛙
	[a]	ɑi、uɑi、ɑn、uɑn、üɑn	该、乖、看、宽、元
	[ɑ]	ɑo、iɑo、ɑng、iɑng、uɑng	高、票、当、江、创
	[e]	iɑn	甜
/ə/	[ɤ]	e	特、这、车
	[ə]	en、eng、uen、ueng、e(轻声)	门、等、伦、翁、的、了
/e/	[e]	ei、uei	给、对
	[ɛ]	ie、üe	写、约

六、鼻音韵母的类型及其发音

鼻音韵母简称鼻音韵，由元音和鼻音构成，包括8个带鼻音韵尾n的前鼻音韵母和8个带鼻音韵尾ng的后鼻音韵母。《汉语拼音方案》中用两个字母ng表示后鼻音的一个音素[ŋ]。

（一）前鼻音韵母

韵母	举例
ɑn[an]	谈判 参看 帆板 烂漫 办展 完满
en[ən]	根本 认真 沉闷 人参 愤恨 振奋
iɑn[iɛn]	眼见 天仙 鲜艳 简便 先天 面签
in[in](ien)	民心 亲信 辛勤 引进 濒临 亲近
uɑn[uan]	婉转 贯穿 转弯 专款 转换 宦官
uen[uən]	温存 昆仑 春笋 论文 伦敦 温顺

续表

韵母	举例
üan[yan]	圆圈 全选 轩辕 源泉 全员 全权
ün[yən](üen)	军训 均匀 逡巡 寻寻(觅觅) 芸芸(众生)

《汉语拼音方案》规定uen跟声母相拼时,中间的e省写,这时声调标在u上。当然,省略了e并不表示发音时它在辅音声母之后就消失了。需注意的是,uen在自成音节时不能省写e,需要把u改写成w。

辅音n[n]的发音特征是:舌尖中、浊、鼻音。发音时,软腭下垂,打开鼻腔通道,舌尖中部抵住软腭,气流振动声带,从鼻腔中通过而发声。这个音在普通话中可做声母,也可做韵尾,还可自成音节。自成音节的,如:嗯n[n]。

(二)后鼻音韵母

韵母	举例
ang[aŋ]	肮脏 帮忙 沧桑 上方 浪荡 厂长
eng[əŋ]	风能 争锋 升腾 风声 更正 征程
iang[iaŋ]	响亮 粮饷 强将 襄阳 湘江 像样
ieng[iŋ]	精灵 精明 伶仃 倾听 平顶 经营
uang[uaŋ]	状况 狂妄 装潢 矿床 双簧
ueng[uəŋ]	嗡嗡 翁 蓊 瓮
ong[uŋ]	虫洞 工农 总统 从容 公共 重工
iong[yŋ](üeng)	汹涌 穷凶 喁喁 茕茕(孑立) 熊熊

辅音ng[ŋ]的发音特征是:舌面后、浊、鼻音。发音时,软腭下垂,打开鼻腔通道,舌面后部抵住软腭,气流振动声带,从鼻腔中通过而发声。这个音在普通话中不做声母,只做韵尾或自成音节。自成音节的如:嗯ng[ŋ]。

七、押韵

押韵	指韵文(诗、词、歌、赋、曲、儿歌、顺口溜等)中在某些句子的最后一个字使用"韵"相同或者相近的字,使朗诵或咏唱时,产生韵律优美、和谐、悦耳的效果,便于传诵
韵脚	各句押"韵"的字

押韵的"韵"与"韵母"不是一个概念,凡韵腹、韵尾相同或者相近的都属于同一个"韵"。例如"床前明月光,疑是地上霜。举头望明月,低头思故乡"中"光、霜、乡"三字押韵。换言之,韵头可以不计,只要韵腹、韵尾相同或者接近都可以算是同一个"韵"。

八、四呼

四呼是根据韵母开头元音的发音口形对韵母进行的分类。

开口呼	ɑ、o、e开头的韵母，以及-i[ɿ]、-i[ʅ]和er、ê
齐齿呼	i或以i开头的韵母
合口呼	u或以u开头的韵母，以及ong
撮口呼	ü或以ü开头的韵母，以及iong

舌尖元音单韵母，比如zì、zhī这些音节里的i的实际发音分别是[ɿ]、[ʅ]，而不是[i]，因此，属于开口呼，不是齐齿呼。

韵母ong的实际发音是[uŋ]，属于合口呼，不是开口呼。

韵母iong的实际发音是[yŋ]，属于撮口呼，不是齐齿呼。

声母与四呼的配合情况，如下表所示。

汉语普通话声母和四呼配合表

声母		韵母			
		开口呼	齐齿呼	合口呼	撮口呼
双唇音	b、p、m	+	+	+	
唇齿音	f	+			
舌尖中音	d、t	+	+	+	
	n、l	+	+	+	+
舌面音	j、q、x		+		+
舌根音	g、k、h	+		+	
舌尖后音	zh、ch、sh、r	+		+	
舌尖前音	z、c、s	+		+	
零声母	Ø	+	+	+	+

注："+"表示可以拼合，空白表示不能拼合。这里的声母和四呼配合表仅就汉语普通话而言。

九、韵母和元音的关系

跟声母和辅音的关系一样，韵母和元音也是不同的概念。韵母是汉语传统语音分析中的概念，元音是普通语音学中的概念。韵母是汉语音节中声母后面的部分，元音是音素中的一个大类。

韵母由元音构成	单元音	"bā(八)"中的ɑ
	复元音	"tāo(涛)""tiāo(挑)"中的ɑo、iɑo
韵母由元音+辅音(鼻辅音)构成		"màn(慢)""mèng(梦)"中的ɑn、eng

十、现代汉语韵母体系的特点

与其他语言(或方言)相比,汉语普通话的韵母体系具有如下特点:

1.按韵头可区分为开口呼、齐齿呼、合口呼和撮口呼四类;开口呼多,撮口呼少。按韵母结构可区分为单韵母、复韵母和鼻韵母三类;鼻韵母多,单韵母少。按韵尾区分为开尾韵、元尾韵和鼻尾韵三类;鼻尾韵母多,开尾韵母少。

2.普通话韵尾只有[-n、-ŋ]两个鼻音韵尾,没有[-m],也没有塞音韵尾。而广州话有[-p、-t、-k]三个塞音韵尾。①

第四节 声调

一、声调的性质

声调也叫字调,是字音的高低升降变化形式。声调和音长、音强都有关系,但是它的性质主要由音高决定,不同的音高变化形式形成了不同的声调。决定声调的音高是相对音高,而不是绝对音高。汉语的音节总是伴随着几个固定的表意的音高变化形式,例如[ai](挨、矮、爱)音节依附着平、曲、降三种音高形式。

声调是整个音节的音高变化形式,是贯穿整个音节高低升降的音高变化。

调类	调值	调型	调号	例字
阴平	55	高平	ˉ	妈 mā
阳平	35	中升	ˊ	麻 má
上声	214	降升	ˇ	马 mǎ
去声	51	全降	ˋ	骂 mà

汉语是有声调的语言。声调是区别意义的重要手段。例如:

事(shì)——实(shí)　买(mǎi)——卖(mài)　收(shōu)——受(shòu)

主力(zhǔlì)——助理(zhùlǐ)

此外,汉语的声调还具有区别词性的作用。例如:背 bèi(名词)—bēi(动词)

声调还具有协调平仄与节奏,使汉语获得抑扬顿挫的美感的作用。例如:古诗词的平仄对仗得益于汉字的声调。

①例如,广州话的"搭"读[tap⁵],"割"读[kɔt⁵],"觉"读[kɔk²²]。

二、调值、调型、调号、调类

调值	指音节读音高低、升降、曲折、长短的具体变化值	根据赵元任设计的“五度标调法”，建立一个坐标，从1到5的5度（分别是最低、次低、中高、次高、最高）表示相对音高。汉语普通话的四种声调（阴平、阳平、上声、去声）的调值分别是55、35、214、51
调型	指声调高低、升降的变化模式	55为高平调型，35为中升调型；214为先降后升的曲折调型，51为全降调型
调号	声调的标志符号，标写声调所用的符号	汉语普通话阴平、阳平、上声、去声四种声调的调号分别是ˉ、ˊ、ˇ、ˋ
调类	声调的类别，把调值相同的音节归在一起，作为同一个调类	一种语言或方言里有多少个不同的声调调值，就有多少个调类。汉语普通话里有四个调类，分别是阴平、阳平、上声、去声

在记录语音时，为直观起见，往往把具体调值直接标注在音节的右上方。例如：妈 ma^{55}，麻 ma^{35}，马 ma^{214}，骂 ma^{51}。

一个音节一个声调。具体标调的原则与方法是：

1. 声调符号标在一个音节的韵腹上。一般来说，就是按照ɑ、o、e、i、u、ü的顺序依次选择。

2. 在韵腹符号省略的iu、ui中，调号标在后一个元音符号上。如liú、shuǐ。

3. 调号位于i上时，省略上面的点。

4. 轻声不标调。

5. 人们通常用“五度标调法”来描写调值，见下图。

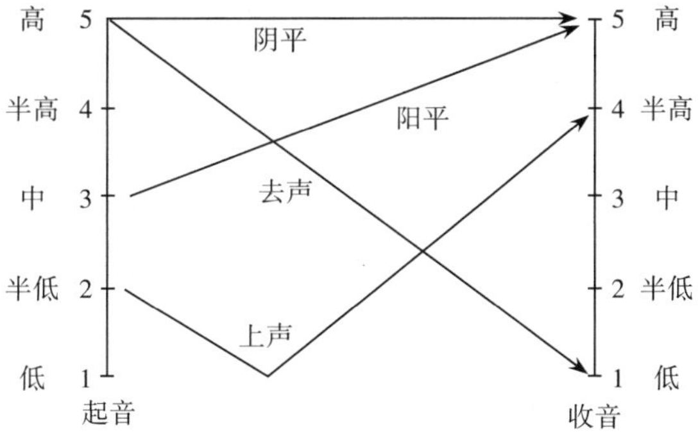

声调调值示意图（五度标调法）

三、普通话的四声

汉语普通话有四个声调，分别是阴平、阳平、上声、去声。

			普通话调类			
古调类	古声母		阴平	阳平	上声	去声
平声	清声母		天边低初诗			
	浊声母	次浊		麻龙娘油文人		
		全浊		房田雄锄时平		
上声	清声母				普短古展使	
	浊声母	次浊			买暖老有两	
		全浊				近妇稻旱是
去声	清声母					变对社盖试
	浊声母	次浊				帽漏让望骂
		全浊				病大助共事
入声	清声母		织积哭湿	嫡节责急革识	百铁塔谷笔	必室客制迹
	浊声母	次浊		白毒浊局入		木纳日叶密
		全浊		石拾舌俗杂		

资料链接

平仄

平仄	汉字可以分成平声字和仄声字，诗歌中字的平仄需要按照一定的规则交叉排列。这种平仄规则使诗歌语音长短高低升降变化协调，从而具有音乐美	
古代平仄	平声字	平声
	仄声字	上声　去声　入声
规律	一句中平仄要相间	比如：仄仄平平仄。
	一联中平仄要相对	比如：仄仄平平仄， 平平仄仄平。
	两联间平仄要相黏	比如：仄仄平平仄， 平平仄仄平。 平平平仄仄， 仄仄仄平平。

古代汉语四声（平、上、去、入）和现代汉语普通话四声的关系大致是：平分阴阳；上声部分保留，部分转入今天的去声（全浊上声归去声）；去声全部保留；入派三声（平、上、去）。换言之，今天的第三声和第四声一定是古代的仄声字，今天的第一声和第二声大多为古代的平声字。

第五节　汉语拼音方案

一、《汉语拼音方案》的性质

《汉语拼音方案》是用拉丁字母拼写现代汉语普通话语音的方案，是为了给汉语记音、给汉字注音而设计的一套记音方法。包括一套系统的记音符号和使用规则。它于1958年2月11日由中华人民共和国第一届全国人民代表大会第五次会议批准公布，是国家法定的记音方法，也是国际社会认可的规范的单一罗马化记音方案。

性质	用拉丁字母拼写现代汉语普通话语音的方案
制定者	中国文字改革委员会
推行时间	1958年2月

二、《汉语拼音方案》的内容

《汉语拼音方案》包括字母表、声母表、韵母表、声调符号、隔音符号等五个部分。

（一）字母表

字母	Aa	Bb	Cc	Dd	Ee	Ff	Gg
名称	Hh	Ii	Jj	Kk	Ll	Mm	Nn
	Oo	Pp	Qq	Rr	Ss	Tt	
	Uu	Vv	Ww	Xx	Yy	Zz	

Aa ㄚ	Bb ㄅㄝ	Cc ㄘㄝ	Dd ㄉㄝ	Ee ㄜ	Ff ㄝㄈ	Gg ㄍㄝ
Hh ㄏㄚ	Ii ㄧ	Jj ㄐㄧㄝ	Kk ㄎㄝ	Ll ㄝㄌ	Mm ㄝㄇ	Nn ㄋㄝ
Oo ㄛ	Pp ㄆㄝ	Qq ㄑㄧㄡ	Rr ㄚㄦ	Ss ㄝㄙ	Tt ㄊㄝ	
Uu ㄨ	Vv ㄪㄝ	Ww ㄨㄚ	Xx ㄒㄧ	Yy ㄧㄚ	Zz ㄗㄝ	

v只用来拼写外来语、少数民族语言和方言。

字母的手写体依照拉丁字母的一般书写习惯。

（二）声母表

b	p	m	f	d	t	n	l
g	k	h	j	q	x		
zh	ch	sh	r	z	c	s	

b	p	m	f	d	t	n	l
ㄅ玻	ㄆ坡	ㄇ摸	ㄈ佛	ㄉ得	ㄊ特	ㄋ讷	ㄌ勒
g	k	h		j	q	x	
ㄍ哥	ㄎ科	ㄏ喝		ㄐ基	ㄑ欺	ㄒ希	
zh	ch	sh	r	z	c	s	
ㄓ知	ㄔ蚩	ㄕ诗	ㄖ日	ㄗ资	ㄘ雌	ㄙ思	

在给汉字注音时，为了使拼式简短，zh、ch、sh 可以省作 ẑ、ĉ、ŝ。

（三）韵母表

	i	u	ü
a	ia	ua	
o		uo	
e	ie		üe
ai		uai	
ei		uei	
ao	iao		
ou	iou		
an	ian	uan	üan
en	in	uen	ün
ang	iang	uang	
eng	ing	ueng	
ong	iong		

	i ㄧ　衣	u ㄨ　乌	ü ㄩ　迂
a ㄚ　啊	ia ㄧㄚ　呀	ua ㄨㄚ　蛙	
o ㄛ　喔		uo ㄨㄛ　窝	
e ㄜ　鹅	ie ㄧㄝ　耶		üe ㄩㄝ　约
ai ㄞ　哀		uai ㄨㄞ　歪	
ei ㄟ　欸		uei ㄨㄟ　威	
ao ㄠ　熬	iao ㄧㄠ　腰		
ou ㄡ　欧	iou ㄧㄡ　忧		
an ㄢ　安	ian ㄧㄢ　烟	uan ㄨㄢ　弯	üan ㄩㄢ　冤
en ㄣ　恩	in ㄧㄣ　因	uen ㄨㄣ　温	ün ㄩㄣ　晕
ang ㄤ　昂	iang ㄧㄤ　央	uang ㄨㄤ　汪	
eng ㄥ　亨的韵母	ing ㄧㄥ　英	ueng ㄨㄥ　翁	
ong （ㄨㄥ）　轰的韵母	iong ㄩㄥ　雍		

（1）“知、蚩、诗、日、资、雌、思”等七个音节的韵母用i，即知、蚩、诗、日、资、雌、思等字拼作zhi，chi，shi，ri，zi，ci，si。

（2）韵母ㄦ写成er，用作韵尾的时候写成r。例如：“儿童”拼作ertong，“花儿”拼作huar。

（3）韵母ㄝ（即韵母ie和üe中的e）单用的时候写成ê。

（4）i行的韵母，前面没有声母的时候，写成yi（衣），ya（呀），ye（耶），yao（腰），you（忧），yan（烟），yin（因），yang（央），ying（英），yong（雍）。

u行的韵母，前面没有声母的时候，写成wu（乌），wa（蛙），wo（窝），wai（歪），wei（威），wen（温），wang（汪），weng（翁）。

ü行的韵母，前面没有声母的时候，写成yu（迂），yue（约），yuan（冤），yun（晕），ü上两点省略。

ü行的韵母跟j，q，x拼的时候，写成ju（居），qu（区），xu（虚），ü上两点也省略；但是跟声母n，l拼的时候，仍然写成nü（女），lü（吕）。

（5）iou，uei，uen前面加声母的时候，写成iu，ui，un，例如niu（牛），gui（归），lun（论）。

（6）在给汉字注音的时候，为了使拼式简短，ng可以省作ŋ。

(四)声调符号

阴平　　阳平　　上声　　去声

ˉ　　ˊ　　ˇ　　ˋ

声调符号标在音节的主要母音上。轻声不标。例如：

妈 mā　　麻 má　　马 mǎ　　骂 mà　　吗 ma

(阴平)　(阳平)　(上声)　(去声)　(轻声)

阴平	阳平	上声	去声
ˉ	ˊ	ˇ	ˋ

声调符号一律标在主要元音(韵腹)上,如"kāi(开)、jiā(家)、dàn(但)、guāng(光)"。"iu(iou)、ui(uei)、un(uen)"同声母相拼时标法如下:"xiù(绣)、tuī(推)、lún(轮)"。在i上标调时去掉上面的一点,如"jīn(金)、guī(归)"。轻声不标调号,如"guòlai(过来)"中的"lai"。

(五)隔音符号

在按词连写中,连接在音节后的是"a、o、e"音节或者是以"a、o、e"开头的音节,如果有发生音节界限混淆的可能时,便要用隔音符号"'"隔开,如"xi'an"(西安)。如果不用隔音符号隔开,便有可能误读成"xian"(先)。

三、汉语拼音方案的应用

根据《中华人民共和国国家通用语言文字法》第十八条,国家通用语言文字以《汉语拼音方案》作为拼写和注音工具。《汉语拼音方案》是中国人名、地名和中文文献罗马字母拼写法的统一规范,并用于汉字不便或不能使用的领域。[①]

主要用途	给汉字注音,促进教育和民族共同语的发展
	是推广普通话的工具,促进文化交流
	是信息数据的排序、检索的手段
	是少数民族创制或改革文字的基础

《汉语拼音方案》采用国际上流行的拉丁字母,具有容易掌握、便于国际交流的优点。可用作给汉字注音的工具和作为推广普通话的工具。有些汉字容易读错,如"千里迢迢"的"迢",有人误读作"召"(zhāo),如果用汉语拼音加注"tiáo",那就可以帮助误读的人及时改正过来。有些汉语方言区的人n、l不分,学习普通话有困难,如果运用《汉语拼音方案》的字母标明其间的差异,加以辨正,就可以较快地提高学习质量。

①《中华人民共和国国家通用语言文字法》由中华人民共和国第九届全国人民代表大会常务委员会第十八次会议于2000年10月31日通过,2001年1月1日起施行。

《汉语拼音方案》是我国在国际上实现不同语种的文字体系转写(转换文字系统)的依据。根据国际标准化组织制定的国际标准《ISO-7098 文献工作——中文罗马字母拼写法》,在国际应用中,中文的人名、地名、机构名、书刊名等统一采用汉语拼音拼写法,遵照《汉语拼音方案》《汉语拼音正词法基本规则》等进行拼写。

此外,《汉语拼音方案》还可以用来作为汉族和少数民族创制和改革文字的共同基础,用来帮助外国人学习汉语以促进国际文化交流,用来音译人名、地名和科学术语,用来编制索引和代号。随着网络的发展和电脑、手机的普及,汉语拼音已经成为汉语信息编码输入和传输的重要符号,汉语拼音的作用和重要性更加凸显。

四、现代汉语音位系统

(一)音段音位

辅音音位和元音音位都是由音素成分构成的,音素之间的差异是音质,一般把辅音音位和元音音位称为音质音位。音段是语音的片段,最小的语音片段是音素,由于音素分为辅音音素和元音音素,所以最小的音段要么是辅音要么是元音。由音质(音色)音素构成的音位也叫音段音位。

根据音位归纳的四个基本原则,通过全面的比较与替换,得出普通话有22个辅音音位,而且没有明显的辅音音位变体。分别是:/p/、/p′/、/m/、/f/、/t/、/t′/、/n/、/l/、/tɕ/、/tɕ′/、/ɕ/、/ts/、/ts′/、/s/、/tʂ/、/tʂ′/、/ʂ/、/ʐ/、/k/、/k′/、/x/、/ŋ/。

普通话有10个元音音位:/a/、/o/、/e/、/ə/、/i/、/u/、/y/、/ɿ/、/ʅ/、/ɚ/。

(二)超音段音位

汉语普通话还存在超音段音位,即调位,也叫非音质音位,是由音质(音色)以外的因素构成的音位。调位就是声调音位,声调的差异是音高起落的不同,例如普通话中的“妈”mā、“麻”má、“马”mǎ、“骂”mà四者的不同只在声调,可见汉语声调有区别意义的功能,也是一种音位体现。

普通话有阴平、阳平、上声、去声四个声调,调值分别是55、35、214、51,且都能承担区别意义的功能,所以同样能归纳出四个不同的音位。由声调构成的音位又称为“调位”,分别是/55/、/35/、/214/、/51/。由于调位不是音素的音质差异所形成的对立,所以调位属于超音段音位或者非音质音位。

(三)音位归纳的原则

音位归纳的原则包括对立原则、互补原则、音感差异原则和系统性原则。其中,互补分布是把若干音素归并为同一音位的必要条件。

归纳音位的原则	原则的基本内涵	示例
对立原则	如果在相同的语音环境中，两个音素互相替换后产生意义的差别，那么这两个音素就是对立的，对立的音素必定属于两个不同的音位	l[l]和n[n]
互补原则	在一个具体的音系中，各不相同的几个音素彼此呈相互补充的分布状态，这几个音素就形成互补关系，应归纳为同一个音位。属于同一个音位中的不同音素称“音位变体”	条件变体：受语音环境的制约的音位变体。如/a/的音位变体 自由变体：不同的音素在同一语音环境里可无条件地自由变读。如：l[l]和n[n]在重庆话中可任意变读
音感差异原则	如果两个音的音感差异明显，即使是互补关系也不能归并为一个音位	m–ng
系统性原则	归纳音位还须考虑归纳出来的全部音位是否系统整齐，简明经济	汉语的“四呼”

第六节　音节

一、汉语音节的结构

音节是人们听感容易分辨出来的最小语音片断。一般来说，汉语普通话除儿化音节外，一个汉字的读音就是一个音节。汉语普通话的音节结构一般由声母、韵母和声调三个部分构成。

音节	声母	辅音声母（一共有21个）
		零声母
	韵母	韵头（可以没有，也叫介音）
		韵腹（必须有，是主要元音）
		韵尾（可以没有）
	声调	阴平、阳平、上声、去声

零声母音节是指音节开头没有辅音声母的音节，比如“啊（ā）、压（yā）、哇（wā）、肮（āng）、央（yāng）、汪（wāng）”等。

《汉语拼音方案》规定，以i、u、ü开头的音节要分别加上或者改写为y、w，或者改写为yu。需要注意的是，y、w这两个字母不是声母，只起隔音作用。

分析音节结构时,要先对音节进行还原。韵母un要还原成uen,韵母iu要还原成iou,韵母ui要还原成uei。y、w开头的零声母音节也要进行还原。韵母er看上去是两个字母,实际上是一个元音音素。

分析韵母结构时,先按照ɑ、o、e、i、u、ü的顺序找到主要元音,确定为韵腹;韵腹前面如果有元音,则为韵头,韵头一定是元音,也叫介音;韵腹后面的成分则是韵尾,韵尾可以是元音,也可以是辅音n或者ng。

二、汉语音节的特点

汉语音节的特点如下表所示。

特点	举例
音素数量不少于1,不多于4	Frankfort(Fǎlánkèfú);"装"(zhuānɡ)的音节包含zh[tʂ]、u[u]、ɑ[ɑ]、nɡ[ŋ]四个音素;"啊"(ɑ)的音节只有ɑ[ʌ]一个音素
元音占优势,每个音节少则1个,多则3个元音音素	"交"jiāo,"块"kuài,分别由i[i]、ɑ[a]、u[u]和u[u]、ɑ[a]、i[i]三个元音构成
辅音较少,可以没有;没有复辅音	元音是音节的必备组成部分,如"阿姨(āyí)"
一个音节可以没有声母、韵头和韵尾,但一定不能没有韵腹和声调	"我要睡觉(shuì jiào)"和"我要水饺(shuǐjiǎo)"意义不同

三、普通话的声韵调配合规律

汉语普通话的语音系统包括21个声母(加上零声母共22个)、39个韵母和4个声调。在这些成分中并不是每个声母都能跟每个韵母相拼,也不是每个音节都有4个声调。其声母、韵母、声调的配合是有规律的。

(一)声母和韵母配合

声母与韵母相拼关系表

声母	韵母	开口呼	齐齿呼	合口呼	撮口呼
双唇音	b p m	+	+	+(限于u)	
唇齿音	f	+		+(限于u)	
舌尖中音	d t	+	+	+	
	n l	+	+	+	+(限于ü、üe)
舌根音	g k h	+		+	
舌面音	j q x		+		+
舌尖前音	zh ch sh r	+		+	

续表

声母	韵母	开口呼	齐齿呼	合口呼	撮口呼
舌尖后音	z c s	+		+	
零声母	Ø	+	+	+	+

不同声母与不同韵母的组合能力有强弱之分，其中舌尖中音声母n、l与四呼的组合能力最强，零声母Ø的四呼最齐全；唇齿音f的组合能力最弱，只能跟开口呼的韵母和合口呼的u韵母相拼；b、p、m和d、t能与开口呼、齐齿呼、合口呼三类韵母拼合，不能与撮口呼韵母拼合；舌尖前、舌尖后和舌根三组声母都能与开口呼、合口呼韵母拼合，不能与齐齿呼、撮口呼韵母拼合；而舌面j、q、x声母则只能与齐齿呼、撮口呼韵母拼合。

上表只能反映汉语普通话声韵配合的概貌，并未反映出每一个声母和每一个韵母的配合细节(详细的配合表见下一页“普通话音节表”)。例如：er虽然是开口呼韵母，但不能和任何声母配合；零声母不能跟舌尖韵母-i[ɿ]和-i[ʅ]相拼，-i[ɿ]只能和z、c、s相拼，-i[ʅ]只能和zh、ch、sh、r相拼。

普通话音节表

	单韵母						复韵母									前鼻韵母					后鼻韵母				三拼音节韵母										
	a	o	e	i	u	ü	ai	ei	ui	ao	ou	iu	ie	üe	er	an	en	in	un	ün	ang	eng	ing	ong	i-a	i-an	i-ang	i-ao	i-ong	u-a	u-ai	u-an	u-ang	u-o	ü-an
b	ba	bo		bi	bu		bai	bei		bao			bie			ban	ben	bin			bang	beng	bing			bian		biao							
p	pa	po		pi	pu		pai	pei		pao	pou		pie			pan	pen	pin			pang	peng	ping			pian		piao							
m	ma	mo	me	mi	mu		mai	mei		mao	mou	miu	mie			man	men	min			mang	meng	ming			mian		miao							
f	fa	fo			fu			fei			fou					fan	fen				fang	feng													
d	da		de	di	du		dai	dei	dui	dao	dou	diu	die			dan	den		dun		dang	deng	ding	dong	dia	dian		diao				duan		duo	
t	ta		te	ti	tu		tai		tui	tao	tou		tie			tan			tun		tang	teng	ting	tong		tian		tiao				tuan		tuo	
n	na		ne	ni	nu	nü	nai	nei		nao	nou	niu	nie	nüe		nan	nen	nin			nang	neng	ning	nong		nian	niang	niao				nuan		nuo	
l	la	lo	le	li	lu	lü	lai	lei		lao	lou	liu	lie	lüe		lan		lin	lun		lang	leng	ling	long	lia	lian	liang	liao				luan		luo	
g	ga		ge		gu		gai	gei	gui	gao	gou					gan	gen		gun		gang	geng		gong						gua	guai	guan	guang	guo	
k	ka		ke		ku		kai	kei	kui	kao	kou					kan	ken		kun		kang	keng		kong						kua	kuai	kuan	kuang	kuo	
h	ha		he		hu		hai	hei	hui	hao	hou					han	hen		hun		hang	heng		hong						hua	huai	huan	huang	huo	
j				ji		ju						jiu	jie	jue				jin		jun			jing		jia	jian	jiang	jiao	jiong						juan
q				qi		qu						qiu	qie	que				qin		qun			qing		qia	qian	qiang	qiao	qiong						quan
x				xi		xu						xiu	xie	xue				xin		xun			xing		xia	xian	xiang	xiao	xiong						xuan
zh	zha		zhe	zhi	zhu		zhai	zhei	zhui	zhao	zhou					zhan	zhen		zhun		zhang	zheng		zhong						zhua	zhuai	zhuan	zhuang	zhuo	
ch	cha		che	chi	chu		chai		chui	chao	chou					chan	chen		chun		chang	cheng		chong						chua	chuai	chuan	chuang	chuo	
sh	sha		she	shi	shu		shai	shei	shui	shao	shou					shan	shen		shun		shang	sheng								shua	shuai	shuan	shuang	shuo	
r			re	ri	ru				rui	rao	rou					ran	ren		run		rang	reng		rong						rua		ruan		ruo	
z	za		ze	zi	zu		zai	zei	zui	zao	zou					zan	zen		zun		zang	zeng		zong								zuan		zuo	
c	ca		ce	ci	cu		cai		cui	cao	cou					can	cen		cun		cang	ceng		cong								cuan		cuo	
s	sa		se	si	su		sai		sui	sao	sou					san	sen		sun		sang	seng		song								suan		suo	
y	ya	yo	ye	yi		yu				yao	you			yue		yan		yin		yun	yang		ying	yong											yuan
w	wa	wo			wu		wai	wei								wan	wen				wang	weng													
	二拼音节																								三拼音节										

提示:i列包括舌面元音i[i]、尖元音-i[ɿ]和-i[ʅ]。后二者在《汉语拼音方案》中也写作i,如"资zī""雌cí""思sī"中的-i[ɿ]和"知zhī""蚩chī""诗shī""日rì"中的-i[ʅ]。

(二)音节和声调配合(ɑ)

韵母ɑ与声母及四声相拼关系表

韵母	声母		声调			
			一声	二声	三声	四声
ɑ	双唇音	b	+	+	+	+
		p	+	+		+
		m	+	+	+	+
	唇齿音	f	+		+	+
	舌尖中音	d	+	+	+	+
		t	+		+	+
		n		+	+	+
		l	+		+	+
	舌根音	g	+	+	+	+
		k	+		+	
		h	+	+	+	
	舌面音	j				
		q				
		x				
	舌尖前音	zh	+	+	+	+
		ch	+	+	+	+
		sh	+	+	+	+
		r				
	舌尖后音	z	+	+	+	
		c	+			
		s	+		+	+
	零声母	Ø	+	+	+	+

开口呼-ɑ[a]能跟b、p、m、f、d、t、n、l、g、k、x、zh、ch、sh、z、c、s以及零声母Ø相拼。齐齿呼-iɑ[ia]只能和j、q、x以及零声母Ø相拼。合口呼-uɑ[ua]只能和g、k、x、zh、sh以及零声母Ø相拼。没有撮口呼-üɑ[ya]。

齐齿呼-iɑ[ia]和j、q、x以及零声母Ø及四声相拼关系表

韵母	声母		声调			
			一声	二声	三声	四声
iɑ	舌面音	j	+	+	+	+
		q	+		+	+
		x	+	+		+
	零声母	Ø	+	+	+	+

合口呼-uɑ[ua]和g、k、x、zh、sh以及零声母Ø及四声相拼关系表

韵母	声母		声调			
			一声	二声	三声	四声
uɑ	舌根音	g	+	+	+	+
		k	+		+	+
		h	+	+	+	+
	舌面音	j				
		q				
		x				
	舌尖前音	zh	+		+	
		ch				
		sh	+		+	+
		r				
	零声母	Ø	+	+	+	+

(三)音节和声调配合(o)

韵母o与声母及四声相拼关系表

韵母	声母		声调			
			一声	二声	三声	四声
o	双唇音	b	+	+	+	+
		p	+	+	+	+
		m	+	+	+	+
	唇齿音	f		+		
	舌尖中音	d	+	+	+	+
		t	+	+	+	+

续表

韵母	声母		声调			
			一声	二声	三声	四声
o	舌尖中音	n		+		+
		l	+	+	+	+
	舌根音	g	+	+	+	+
		k				+
		h		+	+	+
	舌面音	j				
		q				
		x				
	舌尖前音	zh	+	+		
		ch	+			+
		sh	+			+
		r				+
	舌尖后音	z	+	+	+	+
		c	+	+	+	+
		s	+		+	
	零声母	Ø	+	+	+	+

开口呼-o[o]只能跟舌面声母 b、p、m、f 以及零声母 Ø 相拼。合口呼-uo[uo]只能和 d、t、n、l、g、k、x、zh、ch、sh、r、z、c、s 相拼。没有齐齿呼-io[io]和撮口呼-üo[yo]。其中开口呼-o[o]和合口呼-uo[o]在与韵母拼合时形成互补关系。

(四)音节和声调配合(e)

韵母 e 与声母及四声相拼关系表

韵母	声母		声调			
			一声	二声	三声	四声
e	双唇音	b				
		p				
		m				
	唇齿音	f				
	舌尖中音	d	+	+		+
		t				+
		n		+		+
		l	+			+
	舌根音	g	+	+	+	+
		k	+	+	+	+
		h	+	+		+

续表

韵母	声母		声调			
			一声	二声	三声	四声
e	舌面音	j				
		q				
		x				
	舌尖前音	zh	+	+	+	+
		ch	+		+	+
		sh	+	+	+	+
		r			+	+
	舌尖后音	z	+	+	+	+
		c				+
		s				+
	零声母	Ø	+	+	+	+

开口呼-e[e]只能跟d、t、n、l、g、k、x、zh、ch、sh、r、z、c、s和零声母Ø相拼。齐齿呼-ie[ie]只能和j、q、x以及零声母Ø相拼。没有合口呼-ue[ue]。撮口呼-üe[ye]只能和j、q、x以及零声母Ø相拼。

齐齿呼-ie[ie]和j、q、x以及零声母Ø及四声相拼关系表

韵母	声母		声调			
			一声	二声	三声	四声
ie	舌面音	j	+	+	+	+
		q	+		+	+
		x	+	+		+
	零声母	Ø	+	+	+	+

撮口呼-üe[ye]和j、q、x以及零声母Ø及四声相拼关系表

韵母	声母		声调			
			一声	二声	三声	四声
üe	舌面音	j	+	+	+	+
		q	+	+		+
		x	+	+	+	+
	零声母	Ø	+		+	+

（五）音节和声调配合(i)

韵母i与声母及四声相拼关系表

韵母	声母		声调			
			一声	二声	三声	四声
i	双唇音	b	+	+	+	+
		p	+	+	+	+
		m	+	+	+	+
	唇齿音	f				
	舌尖中音	d	+	+	+	+
		t	+		+	+
		n	+	+	+	+
		l	+	+	+	+
	舌根音	g				
		k				
		h				
	舌面音	j				
		q				
		x				
	舌尖前音	zh	+	+	+	+
		ch	+	+	+	+
		sh	+	+	+	+
		r				+
	舌尖后音	z	+		+	+
		c	+	+	+	+
		s	+		+	+
	零声母	Ø	+	+	+	+

开口呼-i[ɿ]和-i[ʅ]只能跟舌尖前音zh、ch、sh、r和舌尖后音z、c、s相拼。齐齿呼-i[i]只能跟b、p、m、d、t、n、l以及零声母Ø相拼。没有合口呼和撮口呼。

（六）音节和声调配合(u)

韵母u与声母及四声相拼关系表

韵母	声母		声调			
			一声	二声	三声	四声
u	双唇音	b	+	+	+	+
		p	+	+	+	+
		m		+	+	+
	唇齿音	f	+	+	+	+
	舌尖中音	d	+	+	+	+
		t	+	+	+	+
		n		+	+	+
		l	+	+	+	+
	舌根音	g	+		+	+
		k	+		+	+
		h	+	+	+	+
	舌面音	j				
		q				
		x				
	舌尖前音	zh	+	+	+	+
		ch	+	+	+	+
		sh	+	+	+	+
		r		+	+	+
	舌尖后音	z	+	+	+	
		c	+	+		+
		s	+	+		+
	零声母	Ø	+	+	+	+

合口呼-u[u]只能跟b、p、m、f、d、t、n、l、g、k、x、zh、ch、sh、r、z、c、s和零声母Ø相拼。齐齿呼-iu[iu]只能和m、d、n、l、j、q、x以及零声母Ø相拼。没有开口呼和撮口呼。

齐齿呼-iu[iu]和m、d、n、l、j、q、x以及零声母Ø及四声相拼关系表

韵母	声母		声调			
			一声	二声	三声	四声
iu	双唇音	b				
		p				
		m				+
	唇齿音	f				

续表

韵母	声母		声调			
			一声	二声	三声	四声
iu	舌尖中音	d	+			
		t				
		n	+	+	+	+
		l	+	+	+	+
	舌根音	g				
		k				
		h				
	舌面音	j	+		+	+
		q	+	+	+	
		x	+		+	+
	舌尖前音	zh				
		ch				
		sh				
		r				
	舌尖后音	z				
		c				
		s				
	零声母	Ø	+	+	+	+

（七）音节和声调配合（ü）

韵母ü与声母及四声相拼关系表

韵母	声母		声调			
			一声	二声	三声	四声
ü	双唇音	b				
		p				
		m				
	唇齿音	f				
	舌尖中音	d				
		t				
		n				
		l				
	舌根音	g				
		k				

续表

韵母	声母		声调			
			一声	二声	三声	四声
ü	舌根音	h				
	舌面音	j	+	+	+	+
		q	+	+	+	+
		x	+	+	+	+
	舌尖前音	zh				
		ch				
		sh				
		r				
	舌尖后音	z				
		c				
		s				
	零声母	Ø	+	+	+	+

撮口呼-ü[y]只能跟j、q、x以及零声母Ø相拼。没有开口呼、齐齿呼和合口呼。

四、普通话音节的拼写规则

汉语普通话音节拼写规则由以下四个部分构成:主要注音规则、韵母省略规则、隔音符合规则、标调规则。

(一)主要注音规则

主要注音规则	举例
以词为拼写单位;词与词之间分写,词内音节要连写	Wǒ qù xuéxiào le
表示一个完整概念的双音节或三音节结构连写	quánguó、duìbùqǐ
单音节词重叠,连写;双音节词重叠,分写	kànkan、tǎolùn tǎolùn
重叠并列(AABB)、四字成语可以分为两个双音节来读的,当中加“-”	jiājiā-hùhù、xìnggāo-cǎiliè
四字成语或者熟语不能分成双音节来读的,连写	húlihútu、àimònéngzhù
动词与后面的补语,两者都是单音节的,连写;其余情况分写	tīngdǒng、tīng qīngchǔ
四个音节以上表示一个整体概念的名称,按词分写	Zhōnghuá Rénmín Gònghéguó
句子开头的字母、专有名词的每个词的第一个字母要大写	Tiān'ānmén、Rénmín Rìbào

续表

主要注音规则	举例
姓和名要分开,开头字母要大写	Wáng Xiǎomíng
地名中的专名和通名要分写,每一部分的第一个字母大写	Běijīng Xīlù、Shànghǎi Shì
标题中的字母可以全部大写,也可以每个词开头的字母大写。为了美观,声调可以略去	DALI TUIGUANG PUTONGHUA
“一、不”可标变调,也可标本调	bú duì / bù duì

标声调的办法与音节标调规则相同,只是在词语连接时有语流音变,拼写普通话时,一般只标本调,不标变调。例如“一”的本调是阴平,“一天、一年、一念”标成“yītiān、yīnián、yīniàn”。

(二)韵母省写规则

韵母省写规则	例字
韵母 iou 前面加辅音声母构成音节时,要省写为 u	六(liù)、谬(miù)、秀(xiù)
韵母 uei 前面加辅音声母构成音节时,要省写为 ui	贵(guì)、愧(kuì)、惠(huì)
韵母 uen 前面加辅音声母构成音节时,要省写为 un	春(chūn)、尊(zūn)、军(jūn)、蹲(dūn)
含有 ü 的韵母在和声母 j、q、x 相拼时,要省去 ü 上面的两点	举(jǔ)、取(qǔ)、许(xǔ)、远(yuǎn)

含有 ü 的韵母在和 n、l 相拼时,ü 上面的两点不能省去。例如:吕(lǚ)、虐(nüè)。

(三)隔音规则

隔音规则	例字
a、o、e 开头的音节在其他音节后,为避免前后音节界限混淆,就要用隔音符号“’”隔开,以示区分	Xī’ān rén(西安人)—xiān rén(先人)、pí’ǎo(皮袄)—piǎo(瞟)
i 开头的韵母,后面有元音时把 i 改为 y,后面没有元音时在 i 前面加上 y	要(yào)、用(yòng)、义(yì)、音(yīn)、英(yīng)
u 开头的韵母,后面有元音时要把 u 改为 w,后面没有元音时要在 u 前面加上 w	王(wáng)、文(wén)、娃(wá)、五(wǔ)
ü 开头的韵母一律要在 ü 前加上 y,并且 ü 上两点要省去	雨(yǔ)、雪(xuě)、远(yuǎn)、允(yǔn)

(四)标调规则

声调符号——(阴平)ˊ、(阳平)ˇ、(上声)ˋ、(去声)应标在音节的主要元音(韵腹)上面。

如果这个音节只有一个元音，声调符号就标在这个元音上；如果这个音节由两个以上元音构成，则标在开口度最大、舌位最低、声音最响亮的元音(韵腹)上。

轻声不标调号；在i上标调时要去掉i上的小圆点；在ü上标调时，ü上的两点不能去掉。

标调顺口溜	举例
ɑ、o、e、i、u、ü，	
兄弟六个ɑ当家，	piào liàng、jiā nián huá
没有ɑ时o或e，	jiǒng、qié、zhōng zhōu
没有o、e标i、u，	lǐ bīng、shì gù
i、u一起标在后，	qiú jiù、zhuì huǐ
i上标调点去掉。	dī、dīng

五、分析音节的方法

一是音素分析法，即把音素分为元音与辅音两类。音素分析法是对构成音节的具体成分进行分析，以得出一个个最小的具有区别性特征的语音单位的方法。二是声韵调分析法，即把音节区分为声母、韵母和声调的方法。具体分析运用，详见前面辅音和声母、元音和韵母、声调相关章节。

第七节　语流音变

一、音变现象

音变是指说话或朗读时，要把音节组成词、句连续发出，在连续的语流中，音节之间、音素之间、声调之间相互影响，从而产生的语音变化。从语言学的角度看，音变主要是同化、异化、弱化、增音、减音、脱落、换位、代替、转化等。普通话语音中常见的音变现象有：轻声、儿化、连读变调、语气词“啊”的音变等。

汉语的音变现象分为两种：一类如轻声、儿化分别构成轻声词、儿化词，是词语或结构内部所要求的语音变化；一类是连读变调、语气词“啊”的音变等在语流中受相邻音的影响而造成的语音的变化，叫做语流音变或连读音变。

二、轻声

在一定条件下，词或句子里的某些音节失去原有的声调，变为一种又短又轻的调子，这种现象称为轻声。常见的轻声成分如下表所示。

常见轻声成分	举例
结构助词“的、地、得” 动态助词“着、了、过”	我的书　开心地笑　听得懂 坐着吃　吃了　吃过
语气词	来啊　走吧　是嘛　谁呢　走就走呗　烦着呢
量词“个”和“数量名”结构里的量词	这个　那个　三个　两名乘客　三碗米饭
名词、代词的后缀	桌子　石头　这么　同志们
名词、代词后面表示方位的词或语素	教室里　黑板上　前面　南边　桌子底下
动词、形容词后边表示趋向的词	上来　回去　拿出来　笑起来　说下去
夹在重叠动词之间的“一”	试一试　走一走
正反疑问句，或可能补语中间的“不”	去不去　行不行　好不好　说不清　离不开
部分四音节词语里的衬字	黑不溜秋　糊里糊涂　稀里哗啦
习惯读法	告诉　消息　先生　舒服　脑袋　胳膊　头发 钥匙　月亮　麻烦　快活　凑合　认识　显摆

除了四音节词语里的衬字和习惯读法属于口语语体上的轻声之外，其他轻声都属于语法上的轻声。轻声不是声调，只是一种语流音变现象。在拼写音节时，轻声音节不标调。

有些轻声具有区别词义的作用，如：

他有两个孙子（sūnzi），两个孙女。（“子”无实义）

孙子（Sūnzǐ）是我国古代著名的军事家。（指春秋时代的军事家孙武，“子”在古代表示对人的敬称）

有些轻声具有区分词性的作用，如：

地道（dì dào）战（名词）

这事儿你干得可真不地道（dì dao）。（形容词）

有些轻声具有区分短语和词的作用，如：

东西（dōngxī）（并列短语）——东西（dōngxi）（名词，泛指各种具体或抽象的事物）

火烧（huǒshāo）（主谓短语）——火烧（huǒshao）（名词，一种表面没有芝麻的烧饼）

轻声本身没有固定的音高，在语流中会受到前字声调的影响而发生变化，轻声的音高也相应不同。一般来说，在上声后面读半高调，在阳平后面读中调，在阴平后面读半低调，在去声后面读低调。

三、儿化

"儿化"指的是一个音节中韵母带上卷舌色彩的一种特殊音变现象。词尾"儿"不自成音节，也并不是一个音素，只是词尾所在音节发音时的一个伴随性的翘舌动作，这一语言现象叫"儿化"。儿化具有如下作用。

作用	举例
区分词性	盖(动词)——盖儿(名词) 画(动词)——画儿(名词)
区分意义	信(书信)——信儿(信息) 眼(眼睛)——眼儿(小孔)
表示微小的形状或带有喜爱、亲切感情	小鱼——小鱼儿

常用儿化词如下：

这儿　那儿　哪儿　花儿　鸟儿

老头儿　老伴儿　爷们儿　小孩儿　大伙儿　小鱼儿

小曲儿　脸蛋儿　酒窝儿　眼圈儿　刘海儿　裤衩儿

胡同儿　茶馆儿　大杂院儿　对门儿　窗帘儿　门牌儿

没事儿　针鼻儿　滋味儿　心眼儿　刀把儿

打个盹儿　加个塞儿　钻牛角尖儿　专挑刺儿

好玩儿　没好气儿　没门儿　纳闷儿　抠门儿

一会儿　一块儿　一点儿　没劲儿　没事儿

儿化的读音规律如下表所示。

条件	儿化规则	举例
韵腹或韵尾是ɑ、o、e、u的韵母(包括ɑo、iɑo中的o[u])	原韵母直接加带翘舌动作	ɑ[A→Ar]哪儿 碎渣儿 花儿 o[o→or]坡儿 碎末儿 ɑo[au→aur]口哨儿 掌勺儿 u[u→ur]爆肚儿 水珠儿 e[ɤ→ɤr]打嗝儿 挨个儿 ie[iE→iEr]锅贴儿 台阶儿
韵腹或韵尾是i、n的韵母(in、ün除外)	原韵母丢弃韵尾，主要元音带翘舌动作	ɑi[ai→ar]小孩儿 盘菜儿 ei[ei→ər]宝贝儿 刀背儿 ɑn[an→ar]豆干儿 快板儿 en[ən→ər]树根儿 嗓门儿
主要元音是-i[ɿ]、-i[ʅ]的韵母	主要元音变为[ər]带翘舌动作	-i[ɿ→ər]台词儿 枪子儿 -i[ʅ→ər]树枝儿 果汁儿
收-ng韵尾的韵母	丢失韵尾后，韵腹变成鼻化元音，同时加翘舌动作	ɑng[ɑŋ→ãr]药房儿 鞋帮儿 eng[əŋ→ər]板凳儿 灯儿 ing[iŋ→iər]瓶儿 钉儿 ong[uŋ→ũr]胡同儿 空儿
单元音i、ü	韵母后增加元音并翘舌	i [i→iər]小鸡儿 玩意儿 ü[y→yər]毛驴儿 小曲儿
韵母in、ün	丢弃韵尾后增加[ər]并翘舌	in[in→iər]够劲儿 送信儿 ün[yn→yər]裙儿 合群儿

普通话里的“儿”字有两种用法：一种自成音节，有具体的意义，比如“好男儿、儿童”；另一种是没有独立意义的后缀，不能自成音节，也不是音素，只是表示儿化韵里的卷舌色彩，比如“黑桃尖儿、花儿、头儿”。

儿化是一种特殊的音变现象。儿化了的韵母叫作“儿化韵”，汉字用“儿”表示，汉语拼音用“r”标记。比如“尖儿(jiānr)”。读儿化韵时，从韵母到卷舌的整个过程不能有停顿，要一气读出来，不能发成两个音节。儿化在地域上有区别，南方(不包括西南)方言一般不说儿化词，而在北方，尤其是北京，儿化词比较普遍。

四、连读变调

一般说来，记录每一个词的字都有一个固定的声调，但当两个或两个以上的字连在一起说的时候，相邻的音可能相互影响而使得某个音的声调发生变化。这种由于受相邻音影响而导致的声调变化现象叫做连读变调现象。普通话的连读变调一般是前一音节受后一音节的声调调型影响而发生变调。相应的，变调前的调叫做本调。变调一般是有规律的。常见的有上声的变调、“一”的变调、“不”的变调等。

(一)上声的变调

<table>
<tr><th colspan="2">出现情况</th><th>实际读音调值</th><th>举例</th></tr>
<tr><td colspan="2">单念、句末</td><td>214(实际读211)</td><td>好!(单念)这个人真拽!(句末)</td></tr>
<tr><td>两个上声紧相连</td><td>214+214</td><td>35+214</td><td>你好　理想　美满　友好</td></tr>
<tr><td rowspan="3">在非上声(阴平、阳平、去声)的前面</td><td>214+55</td><td>21+55</td><td>港湾　买单</td></tr>
<tr><td>214+35</td><td>21+35</td><td>感情　旅行</td></tr>
<tr><td>214+51</td><td>21+51</td><td>老道　感冒</td></tr>
<tr><td rowspan="2">三个上声</td><td>A/BC形式(单双格)</td><td>21+35+214</td><td>纸老虎　老总统　小雨伞</td></tr>
<tr><td>AB/C形式(双单格)</td><td>35+35+214</td><td>导演组　总统府　展览馆　手写体</td></tr>
</table>

上声的调值是214，是一个降升调，但是普通话实际语流中，除了需要夸张或者强调时，一般情况下表现为低平调，其上升的部分并未完全升上去，调值是211。

当三个上声音节相连时，需要区别是A/BC(如“买水果”)形式还是AB/C(如“胆小鬼”)形式，也就是看语义或语法上是前面两个音节连接更紧密，还是后面两个音节连接更紧密。如果是A/BC式，先对连接紧密的BC进行上声变调，然后对变调之后的AB进行上声变调。全部变调之后则是21+35+214。同理，AB/C式全部变调之后是35+35+214。

如果有更多的连续上声音节，先对其内部结构做出适当的分组，再根据表格中的变调规则逐级变调。

（二）“一”的变调

变调规则	读音	举例
单念、在词句末尾、表示序数、日期时读本调	yī	第一 唯一 一楼 第一名 十一月十一号
在去声前面读阳平35	yí	一对 一致 一部 一共 一片 一块儿 一唱一和
在非去声前面读去声51	yì	一斤 一瓶 一首 一朝一夕 一言一行 一板一眼
在动词重叠式中间读轻声	yi	看一看 想一想 猜一猜

（三）“不”的变调

变调规则	读音	举例
在去声前面读阳平	bú	不去 不痛 不客气 不见得 不上不下
在正反问格式中以及动补结构类似中缀的情况下，读轻声	bu	去不去 行不行 是不是 好不好 管不着 吃不完 来不及 巴不得 差不多 走不动
其他读本调	bù	我不 我偏不 不吃 不多不少 不行 不服气

五、语气词“啊”的音变

“啊”作为一个语气词，附在句子的末尾，在语流中往往受到前一个音节末尾音素的影响而发生音变。具体音变如下表所示。

前一音节末尾音素	“啊”的音变	书写	举例
ɑ、o、e、i、ü、ê	yɑ[iA]	呀	他呀，自己养的鸡呀、鱼呀，都不舍得吃。
u（包括韵母ɑu、iɑo末尾的u）	wɑ[uA]	哇	别哭哇！你在哪里住哇？好大一棵树哇！快走哇！这么小哇！
n	nɑ[nA]	哪	天哪，这可怎么办哪！多新鲜哪！
ng	ngɑ[ŋA]	啊	行啊，那就再等等啊。党啊！真香啊！
-i[ɿ]	[zA]	啊	孩子啊，你还在写字啊。我在看歌词啊。
-i[ʅ]、er	rɑ[zA]	啊	店小二啊，他可是我的老师啊。

掌握“啊”的音变规律，正确读出“啊”的读音，可保证语言的自然流畅。需注意的是，ɑo、iɑo的韵尾是[u]，后面的“啊”音变为“哇”。比如：好哇、这么小哇。不管实际音怎么变，写成哪一个字，做语气词的“啊”一律都读轻声。

第八节　韵律

一、韵律概说

说话或朗读时，句子有停顿、声音有轻重快慢和高低长短的变化，这些总称为语调的变化。词语也有与之类似的变化。语言中的这种涉及语音停延、轻重快慢、高低长短的变化往往形成一定的规律，总称为韵律。韵律是词语和句子的节奏模式，也就是语音的轻重、缓急、高低和升降等变化节奏。韵律不同于音节内部的结构规律，而是语言交际中的语音变化模式。

二、重音

重音是音强在句子中的具体表现，是指说话或朗读时，声音比较重的音节，只有准确地读出重音，才能完整地表达语意和生动地抒发情感。实际话语中，重音可以分为词重音和句重音。而句重音又有语法重音、逻辑重音之分。

（一）词重音

<table>
<tr><td rowspan="8">词重音</td><td colspan="3">词语中念得比较重、听起来比较清晰的音，又叫"词重音"，是语法重音的一种表现</td></tr>
<tr><td rowspan="2">双音节词</td><td>"中重"式 书面词语</td><td>国家 国民 大学 注定 获取 哀愁 懒惰 家园</td></tr>
<tr><td>"重轻"式 口语常用词</td><td>孩子 石头 妈妈 葡萄 月亮 衣服 明白 清楚</td></tr>
<tr><td rowspan="2">三音节词</td><td>"中轻重"式</td><td>金项链 猪八戒 手提包 自行车 电影院 瓜子脸
石榴花 豆腐脑 便宜货 馄饨皮 琉璃瓦 柿子椒</td></tr>
<tr><td>"中重轻"式</td><td>竹篱笆 打官司 毒蘑菇 闹别扭 老街坊 夜猫子</td></tr>
<tr><td rowspan="2">四音节词</td><td>"中重中重"式</td><td>北京大学 马到成功 一心一意 不卑不亢 灵丹妙药</td></tr>
<tr><td>"中轻中重"式</td><td>胡子拉碴 老实巴交 黑咕隆咚 糊里糊涂 黑不溜秋</td></tr>
</table>

（二）短语重音

短语重音	短语中念得比较重、听起来比较清晰的音，也是语法重音的一种表现	
	主谓短语，谓语重	这辆车我买下来了　天气热　灯亮着
	动宾短语，宾语重	开车　承认错误
	偏正短语，修饰重	假话　我的舅舅
	述补短语，补语重	跑了三趟　上满
	同位短语	鲁迅先生　首都北京
	兼语短语	请你上来　逼着他检讨
	联合、连谓短语	老师和学生　又大又甜

（三）句重音

句重音	语流中念得比较重、听起来比较清晰的音，又叫“语句重音”	
	语法重音	这件事我答应你了。
		今天的心情真是糟透了！
		他的老师当得好极了！
		你去哪儿？
	逻辑重音（强调重音）	我哥哥在电脑公司做销售。
		我哥哥在电脑公司做销售。
		我哥哥在电脑公司做销售。
		我哥哥在电脑公司做销售。

逻辑重音是为了突出句中的主要思想或强调句中的特殊感情而重读的，是由具体上下文语义和特定的语境所决定的重音，也叫强调重音，是具体交际中对需要凸显或强调的语义所施加的重音。

语法重音是按照语法结构的特点而重读的重音。语法重音有如下规律：一般短句的谓语重，动宾结构的宾语重，定语状语和补语重，疑问和指示代词重，列举的并列词语重，比喻句中的喻体重，轻声音节的头音重，人名地名的尾音重。

除了语法重音和逻辑重音（强调重音）之外，重音还可以从说话人的心理角度进行分析，区分为心理强调重音和心理感觉重音。心理强调重音反映的是感觉的轻重，由感情需要确定。例如：强调颜色和气味，强调声音与动静，强调体积或面积，强调感受及心情；若是强调轻柔美，须将重读改轻声。因此，心理强调重音并不都是重读。

(1)心理强调重音重读的,例如高尔基《海燕》:

看吧,它飞舞着像个精灵——高傲的、黑色的、暴风雨的精灵——它在大笑,它又在号叫……它笑那些乌云,它因为欢乐而高叫!

(2)心理强调重音轻读的,例如屠格涅夫《树林和草原》:

柔和的空气中弥漫着秋天的像葡萄酒似的香气;远处黄澄澄的田野上笼罩着一层淡薄的雾。

心理感觉重音跟朗读者的个人心理感觉有关。朗读重音似乎可以任意转移,但一定要符合语言逻辑,绝对不能前言不搭后语,必须前后呼应才有道理。因此,这种看似可以任意转移的重音实际上是一种心理感觉,可称之为心理感觉重音。

语法重音服从心理逻辑,因为语言环境有差异。书面语里,逻辑重音一般要标上着重号,以便正确地体现语义。①

三、停顿

<table>
<tr><td rowspan="5">停顿</td><td colspan="2">在说话或朗读的语流中出现的声音中断或者间歇,包括词之间、段落之间、语句的中间和后头的间歇</td></tr>
<tr><td>生理停顿</td><td>说话或朗读时自然换气造成的停顿</td></tr>
<tr><td>语法停顿</td><td>能体现句子里语法关系的停顿,书面上常用标点符号来表示。停顿时间由长到短依次是:句号、问号、叹号 > 冒号 > 分号 > 逗号 > 顿号</td></tr>
<tr><td>逻辑停顿
(强调停顿)</td><td>为了突出某一事物、强调某一观点或表达某种情感,在不是语法停顿的地方所做的停顿</td></tr>
<tr><td>节奏停顿</td><td>根据诗歌音乐内在的节奏要求而做的语音停顿</td></tr>
</table>

停顿,往往是出于人的生理和句子结构本身的需要,用以帮助人换气或使句子结构层次分明,还有充分表达思想感情的功能。此外,有时候停顿还具有区分意义的功能,例如:

港大/学生惊呼:原来这才是内地高校真实的模样!

港/大学生惊呼:原来这才是内地高校真实的模样!

这件事/我做不好。

这件事我做/不好。

再比如苏轼《题西林壁》(标"//"的停顿时间比标"/"的长):

横看/成岭//侧成峰,远近/高低//各不同。不识/庐山//真面目,只缘/身在//此山中。

停顿不当还会闹笑话。例如,胡同名"东四十条",意思是东四第十条胡同,位于北京市东城区东四路口北,正确的停顿是"东四/十条",而不是"东/四十条"。再

①伍振国,关瀛:《朗诵训练指导》(第二版),中国广播影视出版社,2018年,第109—111页。

如,“已取得学历的和尚未取得学历的干部”在“和尚”的前后停顿(断句)会改变句子的结构,“已取得学历的/和尚未取得学历的干部”是指所有的干部(已经取得学历的和未取得学历的),“已取得学历的和尚/未取得学历的干部”是指“已取得学历的和尚”与“未取得学历的干部”。

四、音步

在语流中,大致每隔两个音节就有一次轻重、高低、长短或松紧的交替,形成大致等距离出现两音节的节奏,这种节奏单元叫音步。无论是否押韵,音步都是音律的一种基本单位。比如,“法国”是双音节,一个音步,我们不单说一个“法”。“通县”是双音节,一个音步,我们既不单说一个“通”,也不说成三音节的“通县县”。在诗歌中,音步是诗歌韵律的基本节奏单位,是诗歌的节拍,也称为“顿”。古诗的节奏有一音步、二音步、三音步等,以二音步为主。例如“大漠//孤烟//直”是2-2-1音步,也可以是“大漠//孤烟直”这样的2-3音步;“两个//黄鹂//鸣//翠柳”是2-2-1-2音步,“芳草//萋萋//鹦鹉//洲”则是2-2-2-1音步,七言诗也可以是“晴川//历历//汉阳树”这种的2-2-3音步。

五、句调

句子在语音上的高、低、升、降变化		举例
平调	常用来表达叙述、严肃、冷淡的语气	我昨天早上去了一趟超市。 行啦,不要再说啦!
升调	常用来表达疑问、反问、惊讶、号召/鼓动、喜悦的语气	冬天来了,春天还会远吗? 难道你没听见? 这么多作业你半天就能完成?
降调	常用来表达陈述、感叹、应答、申诉、劝阻、请求的语气	同学们,现在下课了。 祝你一路顺利! 多好的领导啊! 快,追上去! 再多给我一天时间吧! 这是谁干的?
曲调	常用来表达含蓄、领悟、否定、讽刺、怀疑的语气	你多聪明啊,就没有你不知道的。 人家现在是大领导了,身份不一样啰。

句调贯穿整个句子的始终,一般突出表现在句子的末尾。在书面语里用不同的标点来标示。不同的句调表现为不同的预期,表示不同的语义,如“怕什么”,如果用升调则表示询问;如果用降调则表示否定,即没有什么可怕的。升调只出现在疑问句里,但疑问句不一定都是升调。有疑问词或属于正反问结构疑问句的一般

用降调。例如:这是谁干的? 在哪儿买票? 他还来不来?

六、朗诵和语调

(一)朗诵

朗诵是一种有声语言的艺术,是一项用有声语言对文学作品进行再创作的言语艺术活动。朗诵借助语音形式,生动、形象地表达作品的思想内容,属于口头的语言艺术,具有表演性质。

朗诵水平的高低取决于朗诵者在以下三个维度上的表现:

(1)语言基本功和声音条件(包括普通话规范和标准程度、口齿清晰度、嗓音的响度和亮度、音质的优美程度);

(2)对作品的感悟能力和表达能力(包括对作品的理解、感受能力,对艺术真实的洞察和体验能力,运用语气语调、神态动作等技巧表达作品的能力);

(3)在朗诵过程中表现出的艺术感染力和个性特色。

值得注意的是,以上三者都是通过语音形式来表现的。

朗诵在语文教学和宣传工作中有着重要的作用,它既是语文教学的重要环节,又是进行思想教育的有效方式。

朗诵的基本要求是正确、流利、有感情地表达作者的思想。所谓正确,就是用普通话标准音朗读,不能用方言,不掉字,不添字,不改字,不读错字音。所谓流利,就是要读得连贯自然,不结结巴巴,不颠三倒四,不重复。所谓有感情,就是要在掌握文章中心思想的前提下,根据感情线索的发展变化,恰当地运用语速、重音、停顿和语调等因素,准确地表现爱慕、憎恨、激动、感激、厌恶、欣喜、悲伤等不同的感情。跟朗读相比,朗诵重在有感情。

朗诵不仅牵涉到音节的声、韵、调,还牵涉到句子里各音节之轻重、缓急、抑扬、顿挫的恰当与否。这就是语调问题。

(二)语调

从语调看,朗诵很注重语势、重音、停顿、节奏及气息技巧的处理运用,富有很强的音乐性及感情色彩;朗读虽也需注意抑扬顿挫、轻重缓急,但只要语意清楚、舒缓不迫、字字分明就可以了,语调变化不必太大。

凡是说话、朗读或朗诵时反映出句子在语音上的轻、重、缓、急和高、低、长、短、抑、扬、顿、挫方面的变化的,总称为语调。语调是表达思想的形式,具体表现为停顿、断连、重音、句调。语言在停顿、断连、重音、句调方面存在的规律统称为韵律。

第九节　语音规范

一、什么是语音规范

语音规范化的重要内容是确立标准音和推广普通话，这是因为汉语方言之间最大的差异是语音，不同方言区的人常常因为语音的隔阂引起误会。我们常说的一个绕口令“四是四，十是十……谁要把十四说成了四十就打谁四十……”用于教人特别是某些方言区的人练习 s 和 sh 的发音的，如果这两个音发不准，就连常用的两个数字也说不清！有些方言之间语音差异极大，以致彼此无法交谈，极大地影响了人们的社交活动。另外，语音的规范对语言纯洁健康发展，对国际政治、经济、文化等方面的交流，以及对语言文字工作的现代化也都有极大的影响。因此，语音规范工作十分必要和急迫。

普通话语音的规范化工作，主要包括两方面的内容：

一是确立正音标准。普通话以北京语音为标准音，但是在北京语音的内部还存在着一些分歧现象，如北京的土音成分（把“太”读成 tuī，把“蝴蝶”读成 hùtiěr 等），像这一类的土音不能进入普通话。又如北京话里轻声和儿化的现象特别多，如何取舍是一个大问题。还有异读词，如“酵母”的“酵”读 jiào 又读 xiào，这属于统一的问题。

二是大力推广标准音。标准音一经确定下来，就要大力宣传推广，凡播音员、演员、教师、学生、国家工作人员等都要讲普通话，力求符合普通话的语音标准。

二、语音规范的标准

普通话的语音规范是以北京语音为标准音。而北京语音是北京方言区内的语音系统，只包括主要的声母、韵母、声调体系，不包括异读、轻声、儿化等北京方言语音系统内部的分歧。

三、标准音与字正腔圆

标准音是标准语的语音。作为一种语言的标准音，一般都采用优势地点方言的语音系统，如北方方言的北京语音就是汉语普通话的标准音。标准语是有一定规范的民族共同语，是全民族的交际工具。普通话就是中华民族的标准语。

字正腔圆是指说话或唱词时口形舌位合乎标准，字音准确，强调圆润(多用于播音、戏曲或曲艺)。“字正”是指字音要正确，听众能够听得懂；“腔圆”意思是说话或唱词时音调要准确。在播音朗诵时，通常以标准音为字音和腔调的基础进行评判。

四、异读词的审音问题

异读词指的是习惯上有几种不同读音的词，如“波”有bō和pō两种读法，“啥”有shá和shà两种读法等。下列所举“校对、学校，挑水、挑战，安宁、宁可，理发、分发”都不是异读词，加着重点的字，在不同的词里，表示了不同的意义。据《普通话异读词审音表》(1985年12月修订)，“发酵”不读fāxiào，“麦芒”不读màiwáng，“五更”不读wǔjīng。

校对(jiàoduì)——学校(xuéxiào)　　挑水(tiāoshuǐ)——挑战(tiǎozhàn)

安宁(ānníng)——宁可(nìngkě)　　理发(lǐfà)——分发(fēnfā)

发酵(fājiào)——酵母(jiàomǔ)　　麦芒(màimáng)——光芒(guāngmáng)

五更(wǔgēng)——更换(gēnghuàn)

本章小结

本章主要阐述现代汉语语音基本知识和基础理论，介绍语音的概念内涵、语音要素和语音单位，分析现代汉语的辅音、元音、音位系统，声母、韵母、声调、音节结构，以及音变、韵律和语音规范问题，讲述现代汉语语音的正音和朗诵，归纳现代汉语语音系统的特点。本章内容在知识讲解的过程中，由简单到复杂，由分析到综合，由理论到实践，全面阐述汉语语音的基本面貌，并通过系统对比、最小对比和分析等总结汉语语音的特征。

一、关键概念

语音　音位　音素　音值　辅音　元音　声母　韵母　声调　音节　音变　轻声

儿化　押韵　平仄　韵律　标准音　朗诵　语调

二、基本主张

一定要区分字、词关系，字音实际上是所记录的词的音。

学习评价

评价维度	评价项目	评价内容	评价标准
知识维度	归纳梳理汉语语音知识	1.语音概述 2.语音单位 3.音位 4.声母 5.韵母 6.声调 7.音节 8.现代汉语语音系统的特点 9.朗诵	掌握现代汉语语音的基本知识和基础理论，能够陈述汉语语音知识的相关概念和分析方法
能力维度	汉语音节结构分析		具备良好的理解、分析和运用汉语语音的能力，能够辨析音节结构的类型，具有语音分辨和纠正的能力
素质维度	撰写语音研究论文		热爱祖国语言文字，自觉遵守语言规范，能够运用所学语音理论分析现实生活中的语音现象，并用于普通话学习和朗诵

推荐阅读

[1]罗常培，王均．普通语音学纲要[M]．修订本．北京：商务印书馆，2002.

[2]施春宏．汉语纲要：上册[M]．北京：北京语言大学出版社，2018.

[3]黄伯荣，廖序东．现代汉语教学与自学参考[M]．增订6版．北京：高等教育出版社，2019.

[4]伍振国，关瀛．朗诵训练指导[M].2版．北京：中国广播影视出版社，2018.

本章自测

1.填空题

(1)语音具有三个重要属性：______、______、______。语音的本质属性是______。

(2)含有ü的韵母在和______、______相拼时，ü上面的两点不能省去。例如：______、______。

(3)声调符号一律标在______上，如“______(开)、______(家)、______(但)、______(光)”。

(4)鼻音韵母简称鼻音韵，由元音和鼻音构成，包括____个带鼻音韵尾n的前鼻音韵母(分别是________________________)和______个带鼻音韵尾ng的后鼻音韵母(分别是________________________)。

(5)“震耳欲聋”反映了声音的______很大。

(6)“尖锐刺耳”反映了声音的______很高。

(7)“椅”这个音节有______个音素。“园”这个音节有______个音素。

(8)写出汉语中的六组送气音和不送气音。

不送气音	b		g		z	
送气音		t		q		ch

(9)写出下列汉字记录的音节的声母。

内(　　)　斯(　　)　素(　　)　摄(　　)　芬(　　)

类(　　)　诗(　　)　述(　　)　瑟(　　)　昏(　　)

2.判断题。

(1)人发出的声音都是语音。人类的发音器官都集中在口腔里。(　　)

(2)语音的本质属性是物理属性,因为物理属性中的音色是最主要的辨义音素。(　　)

(3)声调音位(调位)属于"音质音位"。(　　)

(4)"可以"与"可乐"两个词中的"可"调值不一样,它们是一个非音质音位的两个变体。(　　)

(5)在汉语普通话里,韵母一定要包含元音。(　　)

(6)汉语普通话中,n、l能跟开口呼、齐齿呼、合口呼和撮口呼四类韵母相拼。(　　)

(7)汉语普通话中,j、q、x跟所有齐齿呼、撮口呼的韵母都可相拼,不能跟开口呼、合口呼韵母相拼。(　　)

(8)轻声不仅是语流音变现象,而且与词汇、语法都有关系。(　　)

(9)儿化后的词都是名词。(　　)

(10)"他的老伴儿个头儿不高。"这句话里有十个音节。(　　)

3.选择题

(1)英语单词sit和seat的意义区别主要是靠(　　)来区分的。

A.音色　B.音高　C.音强　D.音长

(2)和汉语声调密切相关的是语音的(　　)。

A.音色　B.音高　C.音强　D.音长

(3)肺部呼出的气流作用于(　　),使其发生振动,产生声音。

A.气管　B.声带　C.咽喉　D.舌头

(4)舌面后音也叫(　　)。

A.舌根音　B.舌叶音　C.舌尖后音　D.卷舌音

(5)"南"和"蓝"在普通话中的读音是不一样的,但是在有的方言里读音并没有区别,即使刻意读出差别来,听的人也不觉得有什么区别,这种现象是语音的(　　)表现。

A. 物理性　　B. 生理性　　C. 民族性　　D. 社会性

(6)下列哪个汉字记录的音节是由四个音素组成的?(　　)

A. 卵　　B. 洋　　C. 网　　D. 圆

(7)出现在单元音 i 或者辅音 n 之前的 a 是(　　)。

A.[a]　　B.[ʌ]　　C.[ɛ]　　D.[ɑ]

(8)辅音声母 k 是(　　)。

A. 送气、清、塞音　　B. 不送气、清、塞音

C. 送气、清、擦音　　D. 送气、浊、塞音

(9)zh、ch、sh、r 四个辅音的发音部位是(　　)。

A. 舌尖前　　B. 舌尖中　　C. 舌尖后　　D. 舌面

(10)“知、吃、师”的拼音“zhi、chi、shi”中的 i 是单元音(　　)。

A.i[i]　　B.-i[ɿ]　　C.-i[ʅ]　　D.i[ɪ]

(11)关于/e/的音位变体,下面(　　)组中的两个音节是一样的。

A.gē、yuè　　B.de、téng　　C.qiē、měi　　D.zhēn、quē

(12)不能和 d、t 相拼的韵母是(　　)。

A. 开口呼韵母　　B. 齐齿呼韵母

C. 合口呼韵母　　D. 撮口呼韵母

(13)“觊觎”的读音调值分别是(　　)。

A.51　35　　B.214　35　　C.214　51　　D.51　51

(14)qiú 的韵母中包含(　　)。

A. 韵头韵尾　　B. 韵腹韵尾　　C. 韵头韵腹　　D. 韵头韵腹韵尾

(15)“这幅画儿是你画的?”这句话正确的拼音连写方式是(　　)。

A.Zhè fú huà er shì nǐ huà de?

B.Zhè fú huàr shì nǐ huà de?

C.Zhèfú huàr shì nǐ huà de?

D.Zhèfú huà er shì nǐ huà de?

(16)“哈尔滨”的拼音是(　　)。

A.Hārbīn　　B.Hā'rbīn　　C.Hā'ěrbīn　　D.Hā'ěr bīn

(17)“永远”的实际发音是(　　)。

A.35+211　　B.211+35　　C.35+35　　D.211+214

(18)(　　)的“一”实际声调与别的不一样。

A. 一家子　　B. 一鸣惊人　　C. 一股脑儿　　D. 一见钟情

(19)“这儿的水真绿啊!”此句中的“啊”音变为(　　)。

A.呀　　B.哇　　C.哪　　D.啊

(20)运用语音高低升降组织词语,使之产生一定语法意义的形式手段是(　　)。

A.重音　　B.字调　　C.句调　　D.语调

4.简答题

(1)下列汉字中,哪些代表的音节是零声母音节?

义哼师摁娲沓标养酿而欧　越滔凹安泉电武翁逛姨捅

(2)请举例说说什么是连续变调?

(3)开口呼-e[e]只能跟哪些声母相拼?

(4)请你比较家乡的方言与普通话的声、韵、调系统上的异同。

(5)有人说,汉语拼音里的zh相当于英语单词judge里的[ʤ]、ch相当于church里的[ʧ]。这种说法正确吗?请试作分析。

(6)为什么我们在学习声母的时候把z、c、s放在一组,而不是把s、x、zh放在一组呢?

(7)汉语音节中是没有复辅音的,但是有人说,chuang这个音节末尾两个字母都是辅音,这不就是复辅音吗?这种说法对吗?为什么?

(8)请写出下列汉字作为省份简称时的声母,并从发音方法和发音部位角度进行描述。

沪　赣　藏　鲁　宁　新　川　渝　台　陕　苏　浙　京　闽　青

(9)分析下列拼音为什么是错误的。

a.通 tueng　　b.未 uèi　　c.园 yüan　　d.尔 r

(10)hūn和jūn两个音节的韵母是否相同?为什么?

(11)古代汉语里也有声调。你知道古今调类之间的关系吗?

(12)分析下列词语读不读轻声时在词义或词性上的差异。

地方　大意　对头　地道　兄弟　东西　孙子

参考文献

[1]罗常培,王均.普通语音学纲要[M].修订本.北京:商务印书馆,2002.

[2]施春宏.汉语纲要:上册[M].北京:北京语言大学出版社,2018.

[3]黄伯荣,廖序东.现代汉语教学与自学参考[M].增订6版.北京:高等教育出版社,2019.

[4]许静.汉语语音与语音教学[M].北京:人民教育出版社,2020.

[5]邢福义,汪国胜.现代汉语(第二版)[M].2版.武汉:华中师范大学出版社,

2011.

[6]邵敬敏.现代汉语通论:全2册[M].3版.上海:上海教育出版社,2016.

[7]邵敬敏.《现代汉语通论》教学指导[M].3版.上海:上海教育出版社,2017.

[8]邵敬敏.现代汉语通论(第三版)习题集[M].上海:上海教育出版社,2021.

[9]朱晓农.语音学[M].北京:商务印书馆,2010.

[10]王理嘉.音系学基础[M].北京:语文出版社,1991.

[11]石锋.语音学探微[M].北京:北京大学出版社,1990.

[12]林焘,王理嘉.语音学教程(增订版)[M].2版.北京:北京大学出版社,2013.

[13]冯胜利.汉语的韵律、词法与句法(修订本)[M].2版.北京:北京大学出版社,2009.

第三章　现代汉语文字

本章概要

本章共八节，旨在系统介绍汉字的起源、性质、特点，汉字的构造和书写，汉字所蕴含的文化传承，以及汉字的规范化、标准化和信息化。通过教学使学生掌握现代汉语文字的系统发展和变革，为更好地从事语文教学及相关语言文字工作打下基础。

学习目标

1.了解现代汉语汉字的性质、特点，掌握汉字发展变革的流程和其蕴含的文化信息。

2.掌握汉字的构造方法、书写特点，了解并熟悉汉字规范化、标准化、信息化的系统要求。

学习重难点

学习重点

1.了解汉字的性质、特点。

2.掌握汉字发展变革的流程。

3.掌握汉字蕴含文化信息。

学习难点

1.掌握汉字的构造方法。

2.掌握汉字的书写特点。

3.熟悉汉字规范化、标准化、信息化的系统要求。

思维导图

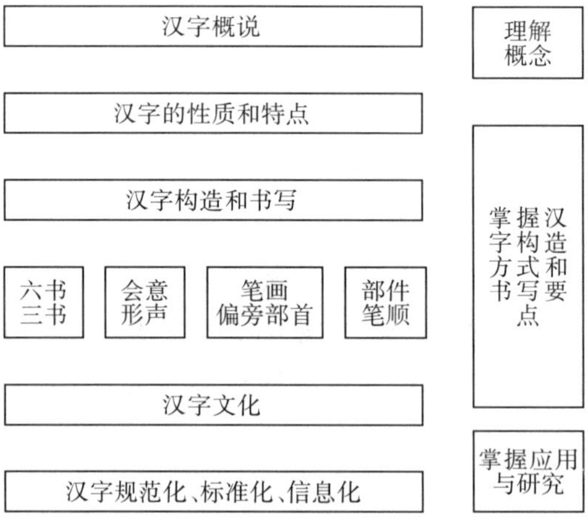

第一节　汉字概说

一、字和词的关系

汉字是记录汉语的符号，是书写单位，词是汉语中最小的且能够独立运用的语言单位。由于汉字是方块形字体，且集形、音、义于一体，要讨论汉字与词语的关系，就需要借助与词构成组成关系或实现关系的语素作为中介。

语素作为最小音义结合体的语言单位，当其通过与词的实现关系独立成词时，那么记录这个语素的汉字便与词有了对应关系；当这个语素只能通过组合关系与其他语素组合成词，那么记录这个语素的汉字便与词不能有对应关系；当汉字不能记录一个语素，则其不可能与词有对应关系。

汉字与语素	例字	语素与词	例字	汉字与词	例字
汉字=语素	打/葡萄	语素=词	打/葡萄	汉字=词	打/葡萄
汉字=语素	（美）丽	语素≠词	（美）丽	汉字≠词	（美）丽
汉字≠语素	蝴（蝶）	语素≠词	蝴（蝶）	汉字≠词	蝴（蝶）

当汉字与词有了对应关系后，会因为汉字本身多音、多义的特点，出现一个或一组汉字记录多个词语的现象，也会因为语义的同源、引申、比喻等关系，出现一个或一组汉字记录多个语义，却仍被认定为一个词语的现象。

音	义	汉字
同	异	花(钱)/(桃)花
异	异	好 hǎo/好 hào
同	异	算账、包袱

二、汉字起源

文字是一套用来记录语言的符号系统，通过书面语的形式来辅助人们进行交际，是人类最重要的辅助性交际工具。文字的产生，让语言的声音信息转化为了视觉信息，使人类的交际不再单一地依靠口耳相授。恩格斯认为，人类由于文字的发明及将其应用于文献记录，从而由野蛮时代过渡到文明时代。文字的产生，使语言能够通过可视化的书面语将人类在社会实践中产生的各种经验和成果系统地记录下来，横向传播开来、纵向流传下来，极大地扩大了人类交际的范围，突破了人类交际在时间和空间上的限制，使人类文化得以长久保存、快速积累和接续传承。因此，可以说，文字是人类从野蛮时代进入文明时代的标志。

汉字是用来记录汉语的书写符号系统，是汉族人祖先集体智慧的结晶。在人类文明史上，存在着尼罗河流域的埃及圣体文、两河流域的苏美尔楔形文字、中美洲的玛雅文和黄河流域的汉字等四个最古老的自源文字。其中，埃及文与苏美尔文在2000多年前就消亡了，直到18世纪才分别被识别解密，玛雅文在16世纪成为死文字，到20世纪后期才被识别解密。汉字是唯一连续使用3000年以上的文字，直到现在还被汉族使用。

文字	埃及	苏美尔	玛雅	汉字
使用时间	3200BC—500BC	3200BC—1800BC	600BC—1500AD	1400BC 至今
存续时间(年)	2700	1400	2100	>3000

关于文字的产生与起源是一个备受学界关注的问题，不同国家、领域和学科的学者根据不同的材料，从不同角度，使用不同的研究方法进行了深入的探讨。《易·系辞下》说："上古结绳而治，后世圣人易之以书契。"从这里可以看出，我国关于汉字起源问题，早在战国时就已经提出来了。

随着20世纪考古资料的大发现，以及汉字探源的全新手法和全新思路的陆续出现，学者们掀起了利用最新的考古资料进行汉字探源的热潮。目前，学者们对汉字的起源考订还无法形成统一的结论。主要存在以下四种观点：一是"八千年说"，其以河南舞阳贾湖考古发现的龟甲、骨、陶、石等刻画符号为依据，认为贾湖契刻是中国汉字的正源，是汉字的始祖；二是"六七千年说"，其以西安半坡遗址和全国仰韶文化及大溪文化等遗址发现的大量陶文刻符为依据，认为这些刻符已具有文字的功能和性质，是中国早期的文字或汉字；三是“四千多年说”，这种说法认为大汶口刻画符号、丁公龙山文化陶刻符号或王城岗陶文是早于甲骨文并与古汉字有关的文字，中国汉字的起源据此可上溯至距今四千多年；四是“三千多年说”，以产生于公元前1400年左右的商代晚期甲骨文为依据，距今3400多年。由于甲骨文已是完全成熟的文字，是目前世人公认的中国最早的文字。

关于汉字起源有很多说法，主要有《周易·系辞下》“上古结绳而治，后世圣人易之以书契，百官以治，万民以察”中提到的“结绳说”、《释名·释书契》“契，刻也，刻识其数也”中提到的“刻契说”、《周易·系辞下》“古者包牺氏之王天下也，仰则观象于天，俯则观法于地，观鸟兽之文与地之宜，近取诸身，远取诸物，于是始作八卦，以通神明之德，以类万物之情”中提到的八卦说、《韩非子·五蠹篇》“仓颉之作书也，自环者谓之私、背私谓之公”中提到的“仓颉造字说”等。

斯大林在《马克思主义与语言学问题》中写道，生产往前发展，出现了阶级，出现了文字，出现了国家的萌芽，国家进行管理工作，需要比较有条理的文书，商业发展了，更需要有条理的来往书信，出现了印刷机，出现了出版物——所有这一切都使语言发展起着重大的变化。鲁迅在《门外文谈》中说，“在社会里，仓颉也不止一个，有的在刀柄上刻上一点图，有的在门上画上一些画，心心相印，口口相传，文字就多起来，史官一采集，便可以敷衍记事了”。他们的说法与大多数学者的意见是一致的，是科学的，也是客观的，即文字不是依赖于一人之力，也不是产生于一时一地，是由原始的劳动人民在长期的劳动实践过程中逐渐创造的。

三、汉字与汉语

汉语是汉民族的交际工具，汉字是书写汉语的符号系统。汉字尽管是记录汉语的书写符号系统，但汉字和汉语之间不是简单的记录与被记录的关系，而是会相互影响，在对方的系统中留下自己的印记。两者既相互联系又相互区别。

第一，汉字依存于汉语。汉民族一经形成，汉语便作为其交际工具和思维工具而存在。汉字则是汉民族社会发展到了一定的阶段，为了满足更进一步的交际需要，在汉语的基础上产生的书写符号系统。总之，汉字的产生和发展是以记录汉语为条件的。汉语产生的时间远早于汉字，汉语是完全可以脱离汉字而存在的，但汉字则无法脱离汉语而存在，因为一旦离开了汉语，汉字就无所依托，既没有存在的必要，更没有产生的条件了。从这个角度来看，汉语是第一性的，汉字是第二性的，汉语决定着汉字的存在与发展。

第二，汉字适应于汉语的特点。汉字作为记录汉语的书写符号系统，是汉语的有形载体。汉字具备形、音、义三个要素，其中音、义实际反映着汉语词（语素）的音和义，形则是汉字区别于其他文字的显著特征。汉字形体的方块化和字形的表意化，在很大程度上受到汉语的制约与推动，这也是为了适应汉语的特点而形成并保持的。比如，汉语的语素是以单音节为主的，每个音节的界限分明，相应地，在汉语基础上产生的汉字，每个字之间界限也很分明，一般情况下，用一个汉字来记录一个语素。同时，汉字也会不断适应汉语语素的变化，随着语素的增减而增加或消亡。

第三，汉字有助于汉语的发展。汉语同所有语言一样，是以语音为物质材料的，一经交际个体发出，便消失了，天然受到时间和空间的制约。汉字作为视觉的符号系统，不仅帮助汉语突破了时空的限制，扩大了交际的职能和范围，更因为其独具的超方言特性，从而更有力地促进了汉民族共同语的形成。汉字以其集形、音、义于一体的特点，在同音词的分化、词语的溯源、方言词的吸收、外来词的利用等方面，起着非常重要的作用。在将口语转化为书面语时，文字更有利于语言的加工和贮存，使汉语的使用与语义的表达更为精密、更为丰富和更具文采，使汉民族的文学语言得到了丰富与发展。

第四，汉字相对独立于汉语。我们的先民在具象性思维的影响下，发明了表意的方块字，并坚持了汉字的表意方向，最终形成形、音、义三位一体的汉字体系。尽管汉字源于汉语并服从于记录汉语的需要，但它在发展的过程中，不论是单个汉字，还是由汉字组成的书面语，逐渐自成体系，并保持相对的稳定性。比如，汉字字体经历了从甲骨文、金文、篆书、隶书到楷书的几种重大变革，都是沿着字体不断符号化、简易化和规范化的趋势演变的。再如，汉代以前的汉语发生了巨大变化，但汉代以来的汉字却保持了相对的稳定性，进而与现代汉字保持了较强的一致性，这为我们阅读、研究古籍提供了便利。

第二节　汉字的性质和特点

一、汉字的性质

瑞士著名语言学家费尔迪南·德·索绪尔在其代表作《普通语言学教程》中将世界上的文字分为两大类：表意体系的文字和表音体系的文字。(1)表意体系的文字。一个词只用一个符号表示，而这个符号却与词赖以构成的声音无关。这个符号和整个词发生关系，因此也就间接地和它所表达的观念发生关系。这种体系的典型例子就是汉字。(2)表音体系的文字。它的目的是要把词中一连串连续的声音模写出来。表音文字有时是音节的，有时是字母的，例如日语的假名、彝语的彝文就是音节文字，英语的英文则是字母文字。

索绪尔将文字分为两大体系，并将汉字定义为典型的表意体系文字，对学界如何界定汉语的性质产生了巨大的影响。很多学者对于汉字是表意文字这一提法表示了肯定，并在一些论文、专著、教材中采用此种说法。

文字是记录语言的符号，文字符号的性质决定了该种文字体系的根本性质。从文字符号与文字音、形、义的联系来看，文字符号可以分成三类：意符、音符、记号。意符直接反映文字所表示的语素义，音符只与文字的语音产生联系，记号则与文字的语音和意义都没有直接联系。

从文字所使用的符号类型来看，英文、法文等文字所使用的符号只涉及音符，而汉字则涉及意符、音符、记号等三种类型。如，汉字中的象形文字“日”“月”，我们可以用字形推断出大致字义；汉字中的会意字“林”“众”，我们可以从组成的成分猜测出大致含义；汉字中的形声字“江”“河”，我们可以从形旁知其与水有关，还可从声旁推其大致发音；汉字中的指示字“上”“下”，我们可以根据指示记号来推断其意义。

经过长时间的发展，现代汉字已成为以形声字为主体的文字体系，其中形声字占比达到90%以上，从涉及符号类型的数量来判定，将兼表音、意作为汉字的根本性质是可取的，即汉字为意音文字。

二、汉字的特点

汉字作为世界通行的文字之一，有着悠久的历史和独特的形式，与世界其他文字相比较，有以下主要特点：

（一）从形、音、义的关系看，汉字是形、音、义的结合体

汉字作为意音文字，形、音、义是统一的。在现代汉字中，形声字占有绝对优势，这充分体现了汉字“以符记音、以形表义、以形辨义”的特点，即汉字通过形体（声符）记录着汉语的语音，也通过形体（形符）表示着所记录语言的意义，更是通过形体（声符、形符、记号）之间的差异表现出不同文字所记录的语言在意义上的差别。如“江”“河”“湖”“洋”，形符“氵”表示四个字的含义均与水有关，声符“工”“可”“胡”“羊”既起着标识读音的作用，也起着区别意义的作用，即我们通过字形能推断出几个字的大致读音，也能看出几个字在含义上的区别。

（二）从记录的语音单位看，通常汉字一个字记录一个音节

文字作为记录语言的符号，必然与所记录语言的语音单位相关联。许多表音文字使用一定的字母来记录该语言的语音，即用一个字母或字母组合来记录音素、

音位或音节。汉字作为一个整体符号，不能拆分出笔画来表示一个个音素或音位，只能通过整体来表示一个个我们说话时能自然感受到的最小语音片段——音节。如“田”字，它记录的语音是“tián”这个音节的整体，而不能拆分出“田”字的一些笔画来分别表示音节中的声母、韵母和声调。汉语里，一般是一个汉字记录一个音节，也有一个例外现象，即儿化音中的“儿”字不代表完整的音节，如“小马儿”(xiao mǎr)，汉字是三个字形，语言里却只有两个音节。

(三)从记录的语言单位看，汉字记录的是语素或语素成分

在古代汉语中，单音节词占优势，即大多数汉字记录的是词，可以说是记录的成词语素，如“君”“臣”“父”“子”等是一个汉字记录一个词，即成词语素。在现代汉语中，单音节词是少部分，双音节词和多音节词占绝对优势，即大多数汉字记录的是语素(构词语素)或语素成分，比如“语、言、蜡、烛”等是一个汉字记录一个语素，“蜘、蛛、蝴、蝶”等则是一个汉字记录一个语素成分。

(四)从书写的形式看，汉字是平面型方块字

汉字是由不间断的各种形状的点和线构成，即汉字由点、横、竖、撇、捺等笔画，按一定的规则，通过书写，在二维空间里多向展开，组合成一个整体的视觉识别符号，呈现在一个方方正正的框架之内，因此，汉字也被称作“方块字”。汉字的这种构形方式具有视觉表现强、信息含量大、空间利用高的优势。

(五)从记录的方式看，汉字不采用分词连写

拼音文字在记录语言时，通常采用分词连写的方式书写，即自左向右或自右向左在书写介质上横着展开，一个词语里边的所有字母是一个接着一个书写，词与词之间留有间隙，以显示词语之间的界限。古汉语中，由于词语以单音节为主，所以凭借汉字是方块字且一字记录一音节的特点来区别词语间的界限，而无需采用留间隙的方式。尽管随着汉语的发展，双音节词和多音节词逐步增多并在现代汉语中占绝对优势，词语依旧可以凭借汉字字形的视觉整体性加以区别。

(六)从时空上看，汉字具有一定的超时空性

汉字自产生以来，形体在不断发展变化，秦统一六国后的“书同文”政策，不仅推动了汉字的标准化、符号化和规范化，更推动了标准汉字的全国化，这也为汉字在时间上的延续性和空间上的延展性打下了坚实的基础，从而促进了汉字超越时代、超越地域的交际特点的形成。纵向来看，尽管汉字经历了甲骨文、金文、篆书、

隶书、楷书和简化汉字等阶段，但由于其演变有规律可循，我们可以通过对比和分析来阅读和理解古籍。横向来看，尽管每个汉字在各地的读音不一样，但由于标准化汉字的广泛运用，汉字以形承载的意义却大致相同，因而在识读不同地域的文献时，人们不会感觉到很困难。

第三节　汉字构造

一、构造方式

（一）六书说

“六书”是我国最早的系统阐述汉字结构原理的理论。“六书”一词最早见于战国时期的《周礼·地官·保氏》：“保氏掌谏王恶，而养国子以道，乃教之六艺：一曰五礼，二曰六乐，三曰五射，四曰五驭，五曰六书，六曰九数。”西汉末期以后，由于今古经文学派的争论，对汉字结构进行分析的需求与日俱增。到东汉，班固、郑众和许慎先后对“六书”理论提出了自己的看法，其中只有许慎在《说文解字叙》中对“六书”理论做出了详细解释：

“周礼八岁入小学，保氏教国子，先以六书。一曰指事，指事者，视而可识，察而可见，上、下是也；二曰象形、象形者，画成其物，随体诘屈，日、月是也；三曰形声，形声者，以事为名，取譬相成，江、河是也；四曰会意，会意者，比类合谊，以见指挥，武、信是也；五曰转注，转注者，建类一首，同意相受，考、老是也；六曰假借，假借者，本无其字，依声托事，令、长是也。”

（二）三书说

19世纪末20世纪初，有多位学者对传统的“六书”理论提出了质疑。唐兰提出要用“三书”取代“六书”，认为象形、象意和形声足以归纳一切中国文字，汉字必归于形、意、声其中之一。陈梦家提出象形和象意应该合并为象形，认为“三书”包括象形、假借和形声。裘锡圭基本赞同陈氏的说法，但提出象形应改为表意，这样才能涵盖所有汉字中的表意字。

二、会意

由两个或两个以上意符组成的字是会意字，包括以形会意和以义会意。以形会意是利用字符的形象组合起来表意，如甲骨文中的“析”字像以斤(斧)砍伐树木；“从”字像两个人一前一后；“删”字像用刀削减文字；“牧”字像手持鞭子牧牛；“宿”字像人在屋内躺在席子上睡觉。

殷商时期，甲骨文的会意字仍有较强的原始性，会在相同的字符搭配中通过改变字符的相对位置和方向来组成不同含义的会意字，如“替”和“並”，“降”和“陟”，“伐”和“戍”，“出”和“各”。

 替	 降	 伐	 出
 並	 陟	 戍	 各

以义会意是利用字符意义之间的关系组合起来表意，如“雀”字从小从隹，表小型鸟；“吠”用“犬”和“口”表示狗叫；山高为“嵩”，双木为“林”，入水为“汆”等。

简化字在某些字中削弱甚至破坏了字符的表意效果。如“扫(掃)”字本从手从帚，简化后表工具的帚字变为记号“彐”，难以看出其构字原理。繁体的“轟”是个重复意符的会意字，表群车驾驶的声音，简化后作“轰”，成了半意符半记号字。

但某些简体会意字的表意能力反而得到了凸显和加强。繁体的“竈”结构较难分析，但其简化字“灶”是个较典型的会意字，“灶”是用土搭造的，烧“火”烹饪的一种设备。繁体的“塵”本身也是一个会意字，但会意组合不太成功，《说文》“𪋻”作三鹿一土，会“鹿行扬尘”之意，后楷书中简化为一个“鹿”字。现行简化字中“尘”仍然是个会意字，小土为尘，表意能力较“𪋻”更强。繁体的“筆”简化后作“笔”，毛笔的杆由竹子制成，笔头由各种毛制成，所以从竹从毛。

三、形声

由表音部分的声旁和表意部分的形旁组合成新字，这种造字法叫形声。所造之字就是形声字，其中表音部件叫做声旁，表意部件叫做形旁。形声字起初都是通过在已有文字上加注形旁或声旁构成的，后来直接用形旁和声旁组成新的形声字，不过前者仍是形声字产生的主要途径。形声是目前汉字造字法中能产度最高的，现行汉字90%以上都是形声字。

（一）形旁和声旁

形旁表意，但绝大多数形声字的形旁只是与其字义有某种意义上的联系，只是提供一个意义范畴，而非同义。如以“示”为形旁的“社、祝、祈、祷”等，都是蕴含与神明相关的含义，以“言”为形旁的“诉、讼、讨、训”等，都是与交谈、发言有关的动作。

过去几十年多项针对形旁表意能力的研究表明，现代形声字形符的表意功能总体较弱，这也是汉字发展的必然结果。由于时代发展、意识变化、文字假借、词义引申和汉字简化等多方面原因，许多形旁已完全丧失表意功能。如古时多用木头做杯子，所以“杯”字从“木”，但现代社会多用瓷杯、玻璃杯和不锈钢杯等，“木”这一形旁也就几乎没有表意作用了；“特”本义为公牛，但发展到现代汉语中，已经引申为“特别、特殊、不同寻常”的意思，本义反而鲜为人知；“雅”字从隹、牙声，本义是乌鸦的鸦，假借为文雅的“雅”之后，便失去了与“隹”的关系；古代女性地位低下，许多带有贬义色彩的字都以“女”为形旁，如“奸、娄、妨”等，在现代社会便难以联想到其含义。

声旁表音，与形旁结合组成读音与声旁相同或相近的一批形声字。如以“屯”为声符的“囤、顿、吨、炖、饨、忳”等，以“兆”为声符的“晁、窕、姚、逃、窕”等。

但由于古今语音的演变、地域方言的区别、形声字或声旁多音的现象、造字时对声旁选择的不同等原因，大多数形声字都无法与声旁完全同音，甚至差别较大。统计表明，在《新华字典》中可以分析出偏旁的汉字有7504个，其中读音与声旁完全相同的只占4.7%，声韵相同而声调相异的占10%，两者相加约15%。影响声旁表音度的因素是多方面的，声旁在形声字中处于什么位置，声旁是否能独立成字，声旁成字时的使用频率，声旁成字时的读音是否固定，形声字本身是否多音，这些都会影响形声字中声旁的表音度。

不过，形声字声旁可以提示整字读音的比例还是很高的。对《现代汉语常用字表》中的2500个常用字进行统计分析发现，其中1290个形声字中有831个可以通过声旁或多或少提示出部分读音，约占常用字的65%。所以，考虑到现代汉字中形声字的总体数量，声旁可以提示整字读音的比例是非常高的。

因此，在汉字学习和教学中，既要避免完全落入“秀才认字认半边”的圈套，也要尽量合理地利用声旁提示读音的特点来记忆字音。

（二）省形和省音

有时为了字形的整齐和书写的简便，形声字中会出现省形和省声的现象，这种现象在造字和用字过程中都有发生。

殷商时期的甲骨文中便已较多地运用省形之法，如表示器皿的“皿”字，单独成字时作，做形旁参与构字时常省去圈足，作，甲骨文中“史”字作，但省去“又”旁作者也很多见。

《说文》：“归，女嫁也。从止，从归省，𠂤声。”“屦，履也。从履省，娄声。”繁体的歸（归）字便是省略了形旁婦的女形，屦字省略了形旁履的复形。省声如“梓，楸也。从木，宰省声”，“珊，从玉，删省声”，“迮，起也。从辵，作省声”。

有时一个字中省形与省声两者皆备，声旁与形旁合用某些笔画形成一个新偏旁。《说文》将“黎”和“羆(罴)”当做省声字,“黎,履黏也。从黍,利省声。利,古文利。”“羆,如熊,黄白文。从熊,罢省声。”但裘锡圭指出“黎”字左上角的“禾”既可看作“黍”的上部,也可看作“利”的左旁。“羆”字中间的“能”既可以看作“罷”的下半部分,也可以看作是“熊”的上半部分。

值得注意的是,省形与省声并非全部都是自造字之时就省略的,有些字是在使用过程逐渐省略声旁和形旁的。现代汉字中的“釜”在汉简中做“鬴”,本不省,现行“釜”应是声旁和形旁合用部分笔画的形声字。

(三)亦声字

还有一种亦声字,即合体字中有一个偏旁既表意又表音,兼有会意和形声的特点。《说文》:“贫,财分少也。从贝从分,分亦声。”“贫”由“分”和“贝”两个字合在一起,会贫乏之意,在六书中应属会意。同时“分”与“贫”古音相近,所以“分”又兼标示字音的作用。《说文》:“字,乳也。从子在宀下,子亦声。”“字”在西周金文中作字,是以子在宀下会生育之义。同时“子”“字”古音相近。

亦声字促进了后来右文说的发展,虽然右文说犯了以偏概全的毛病,但也推动了对声旁表意功能的研究,使我们对声旁表义的系统性有了更明确的认知。

四、现代汉字的构造系统

研究汉字的构造系统可以从造字法和构字法入手。造字法是对汉字的造字理据进行分析的方法,一个字在产生之时所体现出来的构形原理,就是造字法的范畴。六书理论就是研究古时造字的规律的,致力于找到字形、字音与字义之间的关联。造字法对于研究汉字的形成与演变规律都有重要意义。

构字法是对现代汉字的形体进行结构上的分析,只考虑当前的字形、字音与字义,不考虑其造字之初的理据。构字法在汉字信息处理和汉语教学方面有着重要作用。对现代汉字进行构字法分析,可以根据整字的形、音、义与其第一级部件的关系,将部件分为意符、音符和记号。跟整字所代表的词在意义上有联系的字符是意符,在语音上有联系的是音符,在语音和意义上都没有联系的是记号。这里的意义和读音是指现代汉字的读音,而不是其古代的读音。意符或音符也并不等同于形声字中的形旁或声旁,后两者仅用于形声字范围内,其内涵要小于意符和音符。

用构字法对现代汉字的形体结构进行分析,可以得到下面的“七种三类”汉字,即独体表意字、会意字和形声字,可以归为意音字;半意符半记号字和半音符半记号字,可以归为半记号字;独体记号字和合体记号字,可以归为记号字。

1. 独体表意字

独体表意字是指仅由一个意符构成的汉字，特点是仅从其构形就可以大致了解其词义。如“凹、凸、丫、一、二、三”等，其中“一、二、三”是从原始记事符号流传下来的。这类字数量较少，在汉字中的占比极小。

2. 会意字

会意字是指由两个或两个以上意符构成的合体字，包括以形会意和以义会意的字。以形会意的多是古代会意字，如“析、相、伐、从”等；以义会意的有很多是后起字，如“掱、嵩、汆、劣”等。汉字中还有不少通过多次重叠同一个意符构成的会意字，如“晶、蟲、焱、淼、磊、森”等。

3. 形声字

由意符和音符构成的字是形声字。意符表意，音符表音。

鲍	从鱼包声，指软体动物鲍鱼
苞	从草包声，指花苞
珠	从玉朱声，指蚌壳体内所生的珍珠或珠状的事物
淋	从水林声，指水或其他液体洒落在物体上
砖	从石专声，指建筑用的砖石

汉字简化导致一些原来不是形声字的字变为了典型的形声字。如“态”字现在是从心太声的形声字，而其繁体是从心从能的“態”；“肤”字现在是从月夫声的形声字，其繁体是从虍从胃的“膚”。

造字法上的形声字与构字法上的形声字不同，要注意区分。造字法上的形声字指的是字源上的形声，而构字法上的形声字指的是现代汉字中意符仍然表意，音符仍然表音的字。如“江、河、湖、海”，从造字法来看都是形声字，但从构字法看“江”“河”“海”都不属于形声字，而是半意符半记号字，因为其音符“工”“可”和“每”都已经不能完整提示整字读音。

4. 半意符半记号字

这类字中有大量来自古代的形声字，由于语音发展或汉字简化等原因导致音符不能准确表音，而意符的含义却没有太大变化，这种形声字就会变为半意符半记号字。也有一些半意符半记号字是从古代象形字和会意字变化而来的。

港	从水从巷，音符巷已不可示音
急	本为从心及声的“㤂”，隶变后音符“及”遭到破坏

续表

雪	小篆及其之前是从雨慧声，作“雪”，隶变过程中省“彗”为“彐”，“彐”作为记号不再有表音作用
泉	甲骨文作“”，本像流出泉水的泉穴，象形字；楷书变为从白从水，白是记号
桑	甲骨文作“”，像分叉的树木，象形字；楷书变为从三又从木，三又是记号
炉	本为从火从盧的“爐”，简化后音符变为“户”，不再表音

5. 半音符半记号字

这一类也主要是来自古代的形声字，主要是由于意符不再表意形成的。

笨	从竹本声，原指竹子的内层，后指愚笨，意符“竹”不再表意
诛	从言朱声，原指用言语谴责，后指诛杀，意符“言”不再表意
邮	繁体作“郵”，是从邑、垂的会意字，现代简化字作从邑由声的形声字“邮”，“邑”失去了其表意性

6. 独体记号字

一般都是来自古代的象形字，随着汉字的抽象化和笔画的平直化，逐渐失去其象形性，如“日、月、水、山、十、厂、子、女、心”等。但是这些字虽然已经变成记号，并不是完全失去了其象形性，像“日”字，若是经过提点还是很容易从字形看出其造字理据，这是属于溯源式的分析，独体记号字不像独体表意字的构字意图那样清晰明了。

7. 合体记号字

合体记号字是指由两个及以上记号组合而成的字。主要来自古代的象形字、会意字和形声字。

鹿	甲骨文作“”，像鹿形。但隶变后的字形已经不再象形，成为合体记号字
特	从牛寺声，本指公牛。但现在主要指特别的、特殊的，不同一般的，其意符“牛”和音符“寺”都失去了其作用，变为合体记号字
头	繁体作“頭”，从页豆声的形声字，简化后从大从两点，大和两点都为记号

五、包含记号的汉字构造方式

（一）记号字的产生原因

现代汉字中的记号字形成于不同时期，从甲骨、金文到隶书、楷书，汉字发展的各个阶段都产生了不同数量的记号字。形成记号字的原因多种多样，主要包括社会客观原因和汉字自身发展原因。

1.社会客观原因

(1)社会发展的需求

文字是语言发展到一定阶段的必然产物,是社会进步的重要基石。为了克服语言在时空方面的局限性,文字的创造和使用是必不可少的。但很多词义难以用象形或会意的方式表示,记号便应时而生。从结绳记事到甲骨文、金文和小篆,这一时期的文字表意性强,汉字中的记号字比例比较低,主要还是单纯以记号的方式存在,如“·、+、×、-、彡、丨”等。同时,随着社会的发展和交流需求的扩大,人们越来越追求书写的效率,简单易写的汉字形体越来越受到人们的青睐。在这种书写需求的驱动之下,汉字的象形性也逐渐降低,笔画越来越少,带动了大批记号字和半记号字的产生。

(2)对汉字形体美的追求

人类对美的追求体现在生活的方方面面,在汉字形体方面也不例外。观察汉字形体演变,从甲骨文到金文、再到小篆和隶书,人们一直有意识地在追求一种方正匀称的汉字结构。大量的汉字形体变化很大程度上都是源于人们对汉字形体的笔画分明、重心平稳、结构端正和美观的要求。

2.汉字自身发展

(1)字形演变和汉字简化

历史上大规模的汉字简化有两次,分别是秦汉时的隶变和新中国成立后的简化字改革。

隶变是从小篆到隶书的转变,是汉字发展史上最重要的一次改革。隶书彻底改变了古文字阶段汉字的象形特征,变曲笔为直笔,把汉字线条由混乱复杂变为整齐规整,汉字结构简化的同时也减少了汉字的笔画。

新中国成立后的一系列文字改革进一步推动了记号字的快速发展。1956年国务院发布《汉字简化方案》,1964年中国文字改革委员会编印出版《简化字总表》,整理了大量形体复杂、异体繁多的汉字。文字改革是党中央针对当时的国内、国际形势而做出的重大战略决策,对当时降低文盲率和教育发展改革产生了强大的推动力。

(2)语音演变

“时有古今,地有南北,字有更革,音有转移”,随着时代的发展和交流的扩大,语音发生着日新月异的变化,形声字造字之初的声旁与整字的读音渐行渐远,音符逐渐失去了其表音功能,变为记号,整字也由形声字变为半意符半记号字。如“刻”字在《说文解字》是“从刀,亥声”,而现代汉字中“刻”与“亥”的读音已经相距甚远,“亥”失去了提示读音的作用,在“刻”字中变为记号。

(3)假借和词义引申

或是出于象形难以表达某些词义的原因,或是为了分散汉字职务,或是希望简化字形,假借是汉字发展史上不可或缺的一环,因假借而产生的记号字比比皆是。如"我"本是钺类武器的象形字,但很早便假借为第一人称,且随着汉字隶变,其本义渐渐不为大众所知,后起义取代了本义。"其"字本为取象于簸箕的象形字,但甲骨时期便假借为虚词,其造字理据反而罕为后人所知。

词义引申也会导致大量记号字的产生。我们常用一个字表达多个词义,但在众多的词义中,只有一个是其本义,根据这个本义衍生出来的其他意义就叫做引申义。在上千年的发展过程中,本义常被引申义所取代甚至消失,此时引申义成为这个字的主要含义,而这个字也变为记号字或半记号字。

"辅"字是一个"从车,甫声"的形声字,本义为绑在车轮上的两根直木,后引申为"辅佐、辅助",与形符"车"的含义失去了联系,变为半音符半记号字。"该"字在《说文解字》是"该,军中约也。从言,亥声",而"该"在现代汉语中意为"应当"。其意符"言"在词义引申发展中失去了其表意能力,"该"由此变为半音符半记号字。

(二)记号字的优缺点

任何事物都有其两面性,汉字记号化也有着自身的优缺点。

从形体上看,相比古代笔画繁复难记的特点,记号字的笔画简单,数量少,书写速度快,这在很大程度上提升了人们的书写效率,同时也提高了教育普及率。

但记号字在使用上还是存在很多不足。首先,记号与整字的读音和意义没有任何联系,这就会在认知方面给学习者造成阻碍,学习者在学习中只能死记硬背,提高了汉字学习和使用的难度。其次,大量形体相似的记号字容易使人产生混淆,如"己""已"和"巳","土"和"士","人"和"入"等。

第四节 汉字书写

一、笔画

笔画是基本书写元素,是构成汉字字形的最小的连笔单位。笔画是有起止的线条,从落笔到提笔的一次过程叫做"一笔"或者"一画"。笔画的走势和形状又被称为"笔形"。

现代汉字的笔画源于早期汉字。上古时期的书写工具多为刀石,甲骨文是用刀刻于龟甲兽骨之上的,金文则多是刻铸于钟鼎等青铜器之上,这种书写工具限制了线条的粗细、曲折变化。同时,造字初期字与字之间很大程度上只靠字形本身的象形程度作为区别的特征。但随着汉字字形形象性的减退和符号性的加强,对构成汉字字形的笔画线条就有了更细致的要求,汉代隶书中“俯、仰、波、磔”的书写特点为现代汉字的笔画奠定了基础。楷书相较隶书更加平稳,结构方正,其中的笔画基本上已经是现代汉字的“点、横、竖、撇、捺”的通用笔画了。

笔画的数量和形状是区别汉字的重要手段之一。现代汉字笔画的数量,少至1画,如“一、乙”,《现代汉语通用字表》中笔画最多的字是“齉”字,共36画,但就现在仍在使用的汉字来说,笔画最多的当属陕西面食“biángbiáng面”中的“𰻞”,多至56画。

(一)笔画的分类

关于汉字的基本笔形,古代书法家就有“永字八法”之说,其实质是对汉字笔形的归纳,一个“永”字包含了汉字的八种常见笔形“点、横、竖、撇、捺、提、折、钩”。此外还有“札”字法,指“横、竖、撇、点、折”五种笔形。但归纳“永”字法和“札”字法的目的都是总结汉字书法上的运笔要点,而不是在结构上对汉字笔画进行分类。

1965年1月中华人民共和国文化部和中国文字改革委员会联合发布《印刷通用汉字字形表》(收6196字)。但随着社会的发展,为了满足出版印刷、信息处理以及其他方面的需要,促进语言文字规范化,1988年又发布了《现代汉语通用字表》(收7000字),对印刷字形的标准做了进一步的规范,统一了字形结构,规定了笔画数目和笔顺等。

根据笔画的方向是否发生改变,可以将其分为基本笔画和派生笔画,也有人称其为单向笔画和变向笔画。汉字的派生笔画都是从基本笔画分化、合成而来的。

《印刷通用汉字字形表》和《GB13000.1字符集汉字折笔规范》中规定了汉字的五种基本笔形:一(横)、丨(竖)、丿(撇)、丶(点)、乛(折)。但对于笔画的定义和分类问题,各家学者观点不一,目前没有一个具体的国家标准。

对于基本笔画和派生笔画,很多学者未下定义,仅有分类,且对于基本笔画所包含的内容也都各有看法。如《简明实用汉字学》和《汉字研究》都认为基本笔画包含八种“横、竖、撇、捺、提、点、折、钩”,《现代汉字学纲要》和《汉字学概要》认为基本笔画有六种,但前者是“横、竖、撇、捺、提、点”,后者是“横、竖、撇、捺、点、折”,《汉字学概论》则认为是“横、竖、撇、捺、点”五种。除了《汉字学概论》把单一笔画定义为“构成汉字的最基本的点和线”之外,其余几本书都未作相关解释。

著作	定义	内容
《简明实用汉字学》	未下定义	横、竖、撇、捺、提、点、折、钩
《汉字研究》	未下定义	横、竖、撇、捺、提、点、折、钩
《现代汉字学纲要》	未下定义	横、竖、撇、捺、提、点
《汉字学概要》	未下定义	横、竖、撇、捺、点、折
《汉字学概论》	构成汉字的最基本的点和线	横、竖、撇、捺、点

(二)笔画的组合关系

现代汉字笔画之间的组合关系有三种:

(1)相离:笔画之间有一定的距离。如“二、八、小、门”。

(2)相接:笔画之间互相连接但不交叉。如“丁、已、厂、乡”。

(3)相交:笔画之间互相交叉。如“力、丸、于,十、又、支”。

但绝大多数汉字都是由十几个甚至几十个笔画组成的,一个汉字中可能存在多种组合关系。如“无”字是由四画组合而成的,其中横和竖折是相离关系,竖折和撇是相交关系,竖折和竖折钩又是相接关系。

二、笔顺

笔顺有两方面含义,一是指笔画的走向,也称为“笔势”,如写“横”是从左到右,写“撇”是从右上到左下;二是指笔画之间的先后顺序,也称为“笔序”,如“人”字就是先写左边一撇,再写右边一捺。

书写是手部的一种动作,所以必然会受到手部生理机制的制约,同时人们都有求简求顺的心理倾向,笔顺必然以方便手写为前提,偏向人的心理选择。汉字的笔顺规则总体上可以说是“从左到右,从上到下,先横后竖,先撇后捺”。

笔顺在字形美观、书写速度、汉字编码、查字检字等方面都有着重要影响。在汉字书写过程中,后一笔画的起笔总是承着前一笔画的落笔。如“干”字,是先写最上面一横,再写下面一横,最后从上到下写竖。若是先写竖再写第二横,竖“丨”落笔后往左上走容易抬起一钩变成竖钩“亅”,极易与“于”混淆。由此可见笔顺在书写汉字方面也是至关重要的。

现代汉字的笔顺书写规则主要有七条:

(1)先横后竖:十、木、丰。

(2)先撇后捺:八、火、人。

(3)先上后下:青、意、量。

(4)先左后右:川、亿、逛。

(5)先外后内:闷、风、区。

(6)先中间后两边:办、爽、业。

(7)先进去后关门:围、国、田。

笔顺产生于人们长期的书写实践过程,带有个人性、隐蔽性和过程性的特点。个人性是指笔顺是由个人单独书写,带有较强的个人习惯性,一般不需要对他人负责;隐蔽性是指即使笔顺错误,只要字形正确,也不会影响到书面交际;过程性指笔顺只存在于书写过程中,事后难以判断其正误。鉴于笔顺的这三个特点,目前的笔顺规则距离规范、标准的要求还有一定距离。如“乃”“及”“方”三字中都含有撇和折笔的结合,但笔顺却并不相同,乃的笔顺是“丿乃”,“及”的笔顺是“丿乃及”,“方”的笔顺是“一亠亍方”。尤其是“方”字第三画,并没有遵从由上到下和从左到右的原则。再如同样是拥有全包围结构的“瓦”和“夜”,前者是先封再点,后者则是先点再封。

三、偏旁和部首

(一)偏旁

偏旁是合体字的直接构字单位,分为形旁和意旁,充当形符的偏旁,就叫做形旁,充当意符的偏旁,就叫做意旁。它并不是书写意义上的结构成分,而是造字意义上的结构成分。

偏旁是对合体字进行“一次性分解”而得到的,是平面的而非层次的。分解后的偏旁可能是独体字,也可能是合体字。如“满”字分解后可得形旁“氵”和声旁“㒼”,“㒼”还可以分解为形旁“艹”和声旁“两”,但不可以说“满”字的偏旁是“氵”、“艹”和“两”。

作为源于象形符号的表意文字体系,汉字的形体状态丰富多样,数量庞大,汉字的教学与传承自文字产生之始便一直是个难题,偏旁便是源于汉字教学的实践。针对汉字形体繁杂的特点,人们想到了化繁为简,拆解记忆的方法,将整体分解为部分,方便学习和记忆,由此产生了偏旁的概念。现在的汉字教学中仍然普遍使用偏旁分析。

形旁表示汉字意义的类属,多是由象形字和指事字发展而来,因而其数量较少。而声旁表示汉字声音的类属,既可以由独体的象形和指示字充当,也可以由合体的会意和形声字充当,其数量远胜于形旁。

从目前可见汉字最原始形态的甲骨文到之后的金文、小篆、隶书、楷书,再到如今我们使用的现代汉字,偏旁也在一直发生改变。

甲骨文时期,偏旁的形体、方向、位置和数量都有很大的不固定性,同一个字的同一偏旁有时形体也会有所不同。“昔”字可作“”“”或“”,从“昔”的这几种写法可以看出甲骨文中偏旁的方向、位置和数量不固定的现象。甲骨时期汉字构造方

式仍是以象形和会意为主，形声字已逐渐发端，但其仍处于汉字滥觞之时，文字图画性强，偏旁规范性差。

金文刻画于青铜器上的性质特点促进了汉字笔画线条化和平直化的发展，到金文发展后期，偏旁体系已经较为规整。小篆上接古文字，下启今文字，其图画色彩已大大减弱，符号性增强，书写元素已经彻底线条化，此时期，偏旁的形体、方向、位置和数量都基本固定下来了。

（二）部首

部首是辞书编纂领域的一个概念，许慎的《说文解字》中便已出现。许慎在编纂字书时为了编排分类而参考偏旁概念创造出了"部首"，指辞书中拥有共同的汉字结构成分的一批字的代表字。"部首"一词最早出现在清代《康熙字典》的检字表中，在此之前，部首这一概念长期用"字原"来表示。

部首不是汉字结构成分的概念，只是汉字辞书编纂领域的一个术语。偏旁具有类聚现象，因此部首都是由偏旁产生，但偏旁并非都是部首。偏旁是对合体字进行分解而得到的汉字结构成分，而部首是依据字书编排需求从偏旁中遴选出来的。部首的数量是大大少于偏旁的。《说文解字》中有540部，而小篆的偏旁大约有2500个。

《说文解字》的540个部首的排序采用了多种标准，包括"据形系联""据义系联"和按事物规律排序，主要采用的是"据形系联"的标准。有些难以靠形体联系起来的部首，只能使用"据义系联"的方法。"据形系联"包括"形同系联"和"形似系联"。"形同系联"指"步、此、辵"等部，皆以有"止"而系联；"从、化、北"等部，皆以有"人"而系联。"形似系联"是指用一个相似的部首与之前的部首系联起来，这是因为作者难以找到相同的形体作为部首系联，如"半"和"牛"就是因形似而系联在一起。虽"据形系联"可以串联起《说文解字》中的大部分部首，但仍有小部分部首难以用形体串联起来，这时便只能"据义系联"了。如"齿"于"牙"之后，"泉"于"川"之后，就是"据义系联"的结果。但《说文解字》中有一系列的部首有着很强的逻辑顺序，因此直接将这些部首集中罗列在卷末，如"甲乙丙丁"等天干名称，"子丑寅卯"等地支名称和"四五六七九"等数字。

自《说文解字》之后，字书编纂一直采用部首法，但对于部首的分部数量及汉字的归部原则，则各家观点不一。明代梅膺祚根据楷书字形将《字汇》的部首定为214部，对之后的辞书编纂产生了较大影响。清代的《康熙字典》、1915年的《中华大字典》和《辞源》、1936年版《辞海》也都继承了214部的传统。1979年版《辞海》采用了250部。《中华字典》采用了201部。《汉语大字典》和《汉语大词典》设立了200部。

部首还可以分为"传统部首"和"改良部首"。"传统部首"是指承自《字汇》的214

部,“改良部首”是指现代在214部基础上进行调整后的各种部首系统。按照部首在各类辞书中是否有交集为标准,可以分为“通用部首”和“个性部首”。各类辞书中有交集的部首叫做“通用部首”;互相独立,彼此之间没有交集的部首就叫做“个性部首”。

四、部件

随着汉字楷化以及简化字的推行,汉字的形体结构发生了较大变化,传统的偏旁分析方法已经不适用于分析现行汉字的结构规律。现代汉字中有一种比偏旁要小,比笔画要大的结构成分,它一般不用于表达字义和字音,而是为了满足整体字形的需要。这种结构成分有“字根”“码元”“字元”“字素”“部件”“组件”“形素”等多种称呼,其中“部件”这一名称被广泛接受。部件产生于汉字教学的需要,在汉字编码领域又获得了蓬勃发展。对汉字的不同拆分标准也会影响对部件数量的统计,基于目前对基础部件的各项统计,部件数量大约是在400—700个之间。

(一)部件的定义和分类

国家语言文字工作委员会给部件的定义是“由笔画组成的具有组配汉字功能的构字单位”,部件系统与偏旁系统基本平行,但缺乏偏旁那样的表音和表意功能。部件系统主要是在字形上起区别作用的汉字结构符号系统。从不同角度可以将部件分成不同的类别。

(1)单笔部件和复笔部件:按照笔画的多少,可以分为单笔部件和复笔部件。单笔部件是指只有一个笔画的部件,如“一、乚”等;复笔部件是指由两个或两个以上笔画构成的部件,如“女、マ”等。

(2)成字部件和非成字部件:按照部件能否独立成字,可以分为成字部件和非成字部件。成字部件是指可以独立成字的部件,如“车、月”;非成字部件是指不能独立成字的部件,如“⺍、卩”等。

(3)基础部件和合成部件:按照部件的层次,可以分为基础部件和合成部件。基础部件是指最小的不能再继续拆分的汉字部件,处在汉字中结构的最底层,又叫单纯部件或末级部件。合成部件是指由基础部件组合而成的部件,如“话”中的“舌”就是一个合成部件,是由“千”和“口”两个基础部件组合而成的。

(4)本体部件和变体部件:按照部件在构字时形体变化与否,可以分为本体部件和变体部件。本体部件是指在构字时保持其原本形态的部件,如“土、七”等,变体部件是指在构字时为了字形美观协调等原因,原本形态发生变形的部件,如“心——忄、刀——刂”。

（二）部件的部位和组合方式

有了“部件”这一概念后，现代汉字的书写结构可以分为三层结构单位：笔画 < 部件 < 整字。笔画组成部件，部件构成整字。国家语言文字工作委员会2009年出版了《现代常用字部件及部件名称规范》。

对合体字进行部件分析，有平面分析和层次分析两种方法。平面分析是指一次性将汉字分析出所有部件，而层次分析是把汉字分层拆分，逐级分析直到分析出基础部件，如“崇”字使用平面分析会一次性分析出“山”“宀”和“示”，用层次分析则会先分析出形符“山”和声符“宗”，其中“山”是基础部件不可继续拆分，而“宗”是合成部件，还可以继续拆分出“宀”和“示”两个部件。平面分析可以看作是省略了层次分析的步骤而直接写出最终结果。

部位就是指部件在汉字中的空间结构位置。根据部件之间的空间组合关系，可以将其分为五种组合方式：

（1）单一结构：如“牛、女、寸、才、人、巳”等；

（2）左右结构：如“钱、挨、证、位、岭”等的左右结构和“淑、卿、瓣、衍、猴”等的左中右结构；

（3）上下结构：如“零、梨、霜、宝、菟”等上下结构和“荣、寞、薨、衷、享”等上中下结构；

（4）包围结构：如“围、团、回、国、卤”的全包围结构，“肉、风、区、匪、凿、画”的三包围结构和“房、眉、这、起、氧、载”的二包围结构；

（5）框架结构：如“噩、爽、坐、乘、幽”等。

（三）部件与偏旁、部首

部件与偏旁在概念缘起、结构层次和内部构成方面都大有不同。偏旁起源于传统汉字学，是依据造字理据对合体字进行分析而得到的一种结构单位。由于偏旁基本上是对整字结构进行一次性分解而得到的，从结构层次上可以看成最大的合成部件。同时，偏旁偏重于从意义出发逆向分解造字意图，不强调构形的规整，结构上既可独体又可合体。而部件源于现代汉字学，不依据造字理据而是单纯根据字形特点来拆解汉字，是对汉字进行多次分解从而得到的多个底层结构成分。正因部件是依据汉字形体特点多层分解整字而得，部件必然是独体结构。多数情况下偏旁大于部件，但当偏旁是独体结构如“女”“乡”“彳”时，部件等同于偏旁，而合体偏旁仍是由部件组成的。

传统文字学上的部首是指字书中各部的首字，是具有统领作用的代表性偏旁。但随着汉字的发展，部首也随之变化，现在的部首已经不是传统文字学上的部首，而是检字法上的部首，是具有统领字群作用的代表性部件。由此可见，部首必然是偏旁或部件,但偏旁和部件并非一定为部首。一个汉字可能有多个偏旁或部件,但只能有一个部首,部首的数量一定少于偏旁或部件。

第五节　汉字文化

汉字作为记录汉语的符号,是人们在创造社会文明时的产物,是先民心理的物化反映,不仅记录了汉民族的历史信息,更承载了丰富的文化信息。汉字的独特之处还在于,它以形表义,保存着我们的祖先造字时期的思想和当时的环境状态。因此,汉字的构造和使用为我们提供了极其丰富的汉民族文化信息。

一、造字文化

汉字是世界上迄今为止仍然在使用的表意体系的自源文字,是汉民族的祖先在长期的社会实践中创造的,它以其悠久的历史向世人昭示着生动而形象的古人造字心理,并以此传承着中国历史文化的丰富信息,从不同侧面展示了远古先民的观念与认识以及生活场景与状态。因此汉字的构形体系可以成为探讨中华文化的信息载体,我们可以通过汉字的构形系统来窥探中华文化的种种现象及其内涵。

1.汉字与古代社会形态

古人造字往往是依据当时的生活场景、社会形态以及认知观念来表达所记事物之间的联系,凡是跟人类生存密切相关的事物都会受到当时人们的重视,从而反映到语言中,有关这些事物的词汇就会相当丰富,而汉字正是记录这些词汇的符号系统,不管词汇如何生息演变,汉字的表意体系都会把这些词语的意义固定在字形系统中,把古人社会形态中丰富的生活方式留存下来。比如中国社会曾经历过以狩猎、渔、牧业为主的阶段,所以汉字中关于"网"的字特别多,各种用途的"网"有着专有的名称,如"罟"表示渔网,"罛"表示大渔网,"罗"是捕鸟网,"罝"是捕兔网,这些内容都是对先民狩猎生活的生动写照。

以丧葬习俗为例,通过汉字可以明显地看出古代习俗与地域有直接关系,且随着时代的发展而不断变化。"吊"字小篆由一个人和一张弓组成,代表着人带着弓守护亲人尸体。孝子利用弓箭将野兽驱赶走,避免野兽侵害亲人的遗体。但这并不是最完善的办法,亲人还会受到风吹雨淋,所以进一步改进为土葬,也就有了"坟""墓"这两个字,这两个字都将土作为重要构建,由此可以看出,丧葬和土有一定的关系。从礼节可以看出封建文化重视伦理纲常,汉字则蕴含了这些文化习惯,可以通过汉字了解这些文化习惯的传承，这是汉字具有的特殊意义。

2.汉字与古代饮食文化

民以食为天，从古至今，饮食都是人类生产首先需要解决的基本问题。从食不果腹、茹毛饮血的原始时代到钟鸣鼎食、纸醉金迷的文明时代，一些与饮食相关的文字所折射出的人类饮食文化是极其丰富有趣的。比如古代常用的烹饪方法可以分为四大类：

（1）炙、燔、炮、燎：这一类是直接把肉放在火上烤，但区别是对肉的处理方式各有不同；

（2）烘、炒：这一类是把粮食烘干做熟；

（3）蒸、馏：这一类是用蒸汽把鱼或肉蒸熟；

（4）煎、熬、煮：这一类是用水把鱼或肉煮熟。

从这些汉字可以得出古代烹饪用火的各种方式，通过对汉字的意义加以比较，还可以得出各种烹饪方法所对应熟食与生食、烧烤与水煮、猛火与文火等，这些字也体现了古人丰富的饮食文化。

3.汉字与古人的居住文化

从人类产生之初居住于天然的山洞，到后来的巢居、穴居，建屋舍而居，人类经历了风餐露宿到有家有室的漫长过程，同时也创造了熠熠生辉的居住文化。

汉字中跟房屋建筑相关的字大多都与“宀”相关。许慎说“宀”是交覆深屋的象形，像人站在房子正面看到的房子形状。到新石器时代，人类社会出现穴居房屋。《说文·穴部》：“穴，土室也。”这种建筑一般是挖50—80厘米的坑，坑中间立木柱，四周紧密排列木柱，柱子外面铺上草或者草泥。但是这种穴居的住房容易积水，古人就移居到地面上建立住所，逐渐就有了一批从“宀”的字，比如“宫”字的本义是房屋，“宀”是房屋外形的正面轮廓，“吕”像屋顶斜面所开的通气孔和下面的门。古文字“宫”反映出来的就是房间众多的意思，先秦之前一般的房屋都可以称为宫，但是因为与室、屋不同，宫是指有围墙的建筑，一般指尊贵者的居所，后来成为帝王或神灵居所的专称。

古代贵族的房屋建筑一般都坐北朝南，院子的北部是居住的主体建筑，包括堂、室、房，“堂”是居室的中心，是主人平时活动、议事、行礼待客的地方。“堂”字由“尚”和“土”两个部件构成，“土”表示建筑材料，“尚”表示尊贵，它表明“堂”在整个建筑中的尊崇地位。“室”是由“宀”和“至”两个部件构成，“宀”表示房屋，“至”表示归宿之意。“室”在“堂”的北面中间，而“室”两边的房屋称为“房”。这种区分尊卑地位的建筑设计，体现出古代人的居住也是按照身份地位来安排的，比如古代的原配夫人居住在“室”，所以称之为“正室”，嫡妻之外的夫人居住在“室”旁边的“房”，故称之为“侧室”或“偏房”。“堂”在家居建筑中具有中心和尊崇地位，而父母往往是“堂”上活动的主事，所以古人又称父母为“高堂”。

4.汉字与古代的婚姻习俗

通过分析汉字中“妻”“娶”“婚”等字的结构特点，可以看到从母系社会到父系社会过渡时所产生的婚姻形式，即劫夺婚。由母系社会过渡到父系社会后，男子不再依附女子而生存，而是希望以自己为中心，让女子归附自己，但女性不愿意放弃自己的中心地位，于是男子以武力抢夺女子就成为当时的婚姻方式。“妻”，甲骨文从女从中从又，合起来表示长发女人被人用手擒持，这是上古社会掠夺婚姻在文字中的痕迹。娶亲的“娶”字在早期文献中只写作“取”，如《诗经·齐风·南山》中“取妻如之何？匪媒不得”。而“取”的本意是捕获、抢掠，《说文解字·又部》:“取，捕取也。”那“取亲”自然就是劫夺婚了。“娶”字在“取”的基础上加了“女”旁，说明劫夺婚的影响已经逐渐消失了。而“婚”字也是在“昏”的基础上产生的。如《礼记·经解》:“昏姻之礼，所以明男女之别也。”而男女结亲为什么称作“昏”?《说文·女部》“婚”:“礼，娶妇以昏时。妇人阴也，故曰婚。”按照《说文解字》的解释，迎亲是在黄昏时进行，因为女性是属阴，夜晚也属阴，所以定在黄昏，这是阴阳观念产生后的解释，但迎亲在黄昏进行却是在阴阳观念产生之前就已经实行的，所以，可以推测婚礼定在黄昏其实是劫夺婚习俗的延续，因为抢婚一般都是在黄昏时进行。通过这些字形的分析及字义的阐释，从中可以大致窥探出古代社会的婚姻状态和社会习俗。

5.汉字与古代货币文化

钱币是一个社会的经济形态发展到一定程度以后才出现的东西，它是财富的代表。汉民族早期的货币所产生的时间和存在的形式，除了史料记载以外，在汉字结构系统中也可以得到较为全面的印证。从汉字的造字构形来看，中国社会在很长一段时间内都是使用贝壳作为一般等价物进行交易的。《说文解字》:“古者货贝而宝龟，周而有泉，至秦废贝行钱。”“货贝”就是以“贝”为货币，“宝龟”就是以“龟”为宝。《说文解字》中:“贝，海介虫也。”这说明“贝”是一种海中生物，这种充当货币功能的贝壳生长于热带、亚热带浅海，这种小巧玲珑、坚固耐用的贝壳具有便于携带和计数的特点，因而逐渐发展成为交换的媒介，充当一般等价物的职能。在汉字大量构成并趋于成熟的时期，“贝”字确实是作为财富象征来使用的。汉字中大量表示财务之义的字和词在结构上都有“贝”，以“贝”为意符，像“财、货、贡、贫、赈、费、赏、赠、贪、贷、赊、贿赂”之类都属贝部，秦以后“废贝行钱”，但是这种古代的货币制度在文字的形体上还保存着它的蜕形。

二、用字文化

汉字由笔画和部件构成，本身就蕴涵着丰富的文化信息，在具体应用中产生了与其构形上的特点相应的用字文化，包括析字、借字、对偶、对联、字谜、隐语、回文、嵌字等。

1. 析字和借字

析字是把一个汉字拆成几个能表意的有一定独立性的字，也是一种修辞格。汉字中音同音近现象比较多，口语中容易混淆。例如，汉人的姓往往有一个析字的代称，如"弓长张""古月胡"等；为了表意含蓄，将"分"析为"八刀"，"打八刀"意为解除婚约；旧时商人做买卖谈价格的过程中，为了不让其他人知道他们之间的实际价格，就对价目数字采用了隐晦的表达方式，如"倒川"表示"三"，"分头"就表示"八"，如果是"八十三"就连起来说"分头倒川"。其他再如析字对"一明分日月，五岳各丘山"；析字诗"日月明朝昏，山风岚自起。石皮破仍坚，古木枯不死"。

借字就是借用某个字的形体来代替许多描绘文字的一种修辞格。例如：借汉字"大"之形形容某人睡觉的姿势（"把粗短的身躯摆成个'大'字"）；借汉字"品"之形形容作战的阵势（"在江、淮、河、汉之间布成'品'字形阵势"）；借汉字"川"之形形容眉心之间的肌肉（"眉心之间的肌肉，拧成一个'川'字"）。

2. 对偶和对联

对偶就是连用一对长度相等、结构相同、语义相关的语句，使表达均匀对称的一种修辞格。对偶是最具有汉民族特色的一种修辞手段，深深地根植于汉文化之中，古诗词中常常都要求用严格的对偶句，如"明月松间照，清泉石上流"（王维《山居秋暝》）。

对联是对偶中的一种特殊形式，是中国传统经典文化之一，俗称"对对子"。对联与汉字有着密切的关系，汉字的音、形、义的特殊独立性，决定了对联上下联能够字数相同、节奏相称、平仄相间。对联表现的内容多是相关、相对的，词语对仗均衡，音韵抑扬谐和，意象纵横恣肆，无法为世界其他类的语言企及。

比如：琴瑟琵琶，八大王，一样头面；魑魅魍魉，四小鬼，各自肝肠。

这副对联就巧妙地利用了汉字的形体特征构成。

又如：此木为柴山山出，因火成烟夕夕多。

又如：鸿是江边鸟，蚕为天下虫。

以上这些文学形式，读起来无论是在视觉上还是在听觉上都给人一种对称和谐的美感。同时这些特有的文学现象也是单音节方块汉字所特有的构形效应。

3. 字谜和隐语

字谜是谜语的一个门类，是用汉字做的谜，有谜面和谜底，说出来供人猜的部分叫谜面，答案就是谜底。旧时，每逢传统佳节，人们往往以编猜字谜娱乐。比如“四面都是山，山山都相连”，谜底是“田”；“拿不出手”，谜底是“合”；“水落石出”，谜底是“泵”。

隐语是不适合或者不敢直接说出口，而采用隐蔽含蓄的方式说出的话，常常流行于某一团体或组织的内部，属于对外保密的话语。大部分隐语都是巧妙利用了汉字的结构特征来实现，如《后汉书·五行志(一)》中记载，东汉末年董卓生乱，百姓痛恨，但屈于其势力，不敢直言，于是编成童谣：“千里草，何青青，十日卜，不得生。”这里的“千里草”是“董”的析字，“十日卜”是“卓”的析字，整首童谣意指“董卓必死”。因为董卓入长安城后，烧杀掳虐，民不聊生，百姓编歌谣隐晦地对其表示憎恨。

4. 回文和嵌字

回文诗是一种可以反复回旋阅读的诗体。如南朝齐王融《后园作回文诗》：“斜峰绕径曲，丛石带山连。花余拂戏鸟，树密隐鸣蝉。”这首诗倒读便成了：“蝉鸣隐密树，鸟戏拂余花。连山带石丛，曲径绕峰斜。”不论是正读，还是倒读，都是一首清新隽永的小诗。回文诗是牢牢依附于汉字方块字特殊表意特点或形体结构才得以成立的，而且大多带有文字游戏性质。

嵌字是把需要表达的字镶嵌在诗文之中，用来表达隐讳、讽刺等意思。20世纪30年代，贵州军阀周西城在贵阳喷水池西南，修建了一座“世杰花园”。当时人民群众的口头便流行这么四句：“混世魔王，何杰之有？昙花一现，斯园立朽！”这里将“世杰花园”的名称镶嵌其中，体现了人民群众将周西城视为“混世魔王”，诅咒其像昙花一现一样要“立朽”的愿望。

汉字不仅仅是一种语言符号，其构形也不仅仅是语言现象，在汉字构形中我们可以看出它所承载的深厚的文化内容，从某种角度说，每个汉字都是一幅历史文化图，它既是中华民族的伟大创造，也是中华文明史中的瑰宝。

三、汉字的功能

汉字自产生以来，在中国文化的积累、传承、发展、传播和繁荣中发挥了巨大的作用，也作出了巨大的贡献。

第一，汉字的产生突破了汉语在时间和空间上的限制，扩大了汉语的交际功能。在文字出现以前，语言交际只能依靠有声语言即口语，口耳相传，由于口语转瞬即逝，人们的交际仅限于当面或近距离交谈。从空间上看，远距离的人无法彼此听到;从时间上看,现在的人听不到过去的人说话,将来的人也听不到现在的人说话。口语交际的这种时空制约,限制了语言的交际功能,也不利于文化的继承和传播。汉字的出现突破了汉语在时间和空间上的限制。被文字记录下来的语言和文化不仅能传至远方,而且能传至未来。

第二,汉字的产生使得中华民族的悠久文化得以保存和传播。几千年来,中华民族遗留下了难以计数的图书典籍、文物宝器,它们是中华文化的最直接的见证,而中华文化的保存和传播主要依赖于汉字的记录。这些典籍和宝器记录了中国历史上出现过的政治、经济、文化、科学技术等方面的现象,汉字作为文化信息的载体,继承、发展并传播了这些文明成果,使之成为中华民族甚至全人类的宝贵文化财富。

第三,汉字促进了汉语发展和规范化。汉字的产生使得汉语除口语之外有了第二种存在形式——书面语。书面语比口语更严谨、细致,条理性更强,更有利于汉语的加工与提炼,进而产生了文学语言,产生了标准语。可见汉字的产生推动了汉语的健康发展和规范化,更有利于汉民族共同语的形成和发展。书面语的提高又反过来促进口语的规范和提高。可见汉字的产生在一定程度上促进了汉语自身的发展。

第四,汉字帮助维护和巩固了国家的统一和各民族人民的团结。我国幅员辽阔、民族众多,各民族使用的语言乃至汉民族各地方言的差距都比较大,因而口语交际中难免存在障碍,而汉字的规范使用使不同民族和不同方言区的人们交际更加顺畅,增进了民族感情,对维护国家的统一和巩固、民族团结起到了重要作用。同时,汉字记录了各民族文化,对增强民族间的向心力和凝聚力也发挥着重要作用。

四、汉字的传播

文字是文明发展成熟的标志,只有悠久、稳固的文明才会发展出系统的文字。汉字不仅是世界上历史最悠久的、被长期使用并将继续使用的文字,而且也是世界上使用人口最多的文字。汉字不仅为汉民族的文化繁荣作出了贡献,也为其他民族的文化发展作出过贡献。在漫长的历史中,汉字从黄河流域传播到长江流域和珠江流域,再传播到国内边区的许多少数民族地区,如古代的北方民族和现代的西南民族地区。汉字曾经对一些少数民族的文字创制起到重要作用,如“契丹国书”、“女真字”和“西夏文”等都是仿照汉字而创制出的文字。汉字传播到四周邻国,比如秦汉时期,汉字传入越南,产生了“子喃”;汉代初期,汉字传入日本,产生了“假名”;晋初,汉字传入朝鲜和韩国,产生“谚文”。在古代的东亚地区,汉字是通用文字,古代的越南、朝鲜半岛、日本列岛等地区都曾经把汉字作为官方文字,甚至还把汉语的文言文作为书面语使用。可以说,在当时,汉语的文言文是东亚地区的通用语,会书写汉字,能够使用文言文写作,在东亚被视为贵族的象征。至今,日本和韩国还在使用部分汉字。由于汉字对东亚和东南亚的影响,形成了所谓的"汉字文化圈"。

现在,汉字是国家法定的通用文字,我国各民族也在学习和使用汉字。在国外,新加坡、马来西亚等国家把我国的现行汉字作为国家通行的正式文字之一,联合国也把我国的规范汉字作为六种工作文字之一。

随着中国改革开放的不断深入,中国对外交流更加广泛,学习汉语的外国人人数不断增加,对外汉语教学蓬勃发展,学习汉字的人数也会不断增加,汉字也将随着"汉语热"的浪潮并凭借互联网传播到世界各地,将在国际交往中发挥着越来越重要的作用。

第六节　汉字规范化

一、汉字规范化的历史举措

语言文字的规范化是语言文字内部发展的必然要求,与社会生活密切相关,影响着意识形态和文化结构及其发展。

对语言文字的整理和规范古已有之,不同阶段的规范目的也有所不同。为了达到政令通畅、文化交流和统治阶级地位维护等目的,历朝历代的统治者均重视韵书和字书的编纂工作。秦始皇推行的"书同文"是我国第一次对汉字进行全面的整理,北魏孝文帝时推行的"断诸北语,一从正音"、元朝的"天下通语"等均反映了当时在汉字规范上作出的努力。

清末至"五四"前后,中国与西方的巨大差距,迫使有识之士思考汉字使用方面的不足,先后发起"白话文运动""国语运动""大众语运动"等,希望通过降低学习语言文字的难度、打破与语言文字相关的阶级垄断,普及文字、提高国民素质、使国家走向现代化。清末至建国前汉字规范化的重要举措,如下表所示。

时期	举措及效果	
清末	1911年学部召开"中央教育会议",通过《统一国语办法案》	进行语词、语法、音韵的调查,审定"国语"标准,编辑国语课本、国语辞典和方言对照表等

续表

时期	举措及效果	
民国初期	1913年召开“读音统一会”；1919年出版《国音字典》，1921年校订后再版并定名为《教育部公布校改国音字典》	收13000多字，审定“国音”和“国音字母”
“五四”以后	1932年教育部公布发行《国音常用字汇》	收正字9920个，异体字1179个，异读字1120个，共计12219个字，再次明确了以北京语音为标准音，在字量、字形、字音、字序上建立了明确的规范
1937年	全面抗日战争爆发，国语的推行陷于停顿	
抗战时期中共的一些举措	1940年，陕甘宁边区新文字协会成立，具体负责新文字运动的开展；随着解放战争不断取得胜利，简体字也流行到全国各地，被称为“解放字”	

历史上的文字改革基本是在汉字框架内的调整，而中国近代时汉字曾面临“弃用”的生死存废问题。近代的文字改革运动，不仅是语言文字改革的探索实践，更是爱国救亡运动中的重要一环。

近代在汉字使用、简化和拼音化等方面的探索为建国后文字改革工作奠定了基础，1949年中华人民共和国建立以后，在党和政府的领导下，文字改革工作进入了一个新的阶段。

二、汉字规范化的内涵

汉字规范化是指人们在使用汉字时遵守用字规范，包括正确书写字形；不乱造、乱写简化字；不使用已经废弃了的异体字和旧字形，不滥用繁体字；避免写错别字；正确地读字音，不错读、乱读等。

正确书写字形	使用规范的简化字：不乱造、乱写简化字	1956年1月，国务院全体公布了《汉字简化方案》；1964年中国文字改革委员会编印了《简化字总表》
	不使用已经废弃了的异体字和旧字形。异体字是音义相同而形体不同的一组字，从每组字中选择一个作为规范字形保留，其余字形停止使用	1955年12月22日，文化部和中国文字改革委员会联合发布了《第一批异体字整理表》
	不滥用繁体字	特殊场合除外，如：名胜古迹上的文字、翻印和整理出版古籍、书法艺术等
纠正错别字	错字，指不符合该字的特定形式（包括笔画错误、构件错误、部位错误、类化错误等）	受形体相近字影响： 步-少；虐-雪
		形体相近的偏旁混用： 辜（“辛”和“幸”混用）
		受上下字影响： （模）糊　辉（煌）

续表

纠正错别字	错字，指不符合该字的特定形式（包括笔画错误、构件错误、部位错误、类化错误等）	结构错误： 愿（半包围写成上下）
	别字，用字使用错误，一个字写成另一个字	音同（近）形混： 麻风病（疯） 挖墙脚（角） 好高骛远（鹜） 铤而走险（挺）
		音异形混： 饮鸩止渴（鸠） 修葺（茸）
		意义混淆： 一副对联（幅）
正确地读字音	避免误读字音	不受方言影响读错字音；正确掌握多音字的使用，避免任意类推字音和声调误读，遵照审定后的读音念异读词

《第一批异体字整理表》是淘汰异体字的正字标准。但值得注意的是，它是在旧形字和繁体字的基础上淘汰异体字的，因此，它只能作为淘汰异体字的主要标准，而不能作为书写新字形和简化字的规范性标准。即使在淘汰异体字方面，它的作用也是有限的。由于该表颁布后又曾作过某些调整，在之后颁布的《简化字总表》和《现代汉语通用字表》中，还恢复了不少异体字，因此，凡是与《简化字总表》和《现代汉语通用字表》不一致的地方，应以后两者为准。

经过简化和整理，汉字字数有所减少。其中，《简化字总表》中采用同音替代的方法精简了102字；生僻的地名用字减少了15字；计量单位精简了20字；《第一批异体字整理表》精简了1025字。

新中国建立以来，在对汉字规范化要求的同时，在汉字整理上也做了许多工作，取得了积极的成果。

整理印刷铅字字形	1965年《印刷通用汉字字形表》《关于统一汉字铅字字形的联合通知》统一铅字字形，克服不同印刷体之间的同字异形问题
改换部分生僻地名用字	因为生僻难认，1955—1964年，经国务院批准更改，将35个地名中的生僻字改为同音的常用字
统一部分计量单位用字	1977年《关于部分计量单位名称统一用字的通知》，1984年《中华人民共和国法定计量单位》淘汰一批计量单位的旧译名，其中使用的生僻字也随之淘汰

从中华人民共和国成立初期“走世界文字共同的拼音方向”到1958年汉语拼音方案“不是用来代替汉字的拼音文字”；从把简化汉字作为汉字拼音化的先导工作，到将简化汉字作为一项文化教育领域的常态工作，汉字的“存废危机”得以解除。

第七节　汉字标准化

一、汉字标准化的基本原则

信息时代对汉字提出了新的、更高的要求，在文字改革成果基础上，通过对现行汉字进行全面、系统、科学的整理，明确汉字的使用标准，即定量、定形、定音、定序，合称“四定”。实现现代汉字的“四定”，是汉字研究和汉字管理的重要内容。

定量	确定现代汉语用字的数量
定形	确定现代汉语用字的标准字形
定音	确定现代汉语用字的标准读音
定序	确定汉字在一定集合中按一定规则排列的次序

（一）定量

汉字一共有多少？很难作出精确的回答。从《说文解字》的收字数9353，至《汉语大字典》（2010年第二版）收楷书单字数60370，汉字蓬勃发展，数量越来越多，明确现代汉语用字的常用字和通用字是定量的关键。

常用字	经常使用到的文字，主要适用于语文教育、信息处理和日常使用等	1988年发布《现代汉语常用字表》，收字3500个
通用字	一般会使用的文字，主要适用于出版印刷、辞书编纂、科学研究等	1988年发布《现代汉语通用字表》，收字7000个

字典和韵书收字较多，历代积累的汉字均囊括其中，包括有数量不小的异体字，并不完全是现代汉语用字，单就现代汉语用字而言，估计有一万字左右；通用字和常用字是现代汉语用字中使用频率高、学科分布广的，可以满足一般的社会生活、科学研究的需要。

字数太多，字无定量，是汉字难学难用的主要原因。在难于再减少字量的今天，可以用“分层使用”的方法，减少学用的不便。

（二）定形

统一字形是文字使用的重要基础，只有一个规范的字形和易学好用是定形的指导原则。1964年中国文字改革委员会编印的《简化字总表》，主要采用了以下几种汉字简化的方式：

一“简”对一“繁”	简化原字	在原字的基础上，简化繁体字的笔画	飞（飛）、宁（寧）、报（報）、汉（漢）
	简化偏旁	简化繁体的偏旁部首	语（語）、红（紅）、饮（飲）
一“简”对多“繁”	废除今字保留古字		蒙（矇、濛）
	合并同音字	选择笔画少的字作为简化字，废掉其他繁体字，合并多个意义	后（後）
	另造新字	新造字兼具原本几个繁体字的意义	发（髮、發）

汉字的简化，早在甲骨文、金文时期便出现了。随着字体的流变，字形也在进一步简化，形成了简繁并存的局面。新中国建立后，确定了“约定俗成、稳步前进”的汉字简化方针，在此基础上，逐步开展相关工作。汉字简化工作，对教育的普及、群众文化水平的提高和社会主义事业的发展都起到了积极的作用。

（三）定音

定音是以北京话的语音系统为基础，结合古代韵书等确定文言用字的现代读音，根据语音对应规律折合方言字读音。现代汉字大多是一字一音，一字多音的叫多音字，根据音义关系可将其分为三类。

多音字的类型	音义关系	使用方法
音不同，义不同	多音多义字	弄清用法，音随义转
义同音不同（语体色彩、用法等不同）		
义同音不同（语体色彩、用法等都一样）	多音同义字，也称异读字	确定一个标准读音，废止其他读音

普通话审音委员会于1956年至1962年期间三次审定异读词，于1963年形成《普通话异读词三次审音总表初稿》，国家语言文字工作委员会等三部门于1985年12月审核通过并公布了《普通话异读词审音表》，确定了异读词的读音。

（四）定序

定序是确定现代汉语用字的排列顺序，做到字有定序。定序首先要确定汉字的排序方式，然后才能确定每个字的顺序。汉字排序方式主要有形序法、音序法、义序法三种。

形序排检法	部首法	具有相同表意偏旁的字归为一部，同部字再按照意义关系的远近排列先后	部首在字中的位置不固定，有些字难以确定部首

续表

形序排检法	笔画法（笔画笔形法）	按照笔画的多少来确定字序，如笔画相同的字较多，则第二次排序，使用笔形法	必须对笔画、笔形相当熟悉；有些字的笔画或笔形使用时容易存疑
	号码法（四角号码、三角号码等）	笔形代码法，把笔形转为号码，再依序连成代码，以代码大小给字从小到大排序，是形体法的一种变形	笔形与号码的关系是人为规定的，缺乏理据性；有些字的代码不易确定
音序排检法	音序法	汉语拼音字母排检法 注音字母排检法 韵部排检法	按照字的读音来排定字序。使用最广的是用汉语拼音定序，同音的再按照笔画笔形来排序；古代韵书根据韵部和四声排检，都属于音序法，不能确定字音的时候无从查检
义序排检法	—	以文字所表示的概念、人物、事物等包含的意义特征为依据，按一定顺序归类编排和查检条目	—

汉字是形、音、义一体的文字，根据其中任何一个方面都可以建立字序，但字义很难有分类标准，故义序较少使用，不及形序和音序的适用性强。

由于汉字的种种复杂情况，每种方法都有其优缺点，许多字典在选择某种字序法编排正文后，还附有几种不同的检字索引，以补充不足。

二、其他汉字规范标准

面向现代通用层面的汉字规范标准	《通用规范汉字表》 《通用规范汉字笔顺规范》 《汉字部首表》 《汉字应用水平等级及测试大纲》
面向古籍印刷层面的汉字规范标准	《古籍印刷通用字规范字形表》
面向基础教育层面的汉字规范标准	《识字教学用通用键盘汉字字形输入系统评测规则》
面向国际中文教育层面的汉字规范标准	《国际中文教育中文水平等级标准》
面向信息处理层面的汉字规范标准	《信息技术中文编码字符集》

第八节　汉字信息化

一、汉字编码及标准

通过西文键盘输入汉字，是信息化时代下汉字面临的一个重大挑战，必须为汉字设计相应的编码来实现输入。汉字在输入、输出、存储和处理的不同过程中，所使用的汉字编码是不同的，归纳起来主要有汉字输入码、汉字交换码、汉字机内码和汉字字形码等编码形式。

汉字输入码	位于人机界面上，面向用户，是为了用户由计算机外部设备输入汉字而编制的汉字编码，又称外码。归纳起来主要有数字编码、字音编码、字形编码和音形结合码等。每种方案对汉字的输入编码并不相同，但经转换后存入计算机内的机内码均相同
汉字交换码	指对汉字进行传递和交换时使用的编码，也称国际码。1981年国家标准局颁布《信息交换用汉字编码字符集——基本集》，简称GB2312—80，代表汉字的国际码。其共收集7445个字符，其中汉字6763个（常用的一级汉字3755个，以汉语拼音字母排序；二级汉字3008个，按部首排序）
汉字机内码	只在计算机内部存储、处理、传输汉字用的代码，即内码。英文字符的机内代码是7位的ASCII码，最高位为“0”，为了以示区别，将两字节的汉字内码的最高位设置为“1”
汉字字形码	是表示汉字字形信息的编码。输出时产生的汉字字形通常是点阵形式，所谓汉字字形码就是确定一个汉字字形点阵的代码，每一个点用一个二进制位来表示，每个汉字对应一串字节，这就是汉字的字形码

汉字信息的输入、输出及其处理相较于西文难得多，原因是汉字的编码和处理复杂。现在，汉字输入、输出计算机的难题已经彻底解决。

输入→ 输入码 → 交换码 → 机内码 → 字形码 →输出

汉字处理过程

目前汉字使用地区的主要编码标准有以下几种：

中国	GB2312—1980（信息交换用汉字编码字符集 基本集） GBK—1995（汉字内码扩展规范） GB13000.1—1993（通用多八位编码字符集（ISO/IEC10646.1）第一部分） GB18030—2000（信息交换用汉字编码字符集 基本集的扩充）
中国台湾	《中文资讯交换码 CCC Ⅱ》《通用汉字标准交换码 TCA-CNS11643》
韩国	《KS C 5601-1987》《KS C 5657-1987》

续表

日本	《JIS X 0208-1983》《JIS X 0212-1983》
国际标准化组织	《信息技术 通用多八位编码字符集》的国际标准ISO/IEC10646.1

汉字的使用范围较广，涉及不同的国家和地区，推广国际范围内通用的汉字编码是跨国界的文化成果。

二、新时代汉字信息化发展成就

汉字信息化是在计算机系统对汉字的处理的基础上，通过对文字（形、音、义三个方面）的输入（input）和输出（output），对语言和数据进行的深加工。目前汉字信息化成果由以下几个路径来实现：

输入(input)	具体路径	输出(output)
西文键盘字符	形码：五笔输入法	汉字
	音码：汉语拼音输入法	
	形音结合码	
图像	文本识别技术（汉字自动识别技术），对文本资料进行扫描，获取文字及版面信息	文字信息
汉字文本	机器翻译，把一种自然语言转换为另一种自然语言，即句子和全文的翻译	其他语言文本
汉字、词	汉字情报检索，如搜索引擎、信息检索等	用汉字标明的相关语料及数据内容等
语音	语音识别技术、人机对话等	用汉语进行语音回复或者文本输出等

字形的点阵存储、点阵输出（显示、打印两者）技术，用软件的复杂性替代机械的复杂性，使汉字经受住了信息化的考验，进入了新时代。（字模集）

文本识别技术对古籍整理而言，避免了单个字符的输入，提高了整理效率。

古今汉字（甲骨文、钟鼎文、战国文字、小篆、楷书等）以及记录文化的一些重要符号（古代曲谱符号、算筹符号、汉字合成符号等）的整理及编码，并在计算机中的应用，是对汉字文化传承的一大重要贡献。

本章小结

文字是记录语言的书写符号系统，汉字就是记录汉语的书写符号系统。本章系统地讲述了汉字的起源、性质和特点，汉字的构造及书写，进而分析了汉字所蕴含的文化传承，以及汉字规范化、标准化、信息化的趋势。

一、关键概念

汉字、象形文字、表意文字、形声字、笔画、偏旁、部首、部件、六书、三书、会意、形声、规范汉字、字典、检字法。

二、基本主张

了解汉字的起源、发展和改革，汉字的文化现象及传播功能，重点把握汉字的性质、特点，汉字与汉语的关系，汉字与词的关系，掌握汉字的构造和书写，熟悉汉字标准化、规范化、信息化进程。

学习评价

<table>
<tr><th>评价维度</th><th>评价项目</th><th>评价内容</th><th>评价标准</th></tr>
<tr><td>知识维度</td><td>归纳整理汉字的知识概念</td><td rowspan="3">1.汉字的起源
2.汉字的性质和特点
3.汉字的构造与书写
4.汉字文化
5.汉字的规范化、标准化、信息化</td><td>掌握汉字的基本知识和基础理论，能够陈述汉字的构成和运用的相关概念</td></tr>
<tr><td>能力维度</td><td>掌握汉字构造书写、汉字文化及汉字的规范</td><td>具备良好的理解、分析和运用汉字的能力</td></tr>
<tr><td>素质维度</td><td>撰写汉字研究论文</td><td>自觉遵守语言文字规范，能够运用所学的语言文字理论分析学习生活中的语言现象</td></tr>
</table>

推荐阅读

[1]罗常培，王均.普通语音学纲要[M].修订本.北京：商务印书馆，2002.

[2]施春宏.汉语纲要：上册[M].北京：北京语言大学出版社，2018.

[3]黄伯荣，廖序东.现代汉语教学与自学参考[M].增订6版.北京：高等教育出版社，2019.

[4]杨文全.现代汉语[M].重庆：重庆大学出版社，2010.

本章自测

1.填空题

(1)汉字是记录汉语的______系统。

(2)汉字的产生和发展是以______为条件的。

(3)汉字作为记录______的符号，承载了丰富的______，它沟通着民族文化，是先民心理的物化反映，是汉文化的凝聚和组合。

(4)由于文化是汉字的构形理据，而汉字在字形上也力求与它所代表的____________一致，以便人们一见到它就知道它的大概意思。

(5)析字就是把一个汉字拆成几个能______________的字的一种修辞格。

(6)借字就是借用某个字的______来代替许多______的一种修辞格。

(7)秦汉时期，汉字传入越南，产生了“______”；汉代初期，汉字传入日本，产生了“______”;晋初,汉字传入朝鲜和韩国,产生“______”。

(8)错字的主要类型有:①____________________,如______;②____________________,如______;③____________________,如______;④____________________,如______。

(9)别字的主要类型有:①____________________,如______;②____________________,如______;③____________________,如______;④____________________,如______。

(10)在汉字标准化工作中,“四定”指的是______、______、______、______。

(11)简化汉字的内容有__________、__________、__________等。

(12)用汉语拼音标出以下词语的正确读音:

玷污　星宿　角色　沆瀣一气　干涸　良莠不齐　果实累累

博闻强识　呱呱坠地　殷红如血　虚与委蛇　不啻　给予

(13)在象形文字产生之前,人类普遍经历了______与______来记事与传递信息的阶段。

(14)从汉字的书写形式来看,汉字是______文字

(15)由商周的甲骨文、金文发展为篆书,由篆书发展为______、______,这是汉字字体演变的主流。

(16)从汉字跟时间和空间的关系来看,汉字具有一定的______性。

2.简答题

(1)简述汉字的起源。

(2)怎么理解汉字是形、音、义的结合体?

(3)简要谈一谈偏旁与部首的关系。

(4)你对各辞书的部首分类差异有何看法?

(5)简要论述汉字的功能。

(6)语言文字规范化会不会限制语言的发展和言语风格的多样性?

(7)怎么理解汉字简化方针中的“约定俗成、稳步前进”?

(8)请说明三种检字法的优缺点是什么?

(9)请谈一谈汉字标准化对于汉字信息化的意义。

(10)新时代下,怎么看待“汉字拼音化”?

(11)怎样认识汉字的性质?

(12)什么是隶书?简述“隶变”在汉字发展史上的价值。

(13)偏旁和部首是一回事儿吗?

(14)试论述汉字与汉语的关系。

(15)分析下面形旁相同的形声字,其读音与声旁有何关联,形旁又有何作用。

A.厦厕　　B.殇殆　　C.跔踔　　D.祟岛　　E.脍胆

(16)分析下面声旁相同的形声字,其字义与形旁有何关联。

A.糖塘溏　　B.喝渴葛　　C.搜艘馊　　D.悚速欶　　E.晾凉辌

参考文献

[1]罗常培,王均.普通语音学纲要[M].修订版.北京:商务印书馆,2002.

[2]施春宏.汉语纲要:上册[M].北京:北京语言大学出版社,2018.

[3]黄伯荣,廖序东.现代汉语教学与自学参考[M].增订6版.北京:高等教育出版社,2019.

[4]杨文全.现代汉语[M].重庆:重庆大学出版社,2010.

[5]邢福义,汪国胜.现代汉语(第二版)[M].2版.武汉:华中师范大学出版社,2011.

[6]何九盈.汉字文化学[M].沈阳:辽宁人民出版社,2000.

[7]裘锡圭.文字学概要[M].北京:商务印书馆,1988.

[8]倪永宏.汉字部首详解[M].北京:人民交通出版社,1996.

[9]张田若,陈良璜,李卫民.中国当代汉字认读与书写[M].成都:四川教育出版社,1998.

[10]邵敬敏.现代汉语通论(第三版)习题集[M].上海:上海教育出版社,2021.

第四章　现代汉语词汇

本章概要

本章共八节，旨在系统介绍现代汉语普通话的词语结构、词汇系统构成、词义分析方法和词汇的发展变化，通过教学和实践训练使学生掌握系统分析汉语词汇结构和语义的基本方法，为更好地掌握现代汉语词汇和从事语文教学及相关语言文字工作打下基础。

学习目标

1. 了解现代汉语词汇的基本概念、词汇系统的特点，掌握汉语词汇结构分析和词义分析的方法。

2. 掌握分析词语结构、词义的方法，理解词汇的演变规律，掌握词汇规范。

学习重难点

学习重点

1. 了解词汇的基本概念。
2. 理解现代汉语词汇系统的特点。
3. 掌握汉语词汇结构分析和词义分析的方法。

学习难点

1. 掌握分析词语结构的方法。
2. 掌握词义分析的方法。
3. 理解词汇的演变规律和掌握词汇规范。

思维导图

词汇概说

词汇系统	词汇系统的特点	理解概念
词义分析	词义分析的方法	掌握词汇结构分析和词义分析方法
词汇系统的构成	词汇发展	掌握词汇的构成和词汇发展变化的规律
常用汉语词典和词典编撰		掌握应用

第一节　词汇概说

一、什么是词汇

词汇，又称语汇，是一种语言里词和固定短语的总汇。狭义的汉语词汇学的对象是现代汉民族共同语的词汇。词汇是词语的汇集，是词语的海洋。词汇和词的关系是集体和个体的关系。词汇是语言的建筑材料，是构成句子的重要组成部分。每种语言都有丰富的词汇系统，现代汉语的词汇非常丰富，以《现代汉语词典》（第7版）为例，收录了近7万条词语供使用者学习参考。

区分词汇、词、词语等概念，弄清它们之间的关系很重要。

词语即词和固定短语，词汇是词和固定短语的汇集。固定短语不同于语法里所说的自由短语，固定短语是语言里形式上像短语，功能上像词的词汇单位，是词的等价物。

当前现代汉语词汇学界可以拿来作为参考的词汇标准除了《现代汉语词典》《现代汉语规范词典》等语文词典外，还有各领域制定的词表供学习者使用，如《现代汉语常用词表》（草案，2008年），《汉语国际教育用音节汉字词汇等级划分》（2010年），《义务教育常用词表》（草案，2019年）等。

二、词汇单位

（一）语素

语素是一种语言里音义结合的最小语言单位。当前现代汉语由“语素”这个概念承载了最小的有音有义的语言单位，说明每一个语素所代表的音和义的结合是汉语里最基础的语言单位。关于语素和汉语固有单位“汉字”的关系，汉语学界多有讨论，一个汉字可以有多个语音形式，多个字义，但一个语素必须是确定的语音形式和确定的意义内容的结合，此外，一个汉字往往是一个音节，而语素可以是多音节的，如果多个音节只有一个意义内容，那么也只能算一个语素，比如音译词“巧克力”。总的来说，我们可以这样理解，语素是最小的语言单位，属于语言学概念，而汉字是记录汉语的书面符号系统，是文字学概念。

语素（Morpheme）这个概念来自西方，其运用于分析汉语词汇的内部结构已有近百年的历史。关于语素和汉字的关系，可以拓展阅读学界相关理论，也可以进一步思考现代汉语选择“语素”这个概念作为基本词汇单位的深层原因。

（二）词

词是语言中最小的能够独立运用的音义结合体。与语素相比，词增加了“独立运用”的功能，可以从以下三个方面来理解词的“独立运用”的含义：

1. 词都是自由的，不成词语素都是不自由的

我们能切分出来一句话的自然语言单位和心理单位是词，汉语拼音也是分词连写。语言信息句处理中也是先要分词。

2. 词能够单说单用

这里所说的词应该是实词，因为虚词必须依附句中其他成分才能使用。实词基本是可以单说单用的。

3. 词的独立运用也可以理解为词的构句能力

词可以单独作为句子，也可以作为备用单位和其他词或短语组合构成句子，而语素的主要功能是构词。

词汇学里主要的关注对象是实词（content words）而不是虚词（function words），换句话说，词汇学里研究列举的词是有词汇意义的词，只有语法意义没有词汇意义的虚词（按照现代汉语目前的体系）是被放在语法部分讨论分析的。

(三)固定短语

“固定短语”的名称,是为了和语法部分的自由短语区分开来,如果不加“固定”或“自由”的说明,短语应该是指自由短语。固定短语是词汇术语,而自由短语(短语)是语法术语。固定短语是词和词的固定组合搭配,一般不能随意增减、改换其中的成分,在词汇学里是词的等价物,词典一般也会收录固定短语。固定短语包括专名(专有名称)和熟语两类,还包括经过压缩和省略的缩略语。

专名主要是指社会组织机构或企事业单位的名称,另外也包括地名,行政区划名,国名,大的机关社团名,著名的书籍、文章、报刊作品名,名人的姓名、称谓、职称、职衔等。如:

北京 青藏高原 中华人民共和国 中国社会科学院 人民日报 人民文学
孙中山 周总理

熟语现已成为广泛使用的术语,在人们的认识中熟语应该具有以下两个特点:

(1)现成的,大家熟练使用的短语或语句;

(2)比词大,最长不超过一句话。

熟语一般包括成语、惯用语、歇后语、谚语等。

成语是人们长期沿用下来的、结构整齐的固定短语,如“人山人海、风度翩翩、顾全大局、爱不释手、化险为夷”等。

惯用语是一种表达习惯含义的固定短语,一般为三音节形式,如“穿小鞋、半边天、马后炮”等。

歇后语是由谜面和谜底两部分组成的固定短语,有时只说前半部分谜面,后半部分谜底省略不说,让听者自行领会。

谚语是流传于民间的,简单通俗地表达某种深刻含义的语句。人们运用浅显易懂的词语总结丰富的社会生活经验,是中国人民几千年人生经验和人生智慧的总结。谚语涉及的内容非常广泛,无所不包,就像是一部人生百科全书。根据谚语表达内容的不同,可以把谚语分为社会生活类谚语和自然现象类谚语。社会生活类谚语如“一寸光阴一寸金,寸金难买寸光阴”“家和万事兴”“情人眼里出西施”“饭后百步走,活到九十九”“酒多伤身,气大伤人”等。自然现象类谚语如“庄稼一枝花,全靠肥当家”“蚂蚁搬家蛇过道,大雨不久要来到”“桂林山水甲天下,阳朔山水甲桂林”。

缩略语是人们为了称说方便,把形式上较长的名称或习用短语简化压缩而成的。缩略语主要分为以下两类。

(1)简称

简称是相对全称而言的。简称大都选取全称中有代表性的语素或词构成,把全称凝缩成简称,大多选取名称中有代表性的语素或词,如“北大”“中小学”“奥运会”等,有些简称已经逐步取代全称,人们已经不再使用全称,如“超市(超级市场)”。

(2)数词缩略语

对一些联合结构,选择其中各项的共同成分加上所包含的项数,构成数词缩略语。如:

物质文明、精神文明——两个文明

海军、陆军、空军——三军

还有一些是由列举的项数加上集体的属性构成的。如:

《大学》《中庸》《论语》《孟子》——四书

稻、黍、稷、麦、豆——五谷

三、词汇基础

语言中所有的词构成该语言的词汇。语言的词汇中主要的东西就是基本词汇,基本词汇的核心是所有的根词。基本词汇在所有词汇中的占比并不大,可是它们的生命却长久得多,它存在了千百年,并成为语言构成新词的基础。基本词汇的性质在各民族语言里是共通的,无论是对普通语言学还是汉语进行研究,基本词汇的探寻都是一个刻不容缓的关键性问题。

我们知道,词并不是孤立存在的,而是在一定的词和词的相互影响的关系中以不同的地位存在着的,那么对基本词的辨认必须放在词汇里来考虑。首先,基本词汇必须是一个词,而且反映与人们生活密切相关的客观事物和现象。其次,基本词汇还应具有历史的稳定性和良好的构词能力,基于这些特征,基本词汇应具有全民性和普遍性,也就是说那些只有少数人才能懂得的词,不能成为全民语言的基本词。最后,基本词的传承在语言发展中伴随着新旧质变的历史延续。古今汉语质变是逐步的,这使得汉语基本词在汉语史过程中有着较长的稳定性,不至于造成交际上的困难,因而基本词汇在汉语发展的任一时期都保持着稳定。汉语基本词在发展过程中的新陈代谢,有两种情形是比较突出的:方言同义词交替和古今同义词交替。这两种词的交替,形成了旧基本词的逐渐失用和新基本词的逐渐确立。如“釜”是古汉语基本词,在古代作品中提到“锅”的时候都用“釜”。“锅”在古汉语中只是一个方言,这个本属于秦方言的词,逐步取得了全民地位,代替了“釜”成为现代汉语的基本词,这是方言词排挤了古汉语基本词并取而代之的结果。再如,"日"作为一个表示天体的词,在现代汉语中它的地位被"太阳"代替了,它只能以一个古汉语词被现代汉语当作一个构词成分或古语成分来使用,一般在交际中不能以词的身份出现了。

第二节　词汇系统

一、语素

语素又叫词素,从"词素"这个术语可以更好地看出其功能是为构词服务的,当前学界多采用"语素"这个名称作为汉语最小的语言单位。上节指出"语素是一种语言里音义结合的最小语言单位",可以看出语素这个概念作为汉语基本语言单位的地位。

语素可以从多种角度来分类,列表如下:

实虚	实语素:意义实在,有明显的提示作用	虚语素:意义虚化弱化,不起提示作用
音节数量	单音节语素:只有一个音节	多音节语素:两个及两个以上音节组成
是否成词	成词语素:能够独立成词	不成词语素:只能跟别的语素组合成词
是否定位	定位语素:构词中位置固定	不定位语素:构词中位置不固定

(一)实语素和虚语素

实语素是意义实在,在构词过程中对词义的理解有提示作用的语素,如"人、林、木、花、石"等;虚语素是意义虚化弱化,对词义理解没有提示作用的语素。如"似的"中"的"对理解"似的"(表示跟某种事物或情况相似)没有提示作用,这里的"的"就是虚语素,类似的还有"关于""对于"中的"于"。

(二)单音节语素和多音节语素

语素还可以从音节角度进行区分。一般来说一个汉字是一个音节,汉字是单音节的,但语素却有单音节和多音节的区分。95%的语素是单音节的,但也有5%的语素是多音节的。多音节语素有以下几种情况:

1.联绵词:联绵词多由古汉语遗留下来,语音上往往有双声、叠韵等语音上的联系，当然也有的是非双声叠韵。如“参差”“枇杷”“叮咛”“逍遥”“芙蓉”“囫囵”等。

2. 叠音词：由不是语素的音节重叠构成，重叠后仍然是一个双音节语素。如“皑皑”“潺潺”“茫茫”“瑟瑟”“依依”等。

3. 音译外来词：音译外来词往往用不止一个音节对译外来语，但只表达一个意义单位，即多个音节单语素词。如“巧克力”“咖啡”“沙发”“莫斯科”等。

4. 拟声词：拟声词是模拟声音的词，如“乒乓”“刺溜”“哗啦啦”“叽叽喳喳”等。

（三）成词语素和不成词语素

根据语素的构词能力可以把语素分为成词语素和不成词语素。成词语素是可以独立成词的语素，如“牛、地、天、又、我”等。不成词语素是不能单独成词的语素，如“民、敏、语、羽、卫、奋、荣”等。

成词语素既可以独立成词又可以作为语素和其他语素组合成词。不成词语素不能独立实现为词，必须和其他语素组合构成词。如“学习”一词，“学”既可以作为词在“我在学英语”里使用，也可以和语素“习”组合构成“学习”一词，因此“学”是成词语素，而“习”虽然在古汉语里可以单独使用，如“学而时习之”。但现代汉语里不能作为词独立使用，因而“习”是不成词语素。

（四）定位语素和不定位语素

根据语素在构词中位置是否固定可以把语素分为定位语素和不定位语素。定位语素是位置固定的语素，如“阿”语素构词时往往位于词首，没有实在意义的“子”“儿”“头”构词时往往位于词尾。

目前语素众多分类中最重要、最有实用价值的分类角度就是根据构词能力区分为成词语素和不成词语素。

二、词根和词缀

词根是有实在意义、能自由出现在合成词中的不同位置的语素。词根往往是实语素、不定位语素。词缀是没有实在意义、不能自由出现在合成词各个位置上的语素。现代汉语绝大多数语素都是词根语素。如：

天——天边　天才　天敌　天赋　白天　半天　当天　全天
地——地板　地标　地步　地产　暗地　背地　本地　遍地
人——人才　人格　人海　人间　爱人　本人　别人　成人

词缀是表示词的附加意义和起语法作用的语素，词缀都是定位语素。汉语是非形态语言，与印欧语言相比，汉语的词缀较少，一般认定的词缀前缀主要有“老”

“阿”,后缀有“子”“儿”“头”。如:

老——老板 老师 老虎
阿——阿公 阿婆 阿姨
子——帽子 桌子 胖子
儿——盆儿 盖儿 白面儿
头——木头 里头 甜头

汉语中上述词缀除了“阿”都存在同形的词根语素。如作为词根语素的“老”是旧、年老的意思,如“老人”“老伯”有“岁数大”的意义,其中的“老”都是词根。“老虎”“老鼠”里的“老”没有实在的意义,我们可以说“小老虎”“小老鼠”,更进一步证明“老”的词根意义的虚化脱落,因而这两例中的“老”都是词缀。同样,“子孙”“少儿”“白头”里的“子”“儿”“头”都是词根,要注意区分辨识。

三、单音词和复音词

前面指出“词是语言中最小的能够独立运用的音义结合体”,词作为音、形、义的统一体可以从多个角度进行分类和分析。这里主要从音节和词的关系来看现代汉语词的特点。古代汉语的词主要是单音节的,汉字、音节、词三者基本是一致的,即一个汉字就是一个音节,通常是词。而现代汉语的词汇是以双音节形式为主的,与单音节词对应,复音节词是由两个或两个以上音节组成的词,当前复音节词在整个词汇系统中占比较大。

根据《现代汉语频率词典》统计,使用度最高的前9000个词中,单音节词为2400个,多音节词为6600个,其中双音节词为6285个。总的词汇量越扩大,复音节词所占的比例就越大。但在使用频率上,单音节词占优势。上面同样的材料显示,6285个双音节词的使用频率平均为60次,2400个单音节词则高达350次。而且越是常用的词中,单音节词使用的频率越高。单音节词使用非常活跃,因而其在现代汉语系统中也有很重要的作用。

现代汉语与古代汉语相比,词复音化主要有以下三个方面原因:

第一,汉语的音节数目有限,单音节词往往会造成大量的同音词出现,这样就会给交际带来困难,双音节有助于避免大量同音词的出现。

第二,单音节词往往是多义词,因而有时语义难以确定。双音节词就使得词义的表达更为细腻、精确,涉及的范围也更为准确、深入。

第三,双音节词读起来往往带有一种乐感,轻重之间形成一种节奏,悦耳动听。汉民族思维习惯喜欢成双成对,往往把多音节词简略为双音节词。

单音节词是现代汉语词汇的基础。单音节词同双音节词相比,词义复杂、丰富，词性模糊多样，组合能力强。双音节词是现代汉语词的主体形式，三音节词是由三个音节构成的词。三音节词有单纯词和复合词的区别。三个音节一个语素的词是三音节单纯词，如“俄罗斯、莫斯科、迪斯科”等。三音节复合词是由两个或三个语素构成的词，如“蝴蝶结、感冒灵、高富帅”等。三音节词在口语中使用频率较高，具有运动感和变化美。四音节及以上往往超出词的音节范围，属于固定短语的音节形式了。

四、单纯词和合成词

词由语素构成，语素是词的构成成分，从词内包含语素多少可以将词分为两类：由一个语素构成的词是单纯词，由两个或两个以上的语素构成的词是合成词。

（一）单纯词

单纯词是由一个语素构成的词。只有一个语素，也只有一个意义，因此其内部不存在构造。从音节角度，单纯词可以分为两类：一是单音节单纯词，汉语中大多数单纯词都是单音节词，如“现、代、汉、语、词、汇”。二是多音节单纯词，主要包括联绵词、叠音词、音译外来词和拟声词等（见上节多音节语素部分）。

（二）合成词

合成词是由两个以上的语素构成的词。词内部的语素有其各自的意义，而且每个语素的意义之间还有一定的联系，这就与词内部构造有关。

前面介绍了词根和词缀的概念，这两个概念对合成词的内部构造很重要，因为我们首先需要根据语素在合成词中的意义和位置将语素区分为词根语素和词缀语素两类。

根据词内是否包含词缀语素可以先分出附加式合成词。附加式合成词又叫派生词，即包含词缀的合成词。词缀在词根前的叫前缀，如“老乡”“小王”“阿姨”“第一”。词缀在词根后的叫后缀，如“瓶子”“石头”“鸟儿”“弹性”“现代化”。

根据词内语素是否叠用可以分出重叠式合成词。重叠式合成词是相同的词根语素重叠构成的词，如“姐姐”“爷爷”“常常”“天天”。

如果词内语素是由两个或两个以上词根组合的形式，即为复合式合成词，简称复合词。复合词内部两个或多个词根以不同的方式结合在一起，因而其内部结构相对复杂，我们下节专门讨论复合词的结构。

注意区分叠音词和重叠词。叠音词重叠的是音节，两个不是语素的音节重叠后只是一个语素，因而是单纯词。重叠词重叠的是语素，是语素的叠加，因而是合成词。

五、复合词的结构

复合词根据其内部词根之间的意义和组合方式可以分为以下五种结构：

复合词	联合型复合词：价值、动静、领袖
	偏正型复合词：空港、预感、席卷
	支配型复合词：动员、脱贫、吹牛
	陈述式复合词：国产、人造、肉麻
	补充式复合词：合成、照明、花朵

（一）联合型复合词

意义上，联合型复合词前一语素和后一语素地位平等，或者两个语素的意义相同或相近，或者两个语素的意义相反，或者两个语素的意义相关。如：

A. 价值 道路 停止 制造 改革
B. 动静 买卖 呼吸 是非 始终
C. 领袖 手足 国家 耳目 江山

（二）偏正式复合词

意义上，偏正式复合词前一语素修饰限制后一语素，有的前语素相当于名词性中心语素的定语，有的前语素相当于谓词性中心语素的状语。如：

A. 空港 冰箱 奶牛 来信 密码
B. 预感 病休 公演 热爱 席卷

（三）支配式复合词

意义上，支配式复合词前一语素表示某种动作行为，后一语素表示动作行为的支配对象，类似于句法中的动宾关系。如：

动员 索酬 脱贫 知己 吹牛 融资 抽象 认错 就业 耐劳

（四）陈述式复合词

意义上，陈述式复合词前一语素是被陈述的主体，后一语素陈述说明前一语素的情况。如：

年轻 国产 人造 性急 肉麻 心虚 自卫 军需 胆大 眼花

（五）补充式复合词

意义上，复合词前一语素表示某种动作行为，后一语素补充说明前面动作行为的结果或趋势。还有一种补充式复合词后一语素是前一语素的计量单位。如：

A.指正　合成　照明　打动　得出
B.纸张　车辆　花朵　事件　马匹

复合词里的词根与词根语素合成词时要服从一定的语法规律，学过语法部分的“短语”和“句法成分”之后，再看复合词的结构类型，就能理解得更深刻一些。

六、简称

学术界对简称和缩略语的关系有不同的意见，我们将“简称”作为缩略语的一种，单独再做详细介绍。“简称”的地位介于词和短语之间，因而我们也是将其放在固定短语里面介绍。所谓简称，实际上是相对于全称而言，简称从意义方面看代表的是全称，是短语性质，但是从形式方面看，简称不同于全称，更像是一个词。可以这样来看，简称原来是一个过渡形式，用得多，用得久，时间长了就变成了一个词，很多人都忘了它原来是一个简称了，如“语文”是“语言文学”还是“语言文字”的简称，人们并不那么关心全称了，因为全称是什么并不影响我们对“语文”一词的理解和使用。

简称一般选取全称中有代表性的语素或词，主要有下列几种方式：

（1）前后两个词均取前一个语素或后一个语素。如：

环境保护——环保　　　　电影明星——影星

（2）前一个词取前一个语素，后一个词取后一个语素。如：

华人后裔——华裔　　　　军人家属——军属

（3）省略前半或后半部分。如：

中国人民解放军——解放军　　　　清华大学——清华

（4）省略并列的几个词中相同的语素。如：

青年、少年——青少年　　　　离休、退休——离退休

（5）包含音译词的名称可以只取音译词的头一个音节（字）。如：

呼和浩特市——呼市　　　　加利福尼亚州——加州

(6)综合使用以上缩略方法。如:

联合国维持和平部队——维和部队　　　世界卫生组织——世卫

七、同素词

根据词与词之间的关系我们可以把词分为同音词、同形词、同义词等类别,这些是根据词的音、形、义三种关系分出来的。本节我们还可以根据词内是否包含相同语素分出同素词。同素词为两个词包含相同语素,但语素排列顺序不同,因而同素词又叫同素异序词或同素逆序词。

同素异序词是词内部语素的语音形式、书写形式、意义相同或相近而线性次序相反的一组词,如"积累—累积""剪裁—裁剪""斗争—争斗"等。从语音形式看,同素异序词均为双音节词,未曾发现三音节及三音节以上的逆序词。

同素异序词理论上只出现在复合词联合型结构中。因为主谓结构、动宾结构、偏正结构、补充结构都不能随意颠倒语素,所以这四种结构不存在同素逆序情况。联合型结构中两种并列存在的次序使用中会存在竞争,或淘汰其一,或分化之后并存的情况。有学者对《现代汉语词典》里的同素逆序词进行了调查,有1/3的逆序词内部结构形式相同,其中以联合型居多,如"情感—感情""伤感—感伤""笨拙—拙笨""妒忌—忌妒"等;也有偏正型的,如"火炮—炮火""河运—运河""牛奶—奶牛""害虫—虫害"等,但没有动宾型、主谓型和补充型的。还有近2/3的逆序词内部结构形式不同,其间没有规律可循。

同其他词汇现象一样,现代汉语同素逆序词的来源一般有以下几种情况。

第一,由古代汉语语序自由的短语经过一个漫长的使用、删除、淘汰过程逐渐形成的。

(1)宋荣子之议,设不斗争,取不随仇,不羞囹圄,见侮不辱,世主以为宽而礼之。

——《韩非子·显学》

(2)处乡不节,憎爱无度,则争斗之爪角害之。　　——《韩非子·解老》

古汉语里以单音节词为主,单音节词同义连用、类义连用、反义连用现象较为普遍,而且语序自由,上例子"斗争""争斗"换用,两者在意义、功能上没有什么差异。

第二,近现代汉语中先有"AB"式复合词,后才有"BA"式。这样将复合词语素先后顺序颠倒过来使用,非常简单、方便,因而现代汉语词汇体系中越来越多的逆序词出现,属于这种情况。

第三,现代汉语逆序词还有一个新的来源,即从"港台普通话"中引入新词而形成的新旧逆序词并用情况，如“熊猫—猫熊”“对比—比对”“直率—率直”“寻找—找寻”等。

下面列举一些常见同素逆序词供大家学习使用。

完全同义的联合型同素异序词：

储存—存储	逃窜—窜逃	搭配—配搭	代替—替代	道地—地道
导引—引导	仿效—效仿	付托—托付	腹心—心腹	富豪—豪富
感情—情感	感伤—伤感	缓和—和缓	护卫—卫护	滑润—润滑
汇聚—聚汇	魂灵—灵魂	积聚—聚积	积累—累积	到来—来到

词义有别的同素异序词：

稿约—约稿	到达—达到	恋爱—爱恋	眼白—白眼	炮火—火炮
马车—车马	花茶—茶花	收回—回收	枣红—红枣	正方—方正
害虫—虫害	救急—急救	发刊—刊发	议会—会议	奶牛—牛奶
歌唱—唱歌	皮毛—毛皮	内海—海内	地产—产地	接连—连接

第三节 词义分析

一、什么是词义

词义是指词的固定内容，以及在使用中所表现出来的具体含义。

词义的分类	概念	性质
语言意义	语言系统中的固有含义，是人脑对客观事物和现象的总体性概括认识	概括性 抽象性 稳定性 语义的静态形式
言语意义	在特定的交际环境中，词汇所体现出来的特定意义，有可能和语言意义不同	具体的 临时的 不稳定的 语义的动态形式

“词义”是复杂的、多层次的，我们需要从多个角度、不同层面深化对词义的理解。

二、词义性质

词义具有概括性、客观性、模糊性、系统性、民族性等诸多性质。其中较典型的性质是概括性、模糊性、民族性和变化性。

概括性指舍弃具体的、个别的特征，概括出对象共同的、本质的特征。

模糊性产生的原因，一是由于客体本身的模糊，二是由于主体认识的模糊。词义的模糊性既反映了现实世界和人们认识中的不确定性，又反映了人们实际交际中表达的需要。但在有些语言应用领域，必须做到精确，要求排斥词义的模糊性，对模糊义的词语加以定义。

词义的民族性指各个民族语言习惯不同，词义约定也不完全一样。

词义的演变性表现为三种类型，古汉语中的词语发展到现代产生了不同的含义。

词义的演变	举例(古汉语义)	举例(现代汉语义)
词义扩大	哭：大声曰哭，细声有涕曰泣，大声而无泪曰嚎 布：麻葛制品 肉：动物的肉	哭：包括了“大声”“细声”“有泪\无泪”各种情况 布：泛指各类材料的织品 肉：包含人或动物的肉
词义缩小	丈人：尊称老年男子。“子路从而后，遇丈人，以杖荷莜。”(《论语》) 坟：一切高大的土堆	丈人：仅指岳父 坟：仅指坟墓
词义色彩变化	闻：“听而不闻”“耳闻不如目见”	闻：最常用的意思变为用鼻子嗅

三、词义构成

一个词的词义可能兼有理性义、色彩义和联想义。

理性义又称概念义，它反映客观对象的主要特征，是词义中的核心部分，是词义研究的主要对象。词典中解释的意义主要是理性义。

色彩义指附着在理性义之上的感情、语体或形象含义。感情色彩义主要分为褒义、贬义和中性。语体色彩义分为口语语体义和书面语语体义，口语语体包括文雅口语、日常口语和方言口语，文雅口语指部分影视片中的口语，日常口语指人们日常生活的用语，方言口语指以方言俚语为主体的口语。书面语语体包括文艺语体、政论语体、事务语体和科技语体四大类。形象色彩义指词义所表现出的是人们对所指对象产生的形象感。

联想义包括文化联想义和搭配联想义，文化联想义指因文化传统而联想到的意义，搭配联想义指因不同搭配带来的词语的不同的联想含义。

词义	分类	举例
理性义	日常理性义	盐：指食盐即有咸味的调味品
	科学理性义	盐：酸中氢原子被金属原子置换而成的化合物
色彩义	感情色彩义	褒义：天生丽质　出类拔萃　明察秋毫　言简意赅 贬义：好吃懒做　鼠目寸光　自以为是　处心积虑 中性：不可思议　另起炉灶　难分难解　形形色色
	语体色彩义	通俗语体：搞定　摆平　小路　小道 典雅语体：解决　处理　小径　阡陌
	形象色彩义	形态：剑眉　雀斑　驼背　梯田　声浪　松针　蝴蝶结　鸭舌帽 动态或状态：云集　席卷　鱼贯　蜂拥 颜色：葱绿　鹅黄　葡萄紫　苹果绿　鱼肚白　玛瑙红 声音：哗啦啦　呼噜噜　乒乓　哈哈　扑哧　嘎嘣 气味：香喷喷　腥臊　臭烘烘 味道：甜丝丝　酸溜溜　辣乎乎 触感：冷冰冰　滑腻腻　毛茸茸　硬邦邦
联想义	文化联想义	“喜鹊”使人联想到喜讯 “乌鸦”“猫头鹰”使人联想到不吉利
	搭配联想义	绿色的梦　绿帽子

四、基本义和派生义

基本义是出现较早的、现在最常使用的意义。本义是词的原始义。基本义和本义常常是重合的。比如“叫”指“人或动物的发音器官发出较大的声音，表示某种情绪、感觉或欲望”。这种情况下，原始义和基本义一致。有的词的基本义和本义不一致，比如“闻”的基本义是“用鼻子嗅”，而本义是“听见”。

引申义和比喻义是词语的派生义，引申义是在本义基础上推演出来的义项，如“板书”本指在黑板上写字，引申为在黑板上写的字。比喻义是借用基本义比喻另一事物，把词的比喻用法固定下来的意义。如“骨干”，本指长管状骨的中央部分，比喻义指在总体中起主导作用的人或事物。比喻义具有鲜明的形象性，有比喻义的词，经常使用的是它的比喻义，而它的本义只在特定情况下出现。词的比喻义和修辞上的“比喻”有区别，修辞上的比喻是临时的，而词的比喻义是词义长期发展过程中固定下来的。

附：多义词的语义关系

多义词指一个词有多个义项。义项是词义的分项说明，是词典释义的最小单位。一个词语有几个意义，就有几个义项。每个义项只适用于一种具体语境。各个义项间是互补关系。义项可以分为：本义、基本义、引申义和比喻义，后两者都属于转义。有不少词语的本义在现代汉语中已经消失，如“行李”的本义并非指物品，而是“使者”“行人”，今天演变成“行旅”“行装”之意。有的词本义保留至今，但已不再单独使用，而只作为语素，和别的语素构成复合词或固定短词，如“兵”的本义是“兵器”“武器”，这个本义还存在于“短兵相连”“秣马厉兵”等成语之中，现在的常用义为“军人”“军队”“战争”“军事”。有的词本义直至今天仍然还很常用，如“田”。

五、词义结构

语素义可以用来解释词义，但不是解释词义的唯一方法。语素义和词义、短语义、句义并不只是单纯的由小及大的组合关系。以下是语素义和词义的几种关系。

语素义可以直接并完全地表示词义，比如“军情”就是“军事情况”；几个语素义互相补充，共同组成词义，例如“痛苦”的词义是由语素“痛”和“苦”共同构成；语素义只表示部分的词义，词语还有一些附加的意义，不是内部所包含的语素传达的，比如“独白”仅指戏剧、电影中角色独自说的台词，这是附加限定了词义的所指对象主体；语素义不直接表示词义，用引申、比喻等方法来显示词义，例如“领袖”不指领口和袖口，而引申为领导人物；局部的语素义已经消失，部分的语素义代表整个词义，例如“兄弟”仅指弟弟，不再指兄和弟，“动静”语义偏“动”，“静”的语素义脱落了。

六、词义分析

（一）义位、义素

义位也称为义项，只不过义位是语义学术语，而义项是词典学术语。义位是指语义系统中能够独立存在（独立使用）的基本语义单位，是由一组义素构成的，一个词的一个意义就是一个义位，这在词典学上也是一个义项。义素是语义系统中不能独立存在（独立使用）的语义单位。

义素是分解义项得到的最小语义特征，又叫语义成分、语义原子或语义标记，是语义的区别性特征。

“父亲”[+近亲属、+生育关系、+男性]

“母亲”[+近亲属、+生育关系、-男性]

其中，[+近亲属]、[+生育关系]、[+男性]、[-男性]就是义素。

义素的类型	概念
范围义素	也叫前提义素，表明词义所陈述的主体和范围
特征义素	表示同类事物的个性和区别性特征，是对范围义素的进一步说明
附属义素	词义中除了范围、特征义素外，能表示形象色彩、感情色彩、语体色彩的义素。附属义素不能单独存在，必须附加在范围、特征义素上。有的词没有附属义素，而有的词有不止一个附属义素

（二）义素分析

义素分析是把词语的义位进一步分析为若干义素的组合，以便说明词义的结构、词义间的异同以及词义间的各种关系。义素分析的总原则是“二元对立”，有某义素就在该特征之前标[+]，没有则标[-]，兼有二者则标以[±]。义素分析的基本方法是对比法。

义素分析的基本程序是：第一步，找准语义场，语义场是有相同义素的一群词所组成的意义范围。第二步，将每项词义加以比较，分解出一个个义素。第三步，把每项词义中的各个义素进行比较，总结出范围义素和特征义素，如果有附属义素也加以说明。

例如：对“哥哥、弟弟、姐姐、妹妹”这一组词进行义素分析。

哥哥：[+同胞、+男性、+年长]

弟弟：[+同胞、+男性、-年长]

姐姐：[+同胞、-男性、+年长]

妹妹：[+同胞、-男性、-年长]

第四节　词语的类聚

一、语义场

同义词之间具有同义关系，它们构成一个聚合；反义词之间具有反义关系，也构成一个聚合。这种由词义间具有一定联系的一组词形成的语义聚合，就是“语义场”。语义场是语义的类聚，一个特定的语义正是在某一个语义场中才得以明确和实现的。

常见的语义场有同义语义场、反义语义场、上下义语义场和类义语义场。类义语义场中还可容纳关系、顺序、分类等子语义场。

语义场	举例
同义语义场	漂亮/美丽　强壮/健壮
反义语义场	好/坏　战争/和平
关系语义场	哥哥、姐姐、弟弟、妹妹……
顺序语义场	星期一、星期二……星期天
分类语义场	赤、橙、黄、绿、青、紫……

语义场具有内部关联性：词汇场中的各个词互相联系，互相制约，每一个词的意义只能根据和它相邻近或相反的其他词的意义而确定。语义场还具有层次性。

二、同义词、反义词

（一）同义词

从义素角度可以对同义词进行界定。义素完全相同或基本相同的词构成同义词。

同义词的类型	定义	举例
等义词	意义完全相同	演讲—讲演　自行车—脚踏车 互相—相互　维生素—维他命
近义词	意义基本相同，但在意义、功能或色彩上存在细微差别	损害—妨害　减弱—削弱 美丽—漂亮　丑陋—丑恶

等义词的类型	举例
标准语的词和方言词并存	知道—晓得　　玉米—棒子
意译词和音译词并存	维生素—维他命　　发动机—马达
新词和旧词并存	语法—文法
同素异序词并存	离别—别离　　觉察—察觉
因命名的角度不同而形成的	自行车—脚踏车　　红豆—相思豆

近义词的核心义素相同，只在某一两个次要义素上存在着细微的差异。比如："死、去世、夭折、见背"四个词的核心义素是相同的，都指生命丧失，但在对象、感情色彩和风格色彩上存在差异。"死"泛指一切生命，"夭折"仅用于年龄较小的未成年人，"见背"一般用于长辈，"去世""夭折"和"见背"的风格色彩都偏书面，庄重色彩逐渐增强。

近义词是词汇丰富的一种表征，随着人们对某种客观事物或现象的认识深化，会发展出一批近义词来指代不同侧面的认识。近义词是丰富表达的一种重要手段，人们需要使用近义词对客观世界进行描述和解释。鲁迅小说中的著名人物孔乙己说"窃书不能算偷"，"窃"和"偷"便是近义词，使语言富于变化，避免单调重复，也起到了更传神的表达效果。近义词也是委婉语或禁忌语的构成方式，如"死"用"老"代替。有很多合成词和熟语都是由近义语素构成的，比如：改变、变更、更改、改换、更换、变换，粉身碎骨、呼风唤雨、聚精会神、品头论足、背井离乡等。

同义词辨析的角度与方法：

方法	辨析角度	举例
色彩分析法	感情色彩	褒义:成效 贬义:后果 中性:效果
	语体色彩	口语和书面语:脑袋—头部 方言和普通话:洗澡—冲凉 音译词和意译词:维生素—维他命
意义分析法	范围大小	事故—事件—事情
	语义轻重	优秀—优异
	语义偏向	周密—严密—精密
功能分析法	搭配对象	发挥—作用、才干 发扬—作风、民主
	词性功能	突然—忽然 刚刚—刚才

(二)反义词

从义素角度也可以对反义词进行界定。含有核心范围义素同时又含有相互对立的重要特征义素的词构成反义词。需要强调的是,除了包含相反或对立的义素,反义词中表示类属范围的义素必须相同。

反义词的类型	特征	举例
矛盾关系反义词	词与词之间无中间概念,内容上较为绝对地互相排斥	动—静　有—无 真—假　男—女
相对关系反义词	词与词的所指之间有中间状态,内容上不完全互相排斥	大—小　黑—白 东—西　深—浅

反义词必须属于同一意义范畴,必须词性相同,词和非词不能构成反义关系。有的词不止一个反义词,在不同的义项上,有分别对应的反义词。比如“正”的反义词可以有:反、误、歪、斜、邪、偏、副、负等等。“开门、开卷、开花、开车”虽然含有同一语素“开”,但这四个词有不同的反义词。并非每一个词都有反义词,但是在一定语境下,原本没有反义词的词可能产生反义词。近义词可以有共同的反义词,“失败”的反义词可以是“成功”或“胜利”,“进步”的反义词可以是“落后”或“退步”。近义词可以有不同的反义词,“丑恶”多指品行上的,反义词为“美好”,“丑陋”多指容貌上的,反义词为“美丽、漂亮”。

反义词主要具备丰富表达和构词的功能。比如一款进口手机的广告词是“Love the power,love the price”,如果直译为“爱功能、爱价格”则没有语言美感,有人利用反义词,将它翻译为“重磅实力,轻松入手”,借助“重”和“轻”的反义关系,凸显了语义,给人留下深刻印象。再比如大家熟悉的:“有的人活着,他已经死了;有的人死了,他还活着。"也是利用反义词形成了鲜明的修辞风格和表达效果。反义语素还有构词作用,比如,合成词:始终、动静、冷暖、深浅、利害。成语:本末倒置、颠倒黑白、啼笑皆非、里应外合、阳奉阴违、苦尽甘来、求同存异、深入浅出、挑肥拣瘦。

汉语里的反义形式有同义化现象,比如"我们在这等红灯"语义上和"我们等绿灯呢"相同。有名词反义形式同义化现象,如"走水"等于"走火","遮阳"等于"遮阴"。也有动词反义形式同义化现象,如"上班回来了"等于"下班回来了","中国队3:0大败美国队"等于"中国队3:0大胜美国队"。也有形容词反义形式同义化现象,如"作假要做得很假"等于"作假要做得很真"。

三、单义词、多义词、同音词、同形词

单义词指一个语音形式只有单一义项的词。事物名词、专有名词、科学术语和称谓名称一般是单义词。外来词和新词在刚出现的时候,一般以单义为主。拟声词模拟某类特定事物的声音,词义相对来说比较单一。

多义词并非指一个词有多个义项,而是各个义项间必须有一定的语义上的关联。比如"花",在"鲜花、雪花、花灯、花猫、眼花、文艺之花、挂花"等词中的意义虽然不同,但彼此之间有一定关联。

同音词指音同义异的词,即同一语音形式有几个彼此不相关的意义。如:大米——米,事务—事物。

同形词指语音形式不同但书写形式相同的词,一般意义也不同。在中外语言、古今语言、方言和普通话中都有同形现象。在现代汉语内部,关于同形词的界定存在一定争议,主要围绕词的结构以及和同音词的关联等问题展开。同形词如:种子—种植,叶子落了—落在后面,地道战—发音地道。

四、同源词、同族词

语音和语法都具备鲜明的系统性,其实词汇也具备系统性,个体词之间存在复杂而密切的联系。同源词就是词汇系统性的典型表现。同源词也叫同族词,是由同一个源头派生出来,声音相同或相近、语义相似或相关,具有历史渊源关系或亲属关系的一组词。研究同源词或者同词族时,应摆脱字形的束缚,从声音和意义两方面寻找词与词的派生渊源关系或亲属关系。

第五节　词汇系统的构成

一、基本词汇、一般词汇

（一）基本词汇

基本词汇（表达集合概念时可称为“基本词汇”，表达非集合概念时，可称为“基本词”，“一般词汇”的情形类似）是词汇中最主要的组成部分，是词汇的基础。其数量虽少，但很重要，使用频率高，生命力强，具有极广泛的使用范围。

关于自然事物的词：山、河、牛、羊、草、树、风、雨、天空、月亮、太阳等。

关于人体部位的词：手、脚、身体、脑袋、腿、牙齿、嘴唇等。

关于亲属关系的词：爸爸、妈妈、爷爷、奶奶、哥哥、姐姐、妻子、舅舅等。

关于生活用品的词：剪刀、菜刀、纸、笔、菜、米、布、灯、门、饭等。

关于方位、处所和时间的词：上、下、左、右、内、外、东、西、上面、左边、外面、今天、明年、晚上、下午、以后等。

关于一般行为动作的词：吃、喝、拿、走、跑、写、想、来等。

关于一般性质状态的词：高、好、坏、大、黑、深、漂亮、美丽、舒服、善良、纯洁等。

关于数量和单位的词：一、五、十、千、万、个、只、元、两、斤、寸等。

关于指称和替代的词：我、你、他们、你们、这、那、什么、哪儿、谁等。

关于程度、范围、关联、语气等的词：很、太、非常、特别、最、就、全、都、和、把、因为、所以、然后、再、但、虽然、吗、了、啊、呀等。

基本词汇的主要特点：

1.全民性

基本词汇是人们日常生活中不可或缺的，在日常交际中使用频率最高、通行范围最广、最容易理解的词。基本词的使用，不受行业、阶级、地域、文化等因素的影响，任何使用国家通用语言文字进行交际的人，都必须学会生活中必需的基本词。如果没有基本词，人与人之间的日常交际则难以维持，甚至根本无法进行。

2.稳固性

基本词汇在中华民族的历史进程中有着极强的稳定性，这是因为基本词所标志的事物或概念在千百年的历史长河中长期稳定地存在，所以其对应的词汇也极为稳定。例如“山、火、水、地、人、马、牛、大、小、门、多、高、家、一、二、走”等,这些词语在古代汉语中就已存在,而后流传下来继续成为现代汉语普通话词汇中的主要组成部分,并且在今后依然会持续使用下去。

基本词汇的稳固性并不意味着其一成不变,有些古代汉语基本词在现代汉语中已不复存在,而是被其他新词所取代。比如,有些古代的单音节基本词在现代汉语中发展为复音词,这是汉语词汇发展的一条基本规律,如下表所示。

古代汉语	耳	舌	鼻	发
现代汉语	耳朵	舌头	鼻子	头发

有的单音节基本词被新的合成词替代,如下表所示。

古代汉语	目	日	颔	惧
现代汉语	眼睛	太阳	下巴	惧怕

3.能产性

基本词汇作为词汇系统中最基础的重要部分,为许多新词的产生提供了强大基础。以基本词为基本语素构成的新词,同样也最容易被人理解和接受,也最便于流传。因此基本词的构词能力很强。例如,以“人”为构词语素,与其他语素相结合,就可以创造出一系列新词:人类、人民、人权、人才、人格、人生、人力、人员、工人、老人、小人、新人、坏人、女人、熟人等。以“手”为构词语素,与语素相结合,可以造出:手掌、手势、手腕、手续、手臂、手表、手柄、把手、枪手、抢手、握手、人手、选手、双手、杀手、射手、挥手、拍手等。以基本词为语素造出的许多新词,也能进入基本词汇的范围,例如“火车、高铁、飞机、汽车、公路、铁路、网站、手机、电脑”等。

当然,并非所有基本词汇都有强构词能力,有的基本词不太能构成新词,例如“你、我、谁、没有、姓”等。

(二)一般词汇

一般词汇是语言中基本词汇以外的词,也叫非基本词汇。在人们的日常交际中,基本词虽然重要,但远远不能满足人们丰富多样的交际需要,还需要使用大量的一般词汇。

相比较而言,一般词没有很强的稳固性,其灵活性很大。通常来说,时代的迅速变迁和社会的急剧发展,在语言中最先反映在一般词上。一般词可以随着时代的发展变化而变化。在时代发展的洪流中,新词不断产生,旧词不断消亡,一般词对社会的发展变化具有很强的敏感性。以基本词汇为基础创造的新词,通常会先成为一般通用的词,例如上述例子中的“人民、工人”“把手、抢手”等。

一般词数量庞大,但不一定为全民族成员所理解和掌握,其受人们所处的工作生活环境影响较大。人们在哪个行业领域活动较多,往往就习惯掌握该行业领域中与自己从事的实践活动密切相关的一般词。比如在教学领域,“教师、课程、课堂、作业、习题、考试、备课、教案、提问、回答、自习、辅导”等词,尽管不是基本词,却是教学领域必不可少的一般词。

基本词汇和一般词汇是相互依存、相互渗透的。首先,基本词是构成一般词的基础,以基本词为基础,可以不断地创造新词,从而扩充一般词;其次,一般词在人们使用的过程中,随着交际领域的扩大、通行范围的增加,也能逐渐成为基本词,成为人们日常生活中不可或缺的词。因而,基本词系统的不断丰富和扩充,一定程度上是得益于一般词向基本词的转化。最后,随着社会的发展,原来的基本词所表示的事物和概念在人们的生产生活中变得不重要甚至过时、消失时,这些词也会从基本词逐渐转变为一般词。

二、古语词、新语词

(一)古语词

古语词是指现代汉语中仍在使用的那些古代汉语词语,它们虽然来源于古代汉语,却是现代汉语的组成部分。古语词之所以被吸收到普通话中,原因在于它们具有特殊的语义特征和感情色彩、语体色彩。

古语词包括通常所说的历史词和文言词。

历史词是记录历史社会中人物、事物或概念现象等的词。在现代汉语中,只有人们谈论古代人物、生活、历史时才偶尔使用历史词,在日常交际中极少提及。例如“天子、皇上、皇后、大臣、太监、诸侯、宰相、丞相、朝廷、社稷、驸马、太守”等,这些词所表示的历史事物仅存于历史发展中,在现代社会已不复存在。有的个别历史词在今天的国际交往中还在使用,例如“亲王、大臣、公主、酋长、殿下、公爵、男爵”等。

文言词是指表示的事物或现象还存在于现代社会现实中,但已由其他词汇形式所代替,在一般口语交际中也极少使用的词。例如“余、之、以、及、亦、甚、乎、矣、乃”等,这些词只有在一些书面语中为了表达的特殊需要才会偶尔使用。

有的文言词在现代汉语中已不再使用,如“履”;而有的文言词虽仍在使用,但不再单用,只能作为构词语素,如“首”作为构词语素,可以创造出“首都、首创、首饰、首先、首长、元首”等。

古语词在现代汉语中常用于文学、历史作品,或政论文、公文中。恰当运用古语词,能够表现出特殊的语用效果。比如在某些场合使用“铭记、瞻仰、拜谒、吊唁”等语言表达,可以体现庄重肃穆的感情色彩。

（二）新语词

新语词是指利用原有的语言材料，按照特定的构词方法而构成的新词。一般来说，要使词汇系统不断丰富和扩充，最主要的途径就是创造新语词。新语词产生后，一部分成为基本词，其他绝大部分都会成为一般词。

近些年来，人们生产生活中涌现了大量新语词。新语词反映的是一个时代的印记，它们真实地记录了社会发展引起的方方面面的深刻变化，不仅反映了时代的变迁、社会的发展、人们生产生活的变化，同时也扩充和丰富了语言的词汇系统，为语言本身注入了源源不断的生命力。例如：

关于社会、经济生活	炒股、扫码、转型、秒杀、团购、包邮、下单、直播、低碳、电商、二维码、共享经济、“一带一路”
关于计算机、互联网	互联网、硬盘、软件、链接、窗口、登录、大数据、移动支付、人工智能
关于日常交际、网络生活	官宣、共享、破防、颜值、迷妹、圈粉、粉丝、无语、给力、吐槽、网友、自拍、学霸、刚需、刷屏、刷脸、网红、新冠

新语词通常是以已有词作为构词语素，由两个或多个语素组合构成新词，如：颜值、扫码、移动支付等。有些新词形成了系列衍生模式，如互联网背景下产生的“云”系列新语词：云计算、云课堂、云会议、云旅游、云赏樱等，其中的前缀“云”带有基于网络、提供资源供人们大规模共享的属性。有些新词采用新形式构成，例如“互联网+、中文+、金砖+”等采用名词和数字计算符号“+”组合而成。

有的新词是由汉语语素和英语词汇组合而成，例如“打call”就是一种中英混搭的新词，原指观众们跟随音乐的节奏，用呼喊、挥动荧光棒等方式与台上的表演者互动的一种自发行为。在网络用语中，它表示对某种事物的支持态度。

还有的新词是由纯数字构成，如“996”，指的是一种工作制，具体含义是指“早上九点钟上班，晚上九点钟下班，一周上六天班”，表示当今互联网企业中盛行的加班文化。

如今，网络生活已是社会生活中必不可少的一部分，虚拟的网络空间也成为人们日常交际的重要活动范围，应运而生的网络热词迭出，特别是在年轻群体中使用的网络新词。网络语言具有极强的口语性和随意性，因而善用各种形、音、义相结合的可能性来创造新词，网络新词也成为当今时代汉语新词产生的重要途径之一。自2006年起，国家语言资源监测与研究中心和商务印书馆联合发起一年一度的“汉语盘点”活动，主要包括“年度十大网络用语”“年度十大流行语”“年度十大新词语”等，旨在用一个字、一个词描述当年的中国和世界，借以彰显汉语的魅力、记录社会的变迁，让人们在关心中国和世界的同时，体会汉语丰富的文化内涵，鼓励全民用语言记录生活，描述中国视野下的社会变迁和世界万象。在语言生活如此活跃的当下，社会公众应正确规范使用语言，抵制低俗网语，提升话语修养，让网络新词在良性的网络环境中健康发展。

三、方言词、外来词

(一)方言词

方言词是指某个地区专门使用的带有地方风格的词,在普通话中不通行。不同的方言地区使用不同的方言词。例如:

普通话	武汉话	广州话	上海话	东北话
小孩	细伢	细佬	毛头	小崽
玉米	苞米	粟米	六谷	棒子
什么	么子	乜嘢	啥	啥

特定方言区的人群在交际时通常使用当地特有的方言词,有时方言词也可在普通话交际中夹杂使用,特别是口语性较强的话语行为中容易出现个别方言词。当方言词在人们日常交际中变得流行起来,就很容易被普通话所吸收,成为普通话词汇。这些词大多能表示特殊的含义,但在普通话里没有恰当的词语来表示,例如"搞、搭档、把戏、名堂、别扭、遛弯"等。

(二)外来词

外来词是指从外国或其他民族语言中吸收进来的词,又叫"借词"。外来词的借用方式主要有以下几种:

1.音译。用音同或音近的汉字转写过来的词叫音译词。例如:

沙发	巧克力	苏打	扑克	马赛克	奥林匹克
sofa	chocolate	soda	poker	mosaic	Olympic

2.音译兼意译。有的音译词选用的汉字除音同或音近外,还兼顾表意。例如:

黑客	雪碧	维他命	俱乐部	可口可乐	席梦思
hacker	Spirit	vitamin	club	Coca-cola	Simmons

3.半音译半意译。

有的外来词其中一部分音译,一部分意译。例如:

冰淇淋	摩托车	迷你裙	新西兰	浪漫主义
icecream	motorcycle	miniskirt	New Zealand	romantic

有的外来词则是在音译词后添加表示事物意义类别的语素。例如:

啤酒	保龄球	丁克	艾滋病	芭蕾舞
beer	bowling	DINK	AIDS	ballet

4.借形。直接借用日文中用汉字书写的词。日文中有一些用汉字书写的新造词和意译词,直接把这部分词语原封不动借过来的就是借形词。例如“文化、革命、自由、积极、具体、抽象、服务、封建、干部、历史、解放、科学、哲学、军事”等。

5.字母缩略。直接由西文字母缩略组成的词。

(1)纯西文字母词。例如:

WTO APP NBA TV CT IT GDP PS ETC AI CBD PDF PPT CPU ID VIP

(2)由西文字母、汉字、数字相互组合而成的字母词。例如:

西文字母和汉字组合	U盘 X光 B超 AA制 T台 C刊 LED灯 SIM卡 维生素A
西文字母和数字组合	PM2.5、3D、5G、4K、MP3
西文字母、数字、汉字组合	4S店、4D影院

意译词是采用汉语构词成分和方法创造出来的,如“飞机、备忘录、电话”等,这些意译词一般不看作外来词。

四、专名、术语

(一)专名

专名是用于特指人、事物或概念的专有名称,包括人名、地名、书名、机构名、朝代、剧名、电影名等。例如:鲁迅、上海、长江、《西游记》、北京大学、南宋等。

(二)术语

术语是某一学科领域对特定事物的统一的业内专门用语。

天文、航天领域的术语:行星、光年、转位、绕飞、空间站、飞行器、载人飞船、运载

经济、金融领域的术语:投放、流通、回笼、削减、货币、收支、软着陆、税收

化学、生物领域的术语:元素、分子、化合价、氧化、变种、宿主、细胞、遗传

数学、物理学领域的术语:几何、变量、代数、微积分、重力、原子、共振、加速度

医学领域的术语:抗生素、解剖、血液、麻醉、皮下、抗原、免疫、化疗、血栓、处方

哲学、逻辑学领域的术语:辩证法、白板、荒谬、本真、存在主义、悖论、假说、三段论

文学、语言学领域的术语:人物形象、情节、乐府、编年体、元音、辅音、声母、义素

影视、戏剧领域的术语:脚本、分镜头、全景、走位、镜头、后期、主角、配角、花旦

随着人们知识水平的提高、科技知识的普及,有些学科领域的术语在一定条件

下逐渐为人们所熟悉，具有全民性后就可能成为普通话通用词，使普通话词汇系统得到丰富和发展。例如：电脑、网站、平台等。有的术语成为通用词后，意义还得到了引申泛化。例如“包装”作动词用时本指出于保护或美化目的，在商品外面用一定物质材料包裹或将其放进盒子、瓶子中。该词在人们的使用中得到泛化：还可以指对人物的穿着打扮、技术能力或对事物的风格设计等进行美化，如“包装歌手、包装明星、包装公司、包装唱片……”。

五、缩略语

缩略语是较长语词的缩略形式。说话或行文时，若语词过长、过于复杂，又反复被提及，使用缩略语形式就有助于浓缩信息，符合语言经济性需要。

1. 压缩式。把原本较长的语词按照意义分成几个部分，分别抽取最能代表原义的语素重新组合，这是缩略语的主要形式。例如：

奥林匹克运动会——奥运会
失去联系——失联
马来西亚航空公司——马航
高等院校——高校
北京大学——北大
对外贸易——外贸
动物植物——动植物

2. 截断式。直接截取原语词的某一部分，把其余部分去除。例如：

标点符号——标点
复旦大学——复旦
新冠肺炎——新冠
阿拉伯叙利亚共和国——叙利亚

3. 概括式。把内容或形式上具有相似特征的语素用数词或数量词概括起来。可以是数字+相同语素，例如：

包修、包换、包退——三包

也可以是数字+表类别的词或概括性的词：

春夏秋冬——四季
耳目口鼻舌——五官

六、成语、惯用语、歇后语

(一)成语

成语是相沿习用、形式简洁、表意精辟的固定语词。成语在结构上具有稳固性,其中的成分不能随意删除、更换,也不能随意插入其他成分。形式上多以四字构成,如"刻舟求剑""高山流水""七月流火",也有少部分三字或多字的,如"莫须有""瓮中鳖""大眼望小眼""吉人自有天相""初生牛犊不怕虎"等。

成语大多是从古代传承下来的,通常表示一个故事或典故。《中国成语大辞典》(上海辞书出版社,2008年)共收18000余条成语。成语一般具有音节整齐、意义整体、用法和结构保留古汉语痕迹等特点。现代汉语依然沿用的成语可以看作古代汉语的储存库,保存了古代语言的很多特征,使用成语可以让语言表达具有文雅、庄重、严肃等书面语的风格。成语的意义往往不是构成成分在意义上的简单相加,而是在表面意义基础上概括出来的整体意义,甚至在其中隐含了更为深刻的含义。

成语的来源十分广泛,例如:

来源于神话故事	女娲补天、夸父逐日、牛郎织女、精卫填海、八仙过海、开天辟地
来源于寓言故事	守株待兔、坐井观天、拔苗助长、塞翁失马、画龙点睛、画蛇添足
来源于历史典故	一诺千金、毛遂自荐、东窗事发、卧薪尝胆、草船借箭、草木皆兵
来源于文学作品	逼上梁山、长歌当哭、火眼金睛、瓜田李下、一鼓作气、江郎才尽
来源于民间口语	七上八下、欢天喜地、顺手牵羊、趁热打铁

(二)惯用语

惯用语是人们所熟知的固定词组,多用于口语交际中,在表意上完整精炼,活泼生动,常用来比喻一种事物或行为,具有特殊的修辞色彩。惯用语的意义不能从字面上去理解,通常是字面意义的比喻用法。惯用语以三字居多,例如"吃错药"比喻说话做事不合常理;"穿小鞋"比喻暗中刁难、陷害他人;"挖墙脚"比喻暗中从他人那里取得人才或利益;"磨洋工"比喻做事拖沓、不勤劳;"开夜车"比喻晚上继续工作或学习。也有三字以上的,例如"打入十八层地狱"比喻给予十分严厉的惩罚;"摸着石头过河"比喻在实践中摸索真理、不断前进。

惯用语的语义、语法功能都相当于一个词,使用惯用语时也要注意结构的整体性,还要特别注意它们的感情色彩,因为多数惯用语被人们用来表达否定的含义,因而绝大多数惯用语是贬义的,如"拍马屁""钻空子""背黑锅"等。

惯用语虽是一种固定词组,但在实际使用中可以灵活运用。例如"吃大锅饭"可以说成"吃单位的大锅饭""吃一顿大锅饭","碰钉子"可以说成"碰了一个钉子"

"碰了无数次钉子"。

（三）歇后语

歇后语是近似谜面和谜底的固定短语，多用于口语交际中。"谜面"多是生活中常见的事物或事件，幽默风趣，"谜底"则是其真正的寓意。歇后语大体可分为两类：喻义类和谐音类。

1. 喻义类歇后语。前一部分是比喻（谜面），后一部分是解释（谜底）。

黄鼠狼给鸡拜年——没安好心
刘备借荆州——有借无还
老鼠上街——人人喊打
巴掌穿鞋——行不通
白水煮青蛙——淡而无味
狗拿耗子——多管闲事
竹篮打水——一场空
泥菩萨过河——自身难保
留得青山在——不怕没柴烧
姜太公钓鱼——愿者上钩

2. 谐音类歇后语。前一部分说出一件事情，后一部分通过借助音同或音近现象表达某种潜在意义，属于一种一语双关的修辞手段。

外甥打灯笼——照旧（舅）
孔夫子搬家——净是输（书）
空棺材出葬——目（墓）中无人
下雨出太阳——假情（晴）
城头上栽花——高中（种）
晁盖的军师——无用（吴用）

实际使用中，后半部分谜底可以不出现，如"他的难处，你们不知道，是哑巴吃黄连啊！"句中的"哑巴吃黄连"是谜面，这里省略了谜底"有苦说不出"，听者也可以很快理解省略的部分。语体色彩方面，与成语不同，歇后语具有较强的口语性，因而歇后语一般用于日常生活的口语里，庄重正式的场合里很少使用歇后语。恰当运用歇后语，可使语言生动形象、通俗易懂、幽默风趣，提升交际效果。

七、文化特征词

文化特征词是能反映汉民族特色文化的词语，在英语和其他语言中没有与之相对应的词语。文化是人类生存和发展的重要基石，每个民族都蕴含着自身独特的文化制度和传统。不同民族、不同文化之间的交流之所以存在一定阻碍，不单单由于语言本身的不同，更由于不同文化背景的差异。中华民族有着悠久历史和灿烂文明，无论在政治、经济、历史、社会，还是日常生活领域，中华民族的文化特征词语都体现了极大的丰富性、生活性、灵活性。

关于节日节气的词	除夕、正月、春节、端午节、中秋节、二十四节气、十二生肖、农历、年夜饭、压岁钱
关于传统文化、道德的词	武术、功夫、八卦、风水、汉字、姻缘、旗袍、唐诗宋词、和为贵、道德观、中山装、厚德载物、刚柔并济、尊老爱幼、孔孟之道、礼义廉耻、内外兼修、天干地支、天人合一、乡土文化、炎黄子孙、道法自然、礼仪之邦、龙的传人
关于政治、政策的词	反腐倡廉、扶贫、反贪、依法治国、以人为本、科学发展观、科教兴国、廉政、文化软实力、和谐社会、宏观调控、三个代表
关于社会现象的词	抗洪救灾、两岸、自治、小康、社保、公积金、孔子学院
关于名人名著的词	孔子、孟子、战国策、百家姓、弟子规、道德经、四库全书
关于古迹文物的词	黄鹤楼、兵马俑、后母戊鼎、曾侯乙编钟、金缕玉衣、夜宴图、清明上河图、越王勾践剑
关于特色饮食的词	饺子、粽子、月饼、汤圆、筷子、刀削面、肉夹馍、热干面、火锅

中华文化特征词是中国文化的象征。其特征主要包括：

1. 独特性、专用性。例如旗袍、中国结、粽子等，这些词体现了中华文化的独有特色，在西方文化中存在一定的“文化空缺”。

2. 深刻的文化蕴涵。中国传统的价值观念相关的词，如：仁、义、礼、智、信、忠、孝，都表明人们千百年来一直遵循的行为规范、道德准则等，背后蕴含着深厚的文化底蕴。

八、语块

语块是由两个或两个以上的词构成的固定完整的系列，它可以整体储存在人的记忆当中，实际使用时可以进行整体提取。语块主要包括两大类。

第一类词语组合搭配的固定语块。例如：

一……一……：一言一行、一草一木、一菜一汤、一针一线、一长一短
没……没……：没大没小、没头没脑、没老没少、没早没晚
与……相比：与过去相比、与国外相比、与前面所论述的内容相比
非……不可：非他不可、非去不可、非揍他一顿不可

说V就V[①]:说走就走、说干就干、说哭就哭
N就是N:女人就是女人、孩子就是孩子、老师就是老师
一……就……:一看就哭、一说就顶嘴、一高兴就忘乎所以
越V越A:越想越高兴、越说越兴奋、越听越生气
连……也(都)……:连他都能考一百分、连电影都不敢去看

第二类是句子中的连接成分所构成的固定结构语块,特别是复句关联词。例如:

不但……而且……:他不但学习好,而且还喜欢帮助别人。
除非……否则……:除非你安分守己,否则媒体就会曝光你。
与其……不如……:与其哭着忍受,不如笑着享受。
既……又……:这样处理既解决了同学间的矛盾,又维护了同学间的团结。

语块在汉语中数量相当多,功能多样,使用范围广泛,其主要特征包括:

(1)具有结构上的固定性。语块中的前后词语相互照应、相互依存,形成一个相对固定完整的语块,具有特殊语法意义和语用功能。若缺失其中某个成分,整个语块的结构可能就会变得松散。

(2)具有可生成性。语块通常由固定成分和可变成分组成,可变成分提供可选择或替换的变项,与固定成分共同作用,使语块整体具有一定的生成能力。在实际使用时,只要在空缺处填补合适的成分即可。

(3)具有意义上的整体性。语块具有整体的语法意义和语用功能。语块的意义,并非组成成分在语义上的简单相加,而是在人们的长期使用过程中逐渐产生并凝固的,所形成的新的、固定的整体意义。在特定交际语境中,往往也能表示某种特殊的感情色彩或语气。

第六节　词汇发展

语言是人们进行交际交流的主要工具,同时也是观察社会发展变化的重要窗口。在语言的动态发展和变化中,词汇是最具有敏感性、开放性、活跃性的要素,能够迅速而生动地记录社会发展、反映时代变迁、描述新生万物,因而常被看作是时

①本书讲解词汇结构时,V代表“动词”,N代表“名词”,A代表“形容词”。

代的“晴雨表”。随着社会的发展、科学技术的变革以及人们日新月异的生活变化，人们的语言生活也日趋丰富多元，新词、新语不断产生，相应的一些旧词语也逐渐消亡。

一、新词的产生

新词的产生有很多途径。

（一）新生事物的出现催生了新词汇

任何新事物的产生，都需要相应的新词汇来表达，多数以新造词的形式出现。

1.来源于社会制度的变革

奴隶制度时期：隶、臣、仆、民。
封建制度时期：朕、衙门、朝廷、太监、科举、状元。
资本主义萌芽时期：洋务、学堂、鸦片、殖民地。
社会主义制度时期：共产党、和谐社会、计划经济、按劳分配、公有制。

2.来源于社会生产力水平的提高和科学技术的发展

渔牧时代：矢、鱼、兔、鹿、射、驽、驹、骥。
农业时代：麦、稻、耕、黍、丝。
工业时代：工厂、工人、银行、发动机、螺丝、汽车、火车。
信息时代：互联网、电脑、上网、键盘、磁盘、多媒体、短视频、信息化。

3.来源于重要政策和社会活动

特区、个体户、外企、融资、供给侧、精准防控、健康码。

（二）已有事物改换新的称呼

由于认知观念的进步，人们对一些事物的看法和感情色彩发生了变化，旧的称呼不再符合时代特征，因而产生了新词来代替原有称呼。例如：

厨子——厨师
戏子——演员
邮差——邮递员
厕所——卫生间——洗手间
瞎子、聋子——盲人、聋人

新词、新语的不断产生，体现着语言鲜活的生命力，更预示着社会发展的趋势和方向，为全社会呈现充满自信的语言新景观。

二、旧词的消失

旧词的消失往往伴随着旧事物的消亡。例如“丫鬟、书童、粮票、马褂、黄包车、姨太太、童养媳、租界、盐碱地、接生婆、大哥大、小人书、知青、上山下乡”等词语都随着相应事物的消失而不再使用。

汉语词汇发展的双音节化也是旧词消亡的一个原因。例如古代汉语中的“目、惧”在现代汉语发展为双音节词“眼睛、惧怕”。也有一些词在演变过程中逐渐被其他词所取代，原来的词也就不再单独使用，如古汉语中的“足、饮、履”在现代汉语中用“脚、喝、鞋”来表示。这些原来的旧词在日常交际中不再作为词独立使用，但仍作为语素保留在现代汉语中，如“目光、足球、惧怕”。

人们认识的变化也会引起旧词的消亡。

随着人们认知观念和人际生活的变化，一些曾经消失的词语，又重新出现在了当代语言生活中，例如“股票、经纪人、股东、消费、破产、分红、拍卖、红包、老板、太太、小姐、夫人”等。

三、词义的演变

词汇的意义也处于不断发展变化之中，主要包括词义的扩大、缩小、转移和词义虚化四种情况。

（一）词义的扩大

词的意义所指范围变大，就是词义的扩大。

如“江”“河”原是专有名词，“江”可指今天的长江，“河”可指今天的黄河。如《孟子·梁惠王上》：“河内凶，则移其民于河东”，“河内”即黄河北岸，在今河南沁阳一带。后来它们逐渐演变为普通名词，泛指一切河流，词义的范围扩大了，同时，它们还能作为语素构成河流名称和地名，如：“珠江、钱塘江、汉江、黑龙江、湛江、乌江”“辽河、浏阳河、海河、淮河、塔里木河”。

词义的扩大是词义演变中最常见的现象，它使词在意义表达上变得更准确、更精密。

（二）词义的缩小

词的意义所指范围变小，就是词义的缩小。

“金”本来泛指各种金属，特别是泛指“铜”。《左传·僖公十八年》：“郑伯始朝于楚，楚子赐之金。”这里的“金”主要指铜，用来铸造兵器、钟鼎，后来“金”专指“黄金”。又如“床”原指坐具和卧具，现在专指卧具；“臭”原指一切气味，包括香味和臭味，现在只指臭味，词义范围缩小了。

（三）词义的转移

词的意义从原来的所指转变为其他所指，就是词义的转移。

“兵”原来泛指各种兵器，《过秦论》中“斩木为兵”，成语“短兵相接”，其中“兵”均指兵器，而现在指士兵、战士，意义发生了转移。再如“涕”原指眼泪，今指鼻涕；“走”原来是跑的意思，后来指步行。

词义的转移还包括褒贬色彩的转化。有的是词义的贬降，即词义的感情色彩“由褒（中）至贬”。例如：“爪牙”原指人的指甲和牙齿，或动物的尖爪和利牙，具有中性偏褒义色彩；后来指猛士、武将、得力助手，具有明显褒义色彩；而现在主要指党羽、帮凶、走狗，表示贬义。再如“贿”原本有“赠送财物”之义，是个中性词，《左传·宣公九年》：“孟献子聘于周，王以为有礼，厚贿之”，今天指贿赂、用钱财收买，成为了贬义词。有的则是词义的扬升，即词义的感情色彩“由贬至褒”。例如“强人”原指强悍凶暴的人或强盗，具有贬义倾向，现指能力很强的人、英才，表示褒义；再如“锻炼”在古代指玩弄法律、诬陷他人，今指体力锻炼、脑力锻炼等，成为褒义词。

（四）词义的虚化

词的意义从原来表示具体的词汇意义转变为表示抽象的语法意义，就是词义的虚化。古代的实词占多数，今天的很多虚词都是从古代实词演变而来的。如“被”原指遭受、遭遇，属动词，现在成为表示被动的标记，纯粹表示语法意义，是介词。“把”本义是握、持，后来虚化为表示处置的介词。“了”本义是终了、终于，属动词，现代汉语中则演变为助词兼语气词，只表示动作完成或事态发生变化等语法意义，读音为“le”，而表示原来具体的意义时，读音为“liǎo”。“由”本义指原因，后来成为表示原因的连词。

第七节　现代汉语词汇系统的特点

一、双音节词占优势

词一般都具有固定的语音形式，即每个词都有固定的音节。按照音节构成的数量不同，现代汉语中的词可以分为单音节词，双音节词和多音节词。从历史的角度来看，汉语词汇系统存在双音节化的趋势：古代汉语词汇中，单音节词占绝大多数；现代汉语词汇中，双音节词占优势。根据《现代汉语频率词典》的数据，现代汉语高频常用的9000个词中，双音节词的数量最多，占70%；单音节词次之，占26.7%；其余是多音节词。然而，从使用频率上来讲，日常口语中的某些（并非总体）单音节词则更为常用。如《现代汉语常用词表》（草案）收录了56008个现代汉语常用词，其中单音节词"的"使用频率最高。再如《现代汉语常用词表》（草案）所统计的使用最高频的100词中，有82个为单音节词，18个为双音节词，单音节词占绝对优势。

二、构词成分单音节语素占优势

汉语语素的基本形式是单音节语素，具有极强的构词能力。比如"人、跑、海、迷、民"等，数量非常多。也有一部分双音节语素，比如"伶俐、蹊跷、潺潺、咕咚、披萨"等。还有少数是多音节语素，比如"巧克力、三明治、马拉松、歇斯底里、乌鲁木齐"。双音节语素和多音节语素多来源于连绵词、叠音词、拟声词和音译外来词。一般情况下，一个汉字通常代表一个语素。然而在双音节和多音节语素中，虽然每个音节都使用汉字来表示，但是各个汉字并没有独立的意义，只有这些汉字组合在一起时，才表示一个意义，成为语素。

三、构词方式灵活，以复合式为主

汉语的词汇可以分为单纯词和合成词两大类。单纯词只由一个语素构成，因此不存在内部构造的问题。而合成词由多个语素构成，有内部构造的问题。现代汉语中，合成词的数量占有绝对优势。合成词的构词方式分为复合式（词根和词根的组合）和附加式（词根和词缀的组合）两种形式。现代汉语的构词方式以复合式为主要形式。复合式合成词内部的语素之间是按汉语的基本语法结构关系组合起来的，因此可以分为联合、偏正、补充、动宾、主谓等各种语法关系类型。与印欧语不同的是，附加式在现代汉语构词中不占有重要的地位。

第八节　常用汉语词典和词典编纂

词典是收集词汇并加以解释以供查阅的工具书，也作辞典。词典在日常生活、文化教育和科学研究事业中发挥着重要作用。词典学与词汇学二者关系密切。一方面,词典编撰一直以来是词汇学领域的重点关注问题;另一方面,词汇学的研究成果能够为词典编撰工作提供指导和帮助。词典编撰的工作主要包括选词立目、标注语音、解释词义、义项划分、引例、编排,等等。这一节,我们主要介绍一些较为常用的汉语词典以及对词典中的词条、释义和配例作一些常识性的说明。

按照不同的划分标准,词典可分为不同的类型。根据内容和知识,可将词典分为通科性词典、专科性词典和百科性词典,一般性的语文工具书一般为通科性词典,下面将介绍几本目前常用的汉语词典。

一、常用汉语词典

1.《现代汉语词典》

《现代汉语词典》是新中国第一部规范型词典,有人称其为汉语词典的"母典"。该词典由中国社会科学院语言研究所词典编辑室编成,吕叔湘、丁声树先生先后主持编写。1958年完成初稿,1978年由商务印书馆出版。《现代汉语词典》(第7版)收各类单字13000多个,所有条目69000多条。自《现代汉语词典》出版以来,为推广普通话、促进汉语规范化的工作作出了重要贡献。它的优点是:

第一,词形、注音规范。在《现代汉语词典》中,首次明确区分了同音词(吐气^1[发泄出积在胸中的委屈或怨恨而感到痛快]-吐气^2[语音学上的送气],和同音语素(乔^1[高]-乔^2[假扮])。

第二,词的意义分析细致。如"花心"区分为两个义项:①指爱情上不专一的感情:婚后不久,丈夫就起了~。②指爱情上不专一:~丈夫。①义是名词义,②义只能作修饰语。

第三,词典中的全部词都作了具体的解释。同义词或近义词的注释,则使用其同义词或近义词进行解释。如:

楼宇　楼房。
楼房　两层或两层以上的房子。
构怨　结怨。

结怨　结下仇恨。

第四,词语的释义部分使用括号说明词的配合关系。如:

叠翠　(山峦、树木)青翠重叠。
品题　评论(人物、作品等)。

2.《汉语大词典》

《汉语大词典》是一部大型、历史性的汉语语文词典。全书共十二卷，另有检索表和附录一卷，共收录词目约三十七万条，五千余万字。《汉语大词典》由上海市、山东省、江苏省、安徽省、浙江省、福建省有关单位共同编写，编撰历时18年，先后有一千余位语言文字方面的专家参与此项工作。该词典由罗竹凤主编，于1986年上海辞书出版社出版第一卷。《汉语大词典》是目前规模最大的汉语语文工具书，编撰工作主要遵循“古今兼收，源流并重”的原则。下面将引录《汉语大词典》“表”的释义进一步说明《汉语大词典》在释义上的特色。

表(1)衣服的外层；外衣。(2)罩上外衣。(3)外边，外面。(4)外表，仪容。(5)表亲。(6)标木，标记。(7)旌旗，徽帜。(8)古代天文仪器圭表的组成部分，为直立的标竿，用以测量日影的长度。(9)古代边塞或城上报警信号的一种。(10)指石碑。(11)显扬；表彰。(12)标明，标出。(13)表明，表示。(14)表述，述说。(15)鉴察。(16)用药物把感受的风寒发散出来。(17)正直。(18)表率；准则。(19)特出，迥异于重貌。(20)首，第一。(21)奏章的一种，多用于陈请谢贺。(22)启奏，上奏给皇帝。(23)表谱，表格。(24)一种计时器。(25)表示度数、用量等的仪器。(26)表字(27)同“裱”。参见“表背”。(28)姓氏。(29)“錶”的简化字。

可以看到，《汉语大词典》古今义兼收；词义概括与辨析清楚，层次分明；义项编排上分合得当，可以在一定程度上反映词义的发展。

二、词条

选词是词典编撰中的重要问题。汉语词汇丰富、精密，一方面词典受篇幅的限制，不可能收录所有的汉语词汇；另一方面，词典是重要的工具书，需要满足读者的需要，因此词典的选词应该具有一定的标准。以现代汉语中型词典为例，选词一般收录普通话口语中广泛应用的词，除此之外，“五四”以来的书面材料，如重要作家的文艺作品、全国性的重要报刊以及社会科学和自然科学的一般论著和学校课本等也是词典选词的重要来源。一般不收录人名、地名、姓氏、土语、不必要的古语以及专门术语。

三、释义

解释词义是词典的中心工作，词的释义一般包括两个方面，一方面要说明、解释词语的概念义，另一方面还需要说明词的附属义，如词语的感情色彩、语体色彩等。

下面介绍《现代汉语词典》中几种常见的释义方式：

1. 使用同义词或近义词进行释义。

理化　物理学和化学的合称。

埭<方>　坝(多用于地名):石~(在安徽)|钟~(在浙江)。

冷不丁<方>　冷不防:~吓了一跳。

2. 使用反义词的否定形式,或者相关词语的否定形式进行释义。

冷冰冰　②形容不热情或不温和:~的脸色。

闹　①喧哗;不安静。

土　⑥不合潮流;不开通。

默默　不说话;不出声。

3. 使用逻辑学中下定义的方式进行释义。

语言学　研究语言的本质、结构和发展规律的科学。

书法　文字的书写艺术,特指用毛笔写汉字的艺术。

4. 使用描写、说明的方法进行释义。

桌子　家具,上有平面,下有支柱,在上面放东西或做事情。

考试　通过书面或口头提问等方式,考查知识或技能。

四、配例

孤立的、脱离语境的词义和用法说明,往往令读者很难理解。为了更好地说明词义和词的用法,词语的释义之后通常会有配例。配例可以引用经典的白话文著作中的例句,但需注明作者、篇名,也可以使用自造的词组、短语式的例句。

《现代汉语词典》一般使用自造的词组、短语式的例句。如:

出世　①出生:那年他还没有~。②产生:旧制度灭亡,新制度~。③超脱人世,摆脱世事的束缚:~思想。

《汉语大词典》一般使用白话文著作中的例句。如:

预约　②事先的约定。

王西彦《病人》:"三天是一个很短的日期,我不知道他为什么对我作这样预约。"茅盾《创造》:"永久是预约,永久是明年,直到孩子大了,不再要了,也就没有事了。"

本章小结

本章主要介绍现代汉语词汇基本知识和基础理论。第一节介绍词汇的概念、词汇的单位，让我们对本章知识有宏观的把握。第二节词汇系统进入描写词汇结构系统的层面，围绕“语素”这个核心概念，分析了现代汉语的构词法系统，展现了词汇内部结构的系统性，便于学生理解掌握和具体操作分析词的内部结构。第三节词义分析是本章除了结构外的另一核心问题，在讲述词义概念、性质和构成的基础上运用现代词汇语义学理论分析汉语词义的结构和层级，便于学生理解掌握和分析词义。第四节词语的类聚进一步让我们关注词汇之间的关系，认识到一个词和其他词语义方面的千丝万缕的联系。第五节词汇系统的构成从历时和共时两个层面让我们对当前汉语词汇的各种分类角度有清晰的认识。第六节词汇发展讲述词汇是动态发展演变的，在语言三个要素中词汇的发展相对最快。第七节现代汉语词汇系统的特点进一步总结现代汉语词汇和其他语言相比具有自己的特殊性。第八节介绍了常用的汉语词典，介绍了词条、配例等词典学术语，便于大家正确使用工具书学习汉语词汇。

一、关键概念

词汇　语素　词　固定短语　熟语　成语　惯用语　成词语素　不成词语素　联绵词　叠音词　词根　词缀　单纯词　合成词　重叠词　复合词　简称　同素词　词义　理性义　色彩义　联想义　基本义　派生义　引申义　比喻义　义素　义位　义素分析　语义场　同义词　反义词　单义词　多义词　同音词　同形词　同源词　同族词　基本词汇　一般词汇　古语词　新语词　方言词　外来词　语块　新词

二、基本主张

掌握现代汉语词汇。词汇是词和语的汇集。词汇具有系统性，对词汇的学习和理解从结构和意义两个层面进行。首先是结构层面，汉语双音节词在整个词汇体系中占优势。构词法体系是根据词内部语素的个数首先分为单纯词和合成词两部分，对合成词再利用词根和词缀的概念进一步切分。复合词占比最大，复合词根据内部词根之间的组合规律分为联合、偏正等五类。其次是意义层面，词义可以分为理性义、色彩义和联想义。分析词义时可以利用现代语义学语义场、义素等概念，对处于同一语义场内的词义从义素的角度进行切分，有利于我们更好地学习和掌握同义词、反义词。

学习评价

<table>
<tr><th>评价维度</th><th>评价项目</th><th>评价内容</th><th>评价标准</th></tr>
<tr><td>知识维度</td><td>归纳梳理汉语词汇系统知识</td><td rowspan="3">1.词汇概述
2.词汇系统
3.词义分析
4.词语类聚
5.词汇构成
6.词汇发展
7.词典</td><td>掌握现代汉语词汇的基本知识和基础理论，能够熟练运用汉语词汇知识分析和应用汉语</td></tr>
<tr><td>能力维度</td><td>词汇结构分析
词汇语义分析</td><td>具备良好的理解、分析和运用汉语词汇的能力，能够熟练掌握汉语词汇结构的类型，具有词义分析和正确使用词语的能力</td></tr>
<tr><td>素质维度</td><td>撰写词汇学研究论文</td><td>热爱祖国语言文字，自觉遵守语言规范，能够运用所学汉语词汇理论分析现实生活中的词汇使用现象，并适当进行汉外词汇对比</td></tr>
</table>

推荐阅读

[1]许威汉.二十世纪的汉语词汇学[M].太原：书海出版社，2000.
[2]周荐.汉语词汇结构论[M].增订本.北京：人民教育出版社，2014.
[3]王希杰.汉语词汇学[M].北京：商务印书馆，2018.
[4]张志毅，张庆云.词汇语义学[M].3版.北京：商务印书馆，2012.
[5]葛本仪.现代汉语词汇学[M].3版.北京：商务印书馆，2014.

本章自测

1.填空题

（1）根据构词能力，可以将语素分为________和________；根据音节数量，可以将语素分为________和________；根据语素在构词中的位置，可以将语素分为________和________。

（2）根据词根与词根的意义与结构关系，复合词主要有________、________、________、________和________五种类型。

（3）________是词义的核心。

（4）多义词是一个语音形式有两个或两个以上________的词。

（5）成语是人们从历史上传承下来并长期使用的结构________、意义________的熟语。

（6）现代汉语词汇的音节特点是________占优势。

2.简答题

（1）“你用的这个词汇不对，还是换个词汇吧。”这句话里“词汇”使用是否得体，为什么？

（2）现代汉语中常见的前缀和后缀有哪些？每种词缀各举三个例子说明。

(3)举例说明现代汉语里的同素异序现象。

(4)分析下列词语的词义发生了怎样的演变。

a.河 洗　　b.学者 报复　　c.爪牙 勾当

(5)“妇女”和“媪”的理性义有何不同?

(6)查阅文献和词典,说说“封”的本义是什么,“割”的基本义是什么,“迷路”的比喻义是什么。

(7)“走”有三个义项,[1]人或鸟兽的脚交互向前移动。[2]跑。[3]移动。其中,哪些是本义,哪些是基本义,哪些是派生义?

(8)请思考“诞辰”和“寿辰”的附属义素有什么不同。

(9)请从色彩、意义和功能三个角度辨析“摧残”和“摧毁”。

(10)你可以列出“老”的几个反义词?

(11)下列词属于反义词吗,为什么?

富裕—贫民　　谦虚—不谦虚　　乱—井然有序

(12)试结合本段基础知识,分析下列“刷”的含义。

没事浏览下知乎是“刷知乎”。

班里的学霸做题是“刷题”。

重复考六级是“刷分”。

遇到特好看的电影,看好几遍就是“几刷”。

运气爆棚就全靠“刷人品”。

淘宝商家最喜欢“刷信誉”

(13)认识同源词现象对于现代汉语学习有什么意义和作用。

(14)什么是成语、惯用语、歇后语?它们之间有什么不同?在生活中应当如何恰当运用成语、惯用语、歇后语?

(15)什么是文化特征词?请说出十个能反映当代文化特征的词。

(16)词汇的发展表现在哪些方面?请说明其原因。

(17)请举例说明词和语素的关系。

(18)请举例说明复合词的具体类型。哪类数量多,哪类数量较少,为什么?

(19)查查最新版《现代汉语词典》,看看收录了哪些新造词,并尝试分析这些新造词的结构特点。

(20)试从词典编撰角度比较《现代汉语词典》《新华字典》《汉语大词典》的异同。

参考文献

[1]许威汉.二十世纪的汉语词汇学[M].太原:书海出版社,2000.

[2]周荐.汉语词汇结构论[M].增订本.北京:人民教育出版社,2014.

[3]王希杰.汉语词汇学[M].北京:商务印书馆,2018.
[4]张志毅,张庆云.词汇语义学[M].3版.北京:商务印书馆,2012.
[5]葛本仪.现代汉语词汇学[M].3版.北京:商务印书馆,2014.
[6]曹炜.现代汉语词汇研究[M].修订本.广州:暨南大学出版社,2010.
[7]郭良夫.词汇[M].北京:商务印书馆,1985.
[8]周荐.词汇论[M].北京:商务印书馆,2016.
[9]许威汉.汉语词汇学导论[M].修订版.北京:北京大学出版社,2008.
[10]常敬宇.汉语词汇文化(增订本)[M].2版.北京:北京大学出版社,2009.
[11]刘叔新.汉语描写词汇学[M].2版.北京:商务印书馆,2005.
[12]周国光.现代汉语词汇学导论[M].广州:广东高等教育出版社,2004.
[13]温端政,吴建生.汉语语汇学研究[M].北京:商务印书馆,2009.
[14]邵敬敏.现代汉语通论:全2册[M].3版.上海:上海教育出版社,2016.
[15]符淮青.现代汉语词汇[M].北京:北京大学出版社,1985.

第五章　现代汉语语法

本章概要

本章共八节，讲述现代汉语组词造句的规则和有关的基础理论知识，如句法成分、析句方法、短语和句子类型、句组以及标点符号等，旨在使学生具有分析句子和辨别句子正误的能力，能够正确、规范地使用汉语。

学习目标

1.掌握现代汉语语法的基本知识和基础理论，具备良好的理解、分析和运用汉语的能力。

2.掌握辨析句法结构类型的方法，自觉遵守语言规范。

学习重难点

学习重点

1.理解现代汉语句法成分与词类的关系。

2.正确使用析句方法。

3.准确辨析短语歧义和句子歧义，并且能够理解歧义的原因。

4.准确识别复句的类型。

学习难点

1.切实理解语法的性质。

2.深入理解韵律词与词汇词的差异。

3.正确理解构式和语块的区别与联系。

4.全面理解字本位的语法本位观。

思维导图

语法概说、现代汉语语法系统的特点	识记、理解，明确现代汉语与印欧语在语法上的异同
句法成分、析句方法	理解、运用，提高句法分析能力
短语、句子类型、句组	运用、分析，提高语义分析能力
现代汉语的标点符号	运用、评价，提高规范使用能力

第一节　语法概说

一、语法内涵

（一）什么是语法

语法分为广义语法和狭义语法。广义语法是指语言的法则和规律，包括语音、词汇、语义、语用等方面的法则和规律。狭义语法是指和语音、词汇、语义、语用等相对的语法，甚至专指组词造句的法则和规律。换言之，狭义语法是由小的音义结合体组合成大的音义结合体所依据的法则。本教材涉及的语法主要是狭义语法。语法有两层含义：一是语法规律，二是语法学，具体内容如下。

语法规律	语言中客观存在的语法事实
语法学	描写和解释语法规律的科学

语言中存在的语法规律是客观的，语法学者归纳的语法知识或理论具有主观性。一种语言的语法系统只有一个，描写和解释这种语法系统的学说可以不止一个。

（二）语法的性质

语法的性质主要有四种：抽象性、稳固性、民族性、递归性，具体内容如下。

抽象性	语法规则和语法意义都是从语言具体形式和内容中归纳概括出来的
稳固性	语法是各种规则交织形成的有机系统，其发展变化非常缓慢

续表

民族性	每种语言都有自己的民族特点，如汉语“我写字”，藏语“我字写”
递归性	语法规则可以层层套叠、重复使用而不会致使句子结构和语义混乱

语言形式千差万别，但抽象出的语法规则是有限的。有限的语法规则可以重复使用，所以在语言表达中人们可以用有限的规则生成无限的句子。语法规则具有稳固性，在较短的时间内一般不会发生变化。不同民族的语言既具有共性也具有个性，在语法研究中不能拿其他语言的语法理论硬套汉语的语法现象。

二、语法单位

语法单位是有音又有义的语言单位，可以将其分为五个层级：语素、词、短语、句子和句群，具体内容如下。

语素	语言中最小的有音又有义的语言单位
词	最小的能够独立运用的有音又有义的语言单位
短语	语法上能够搭配且没有句调的语言单位
句子	具有句调，能够表达一个相对完整意思的语言单位
句群	由前后衔接、表达一个中心意思的几个句子构成的语法单位

语素的作用主要是构词，词的作用主要是构造短语和句子，短语的作用主要是构造句子。语素是构词的备用单位，词和短语都是造句的备用单位，句子是交际单位。

三、韵律词

韵律词指汉语中由两个音节或三个音节构成的能够自由运用的语法单位。由两个音节构成的韵律词是标准韵律词，如“汉语”“思想”“贵校”“好在”“勤于”；由三个音节构成的韵律词叫超韵律词，如“计算机”“普通话”“高精尖”“正能量”。韵律词主要有以下几种类型：

重叠式	单音节词或语素可以通过重叠手段构造韵律词，如“年年”“个个”“看看”
延长式	将一个音节延长为两个音节，如“孔——窟窿”“哄——糊弄”“瓠——葫芦”“浑——囫囵”
叹语式	单音节词后加语气词可以形成韵律词，如“好的”“天哪”“糟了”
凑补式	在音节不足的地方加一个无关紧要的字，如“有夏”“老虎”“石头”
略语式	将多音节词或短语压缩成一个音步，如“北大”“语委”“外长”
复合式	由两个或三个音节构成的复合词都是韵律词，如“水井”“眼睛”“博物馆”

语言中最小的能够自由运用的韵律单位是音步。汉语中两个音节构成一个标准音步，韵律词最少由一个音步来实现。韵律词是根据音节的数量来定义的，所以

韵律词与词汇词存在差异。一个双音节的词构成一个韵律词，但是一个韵律词却未必就是词汇词。

四、构式

构式是具有整体功能的一种形式——意义的配对体，一般构式的形式或意义的某些方面既不能从其构成成分中直接推导出来，也不能从先前已有的构式中预测出来。从形式上来看，构式有三种类型，如下表所示。

熟语性构式	这类构式结构固定，含有规约性意义，如“戴高帽”“唱双簧”“喝西北风”
框架性构式	这类构式有固定成分，也有可变成分，如表示否定义的“V什么V”
句式性构式	这类构式是从语言中完全抽象出来的，如表示遭受损失的“N_1+$V_{失去义}$+N_2”

构式通常有三个特征：整体性、特异性、匹配性，具体内容如下表所示。

整体性	构式的整体意义大于部分意义之和，如“挖墙脚”的整体含义并不是“挖”和“墙脚”的简单相加，而是表示“拆台”
特异性	构式的形式和意义往往具有特殊性，如“登陆诺曼底”“会晤外交官”中的动词通常不能带宾语，但在实际语言运用中又会出现带宾语的情况
匹配性	构式的形式和意义之间具有匹配关系，如“老王丢了手机”表示老王承受着丢失手机的不幸

构式在具体使用中可以表达不同的语义内容，形成不同的下位类型，体现出多义性。如“把”字句既可以表示处置义，也可以表示致使义。前者如“甲队把乙队打败了”，后者如“这件事把我气坏了”。双宾语句既可以表示“给予义”，也可以表示“取得义”。前者如“张三送李四一本书”，后者如“李四收张三一本书”。

五、语块

语块是由两个或两个以上的词语组成的、形式和意义都较为固定的语言单位。在言语活动中，人们储存信息和提取信息并不是一个词一个词地进行，而往往是根据词语之间的关系整体接收或者输出一组形式和意义相关的单位，这组形式和意义相关的单位就是语块。语块作为一种语言单位储存在人们的认知心理当中，在需要时可以整体提取，所以语块具有预制性、固定性和易提取性，具体内容如下表所示。

预制性	在交际中语块的使用不需要通过语法规则临时去组构，而是在言语交际之前就储存在人们的认知心理中
固定性	语块的形式和意义都较为固定。在语块中，词与词的搭配会受到音节、语义、语用的制约，词与词组合后形成的结构往往具有整体意义
易提取性	由于语块是预制的，其形式和意义又是相对固定的，因此在信息输出过程中语块的提取方便快捷，可以直接从记忆中输出使用

语块与构式既有联系，也有区别。构式强调形式和意义上的特殊性，语块也强

调形式与意义上的特殊性。两者存在差异的是，构式不仅包括熟语性构式、框架性构式，还包括抽象的句式性构式，而语块必须由两个或两个以上的词语组成，虽然它也具有熟语式和框架式这些类型，但是语块并不包括抽象的句式性构式，因此语块一般都是构式，但是构式并不完全等同于语块。简言之，语块的范围小于构式的范围。

六、字本位

字本位是一种把字作为汉语基本单位，而不是把词作为基本单位的语言观。它在一定程度上反映了汉语语音、语义、字形三位一体的特点以及“字”作为概念单位所具有的意义独立性和生成能力，具体内容如下表所示。

字的内涵	“字”是形、音、义三位一体的最小的语言单位和语法单位，不仅指作为书写符号的汉字，也包括作为语音单位的音节和作为意义单位的概念
组合规则	在字本位体系中，比字大的语言单位是字组，字组的形成遵循“1+1=1”的组合方式

字本位中的“字”虽然体现为一定的形体特征，但是作为语言的基本单位，它是形、音、义的结合体，字本位作为一种语言观，不能简单地理解为汉字观、汉字教学观。

第二节　句法成分

一、句法成分的内涵

狭义的语法被叫做句法。[①]句法与词类属于不同层面的概念，句法主要着眼于词与词的关系，词类凸显的是自身性质。句法结构是由词组成的短语或句子里的语法结构关系的总和，其突出特点是具有层次性。句法成分是句法结构的组成成分，[②]总是以不同类型的语法结构关系相对出现，如主语和谓语，动语和宾语，定语和中心语，状语和中心语，中心语和补语。

构成句子的成分有主语、谓语、宾语、定语、状语、补语等六大类，这些成分也可以构成短语，因为句子结构与短语结构规则具有内在的一致性，所以短语成分和句子成分共用一套术语。由于句子和短语里都有句法结构，所以句法成分也可以叫句子（短语）成分。

①张斌：《新编现代汉语》，复旦大学出版社，2002年，第275页。

②黄伯荣，廖序东：《现代汉语：下册》，高等教育出版社，2017年，第4页。

二、一般句法成分

(一)一般句法成分的含义

一般句法成分与特殊句法成分相对,是句子里跟前后别的词语或句法成分有结构关系的某个实词或短语。现代汉语一般句法成分主要包括主语、谓语、动语、宾语、定语、状语、补语、中心语,如下表所示。

主语	被陈述的对象
谓语	陈述主语的句法成分
动语	表示动作行为,是支配、涉及宾语的句法成分
宾语	表示人、物或事情,是动作所支配、涉及的对象
定语	名词性短语的修饰语
状语	谓词(动词、形容词)性短语的修饰语
补语	动词、形容词性短语里中心语后面的补充成分
中心语	修饰限制句法关系中被修饰限制的成分、补充说明句法关系中被补充说明的成分。可根据与前后句法成分的结构关系分为:定语中心语、状语中心语和补语中心语

(二)一般句法成分之间的语法结构关系

语法结构关系(语义逻辑关系)	一般成分	举例
主谓(被陈述与陈述)	主语‖谓语	观众‖看了
动宾(支配与被支配)	动语宾语	看电影
定中(修饰与被修饰)	(定语)中心语	(励志)电影
状中(修饰与被修饰)	[状语]中心语	[都]看了
中补(被补充与补充)	中心语〈补语〉	看〈完〉了

下面通过一个主谓句的图解法,说明八种一般句法成分之间的关系和层次:

(所有) 观众 ‖[都]看〈完〉了|(这部)(励志)电影。

主 语 ‖ 谓 语	第一层 主谓关系
(定语)中心语 [状语] 中 心 语	第二层 定中和状中关系
动 语 | 宾 语	第三层 动宾关系
中心语〈补语〉(定语)中 心 语	第四层 中补和定中关系
(定语)中心语	第五层 定中关系

（三）一般句法成分的构成材料和语义类型

一般成分	构成材料	语义类型
主语	①名词性词语：名词、数词、名词性的代词、名词性短语等。 例：1.今天是个好日子。 2.下面站着三个人。 3.三比五小。 4.他们今天表现很好。 5.强健的体魄才可以支撑我们实现人生理想。	①施事主语：主语为发出动作的主体。 例：1.我常常把刚刚印好的刊物放在家里。 2.大姐在河边洗衣裳。 3.他的笔记吸引了同学们的目光。 ②受事主语：主语为承受动作的客体。 例：4.我的眼泪也常常被它引了出来。 5.那家伙我们都喜欢。 6.这么好的工作，你可要好好干。
主语	②谓词性词语：动词、形容词、谓词性的代词、动词性短语、形容词性短语（含主谓短语）等。 例：6.想想行不行？ 7.糊涂变聪明。 8.那样不太好。 9.放糖放醋都可以。 10.整洁温馨才有家的感觉。 11.我不去是不是不行？	③中性主语：非施受主语，仅当事、相关。 例：7.他熬出了几根白发。 8.弟弟跑丢了一只小狗。 9.作业做完了。 10.快刀斩乱麻。 11.面包里加一片芝士。 12.前后左右各一寸。 13.这眼睛，闪闪发光的一对黑宝石。

名词性主语是最典型的主语，谓词性主语是不典型的主语。动词前边如果有几个名词性成分，按照施事、工具、受事、处所、时间的顺序，选择其中一个作为主语，[1]介词结构除外。例如，“去年学校里产生了几个冠军”的主语是“学校里”；“在学校里去年产生了几个冠军”的主语则是“去年”。谓词性词语作主语时，后面的谓语总是由非动作性谓词（含判断动词、形容词等）充当[2]。

施事主语是最典型的主语，受事主语和中性主语是不典型的主语。施受主语句中谓语动词是表示动作的。

主语和话题的区别主要体现在三个方面：第一，主语是句法概念，话题是语用概念；第二，在句中占据的位置不同，话题出现在句首，有时由句中时间、处所状语充当，但更多的是由句中主语充当，即话题主语；第三，话题往往带强调语气。[3]主谓谓语句的主语大都是说话的起点，含有话题的性质。[4]例如：“昨天，那边，我听见没有人唱歌。”话题由时间状语充当；“操场上，同学们跑得很快乐”，话题由处所状语充当；“今天是晴天”“这篇文章我们有不同的解读”，话题由句中主语充当。

①胡裕树：《现代汉语》，上海教育出版社，1995年，第318页。
②黄伯荣，廖序东：《现代汉语：下册》，高等教育出版社，2017年，第61页。
③黄伯荣，廖序东：《现代汉语：下册》，高等教育出版社，2017年，第61页。
④胡裕树：《现代汉语》，上海教育出版社，1995年，第322页。

一般成分	构成材料	语义类型
谓语	①动词性词语：动词、动宾短语、状中短语、兼语短语、连谓短语等。 例：1.你看！ 2.艰苦生活磨练意志。 3.每个人都珍爱生命。 4.老板乘飞机去开会。 5.我叫你拿论文去学校。 ②形容词。 例：6.哪件衣服好看？ 7.下坡容易，上坡难。 8.上学晚了。 9.路滑，你要走慢点。 ③主谓短语。 例：10.任何困难他都能克服。 11.妈妈脾气好。 ④名词性词语。 例：12.今天端午节。 13.一人一本。	①叙述型：表示主语“做什么”。 例：1.他把作业做完了。 2.两个小朋友在院子里捉迷藏。 ②描写型：表示主语“什么样”。 例：3.山上山下都很美。 4.边看电视边吃饭不好。 ③判断说明型：表示主语“是什么”。 例：5.青少年，是祖国的希望。 6.爸爸是重庆人。

用作谓语中心的动词、形容词等通常是句法结构和语义解释的核心，认准谓语中心，以及它跟前后各成分的结构关系和意义关系，十分重要。[①]

谓词性谓语是最典型的谓语，名词性谓语是不典型的谓语。谓词性词语单独作谓语时通常要用复杂形式，即在前面或后面带上别的成分。动词单独作谓语，用在对话里如上表左列例1；用在复句的分句里，如“你去，我就去”；用在对比句里，如“一个人唱，一个人跳”；常需要加上助词，如“他姐姐来了”。形容词单独作谓语，用在对话的提问或回答句如上表左列例6；用在复句的分句里如上表例7和例9；在句末常有语气词，如上表例8。

判断说明型谓语中，判断动词可依句式省略，如上表例12。

一般成分	构成材料
动语	①动词性词语：单个动词、联合短语、中补短语等。 例：1.车上下来很多小孩子。 2.同学们要学好用好专业知识。 3.他刚写完了一部长篇小说。

①黄伯荣，廖序东：《现代汉语：下册》，高等教育出版社，2017年，第61页。

续表

一般成分	构成材料
动语	②兼属动词的形容词。 例:4.这部电视剧一夜之间红遍中国。 5.我的竞赛对手大我两三岁。 6.学校软、硬件设施应当满足教育教学的基本需求。

动语不同于动词。动语和宾语是共同出现、相互依存的两个句法成分。

动语可以由单个动词充当,但由动词带上补语构成,或带动态助词构成的更常见。[①]

一般成分	构成材料	语义类型
宾语	①名词性词语:数量短语、"的"字短语、联合短语、双宾语等。 例:1.他们班有五十个人。 2.藤上的葡萄大多是颗粒饱满的。 3.这里新建了学校和医院。 4.篮球我送你一个。 5.你去买老王一只烤鸭。 6.我们都叫他张教授。 ②谓词性词语:动词、形容词、动宾短语、联合短语、主谓短语、复句形式等。 例:7.她进步神速,却受到讽刺,我感到奇怪。 8.考研成功的秘诀在于钻研问题。 9.教师都想获得学生的爱戴和家长的配合。 10.我说你比他强。 11.打开窗户,我们发现树也白了,房顶也白了。	①受事宾语:动作的承受者、动作的对象。 例:1.妈妈正在表扬小明。 2.他们都很感谢这位老师。 ②施事宾语:动作的发出者、主动者。 例:3.屋里蹲着一条狗。 4.后面来了两个人。 ③中性宾语:非施非受宾语。 例:5.我们一起过中秋节。 6.这笔钱存活期。 7.外婆两件衣服都缩水了。 8.他们村里人都有小洋楼。

双宾语是一种特殊的名词性宾语,指一个动语后面接连出现两个相互没有句法关系的宾语。双宾语主要有三种语义类别:"给予"类双宾语如上表左列例4;"取得"类双宾语如上表左列例5;"表称"类双宾语如上表左列例6。[②]谓词性宾语只能出现在本身动作性不强的动语后边。

受事宾语是最典型的宾语,施事宾语和中性宾语是不典型的宾语。中性宾语又叫当事宾语或关系宾语。

①黄伯荣,廖序东:《现代汉语:下册》,高等教育出版社,2017年,第64页。

②张斌:《新编现代汉语》,复旦大学出版社,2002年,第376页。

宾语是动词分类的主要依据。可根据能否带宾语分出及物动词与不及物动词;根据名宾动词带名词性宾语、谓宾动词带谓词性宾语、名谓宾动词带名词性宾语或谓词性宾语,区分名宾动词(如“买菜、修车”)、谓宾动词(如“给予支持、从事研究”)与名谓宾动词(如“喜欢她跳街舞、担心爸爸去外地工作”)。①

不能把动宾关系仅仅理解为动作与对象的关系。一方面,动词不一定表示看得见的动作行为,如“打电话”;另一方面,宾语也不一定表示动作行为支配的具体事物,如“打交道”。从意义上看,宾语还可以表示动作的结果(如“做蛋糕”)、处所(如“逛商场”)、工具(如“写毛笔”)、方式(如“唱低音”)、原因(如“害怕什么”)、目的(如“学裁缝”)、担任的角色(如“唱小生”)等。②

一般成分	构成材料	语义类型
定语	实词和短语大都可以做定语。 例:1.(人生)的可能性是无限的。 2.(他)弟弟是卖水果的。 3.弟弟最喜欢吃(炒)肉丝。 4.(一座又一座)山从车窗前飘过。 5.(去哪里春游)的问题还有待讨论。 6.(红红)的苹果是你的,(青青)的苹果是我的。 7.(金桂飘香)的季节已经到了。 8.(出去植树)的孩子们刚回来。 9.(叫你来)的原因很简单。 10.(越想越复杂)的事情让他担忧。 11.(关于汉语语法)的报告刚开始。 12.(那件)事不能再放心上了。 13.(一阵)风吹过,凉飕飕的。	①限制性定语:给事物分类或划定范围。 例:1.(儿童公园大门两旁)的银杏树已经几百年了。 2.(野生)动物我们要爱护。 3.今天有(大型杂技)表演。 ②描写性定语:描绘人或事物的性质、状态,突出其中本来就有的某一特性。 例:4.我们屋后都是(碧绿)的修竹。 5.消化道是(弯弯曲曲)的管道。 6.长江横切(巨大)的山岭,形成了(壮丽)的长江三峡。

有的限制性定语是表同一性的,如上表左列例5,讨论的“问题”即“去哪里春游”。有些描写性定语也有限制作用,如上表左列例6,“红红的”既描写状态,又限制范围。

定语与中心语之间是否加“的”,与定语的词类,定语或中心语音节多少,以及定语与中心语之间的语义关系有关,③但也有一定的灵活性。

有的定中短语必须在定语和中心语之间加“的”才能构成偏正短语,如主谓短语作定语,见上表左列例7;连动短语、兼语短语作定语,见上表左列例8和例9;紧

①张斌:《新编现代汉语》,复旦大学出版社,2002年,第374—375页。

②胡裕树:《现代汉语》,上海教育出版社,1995年,第327页;张斌:《新编现代汉语》,复旦大学出版社,2002年,第373页。

③黄伯荣,廖序东:《现代汉语:下册》,高等教育出版社,2017年,第67页。

缩复句作定语，见上表例10；介词短语作定语，见上表例11。描写性定语与中心语之间通常要加“的”。

有的定中短语不能在定语和中心语之间加“的”，如没有重叠成分的量词短语作定语，见上表例12、13。

定语和中心语之间加不加“的”都可以，分辨起来主要看两种情况：一是加不加“的”是否影响句法关系，如“父亲母亲”与“父亲的母亲”，“情况复杂”与“情况的复杂”，等等；二是加不加“的”是否影响语义表达，如“中国文化”与“中国的文化”，“牛脾气”与“牛的脾气”，“一斤鲫鱼”与“一斤的鲫鱼”等。①

多层定语的次序一般由定语与核心名词的关系疏密来决定，常规语序为：领属—时间/处所—数量—状态—属性/范围，如“(我)的(一本)(刚买)的(新)(精装版)词典借给同学了”。量词短语的位置灵活性较强，如“(妈妈给)的(三件)(小)背心”“(三件)(妈妈给)的(小)背心”“(妈妈给)的(很小)的(三件)背心”。

一般成分	构成材料	语义类型
状语	①副词。 例：1.两种结构[刚好]具有同样的形式。 2.这人[非常]像老周。 ②时间名词、能愿动词、形容词(特别是表状态的形容词)。 例：3.他是[上午]来的。 4.这些都是大学生[应该]做的。 5.你们要[认真]学习今天的会议精神。 ③介词短语、量词短语、动词组成的短语等。 例：6.我把这本书[从头到尾]看了一遍。 7.老师就这样[一遍一遍]地讲。 8.同学们[你一言我一语]地讨论这个问题，可激烈了。 9.他们[双双]考上研究生。 10.我和他[像兄弟一样]学习、生活。	①限制性状语：表示时间、处所、程度、否定、方式、手段、目的、范围、对象、数量、语气等。 例：1.[今天]他起得很早。 2.我[跟室友]一起去的。 3.你[的确]刻苦。 4.爷爷见到我[格外]地高兴。 ②描写性状语：描写动作状态或动作者情态。 例：5.他[笑脸]迎人，是好事。 6.专业学习就是[摸索]前进。 7.妈妈[很欣慰]地看着我。 8.我[笑嘻嘻]地走了过去。

状语一般放在主语后面。一些表示时间、处所、范围、情态、条件、关涉对象或者语气的状语有时也可以出现在主语前面，由“关于”组成的介词短语作状语，只能出现在句首。放在主语前的状语叫句首状语，修饰主谓短语或几个分句，如“[晚上]我们一起去吃饭”“[渐渐]地，我们成了无话不谈的朋友”“[白天]，他去上自习；[晚上]，他也去上自习”“[关于这个问题]，我们态度很明确”。②

①张斌：《新编现代汉语》，复旦大学出版社，2002年，第384—386页。

②黄伯荣，廖序东：《现代汉语：下册》，高等教育出版社，2017年，第71页；胡裕树：《现代汉语》，上海教育出版社，1995年，第341—343页。

助词“地”是状语的书面标志,但在一些情形下,状语后面不加“地”。单音节副词做状语,一般不加“地”,如“刘教授人[很]好”;单音节形容词做状语,大都不能加“地”,如“我们[快]走吧”;代词、表示时间或处所的名词、能愿动词、方位短语和介词短语做状语,都不加“地”,如“他[大晚上在外面]转悠”“我们[能够]完成这项任务”。限制性状语大多不能加“地”,如上表右列例1—3,如果加“地”,往往有特别强调的意味,如上表右列例4。[①]能用来表示动作方式手段、状态的一般名词、动词,可以直接修饰动词做状语,如上表右列例5、6。

多层状语是状中短语整体加上状语形成的句法结构。多层状语的常规语序是:条件、时间、处所、语气、范围、否定、程度、情态、对象。例如“大部分同学[今天在学校都认真地和李教授]交流”。

一般成分	构成材料
补语	①结果补语:因动作、行为导致的结果,常用形容词,少数用动词和动词短语。 例:1.格桑花铺〈满〉了图书馆门前的小山坡。 2.他若辩〈赢〉了,这个事实不就正好证明他错了? 3.同学们毕业后会走〈散到各个行业领域去〉。
	②程度补语:表示程度。 表示达到极点或很高程度,可用“极、很”和“透、慌、死、坏、多”等。 例:4.那天她真是勇敢〈极〉了! 5.我身体好得〈很〉,每一部分都正常运作。 6.她推着自行车慢慢走着,心情坏〈透〉了。 表示很轻的程度,可用量词词语“一些、一点”。 例:7.我尽量让自己的脚步轻〈一些〉,可还是惊动了几个人。 8.快〈一点〉、闹〈一点〉,似乎都抹杀了这里悠然慵懒的本意。
	③情态补语:表示因动作、性状而呈现的情态。 用于描写的,可用状态形容词或谓词性词语。 例:9.春风把小草吹得〈绿油油〉的。 10.他开心得〈笑出了声〉。 用于评价的,只用性质形容词。 例:11.这部电视剧拍得〈好〉。 12.雷锋精神激励着后人,使更多的凡人变得〈伟大〉。
	④趋向补语:表示事物随动作而移动的方向,由趋向动词充当。 例:13.我把书一本一本地堆〈起来〉,也不见得就能说服读者。 14.老陈听见我的话,马上就笑〈起来〉。 15.他担心我的“文学生命”不能持续〈下去〉。

①张斌:《新编现代汉语》,复旦大学出版社,2002年,第387页。

续表

一般成分	构成材料
补语	⑤数量补语： 一是动量补语，用表动量的量词短语充当，表示动作发生的次数。 例：16.这份文件我仔细看了〈几遍〉。 17.我们晚上约个时间，在那儿我们再好好聊〈一聊〉你的兴趣。 二是时量补语，用表时间的数量短语充当，表示动作持续的时间。 例：18.他和老伴在这里住了〈三年〉了。 19.这幅画在展览室里挂了〈五天〉。
	⑥时地补语（介词补语）：表示动作发生的时间和处所。 例：20.这个故事就发生〈在去年的这个时候〉。 21.他们一起走〈向操场〉。 22.他只记得母亲的可亲，却忘了母亲埋〈在何处〉。
	⑦可能补语：由动词、形容词充当。 一是用“得”或“不得”充当，表示有无可能进行。 例：23.这种野菜吃〈得〉吃〈不得〉？ 24.你参军提干不容易，做学问更荒废〈不得〉。 二是在结果补语或趋向补语和中心语之间插进“得/不”（轻声），表示动作的结果、趋向是否可能实现，形成可能结果补语或可能趋向补语。 例：25.他肯定拍得〈好〉这部电视剧。 26.这篇文章写得〈出来〉写〈不出来〉，非常关键。

结果补语有的指向主语或宾语，如上表例2，“赢了”语义指向主语“他”。程度补语的典型是“极、很”，“透、慌、死、坏、多”在约等于“很、极”时，才看作程度补语，如“糟透了”与“看透了”有区别。程度补语的中心语主要是性质形容词，如上表例4—7。程度补语本身没有否定形式。趋向动词做补语，有时有引申义，例如“跑起来”的“起来”表示开始（如上表例14），“跑下去”的“下去”表示继续（如上表例15），这种由表趋向引申为表结果和表动态的趋向动词已经虚化了。①当可能结果补语和情态补语肯定形式相同时，可用扩展法辨别：补语前能加状语“很”的是情态补语，不能加的是可能补语。②如上表例11中“拍得好”可扩展为“拍得很好”，例25中“拍得好”不可扩展为“拍得很好”。这种区别的实质在于“得”字扮演的角色不同，情态补语中“得”是结构助词，可能补语中“得”是能愿助词。

从语义类别来看，中心语和补语之间加不加助词“得”，主要有以下几种情形。

结果补语和中心语之间不加“得”，如上表例1—3。数量补语和中心语之间不加“得”，如上表例16—19。时地补语和中心语之间不加“得”，如上表例20—22。程

①趋向动词“起来、下去”的语法分析可参见吕叔湘：《现代汉语八百词》，商务印书馆，1999年，第442—443页。

②黄伯荣，廖序东：《现代汉语：下册》，高等教育出版社，2017年，第75页。

度补语由“很”充当时，中心语和补语之间要加“得”，如上表例5。情态补语和中心语之间常有助词“得”，如上表例9—12。单音节词作补语有比较意味时，中心语与补语之间常加“得”，如“他的学习比我好得多”，不加“得”时，要在中心语与补语之间插入副词，如“他的学习比我好太多”，或者在补语后面加上动态助词，如“他的学习比我好多了”。

多层补语是中补短语整体带上补语形成的句法结构。多层补语一般为两层（如上表例10），少数为三层（如上表例3）。多层补语的语序是结果补语—处所补语或数量补语—趋向补语。

补语和宾语的辨认方式主要有三种：一是看中心语和补语之间能否插入助词“得”；二是用提问法，动词后的词语能回答“V什么？”的是宾语，能回答“V得〈怎么样〉”的是补语；三是可用“把”字提宾法鉴别，能用“把”字提到动词前的是宾语，否则是补语。[①]

一般成分	构成材料
中心语	①定语中心语：定中短语中被修饰限制的成分，常由名词性词语充当，也可由谓词性词语充当。 例：1.中国的前途是同世界的前途紧密联系在一起的。 2.教育的发展受社会的发展、人的发展和教育工作自身发展的规律制约。 3.这项政策落实的效果是青年的热情、干劲和创造力量被调动起来。
	②状语中心语：状中短语中被修饰限制的成分，常由谓词性词语充当。 例：4.他说的这番话的确很有道理。 5.经过一个月的日夜奋战，我觉得自己已经成长了。 名词谓语句中，状语中心语可由名词充当。 例：6.这会儿已经傍晚了。 7.那所学校才五百亩。
	③补语中心语：中补短语中被补充说明的成分，常由动词或形容词充当，也可由短语充当。 例：8.他这次写的文章比之前好多了。 9.你也不能把时间浪费在一个人身上。 10.今天的晚会现场设计装饰得很温馨。

三、特殊句法成分

特殊成分即特殊句法成分，是句子中在句法上可省略，语义、语用上不可省略的某个实词或短语，跟前后别的词语或句法成分没有结构关系，也称为句子的附属成分。从表意目的看，特殊句法成分可分为插入语、称呼语、感叹语和拟声语。

①黄伯荣，廖序东：《现代汉语：下册》，高等教育出版社，2017年，第76页。

特殊成分	表意作用	举例
插入语	肯定或强调	1.十分明显，管理能够带来效率，能够赢得时间。 2.老实说，是我不了解。
	推测或估计	3.这种东西，充其量也只能算作是工艺品。 4.我看，此事有希望。
	消息来源	5.据说，这两只鸟很通人性。 6.听说，这个市目前已经做到村村通光纤。
	引起对方注意	7.你想，山秃了，水流失了，人怎么生存？ 8.你看，三峡的远山近岭皆笼罩在浓稠的烟雾之中。
	表示总括性意义	9.总之，语言是其他动物无法逾越的鸿沟。 10.总而言之，真诚是内心自然的流露。
	注释、补充、举例	11.有些业主，例如张大爷、李阿姨，来不了。 12.那部著作，也就是你去年写的，对他影响很大。
	语意的附带说明	13.这次危机总算是过去了，不瞒你说，还有一部分盈利。 14.在人世之中，严格地说，我们寻不到真正的空隙。
称呼语	呼唤对方，引起注意	15.大爷，向您打听一下，最近的公交车站在哪？ 16.李师傅，与您工作的这四个月我很有收获。
感叹语	表达感情	17.啊，朋友们，这是奇特的旅程。 18.嗯，我马上来。
拟声语	模拟声音来增强真实感	19.哗哗哗哗，忽然听到前边清洋江的水声了。 20.哈哈，真是太精彩了！

插入语可以使句子表意更严密，有补足句意的作用，语义上的必要性比称呼语、感叹语和拟声语更强。

特殊句法成分后面如果用句末点号，则成为独立句。

第三节　析句方法

句子成分分析指句子的句法成分分析，以短语的层次分析和结构关系的分析为基础。句子成分分析并不等于句子分析，句子分析以句子的句法成分分析为基础，终点是确定句型，目的是进一步了解句子中的语义关系，句子成分分析是句子的结构分析环节。汉语学习中较常用的句子成分分析方法主要有两种：句子成分分析法和层次分析法。

一、句子成分分析法

句子成分分析法又叫中心词分析法，通过将句法成分与单个词对应，找出句子中各句法结构的中心词。分析步骤是，先看清全句的主要成分主语和谓语，再看谓语是哪一种动词，决定它后面有无连带成分宾语或补足语，最后指出句中所有的附加成分——形容性附加语和副词性附加语。例如：

1.（天空的）霞光‖［渐渐地］淡〈下去〉了。

定　　主　　　状　　谓　补

2.学生‖［大都］喜欢 参加（社团）活动。

主　　　状　　谓　　宾　　定　　宾

二、层次分析法

层次分析法又叫直接成分分析法，按层次切分出直接组成成分，并明确各层级直接组成成分之间的句法关系，一般采取二分，只有如联合关系等词组包含的直接成分不止两项时才多分，[①]分析到基本单位为止。层次分析包括从大到小和从小到大两种分析角度，运用层次分析法做汉语语法分析时，一般采用从大到小的方法。[②]例如：

1.天空的 霞光 渐渐地 淡 下去 了。

主 ‖ 谓　　1

（定）中 ［状］ 中　　2

中〈补〉　　3

2.学生 大都 喜欢 参加 社团 活动。

主 ‖ 谓　　1

［状］ 中　　2

动 ｜ 宾　　3

动 ｜ 宾　　4

（定）中　　5

句子成分分析法有利于初学者快速把握句子脉络，尤其是抓住长单句的主干，其最大的局限在于不能正确反映句子层次结构[③]。层次分析能更好地分化歧义句式，但不能揭示句法结构内部所隐含的语义结构关系。在进行句子成分分析实际

①胡裕树：《现代汉语》，上海教育出版社，1995年，第310页。

②张斌：《新编现代汉语》，复旦大学出版社，2002年，第11页。

③张斌：《新编现代汉语》，复旦大学出版社，2002年，第389页。

操作时,可将以上两种方法结合起来,用句子成分分析法找主干和枝叶,用层次分析法反映句子结构的层次性。同时,可采用变换分析法、语义特征分析法、语义指向分析法等理解句法结构内部的语义结构关系。

口语的句子成分分析与书面语的句子成分分析略有不同,口语可以借助停顿、语音轻重等手段进一步明确句子内部的结构层次。有些"有歧义"的例子只是写下来有歧义,说起来并没有歧义。①例如"我看见他在那儿写信。","他"不念轻声,是主谓结构作宾语;"他"念轻声,是兼语标志。②

第四节 短语

一、短语概说

短语是由词与词按照一定规则所组成的语法单位,可充当造句成分。从内部看,短语中的词并非任意排列,而是按照一定的语法规则进行组合,表现出一定的语法关系和意义,因此,基于组成成分及其语法关系,短语可分为不同的结构类型。从外部看,短语是造句成分,短语在句子中充当不同的句法成分,表现出不同的语法功能。

二、基本短语结构

从内部成分的语法关系看,基本短语结构主要包括八类:主谓短语、动宾短语、偏正短语、中补短语、联合短语、连谓短语、兼语短语、同位短语。

(一)主谓短语

主谓短语,由主语和谓语构成,主语在谓语之前。主语表示被陈述的对象,而谓语是进行陈述的成分,例如:

运动员 | 跑步　　　　天气 | 晴朗　　　　猫 | 吃鱼

主语和谓语之间的语义关系大致有以下几种情况:

(1)主语是谓语的施事,即主语是谓语所表达的动作或行为的发出者或实施

①胡裕树:《现代汉语》,上海教育出版社,1995年,第312页.

②赵元任:《汉语口语语法》,商务印书馆,1979年,第73页。

者。例如：

老师 | 上课　　客人 | 来了　　小狗 | 追小猫

(2)主语是谓语的受事，即主语是谓语所表达的动作或行为所支配的对象。例如：

苹果 | 吃完了　　什么 | 都不说　　锁 | 打开了

(3)其他情况，主语既不是谓语的施事，也不是谓语的受事，只是谓语的陈述对象。例如：

今天 | 星期四　　他 | 很高　　小红 | 在家

(二)动宾短语

动宾短语，由动语和宾语构成，动语在宾语之前。动语表示动作或行为，而宾语是动语表示的动作行为所支配、关涉或影响的对象。例如：

吃 | 水果　　回答 | 问题　　喜欢 | 跑步

动语和宾语之间一般可插入"着、了、过"这类体标记。例如：

吃着水果　　回答了问题　　喜欢过跑步

从语义上看，动语与宾语之间的语义关系有多种可能，主要包括：

(1)宾语是动语所表示的动作行为的受事。例如：

看 | 书　　喝 | 饮料

(2)宾语是动语所表示动作行为的施事。例如：

来 | 客人　　晒 | 太阳

(3)宾语是动语所表示的动作行为的结果。例如：

写 | 信　　建 | 房子

(4)宾语是动语所表示的动作行为所凭借的工具。例如：

吃 | 大碗　　洗 | 凉水

(5)宾语是动语所表示动作行为发生的地点或目的地。例如：

吃 | 食堂　　　　去 | 学校

(6)其他情况。例如：

有 | 人　　　　是 | 我

(三)偏正短语

偏正短语,由修饰成分和被修饰成分构成,修饰成分在被修饰成分之前。根据修饰成分和被修饰成分的属性,还可以进一步分为定中短语和状中短语。

定中短语,由定语和中心语构成。中心语表示事物或人;定语对中心语进行描述或限定,包括数量、属性、状态或特征、领属、时地等方面。例如：

三斤 | 苹果　　中国 | 人　　寒冷的 | 冬天　　我的 | 朋友

状中短语,由状语和中心语构成。中心语表示动作、行为或状态、特征,一般由动词或形容词充当;状语对中心语进行描写或限定,包括时地、方式、工具、原因、目的、对象、范围、程度等方面。例如：

在北京 | 演出　　慢慢 | 走　　用手 | 拿
为了中华崛起 | 而读书　　向老师 | 提问　　比重庆 | 冷
十分 | 有趣　　明天 | 出发

(四)中补短语

中补短语由中心语和补语构成,中心语在补语之前,中心语表示动作、行为或状态,通常由动词或形容词充当,而补语对动作、行为或状态的结果、情状、程度、数量等进行说明。例如：

擦 | 干净　　跑得 | 快　　好 | 极了　　敲 | 一下

(五)联合短语

联合短语,由两个及以上的联合项并列构成,其中各个联合项的地位是平等的,充当的句法成分也是一样的,例如：

日月星辰　　家人和朋友　　又哭又笑　　去或者不去

（六）连谓短语

连谓短语，由两个及以上直接连用的动词或动词短语连接构成。一般而言，这些动作行为具有时间上的先后顺序，后一个动作行为通常是前一个动作行为的目的或结果。此外，还存在两个动词或动词短语分别从正反两面陈述同一个动作行为的情况。例如：

打开盖子 | 喝水　　　上街 | 买菜
开门 | 出去 | 取外卖　　　拉着 | 不放手

（七）兼语短语

兼语短语，由三个结构成分构成，居中的名词性成分同时充当第一个动词的宾语和第二个谓语的主语，从形式上看是一个动宾结构和一个主谓结构的“套合”。其中第一个动词往往具有使动性，例如：

让 | 他 | 过来　　派 | 我 | 去重庆　　邀请 | 专家 | 指导

（八）同位短语

同位短语由两个同位项构成，前项与后项虽为不同词项，但指称同一事物或人，共同充当一个句法成分。例如：

首都 | 北京　　记者 | 李方　　老李 | 这个老好人

三、特殊短语结构

除了第二小节中的基本短语结构，还有几类由结构标记构成的特殊短语结构：介词短语、量词短语、方位短语、比况短语、“的”字短语、“所”字短语。

（一）介词短语

介词短语，由介词及其宾语构成，主要用来引介跟动作行为相关的信息，如施事、受事、工具、对象、目标、原因、时间、地点等，例如：

由 | 张三（主持）　　将 | 它（带走）　　用 | 笔（写字）
对 | 他（微笑）　　为了 | 未来（努力）　　因 | 病（请假）
于 | 去年（成立）　　在 | 重庆（上学）

(二)量词短语

量词短语,由量词与指示代词、数词组合构成,分别称为“指量短语”和“数量短语”。例如:

这 | 个　　　　四 | 次　　　　那 | 三 | 首

(三)方位短语

方位短语,由方位词接在其他词或短语之后,用以表达处所、时间或范围等,例如:

房间 | 里　　　　2023年 | 以前　　　　这个问题 | 上

(四)比况短语

比况短语,由“一样”“般”“一般”“似的”等比况助词接在名词或名词短语后构成,通常用于表示比拟。这类短语经常用于“像”“好像”“仿佛”等动词之后,也可充当定语、状语、补语等。例如:

(像)霜打的茄子 | 一样　　　　铁人 | 般(的毅力)

咸鱼 | 一般(躺着)　　　　(哭得)泪人儿 | 似的

(五)“的”字短语

“的”字短语,是将助词“的”接在其他词或短语之后所构成的体词性短语,可直接充当主语、宾语或主语、宾语的中心语,例如:

(带)吃 | 的　　　　修水管 | 的(来了)　　　　我 | 的(不见了)

(六)“所”字短语

“所”字短语,由助词“所”置于动词前构成,后面常需要添加助词“的”,可单独指称动作所支配或关涉的对象,也可做定语修饰名词。例如:

所 | 说(的)　　　　所 | 面临(的)　　　　所 | 写(的诗)

四、短语的功能类型

根据短语在句子经常充当的句法成分,短语的功能类型主要分为体词性短语、谓词性短语。

体词性短语，又被称为“名词性短语”，在句中一般做主语或宾语，短语中心语通常由名词充当，有时也可能是动词或形容词，包括定中短语、联合短语、同位短语、方位短语、“的”字短语、“所”字短语，例如：

听见优美的歌声　　　　朋友的关心很重要
人间的温暖感动了他　　收到鲜花和掌声

体词性短语一般不充当谓语，但有些体词性短语也可以充当谓语。不过，这类体词性短语是有限的，而且当它们充当谓语时不能扩展。例如：

今天星期四　　小赵单眼皮　　这张桌子三条腿

谓词性短语，又被称为“动词性短语”，在句中做谓语，短语中心语通常由动词、形容词充当，包括动宾短语、状中短语、中补短语、主谓短语、连谓短语、兼语短语，例如：

他刚出门　　李华很高兴　　张强吓坏了　　小狗鼻子很灵

谓词性短语有时也能充当主语或宾语，例如：

视力好很重要　　喜欢看书　　计划爬山

还有一些短语既非体词性短语，也非谓词性短语，而是经常做定语、状语或补语，包括量词短语、介词短语、比况短语，例如：

两只老虎　　写了一个小时　　对人和善　　神话般的世界

五、短语的层次分析法

短语由词与词组合而成，而复杂短语中包含更小的短语，例如，“天气非常好”是一个复杂的主谓短语，其中的谓语“非常好”本身是一个状中短语。在这类复杂短语中，词和词会按照一定的规则先组合成简单短语，再由简单短语进一步组合，形成一定的结构层次。为了对复杂短语的结构层次和语法关系进行全面而细致的观察与分析，可由高到低、由大到小逐层对复杂短语的直接构成成分进行切分，一直切分到词为止，并对其语法关系进行分析，这一方法叫做“层次分析法”，又叫“直接成分分析法”。这一分析方法主要包括两方面的内容：一是逐层找到短语的直接构成成分，二是确定直接成分之间的语法关系。例如：

(1) 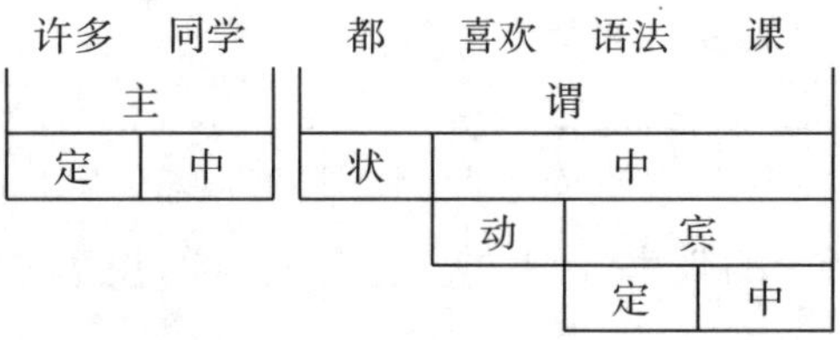

“许多同学都喜欢语法课”是一个复杂短语，根据层次分析法，自上而下地进行直接成分切分和语法关系的判断。先“二分”，最上层是一个主谓结构，其中主语是“许多同学”，谓语是“都喜欢语法课”。主语“许多同学”本身是一个定中短语，可进一步“二分”为定语“许多”和中心语“同学”。同时，谓语“都喜欢语法课”是一个状中结构，直接构成成分也有两个，分别为状语“都”和中心语“喜欢语法课”；其中的中心语“喜欢语法课”是一个动宾短语，可进一步“二分”为动语“喜欢”和宾语“语法课”；而“语法课”是一个定中短语，还可“二分”为定语“语法”和中心语“课”。利用层次分析法寻找句法结构的直接成分时，每一次只能也必须找到两个才算完成，因此这种方法也叫“二分法”。

在对短语进行层次分析时需要注意以下几点：

第一，每次切分出来的直接成分都是可独立成立的语言单位，可以是词，也可以是短语。不过，直接组成成分之间的“黏合成分”，如“的、地、得、着、了、过、和”等结构助词或连词可以不参与直接成分切分。如果参与，一般紧跟前面的词语。例如：

(2) 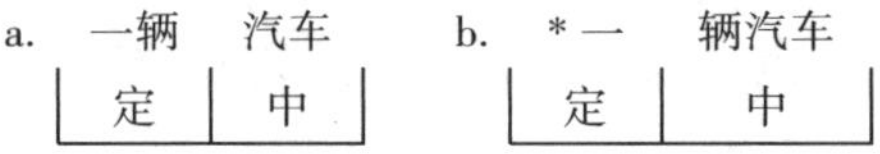

(3) 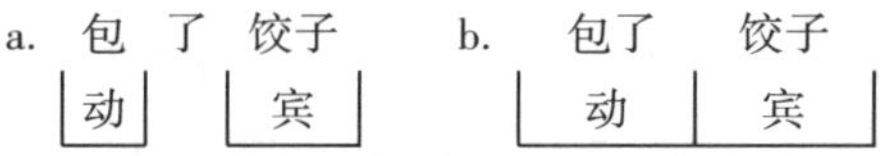

(*代表错误)

定中短语“一辆汽车”只能切分为定语“一辆”和中心语“汽车”，不能切分为“一”和“辆汽车”，因为虽然“一”是独立成立的数词，但“辆汽车”是不能独立成立的词或短语。动宾短语“包了饺子”可切分为动语“包”和宾语“饺子”，都是可独立成立的词，而其中的“了”不参与直接成分切分。如果参与切分，可以切分为“包了”和“饺子”，不能切分为“包”和“了饺子”。

第二，切分出来的直接成分能够进行语义上的搭配，例如：

(4) 

“三个房间的墙”的直接成分只能切分为“三个房间”和“墙”，而不能切分为“三个”和“房间的墙”，因为量词“个”不能与名词“墙”搭配。

第三，切分后直接成分的语义组合后要符合整个短语的语义。例如：

(5) a.

经常	吃面条
状	中

b.

*经常吃	面条
动	宾

“经常吃面条”的直接成分是“经常”和“吃面条”，而不是“经常吃”和“面条”，因为“经常”表示的是“吃面条”这个行为的频率，而非“吃”这个行为的频率。

六、短语的歧义分析

一个短语可能表达出多个语义。例如，“张三和李四的同学”可能指称两个人，分别是“张三”以及“李四的同学”，也可能指称一个人，而且这个人是张三和李四共同的同学。这类短语被称为“歧义短语”。一个短语产生歧义可能有两种原因：一是短语中包含多义词，且在该短语中多个词义都适用，是词汇上的歧义；二是短语可识解为不同的结构层次、语法关系或语义关系，是语法上的歧义。

(一)词汇上的歧义

汉语中存在许多多义词。在大部分情况下，这些词进入短语后，根据搭配成分和构成的语法关系，歧义会消失。然而，某些情况下，多义词进入短语后，因为语境因素不足够，歧义无法消解。例如，“改好了”。“改”是多义词，有三个义项，分别为：①改变，更改；②修改；③改正。形容词“好”的语义也很丰富，其中一个义项是“用在动词后，表示完成或达到完善的地步”。问题是，这个义项本身就有两个意思，一个是“完成了”，一个是“(达到)完善了”。这两种意思分别跟“改”的三个义项匹配组合，其结果是：“改变”可以完成，也可以完善；“修改”只能完成，不存在完善；“改正”也是只能完成，不存在完善，因为“修改”或“改正”完成以后本身就“达到完善了”。这样一来，“改好了”的歧义情况是：当“改”为“改变”之义时，“改好了”的意思是“改完了”(动作完了)或“改善了”(受事达到了使人满意的状态)，短语有歧义；当“改”为“修改、改正”之义时，“改好了”的意思是“改善了”，短语没有歧义。总之，由于“改”和“好”本身就都是多义词，不同的义项匹配组合以后就形成了非常复杂的歧义。

(二)语法上的歧义

除了词汇的多义带来的短语歧义外，短语的语法结构也可能导致歧义的产生。具体而言，语法上的歧义可进一步细分为以下几种情况。

(1)第一种，短语可以进行不同结构层次的划分，例如：四个学生的观点。

a.

四个	学生	的	观点
定	中		
	定		中

b.

四个	学生	的	观点
定			中
定	中		

“四个学生的观点”的歧义源于该短语有两种结构层次的划分方式。在a的层次划分中，短语的直接成分为“四个”和“学生的观点”，“学生的观点”进一步切分为“学生”和“观点”，“四个”表示观点的数量。在b的层次划分中，短语的直接成分为“四个学生”和“观点”，“四个学生”进一步切分为“四个”和“学生”，“四个”表示学生的数量。

(2)第二种，短语的成分可构成不同的结构关系，例如：学习资料。

a. 学习　资料
| 定 | 中 |

b. 学习　资料
| 动 | 宾 |

短语“学习资料”只能切分为“学习”和“资料”两个直接成分，但由于两个直接成分可构成不同的结构关系，也产生了两种语义。a中的结构关系为定中关系，即“学习”是“资料”的定语，表示“资料”的类别；b中的结构关系为动宾关系，即“资料”是“学习”的宾语，表示“学习”这个动作的对象。

(3)第三种，短语的成分之间构成不同的语义关系，例如：在火车上写字。

在火车上　写字
| 状 | 中 |

“在火车上写字”只有一种层次划分方法，也只有一种结构关系，即切分为“在火车上”和“写字”，构成状中关系。然而，由于“在火车上”和“写字”可构成不同的语义关系，而且“在……上”本身就是一个多义结构，所以整个短语依然有多种语义。第一种语义可以理解为“写字的人在站台上(跟地面接触)”，伸手把“字”写在火车车身外表面上(字跟车身接触)。第二种语义可以理解为“写字的人在火车车厢里”正在“写字”。第三种语义可以理解为“写字的人在火车外表的车顶上(跟车顶接触)”正在“写字”。第四种语义可以理解为“写字的人在火车外表的车顶上(跟车顶不接触)”正在“写字”。类似这样的语义理解还有很多种，不同的理解说明了“在火车上”可以是“写字人”所处的位置，也可以是“字”所处的位置，还可以是“写字人”和“字”共处的位置。再加上方位词“上”的空间参照物的多样性，就导致了“在火车上写字”的歧义状况非常复杂。

(4)还有一些歧义短语的产生可能同时体现多种情况。例如：咬了猎人的狗。

a. 咬　了　猎人的狗
| 动 | 宾 |

b. 咬了猎人　的　狗
| 定 | 中 |

歧义短语“咬了猎人的狗”有两种层次切分方式，同时也体现了不同结构关系，最终表达不同的语义。在a中，“咬了猎人的狗”的直接成分为“咬”和“猎人的狗”，构成动宾结构，是一个动词短语。而在b中，“咬了猎人的狗”的直接成分为“咬了猎人”和“狗”，构成定中结构，是一个名词短语。

第五节　句子的类型

一、句子概说

句子是人们通过语言传情达意的基本单位。句子的前后都有停顿，带有一定的语调，包含了说话人的特定意图，能够表示相对完整的意义。[1]词与短语都是语言的备用单位，句子则是语言的使用单位。句子有长有短，结构有繁有简，但是判断一个语言单位是不是句子，不是根据它的长短繁简，而是看它是不是起交际作用。

句子有两个特点，可以称之为表述性。

表	指的是表达客观现实
述	指的是陈述主观意图

具有表述性是句子和其他语言单位最本质的区别。

二、句型

句型就是句子的结构类型。句子的结构类型可以从大到小，层层辨认，这就是句子分析。

句型的三个特点	句型是抽象的、有生成性的
	句型是成系统的、有层次的
	句型成分的结合是有序列的、有层次的

句型系统如下表：

- 句型
  - 单句
    - 主谓句
      - 名词性谓语句
      - 动词性谓语句
      - 形容词性谓语句
    - 非主谓句
      - 名词性非主谓句
      - 动词性非主谓句
      - 形容词性非主谓句
      - 特殊非主谓句
  - 复句

①邵敬敏：《现代汉语通论·第三版（下册）》，上海教育出版社，2016年，第30页。

(一)主谓句

由主语、谓语两个成分构成的单句叫主谓句,从谓语的构成看,它可以分成以下几类:

句型	特点	举例
名词性谓语句	由名词或名词性短语充当谓语的句子	(1)明天星期五。 (2)她今年二十二岁。
动词性谓语句	由动词或动词性短语充当谓语的句子	(1)北京冬奥会成功举办。 (2)我们选他当班长。
形容词性谓语句	由形容词或形容词性短语充当谓语的句子	(1)山上的花儿红了。 (2)卡塔尔世界杯决赛精彩极了。

(二)非主谓句

分不出主语和谓语的单句叫非主谓句,它是由词或短语(主谓短语除外)构成。可以分为以下几类:

句型	特点	举例
名词性非主谓句	由名词或定中短语构成	好高的楼房。
动词性非主谓句	由动词加语调构成	禁止掉头!
形容词性非主谓句	由形容词或形容词性短语构成	太棒了!
特殊非主谓句	通常由叹词或者拟声词构成	哇!

三、句类

句类是句子按照不同语气功能划分出来的类型,可以分为陈述句、疑问句、祈使句、感叹句四种。

(一)四种句类的定义

类型	定义	举例
陈述句	叙述或说明事实、带有陈述语气的句子	长城是世界文化遗产。
疑问句	提出问题、具有疑问语气的句子	明天会下雨吗?
祈使句	要求对方做或不要做某事、具有祈使语气的句子	不许闯红灯!
感叹句	带有浓厚的感情、具有感叹语气的句子	生活多么美好!

(二)四种句类不同的形式

1.陈述句

类型		特点	举例
肯定形式的陈述句		无特殊标志,如要表示强调,则常用动词或副词“是”	是他邀请我来参加他的生日聚会。
否定形式的陈述句		一般就是在肯定形式上加上否定词构成的	他没有邀请我来参加他的生日聚会。
特殊格式	双重否定格式	常在一句话内用两个否定词,来表示肯定的意思	他不会不邀请我来参加他的生日聚会。
	异形同义格式	在一些习惯用法中,句子的肯定形式与否定形式所表达的意义是相同的(注意这样的格式并不能类推)	好热闹=好不热闹(表达的都是热闹的含义),这一格式还有好(不)愉快/高兴/自在/容易等

2.疑问句

类型	特点	举例
是非问	其句子结构类似陈述句,只是用疑问语调或带上语气词“吗”“啦”“吧”等(注意不能用“呢”),一般是对整个命题的疑问,且问题的回答仅为肯定或否定	(1)这件事情你知道? (2)这件事情你知道吗? (3)这件事情你知道吧? (4)这件事情你知道啦?
特指问	陈述句中的每一项基本上都可以用疑问代词来替换,构成特指问,因此特指问也可以称作疑问代词问,所有的特指问都可以添加“呢”作为语气词	(她昨天在看电影。) (1)谁昨天在看电影? (2)她什么时候在看电影? (3)她昨天在干什么?
选择问	问题中提出不止一种看法供回答者选择,用“是……,还是……”连接分句,整句话的语义重点落在“还是”上	(1)你以后是想当老师还是当警察? (2)你是喝咖啡还是喝茶?
正反问 (特殊的选择问)	提出正反两项的疑问,该句式是由谓语的肯定形式和否定形式并列构成的	(1)你有没有在学习? (2)这个冰淇淋好不好吃?

3.祈使句

类型	特点	举例
肯定形式的祈使句	要求/请求对方做某件事	(1)请喝茶! (2)请离开!
否定形式的祈使句	禁止/劝阻对方做某件事	(1)严禁吸烟! (2)不要害怕!

4.感叹句

类型及其特点	举例
直接用叹词构成的感叹句	哎哟!
句子形式在书面上跟一般的陈述句一样,在句尾用了感叹号;口语中语调是先升后降,并且音量加大	我们明天就放假了!
往往带有明显标志,常有"多、多么、好、真、太"等副词,或用语气词"啊",或使用某些特定词语	(1)多么美丽的风景! (2)这个旅游景点的人真多啊!

疑问句还可以根据其功能类型分为反问句和设问句。其答语和一般的疑问句不同,反问句是"无疑而问",没有答语,用来表达说话人的情绪和看法,语气较为强烈,常常有不满和反驳的意味。设问句是"自知而问,自问自答",说话人心中往往已有了答案,用问句来引起对方的注意,进而引出自己的看法。

有疑问代词的句子不一定都是特指问,疑问代词有"任指"和"虚指"两种非疑问的用法①,如"谁第一个坐好,就奖励他一朵大红花","今天好像谁给我打过电话",前句中的"谁"表示任何人,后句中的"谁"表示不知道的人,这两个句子都不是特指问句。

每种句类在具体的语言环境中都有其特殊的语用功能,有时陈述句不是用来说明客观事物,而是用于祈使②,例如(家长对孩子说)"已经七点钟了"(催孩子起床),由此可见句子的语气功能和语用功能在实际的使用中应当加以区分。

四、句式

句式是根据句子的显著特点划分出来的句子类型,如下表所示。

句式	定义	结构特点	举例
主谓谓语句	主谓短语充当谓语的句子	(1)大小主语之间具有领属关系或属于整体与部分的关系 (2)大主语是小谓语中动词所表动作的施事、受事、与事、工具等 (3)大主语表示论说的方面或范围,大谓语就这一方面或在范围内进行论说	(1)这件事大家都赞成。 (2)他鼻子肿得很大。 (3)这个问题,我有些想法。

①黄伯荣,廖序东:《现代汉语》,高等教育出版社,2017年,第103页。

②张斌:《现代汉语》,中央广播电视大学出版社,2003年,第316页。

续表

句式	定义	结构特点	举例
“把”字句	是指用谓语动词前面的介词“把”和它的宾语充当状语的主动句	(1)“把”字句中的谓语动词是表示动作行为的及物动词,一般不能单独出现,不能是表示感知、存在、能愿、趋向等的动词[①],且具有处置性 (2)“把”的宾语主要是动作的受事,在主动者心目中是非任指的、已知的 (3)“把”字句中的能愿动词和否定词不能出现在“把”字短语和动词之间,只能出现在“把”字前	(1)a.姐姐送给我一份礼物。(一般主动句) b.姐姐把一份礼物送给我。(“把”字句) (2)a.雨水淋湿了小明的衣服。(一般主动句) b.雨水把小明的衣服淋湿了。(“把”字句)
“被”字句	是指用谓语动词前面的介词“被(给、叫、让)”和它的宾语充当状语的被动句	(1)“被”字句的主语一般是受事,且该受事必须是一定的 (2)“被”字句的谓语动词是动作性较强的及物动词,后面多有补语或别的成分,且具有处置性 (3)“被”字句中的能愿动词和表否定、时间等的副词只能出现在“被”字前	(1)a.大家推举小张为劳动模范。(一般主动句) b.小张被大家推举为劳动模范。(“被”字句) (2)a.妹妹弄丢了铅笔。(一般主动句) b.铅笔被妹妹弄丢了。(“被”字句)
连谓句	连动短语充当谓语或由连动短语直接构成的句子	各连动项述说的是同一主语,中间没有停顿,它们可以分别连着主语单说	(1)我去图书馆看书了。 (2)小明来学校学习了。 (3)妈妈上街买菜了。
兼语句	兼语短语充当谓语或独立成句的句子	将动宾短语中的“宾”和主谓短语中的“主”扣合在一起,形成“宾”“主”同词的“兼语”	(1)我有个同学爱游泳。 (2)轮到你值班了。 (3)风吹雪花飘。
双宾句	指人和指事物双层宾语的句子	(1)动词要有“给出”“取进”“询问”“称说”等意义,近宾语一般指人 (2)双宾句有的可变换为非双宾同义句	(1)我给他一本书。 (2)我上周送她一两次东西。 (3)妈妈给我三个苹果。
存现句	表示何处存在、出现、消失了何人或何物,结构上用来描写景物或处所的一种特定句式	(1)前段是处所段,可以同时出现时间词语 (2)中段是不及物动词或“有”或“是” (3)后段必有存现宾语	(1)墙上挂着一幅世界地图。 (2)他的脸上透出了一丝笑容。 (3)上个月我们学校调走了一个老师。

“把”字句和“被”字句由于语义上的对应关系，句式之间经常可以互相转换。例如：

a. 我把作业写完了。——作业被我写完了。

b. 医生把孩子的病看好了。——孩子的病被医生看好了。

“把”字句与“被”字句之间的转换还有其他的条件限制。1. 祈使语气的“把”字句不能转换为“被”字句。例如：请把你的东西带下去！2. 由光杆双音节动词和感知动词构成的“被”字句不能转换为“把”字句。例如：作业不完成你会被老师批评。

“把”字句和“被”字句可以连用在一句里，例如“他被我把腿给打断了”。兼语句和连谓句可以先后连用在一句里①，如“鲁迅先生派人教我打电话托内山先生请医生看病”；还有一种兼语连谓兼用句，例如“我带她去医院看病”。兼语连谓兼用句中的动词都是伴随动词。

存现句分为存在句和隐现句，其中存在句表示某地存在某人或某物，可分为静态存在句和动态存在句；隐现句表示某地出现或者消失某人或某物。存现句的前段可由表示处所的名词性短语组成，这类名词性短语主要由名词加方位词、名词加处所代词构成。中段的不及物动词后一般跟“着”或“了”，前面不能出现能愿动词，在不强调存在的状态时，中段有时可以省略，成为没有动词的存在句。

兼语句有不同类型。常见的有“使令”式、“爱恨”式、“有无”式、“选定”式。“使令”式兼语前面的动词是包含“使令”意义的动词，兼语后边的成分表示目的或结果。“爱恨”式兼语前面用带“爱”“恨”意义的富于感情色彩的动词性词语，兼语后边的成分表示原因。“有无”式兼语前边用“有、没有”，兼语后边的成分述说有关事物的情况。“选定”式兼语前边用“选聘、称、说”等意义，后边的动词有“为、做、当、是”等。

第六节　句组

一、复句

（一）复句及其关联词语

复句是两个或两个以上意义上相关、结构上互不作句法成分的分句加上贯通全句的句调构成的。

①黄伯荣，廖序东：《现代汉语》，高等教育出版社，2017年，第95页。

复句与单句相对，复句内部由分句构成，分句如果独立就是单句，但是单句不等于分句。

句法结构	复句	单句
关联词语	结构上互不作句法成分	结构上相互包含
停顿	大部分使用	小部分使用
	前后有隔离性停顿，分句间有句中停顿	前后停顿，中间不停顿

复句中经常使用关联词语，关联词语是能够衔接分句，显示复句语义关系的词语。

关联词	连词	因为、无论
	副词	也、又、就、才
	助词	的话
关联短语		还是、不是、一方面、另一方面

关联词语可以表达清楚分句之间的逻辑关系，但不是所有的复句都必须使用关联词语。有的复句当中可以使用关联词，也可以不使用或者不能用关联词。

关联法	分句之间用关联词表示
意合法	不用关联词，分句间直接组合

口语中多用意合法，书面语中多用关联法。

（二）复句的类型

根据分句之间的意义来划分，可以分为联合复句和偏正复句两大类。

联合复句	分句间意义上平等，无主从之分
偏正复句	分句间的意义有主有从，有正句和偏句的区别

联合复句可以分为并列、顺承、解说、选择、递进五类；偏正复句可以分为条件、假设、因果、目的、转折五类。

1.联合复句

（1）并列复句

叙述或者描写有关联的几件事或是一件事情的几个方面。

并列复句	平列	分句间表示的几件事情或几个方面并存	合用	既A，又B；又A，又B；一边A，一边B；一方面A，一方面B	绿既是美的标志，又是科学、富足的标志。
			单用	也、又、还、同时	知识是靠积累的，经验也是靠积累的。

续表

并列复句	对举	两种情况或两件事对比对立	合用	不是A,而是B;并非A,而是B;是A,不是B	我并非没有努力,而是本次的试题太难。
			单用	而	希望老员工能够多指导新员工,而不是对他们指指点点。

并列复句的关联词可以成对使用,也可以只在后一分句中单独使用。并列关系常使用意合法。分句之间往往可以变换位置。

(2)顺承复句

分句按照时间、空间或逻辑上的顺序说出连续的动作或相关的情况,分句先后相承。

顺承复句	合用	首先A,然后B;刚A,就B;一A,就B	医生先掏出听诊器,然后把听筒贴在我的胸脯上。
	单用	便、就、又、再、于是、然后	汽车鸣了声喇叭,门就自动开了。

分句之间一般不能变换位置。

(3)解说复句

解说复句	解释	后一分句对前一分句解释	一般不用关联词,少数用“即、就是说”	我们的祖先在历史的黎明时便幻想出一个神话式人物,叫大禹。
	总分	先总后分	一般不用关联词	调查有两种方法:一种是“走马观花”,一种是“下马观花”。
		先分后总		对自己要“学而不厌”,对别人要“诲人不倦”,我们应当采取这种态度。
		先总再分后总		这样看来,有两种不完全的知识,一种是现成书本上的知识,一种是偏于感性和局部的知识,这二者都有片面性。

(4)选择复句

分句之间具有选择关系,包括已定选择和未定选择。

选择复句	已定选择	数者选一(任选)	表示或此或彼的意思	合用	或者A,或者B;是A,还是B;或是A,或是B	或者去上海,或者去北京,或者去深圳。
				单用	或、或是、或者	像我一样年轻的人都在创业,或是在读书。
		二者选一(限选)	表示非此即彼的意思,语气肯定	合用	不是A,就是B;要么A,要么B;要不A,要不B	冬至之后,这一带不是下雨,就是下雪。

续表

选择复句	未定选择	先舍后取	舍弃前一分句，选后一分句	合用	与其A，不如B；与其A，还不如B	与其眼前认输，不如奋力一搏。
				单用	还不如	你这样做太慢了，还不如他那样做得快。
		先取后舍	选择前一分句，舍弃后一分句	合用	宁可A，也不B；宁愿A，也不B	宁可不用人，也不要用错人。

已定选择的限选关系和未定选择的先取后舍都必须成对地使用关联词。在一定的语境当中“或者……或者……”可以表示限选，“不是……就是……”可能表示多于两项的选择。先舍后取的句子语气比较委婉，先取后舍的句子语气比较坚定，是强调的说法。

(5)递进复句

后一分句的意思比前一分句更进一层，一般由少到多、由小到大、由轻到重、由浅到深、由易到难，反之亦可。

递进复句	一般递进	两个分句都表肯定或否定	合用	不但A，而且B；不仅A，而且B	这个跳蚤市场的货物，不仅五花八门，而且价钱便宜。
			单用	而且、并且、况且、甚至	来这个超市购物的，有当地家庭主妇，甚至还有其他地区驱车前来的。
		前一分句表否定，后一分句表肯定	合用	不但不A，反而B	这样说不但不能解决问题，反而会加深矛盾。
	衬托递进	前一分句是后一分句的衬托	合用	尚且A，何况B	富豪尚且要再三掂量，何况我一个工薪族呢！
			单用	尚且、反而、何况	老年人热情都那么高，何况是我们青年人呢！

一般递进复句和衬托递进复句都可以多层递进。一般递进复句常用“不但……而且……甚至……”，衬托递进复句常用词语“尚且……何况……更何况……”。递进复句和并列复句在形式上的区别主要是关联词语的不同。

2. 偏正复句

(1)条件复句

偏句提出条件，正句表示满足条件的情况下产生的结果。

<table>
<tr><td rowspan="5">条件复句</td><td rowspan="4">有条件</td><td rowspan="2">充足条件</td><td rowspan="2">具备条件下就能产生相应的结果,不排斥其他条件</td><td>合用</td><td>只要A,就B;一旦A,总B</td><td>只要有新药物出现,就会产生新的病菌变种。</td></tr>
<tr><td>单用</td><td>便、就</td><td>多读多写,作文就会进步。</td></tr>
<tr><td rowspan="2">必要条件</td><td rowspan="2">只有这个才能产生结果,缺少这个条件就无法产生正句提出的结果</td><td>合用</td><td>只有A,才B;除非A,否则B</td><td>只有到了春天,才能见到这种花。</td></tr>
<tr><td>单用</td><td>才、要不然</td><td>能看懂印度文学原著,才称得上对中印文学做真正的研究。</td></tr>
<tr><td colspan="3">无条件</td><td>合用</td><td>无论A,都B;不管A,总是B</td><td>无论你何时到,我都在这里等你。</td></tr>
</table>

无条件关联词要成对使用,表示在任何的条件下都会产生同样的结果。

“除非……否则……”和“只有……才……”都是表示必要条件,但是所表达的意思有差别。前者是从结果上强调必要条件,后者是从正面强调必要条件。

(2)假设复句

偏句提出假设,正句表示假设后所产生的结果。

<table>
<tr><td rowspan="4">假设复句</td><td rowspan="2">一致关系</td><td rowspan="2">假设成立,结果出现,假设和结果一致</td><td>合用</td><td>如果A,那么B;假如A,就B</td><td>如果不互相尊重,爱也难以持久。</td></tr>
<tr><td>单用</td><td>那么、便、就、的话</td><td>你不去的话,谁去?</td></tr>
<tr><td rowspan="2">相背关系</td><td rowspan="2">假设和结果不一致</td><td>合用</td><td>即使A,也B;就算A,还B</td><td>宝石即使混在垃圾里,也仍然晶莹夺目。</td></tr>
<tr><td>单用</td><td>也、还</td><td>谎言说一千次,也无法成真。</td></tr>
</table>

假设复句和条件复句有相同点,都是偏句提出条件。但是假设偏句更加注重的是未实现的事实。相背假设复句又称为让步假设复句,与让步转折复句相近。

<table>
<tr><th rowspan="2"></th><th colspan="2">异</th><th rowspan="2">同</th></tr>
<tr><th>偏句</th><th>关联词</th></tr>
<tr><td>相背(让步)假设复句</td><td>偏句是未实现的事实</td><td>即使……也……、就算、哪怕</td><td rowspan="2">前后分句意义相反或相对</td></tr>
<tr><td>让步转折复句</td><td>偏句是已实现的事实</td><td>虽然……但是……、不过</td></tr>
</table>

(3)因果复句

偏句说出原因或理由,正句表示结果。

<table>
<tr><td rowspan="2">因果复句</td><td rowspan="2">说明因果</td><td rowspan="2">用偏句说明正句</td><td>合用</td><td>因为A,所以B;之所以A,是因为B</td><td>因为他喜欢你,所以才做出一系列的行为去感动你。</td></tr>
<tr><td>单用</td><td>因为、由于、以致</td><td>由于今天下雨,运动会延期举行。</td></tr>
</table>

续表

因果复句	推论因果	偏句提出理由或根据，从而正句推出结论	合用	既然A,那么B	既然他已经抱了成见,那么就很难听进去大家讲的。
			单用	既然、就	既然你来都来了,吃了饭再回去也不迟。

推论因果关系,可以由因推果,也可以由果推因。因果复句中为了突出正句,有时会把偏句放在后面,有补充说明的作用。

(4)目的复句

偏句表示行为,正句表示行为的目的。

目的复句	求得	希望达到什么目的	单用	以便、用以	动作要迅速,以便更好地打击敌人。
	求免	避免不希望的情况发生	单用	以免、免得、以防	麻烦你把书带给他,免得我再跑一趟。

求得句和求免句是互通的。求得句的“以便”类词语改为“以免”类词语,后面若是肯定意思,将肯定意思改为否定意思,就变成了求免句。求免句的“以免”改为“以便避免”,求免句就变成了求得句。

(5)转折复句

前后分句的意思相反或相对,后一分句是说话者所要表达的正意。

转折复句	重转	前后分句相反的意味很重	合用	虽然A,但是B;尽管A,却B	虽然权势是一头固执的熊,但是钱可以牵着它的鼻子走。
	轻转	转折意味比重转轻	单用	虽然、但是、可是、却、虽	麻雀虽小,五脏俱全。
	弱转	分句间意义上的相对不明显,转折语气弱	单用	只是、不过、可是	我本来应该去的,可是时间太急了。

重转复句的关联词要合用,轻转复句的关联词单用,可承上或启下,弱转关系的关联词只用于承上。为突出正句,偏句有时候放在后面,有补充说明的作用。

(三)多重复句和紧缩句

1.多重复句是三个或三个以上的分句在两个以上的层次组合起来的复句。有几个结构层次就称为几重复句。只有一层的称为一重复句或简单复句。

多重复句分析:

目的:一是确定分句间的关系,二是划分复句内部的程序。

步骤:

第一,确定分句数目、界限,标明数码;

第二,将句子一分为二,用竖线将分句隔开,第一层次分句用单竖线“|”隔开;

第三,根据关联词语、语义等判定分句之间的关系,标出复句类型;

第四,用双竖线“||”分开第二层次分句,并标明。依次类推。

2. 紧缩句是分句之间没有语音停顿的特殊复句。紧是指语气上,语音停顿取消;缩是指结构上,关联词语被压缩。

紧缩复句大部分关联词是被压缩的,但有的紧缩复句可以成对使用关联词,或单用关联词。

类型	关联词	关系	举例
成对使用关联词	不……不……	假设	钟不敲不响
	非……不/才……	条件	非要做完作业才睡觉
	不……也……	让步	不看也会
	再……也……	让步	再难也不怕
	一……就……	顺承/条件	一学就会
单个关联词	再	顺承	吃完饭再走
	都	条件	有话哪儿都能说
	却	转折	捏着笔却只是抖
	也	顺承/假设/条件/转折	想起往事也会流泪

二、句群

句群也称为句组,是由前后连贯的共同表示一个中心意思的几个句子组成。句群和复句之间有根本区别。

异同	句群	复句
构成单位不同	句子	分句
关联词语使用不同	大都不能成对使用关联词语	经常成对使用关联词语
相同点	两者的句际关系基本相同,都分为并列、顺承、解说、选择、递进、条件、假设、因果、目的、转折,在一定的语境中,二者可以互换	

句群中表选择的“或者……或者……”“还是……还是……”,表并列的“一方面……一方面……”,表连贯的“首先……其次……”可以成对地使用。

虽然句群和复句的类型绝大多数相同,但是复句中没有句群中的问答式,句群中没有选择复句中的限选关系和任选关系。

此外,句群和段落是两个不同的概念,段落中可能包含句群,当段落是由几个

(≥2)甚至几十个句子组成时,可能分析为一个或几个句群,区别如下表所示。

区别	段落	句群
范畴不同	文章学范畴	语言学范畴
划分依据不同	受多种因素制约,如文章内容、风格,作者习惯等	语义的向心性、逻辑条理性、相应关联词
划分目的不同	使文章结构清晰	研究句子组合、聚合规律及语用价值

第七节　现代汉语语法系统的特点

一、汉语是话题优先性语言

从句法的角度而言,句子通常是由主语和谓语构成的。从语用的角度而言,句子通常是由主题和述题构成的。主题又叫话题、主位,通常位于句子的开头,是话语的出发点,常为已知信息;述题又叫说明、述位,位于话题之后,是对话题的说明,常表达新信息。跟英语主语优先性特征相比,汉语句子句首成分的话题性特征特别明显,汉语是话题优先性语言。常见的话题类型如下表所示。

话题类型		例句
语义角色类	施事性话题	小王呢,去了北京读书。
	受事性话题	《红楼梦》我读三遍了。
	与事性话题	张三,我送他一本书。
	领事性话题	黄山,风景十分优美。
	关涉性话题	这件事情,中国人的经验太丰富了。
	工具性话题	这台电脑,我写论文用的。
	时间性话题	五月一日,我们举办庆祝活动。
	处所性话题	北京,我去过很多次。
	原因性话题	这种麻烦你还是躲一躲吧。
	目的性话题	这项工程你跑得怎么样了?
	材料性话题	这些纸小明用来做手工了。
逻辑关系类	整体性话题	五个学生四个考上了研究生。
	同指性话题	同学们,你帮我我帮你。
	周遍性话题	什么困难中国人民都能克服。

话题与主语是不同层面的术语，话题是语用层面的术语，主语是句法层面的术语。两者有时相同，有时存在差异。例如，在句子“老王昨天去了北京”中，主语是“老王”，话题也是“老王”；而在“昨天老王去了北京”中，主语是“老王”，话题则是“昨天”。

二、形态标志和形态变化不够丰富

汉语的形态标志与形态变化没有印欧语丰富。以动词的形态变化为例，英语的动词有第三人称单数形式、现在分词、过去式、过去分词等形态变化，而汉语的动词没有这些形态变化，当然也没有这些形态标志，但是汉语的动词可以重叠，这可以看作是汉语形态变化的一种重要形式。英语中的形态变化不仅反映在动词上，也可以反映在名词的单复数、形容词的比较级和最高级上。下表可以反映英语与汉语形态变化的基本情况。

语言	形态							
	名词	动词					形容词	
	复数	第三人称单数形式	现在分词	过去式	过去分词	重叠形式	比较级	最高级
汉语	−	−	−	−	−	+	−	−
英语	+	+	+	+	+	−	+	+

形态分为构词形态和构形形态两种类型。构词形态主要表现为词缀，如英语中的前缀un-，anti-，re-，后缀-er，-tion，-ful，-ly，等等。构形形态主要表现为词形变化，如英语中名词的复数形式“s”或“es”，动词现在分词的“ing”，过去式的“ed”，形容词比较级的“er”，最高级的“est”，等等。汉语中的前缀“老”，后缀“子”“头”“化”“者”等属于构词形态，动词重叠“看看”“想想”等可看作是构形形态。汉语缺乏印欧语那样的形态变化，主要依靠语序和虚词来表达语法意义。

三、词类与句法成分并非一一对应

印欧语中词类和句法成分之间的关系较为简单，基本上是一一对应的关系。但是汉语的词类和句法成分之间的关系十分复杂，二者之间是一对多的关系，即同一个词类可以充当不同的句法成分，同一个句法成分也可以由多个词类来充当。拿汉语和英语中的词类和句法成分之间的关系来看，我们以粗实线代表主要功能，以细实线代表次要功能，以虚细线代表特殊功能，其对应情况如下：

①数词和量词一般结合成数量短语充当句法成分，这里数量词也就是指数量短语。

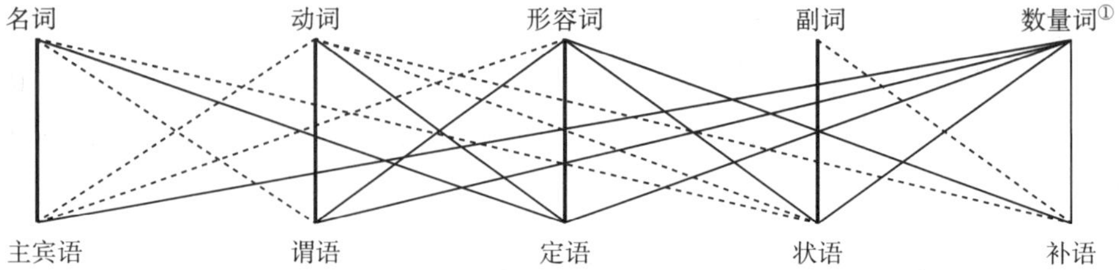

英语的名词主要充当主宾语,动词主要充当谓语,形容词主要充当定语①,副词主要充当状语,基本上是一一对应的;而汉语的名词、动词、形容词和副词的主要功能虽然与英语类似,但是汉语名词的次要功能还可以做定语,动词的次要功能还可以做定语,形容词的次要功能还可以做谓语、状语、补语;汉语中的某些名词的特殊功能还可以做谓语、状语,动词和形容词的特殊功能还可以做主宾语,情态动词还可以做状语,趋向动词还可以做补语,副词的特殊功能还可以做补语。最为特殊的是数量词,汉语中的量词和数词可以组合成数量短语在句中充当各种句法成分。英语中没有量词,当然也没有数量短语,英语中的数词在句中主要做定语。汉语中词类所充当的句法成分如下表所示。

词类	句法成分					
	主语	谓语	宾语	定语	状语	补语
名词	历史悠久	今天晴天	学习汉语	国家力量	现场直播	
动词	吸烟有害	郑人买履	值得研究	修理车间	愿意参军	富裕起来
形容词	健康是福	风景美丽	喜欢清净	和谐社会	热烈欢迎	说得清楚
副词					阔步前行	高兴极了
数量词	一个也行	每人一个	看过一本	一双鞋子	一个一个数	读了一遍

汉语中的名词、动词、形容词等都具有充当多种句法成分的能力,但不能因为它们充当了其他句法成分就将其分析为其他词类。如名词的主要功能是作主宾语,但是它还可以充当谓语,我们不能因为它可以充当谓语就认定它的词性会发生变化,其实名词还是名词。汉语的词类通常并不会因为其所充当的句法成分不同而发生词性的转变。

四、短语与句子的构造原则基本一致

汉语在构造短语和句子时都会用到五种基本的结构关系:联合、主谓、动宾、偏正、中补。英语在构造短语和句子时,结构则有明显区别,如英语句中的谓语动词必须用限定形式,而在短语里则只能用不定式或分词形式。汉语中短语和句子的结构关系如下表所示。

①英语中的形容词除了做定语外,还可以用于"be"动词后做表语,如"She is very kind(她非常善良)"。

结构关系	短语	句子
联合关系	橘子和苹果	你吃什么水果？——橘子和苹果。
主谓关系	风景优美	风景怎么样？——风景优美。
动宾关系	发展经济	我们发展什么？——发展经济。
偏正关系	小明的朋友	他是谁的朋友？——小明的朋友。
	飞快地跑	火车怎样地跑？——飞快地跑。
中补关系	听得懂	方言你听得懂吗？——听得懂。

汉语中复合式合成词的构词规则与构造短语或句子的规则一致，也会用到五种基本的结构关系。如“人民”“伟大”是联合式，“地震”“雪崩”是主谓式，“司令”“打假”是动宾式，“黑板”“热爱”“雪白”是偏正式，“提高”“说明”是中补式。

五、有丰富而复杂的补语系统

汉语的补语语义复杂，存在八种语义类型，分别是结果、情态、程度、趋向、数量、时间、处所和可能；补语的构成成分多样，既可以由副词、形容词充当，也可以由趋向动词、数量短语、介词短语和小句形式充当。述语在与补语组合时存在两种形式：带“得”式和不带“得”式。我们可以将其归纳如下：

语义类型	结果补语、情态补语、程度补语、趋向补语、数量补语、时间补语、处所补语、可能补语
构成成分	副词、形容词、趋向动词、数量短语、介词短语、小句形式
结构形式	带“得”式：笑得合不拢嘴、写得工工整整；不带“得”式：看清楚、洗干净、讲明白

补语对汉语的句法结构和句法系统都有重要影响。汉语中不仅存在补充式合成词，而且补语还会影响宾语的存在。如“关严实窗户”和“停在教室前汽车”都不能说，如表达这种语义可以将其转变为“把”字句。汉语的补语只有一部分结果补语可以对应英语中的补足语，更多的情况下只能对应英语中的后置状语。如“把它洗干净(wash it clean)”“听得仔细(hear carefully)”“看得清楚(look clearly)”。

六、音节数量对汉语语法影响显著

(一)音节数量对词法的影响

汉语音节数量对词法和句法都具有显著的影响。汉语音节数量对词法的影响主要体现在造词方面，即汉语的词汇大多表现为双音节形式。在韵律双音节模式的驱使下，一些相邻的双音节语言单位也可以凝固成词，尽管它们可能不在同一个句法层面；还有一些人名、地名、国名、动植物名等口语中也不能以单音节的形式呈现出来，而要变为双音节形式。汉语的韵律节奏“两字一顿”，而不受语义制约。具体情况如下表所示：

双音节形式凝固成词	而立、从而、除外、从来、自来、得以、于是、终于、想必、极其、也许、之上、与其、未曾、似的、的话、着呢
排斥单音节的名词	韩国—*韩、美国—*美，雄县—*雄、沙市—*沙、张三—*张、关羽—*关，荷花—*荷、梅花—*梅
两字一顿韵律节奏	一衣/带水、琴棋/书画、危在/旦夕、柴米/油盐/酱醋茶

汉语中的词语在词汇化的过程中可以进行跨层组合，即原本不在同一个句法层面的两个语言形式，由于位置相近，逐渐靠拢，最终在韵律的驱动下可以形成一个词语。如“终于”这个词最初“终”是动词，“于”是介词，两者不在同一个句法层面，也不具有语法结构上的直接关系，但由于位置相邻，最终二者融为一体，形成一个副词。

（二）音节数量对句法的影响

汉语音节数量对句法结构也有显著影响。就汉语中动词与宾语的搭配而言，动词的音节数量不同，其所搭配宾语的能力也存在差异。通常而言，动词如果是单音节的，那么其搭配宾语的能力较强，单音节动词既可以和单音节宾语搭配，也可以和双音节动词搭配，但是如果动词是双音节形式，那么它就只能跟双音节宾语搭配，排斥单音节宾语。而当动词性成分为多音节形式时，这种动词性成分既不能跟单音节宾语搭配，也不能跟双音节宾语搭配。

汉语中的双音节动词在与双音节宾语搭配时，如果宾语是非常规宾语，那么一般这种搭配不能被接受。如“写毛笔——*书写毛笔”“跑材料——*奔跑材料”“唱快板——*歌唱快板”。

第八节　标点符号

一、标点符号的性质和作用

古代汉语书面语中并没有通用的标点符号，因此古人读书最先遇到问题就是断句。后来在断句的基础上发展出“句读”之学，如韩愈《师说》中“句读之不知，惑之不解，或师焉，或不焉”，《三字经》中“凡训蒙，须讲究。详训诂，明句读”。然而，古人阅读常因句读而出现歧义，造成对文章字句的误解。如清代诗人赵恬养《增订解人颐新集》中“下雨天留客天留我不留”一句就有七种解释方法。19世纪末，清末同文馆的学生张德彝在《欧美环游记（再述奇）》中无意将国外标点符号引入国内。至1920年2月，当时教育部颁布《通令采用新式标点符号文》，标志我国第一套法定新式标点符号诞生。1949年中华人民共和国成立后，党和政府高度重视标点符号的推广、普及和统一工作。1951年9月，中央人民政府出版总署在原来标点符号的基础上公布了《标点符号用法》，规范了共计14种标点符号的用法，增加了着重号和顿号。1990年3月，国家语言文字工作委员会和新闻出版署联合发布修订后的《标点符号用法》，其中包括16种标点符号用法，增加了连接号和间隔号。2011年12月30日，中华人民共和国国家质量监督检验检疫总局和中国国家标准化管理委员会联合发布《标点符号用法》（GB/T 15834—2011），其中包括17种标点符号的用法，又增加了分隔号。

在今天来看，标点符号[①]是辅助文字记录语言的符号，是书面语中不可缺少的组成部分，有助于人们更加确切地表达自己的思想感情和理解别人的语言。

	标点符号	
分类	标号	点号
作用	（1）表示停顿 （2）表示语气	（1）表示词语的特殊性质和作用 （2）使语言更加简洁 （3）表修辞效用

- 标点符号
  - 点号
    - 句末点号
      - 句号（ 。）
      - 问号（ ？）
      - 叹号（ ！）
    - 句内点号
      - 逗号（ ，）
      - 顿号（ 、）
      - 分号（ ；）
      - 冒号（ ：）
  - 标号
    - 引号（ “” ‘’）
    - 括号（ （） ）
    - 破折号（ —— ）
    - 省略号（ …… ）
    - 着重号（ . ）
    - 连接号（— - ～）
    - 间隔号（ · ）
    - 书名号（《 》〈〉）
    - 专名号（ __ ）
    - 分隔号（ / ）

①数字符号、货币符号、校勘符号、辞书符号、注音符号等特殊领域的专门符号不属于标点符号。

(一)表示停顿

在书面语中表停顿主要依靠标点符号。不同的标点在句子不同位置的停顿也会影响句子语义。

1.你喜欢他不喜欢?

2.你喜欢,他不喜欢?

3.你喜欢他?不喜欢。

4.你喜欢他不?喜欢。

以上4例都为同一句话,例1句中没有书面上的停顿标记,就不知道该句是什么意思;例2两个分句间有停顿,语义表示“你喜欢,他不喜欢吗?”;例3两个单句构成一问一答,语义表示询问“你喜欢他吗?”回答是否定的;例4跟例3类似,但是回答却是肯定的。

(二)表示语气

在书面语中,不同的语气要用不同的标点符号,不同的标点符号表示不同的语气。

1.我喜欢。

2.我喜欢?

3.我喜欢!

同一句话采用不同的标点符号表示不同的语气。例1用句号,表示一般陈述,目的在于表明自己喜欢;例2用问号,表示对“我喜欢”这个态度的怀疑;例3用叹号,表示对“我喜欢”这个态度的坚定或惊喜。

(三)表示词语的特殊性质和作用

标点符号还具有标识作用,能够表示词语的特殊性质和作用。如表示强调某个词语或语句可以用“引号”或者“着重号”,引用他人所讲的话需要用“引号”,一些戏剧、著作的名称可以用“书名号”,等等。

(四)使语言更加简洁

标点符号在语句中的使用,有助于使语言更加简洁。

1.司马迁(公元前145—前87?)

2.你这样做事情,未免太……!

例1中在司马迁生平介绍中用“?”,使语言更加简洁,也便于读者快速掌握司马迁去世时间尚不清晰的情况。例2中使用省略号,在表示说话人语义未尽的同时,也能体现省略号的作用。

（五）表修辞效用

在语言交际中，有时为追求某种情感表达，在句中不需停顿的地方插入标点符号，这种特殊用法，其实是标点符号变异用法。

1. 记得前几年，《狂飙》停刊时，同时这位常燕生先生也曾有文章发表，大意说《狂飙》攻击鲁迅，现在书店不愿出版了，安知（！）不是鲁迅运动了书店老板，加以迫害？（鲁迅《做古文和做好人的秘诀》）

2. 她一知道，拍桌打凳的（？）大怒了一通之后，便将那孩子取到天上，要看机会将他害死。（鲁迅《风马牛》）

例1中“安知”后插入“！”，是提醒读者注意常燕生的所指控的鲁迅先生的罪名是莫须有的，同时也表达出对常燕生信口开河行为的愤慨之情。例2中在“拍桌打凳的”后面加入“？”，传递出一种讽刺、调侃的情感，兼有一种“何必拍桌打凳、大发雷霆呢”的语气表达。

二、标号

		类别	形式
标号	用于标明，表示词语的性质和作用的符号	引号	“”和‘’
		括号	{}、()、【】、[]、〔〕、<>
		破折号	——
		省略号	……
		着重号	.
		连接号	-、—、～
		间隔号	·
		书名号	《》、〈〉
		专名号	＿
		分隔号	/

（一）引号（“”和‘’）

在语段中，引号主要是标示语段中直接引用的内容或突出特别指出的成分，其形式可分为双引号“”和单引号‘’两种，其中“、‘为前引号，”、’为后引号。

1. 要继续坚持“老虎”、“苍蝇”一起打，重点查处不收敛不收手的违纪违法问题。（习近平在中共十九届中央纪委四次全会上的讲话要点）

2. 无论什么时候，问题总是客观存在的，我们要以“君子检身，常若有过”的态

度来检视发现自身不足，做到知耻而后勇。（习近平总书记在十九届中央政治局第十五次集体学习时的讲话）

3.坚持精准扶贫，聚焦“三区三州”等深度贫困地区，强化政策倾斜支持，优先保障脱贫攻坚资金投入，对脱贫难度大的县和村挂牌督战。（李克强代表国务院在十四届全国人大一次会议上作《政府工作报告》）

4.“4·14”玉树地震

5.习近平总书记强调：“‘路漫漫其修远兮，吾将上下而求索。’全党同志一定要不忘初心、继续前进，永远保持谦虚、谨慎、不骄、不躁的作风，永远保持艰苦奋斗的作风，勇于变革、勇于创新，永不僵化、永不停滞，继续在这场历史性考试中经受考验，努力向历史、向人民交出新的更加优异的答卷！”（习近平在庆祝中国共产党成立95周年大会上发表重要讲话）

例1中“老虎”“苍蝇”加引号表示需要着重强调的内容。例2中“君子检身，常若有过”出自《亢仓子·训道篇》，加引号为说明直接引用的内容。例3中“三区三州”加引号表示具有特殊含义，需要特别指出的“简称”。“三区”是指西藏自治区和青海、四川、甘肃、云南四省藏区及南疆的和田地区、阿克苏地区、喀什地区、克孜勒苏柯尔克孜自治州四地区；“三州”是指四川凉山州、云南怒江州、甘肃临夏州。“三区三州”是国家层面的深度贫困地区，是国家全面建成小康社会最难啃的“硬骨头”。例4中“4·14”玉树地震加引号表示特殊日期特殊事件，加引号是为了突出或强调该日期和时间的特殊性。例5中引号中还需要使用引号标示引文时，外面一层用双引号，里面一层可用单引号表示。

（二）括号（{ }[ ]（）、【】、〔〕、< >）

在语段中，括号主要用于标示注释内容、补充说明或其他具有特定意义的语句，分为大括号{ }、方括号[ ]、小括号（）、方头括号【】、六角括号〔〕、尖括号< >等形式。

1.这些，都得到老太太们（不包括她的婆婆）的赞叹，而谁也没注意她的腿经常浮肿着。（老舍《正红旗下》）

2.常二爷看见祁老人眼中的泪，不敢再说别的，而只好横打鼻梁负起责任：“得啦，大哥！什么也甭再说了，就盼着老天爷不亏负咱们这些老实人吧！”说完，他背着手慢慢往院中走。（每逢他来到这里，他必定要把屋里院里全参观一遍，倒好像是游览故宫博物院呢。）来到院中，他故意的夸奖那些石榴，好使祁老人把眼泪收回去。（老舍《四世同堂》）

3.民事主体依法享有知识产权。知识产权是权利人依法就下列客体享有的专有的权利：（一）作品；（二）发明、实用新型、外观设计；（三）商标；（四）地理标志；

（五）商业秘密；（六）集成电路布图设计；（七）植物新品种；（八）法律规定的其他客体。（《中华人民共和国民法典》）

4. 孔子尝说："过犹不及。"（《论语·先进》）后儒解释中庸为"无过无不及"，是正确的。（张岱年《文化传统与民族精神》）

5.［英］莎士比亚著《哈姆雷特》

6.〔北宋〕苏轼《赤壁赋》

7.【新华社重庆消息】

8. 国发〔2023〕3号文件

例1中括号具有补充含义，说明"老太太们"中不包括她的婆婆。例2中括号内容表示插叙，说明人物的动作特点，提示读者了解人物特点。例3中（一）到（八）属于表示序数的词语。例4中括号内容（《论语·先进》）是对"过犹不及"引文出处的说明。例5、6分别表示国籍和朝代时，可采用方括号或六角括号表示。例7中方头括号表示报道的开头。例8中六角括号表示公文发文字号中的发文年份。

（三）破折号（——）

在语段中，破折号主要是某些成分的注释、补充说明或表示语音、意义的变化。其形式为一条直线，占有两个汉字的位置，中间不能断开。

1. 相识之后，交往渐多，感到过去的印象失之太浅，至少是没有触及最重要的方面——品德。（张中行《叶圣陶先生二三事》）

2.——经济发展再上新台阶。

——脱贫攻坚任务胜利完成。

——科技创新成果丰硕。

——经济结构进一步优化。

——基础设施更加完善。

——改革开放持续深化。

——生态环境明显改善。

——人民生活水平不断提高。

（第十四届全国人民代表大会第一次会议上《政府工作报告》内容）

3. 臧克家《说和做——记闻一多先生言行片段》

4. 面朝大海，春暖花开。——海子

5. 我们在天安门前深情地呼唤：周——总——理——（柯岩《周总理，你在哪里》）

6. 假如我是一只鸟，我也应该用嘶哑的喉咙歌唱：这被暴风雨所打击着的土地，这永远汹涌着我们的悲愤的河流，这无止息地吹刮着的激怒的风，和那来自林间的无比温柔的黎明……——然后我死了，连羽毛也腐烂在土地里面。为什么我的眼里常含泪水？因为我对这土地爱得深沉……（艾青《我爱这土地》）

7.我那时并不知道这所谓的猹是怎么一件东西——便是现在也没有知道——只是无端的觉得状如小狗而很凶猛。（鲁迅《故乡》）

8.“我的朋友们啊，”他说，“我——我——”但是他哽住了，他说不下去了。（都德《最后一课》）

9.——你长大后想成为科学家吗？

——当然想了！

10.我非常赞赏这个公式，把这个公式奉献给大家——“I plus We equals to Full I”，谢谢。（王选《我一生中的重要抉择》）

例1中破折号后“品德”补充说明前文“最重要的方面”。例2中破折号表事项的列举分承，通过列举八个方面的内容，突显我国经济社会发展取得举世瞩目的重大成就。例3表示破折号可用于副标题之前。例4中破折号用于引文中标示出作者。例5中破折号呈现出声音延长的效果。例6中“然后我死了”前破折号表示话题的转换。例7的破折号表示插入语。例8中破折号表示说话的中断。例9中破折号表引出对话。例10的破折号具有提示下文的作用。

（四）省略号（……）

在语段中，省略号标示某些内容的省略及意义的断续等。其形式通常为六个小圆点（……），占据两个字符位置。

1.“字不一定要写得好，但必须得使人一看了就认识，青年人现在都太忙了……他自己赶快胡乱写完了事，别人看了三遍五遍看不明白，这费了多少工夫，他不管。反正这费的功（工）夫不是他的。这存心是不太好的。”（萧红《回忆鲁迅先生》）

2.“长妈妈生得那么胖，一定很怕热罢？晚上的睡相，怕不见得很好罢？……”（鲁迅《阿长与〈山海经〉》）

3.睡在枕上，看着红包，想到明天买来的小鼓，刀枪，泥人，糖菩萨……。（鲁迅《阿长与〈山海经〉》）

4.咚……咚咚……咚……（杨利伟《太空一日》）

5.“那有这事……我……”我惶恐着，站起来说。（鲁迅《故乡》）

6.因为……所以……

例1中省略号表示引文中的省略。例2中省略号表露出语意未尽的特点。例3表示列举的省略。例4中省略号表示同一词语的重复的省略。例5省略号表示作者说话断断续续。例6在语言学中标示特定成分虚缺。

（五）着重号（.）

在语段中，着重号主要用来标示其中某种重要的或需要指明的文字。其形式为一个小圆点，标注在相应文字的正下方。

1.往那边（走）　从昨天（考试）

2.一个人能力有大小，但只要有这点精神，就是一个高尚的人，一个纯粹的人，一个有道德的人，一个脱离了低级趣味的人，一个有益于人民的人。（毛泽东《纪念白求恩》）

例1中着重号标示介词，便于学生识别介词，同时说明其语言结构上的特点。例2选自人民教育出版社语文七年级上册，其中着重号标示“一个”“的人”，连续五句并列排开，有利于学生形成对排比句的认识。

（六）连接号（-、—、～）

在语段中，连接号是标示某些相关联成分之间的连接。其形式有三种，即半字线“-”、一字线“—”和浪纹线“～”。

1.本周我们复习第十～十五讲内容。

2.段玉裁（1735—1815），清代人。

3.E-mail（电子邮件）

4.歼-15

5.2023-5-20

6.联系电话：010-66096114

7.3，4-二硝基氯苯

8.参见表3-6、表3-7

例1、2中，无论采用哪种形式的连接号，都表示数字范围的起止。例3中E-mail属于外来词，连接号此处表示外来词内部分合。例4中歼-15是中国第一代舰载战斗机，也是典型的第三代战斗机，此处半字线连接号表示产品的名称和型号。例5、6中半字线连接号分别表示阿拉伯数字的日期、电话号码。例7、8连接号用于表示化合物名称或表格、插图的编号。

（七）间隔号（·）

在语段中，间隔号主要是标示某些相关联成分之间的分界。其形式为“·”

1.胡安·安东尼奥·萨马兰奇

2.《荀子·为学篇》

3.《沁园春·雪》

4.“九·一八”事变

5.“3·15”消费者权益日

例1中用于标示外国人名内部的分界。例2用于标示书名与篇名之间的分界。例3用于标示词牌和题名之间的分界。例4用于说明月、日为标志的事件。例5为用阿拉伯数字说明月、日为标志的节日,月、日之间均用间隔号。

(八)书名号(《》、〈〉)

在语段中,书名号主要是标示作品的名称。其形式有双书名号“《》”和单书名号“〈〉”两种。书名号多用于表示书名、卷名、篇名、报刊名、报纸名、文件名等。

1.《唐诗三百首》

2.《我的叔叔于勒》

3.《今日说法》

4.科研人员正在研制《电脑卫士》杀毒软件。

5.我读了《念青唐古拉山脉纪行》一文(以下简称《念》),收获很大。

例1书名号用于表示书名。例2书名号用于表示文章篇名。例3书名号用于表示电视节目名称。例4中书名号表示在语句中软件名的主导地位。例5《念》使用书名号表示作品名的简称。

(九)专名号(__)

专名号多用在古籍或某些文史类著作中,标注出现的特定类专有名词。其形式有一条直线“__”。直线多用于标示古籍中的专有名词,比如人名、地名、国名、民族名、朝代名、年号、宗教名、官署名、组织名等。浪纹式(“﹏”)多为配合专名号,某些古籍或文史类著作中书名号有时会用波浪线标识,这可以看作是特殊的专名号或特殊的书名号。

1.列子其人,在《庄子》书中屡次出现,有时尊称他为子列子,还专有《列御寇》一篇。(杨伯峻《列子集释》)

2.五十年代,中华书局修订重印了中华人民共和国成立前由原世界书局出版的诸子集成。这套丛书汇集了清代学者校勘、注释子书的成果,较为适合学术研究的需要。但其中未能包括近几十年特别是中华人民共和国成立后一些学者整理子书的新成果,所收的子书种类不够多,断句、排印尚有不少错误,决定重新编辑出版一套新编诸子集成。(中华书局《新编诸子集成出版缘起》)

例1中“列子”“子列子”为人名。同样,例2中“中华书局”“世界书局”为出版组织名,“清代”为朝代名,“诸子集成”“新编诸子集成”为书名,为配合专名号,采用浪纹式标注。

(十)分隔号(/)

在语段中,分隔号主要用于将诗行、节拍及某些相关文字进行分隔。主要形式为“/”。

1. 好雨知时节/当春乃发生/随风潜入夜/润物细无声。(杜甫《春夜喜雨》)

2. 江夏/黄鹤楼,青山/汉阳县。(李白《江夏寄汉阳辅录事》)

3. 中国的行政区划分为:省(自治区、直辖市)/省辖市(地级市)/县(县级市、区、自治州)/乡(镇)/村(委员会)。

4. 乒乓球新加坡大满贯混双决赛,王楚钦/孙颖莎3:1战胜韩国组合林钟勋/申裕斌,晋级混双四强。

5. 短语中除了作为主体成分的述语动词之外,还包括述语动词所带的宾语和/或补语。

例1分隔号表示诗歌接排时分隔诗行。例2分隔号表诗文中的音节节拍。例3分隔号表示分层或类别。例4分隔号表示“和”,分隔组成一对的两项。例5分隔号表示“或”,分隔供选择的两项。

三、点号

点号具有点断作用,在句中主要表示停顿和语气,具体如下表所示。

	分类		形式
点号	句末点号	句号	。
		问号	?
		叹号	!
	句内点号	逗号	,
		顿号	、
		分号	;
		冒号	:

(一)句末点号

在语段中,句末点号主要用于句末,表示句子停顿和句子的语气。包括句号、问号、叹号三种。需要注意的是,若从表示疑问、感叹的性质看,问号、叹号又是标号。

1.句号(。)

句号	在语段中,句号主要表示句子的陈述语气,有时也表示较缓和的祈使语气和感叹语气。其形式为“。”	陈述语气	1964年10月16日中国爆炸了第一颗原子弹。(杨振宁《邓稼先》)	肯定陈述句,句末用句号,表示陈述语气
			我与父亲不相见已二年余了,我最不能忘记的是他的背影。(朱自清《背影》)	否定陈述句,句末用句号,表示陈述语气
		祈使语气	您稍等。	祈使句,句末用句号,语气缓和

2.问号(?)

问号	在语段中,问号主要用于一般疑问句的句末,反问句是一种特殊的疑问句,句末一般也用问句。其形式为“?”	什么是元宇宙?	一般疑问句
		你怎么还不来?	反问句

虽然疑问句中多含有疑问代词,但含有疑问代词的句子,并不一定就是疑问句,句末不用问号,如“你问问他叫什么名字。”。

3.叹号(!)

叹号	在语段中,叹号具有强烈的感情色彩,主要用在感叹句句末表感叹语气,也有也出现在感情强烈的祈使句、反问句的句末。其形式为“!”	这是一件多么幸福的事啊!	表达一种赞叹,句末有感叹的语气
		你给我站住!	是一种命令的语气
		不要掉队呀!	为感情强烈的祈使句
		好!!!	连用三个叹号,表达一种强烈喝彩的情感

(二)句内点号

句内点号是用于句内的点号,表示句内各种不同性质的停顿。可分为四种,即逗号、顿号、分号、冒号。

1.逗号(,)

逗号	表示一般性的停顿。其形式为“,”	这就是我的一生,我觉得我活着值得。(罗素《我为什么而活着》)	用在分句和分句之间
		“阿妈,恭喜……。”(鲁迅《阿长与〈山海经〉》)	逗号用在主语之后
		早在13世纪,卢沟桥就闻名世界。(茅以昇《中国石拱桥》)	逗号用在句首状语之后
		像鸟的歌唱,云的流盼,树的摇曳。(穆旦《我看》)	逗号用在并列词组间
		“看,梨花!”(彭荆风《驿路梨花》)	用在独立成分后
		了不起的人,你父亲!(老舍《方珍珠》)	用在倒装的句子成分之间
		否则,鸠占鹊巢,李代桃僵,那屋内必是鸡飞狗跳,不得安宁。(毕淑敏《精神的三间小屋》)	用于“否则”关联词的后面,突显转折的意味

2.顿号(、)

顿号	表示并列语词之间或某些序次语之后的停顿。其形式为“、”	我们这才明白,屋里的米、水、干柴,以及那充满了热情的“请进”二字,都是出自那哈尼小姑娘的手。(彭荆风《驿路梨花》)	句子内部并列词语之间的停顿
		在世界的边缘,俯瞰那冰冷死寂、深不可测的深渊。(罗素《我为什么而活着》)	
		他几次三番、几次三番地辩解着。	用于需要停顿的重复词语之间
		我准备讲四个问题:一、什么是现代汉语?二、为什么要学习现代汉语?三、学好现代汉语会怎么样?四、如何去学好现代汉语?	用于序次语之后的停顿

3.分号(;)

分号	表示复句内部并列关系分句之间的停顿,以及非并列关系的多重复句中第一层分句之间的停顿。其书写形式为“;”	仰之弥高,越高攀得越起劲;钻之弥坚,越坚钻得越锲而不舍。(臧克家《说和做——记闻一多先生言行片段》)	表示复句内部并列关系分句之间的停顿
		这是我向来没有和她说过的,我知道她并非学者,说了也无益;但既然来问,也就都对她说了。(鲁迅《阿长与〈山海经〉》)	表示非并列关系的多重复句中第一层分句之间的停顿
		知识产权是权利人依法就下列客体享有的专有的权利:(一)作品;(二)发明、实用新型、外观设计;(三)商标;(四)地理标志;(五)商业秘密;(六)集成电路布图设计;(七)植物新品种;(八)法律规定的其他客体。(《中华人民共和国民法典》)	表示分项说明时,各项之间的停顿

4.冒号(:)

冒号	提示下文或总结上文的停顿。其形式为“:”	1944年10月12日,他给了我一封信,最后一行说:“另函寄上油印物二张,代表我最近工作之一,请传观。”(臧克家《说和做——记闻一多先生言行片段》)	表示提示下文内容,用于“某某说”之类的后边
		小朋友:健康来复的路上,不幸多歧,这几十天来懒得很;雨后偶然看见几朵浓黄的蒲公英,在匀整的草坡上闪烁,不禁又忆起一件事。(冰心《写给小朋友们的信》)	用在书信开头的称呼语后,以提示下文
		大自然中的各种物质都时时刻刻在运动着:这里在死亡,那里在生长;这里在建设,那里在破坏。(陶世龙《时间的脚印》)	用于解释说明前文的内容
		我生平最受用的有两句话:一是“责任心”,二是“趣味”。(梁启超《敬业与乐业》)	用在总说和分说之间

续表

冒号	提示下文或总结上文的停顿。其形式为"："	"得啦,孩子,你给我生路,我有了命啦,不过这是你把欠我的还了我：咱们两讫了。……"(巴尔扎克《欧也妮·葛朗台》)	中冒号前用于分说,冒号后为总结上文的总说
		19:00—20:30	用于两个数字中间,隔开时间表上的时和分

附录:标点符号的修辞功能

1918年陈望道先生在《标点之革新》中曾说"标点可以神文字之用",认为文字改革和标点革新是互为表里的关系,标点可以画龙点睛,让文字更为传神。这也揭示了标点符号的修辞功用。

标点符号是书面语言的有机组成部分,它不仅可以表示语言的停顿、句子的语气,标明词语的性质,还可以细致地体现语言结构的层次性,使书面语言表意准确,便于阅读理解。同时,标点符号的恰当运用还可以获得多种特殊的表达效果,或突出语意重点,或调节语言节奏,或辅助情态表达。根据陈望道先生对修辞的分野,我们将标点符号的修辞功能划分为消极修辞功能和积极修辞功能。

标点符号的修辞功能	消极修辞功能	概念清晰,语义表达明确
		生动刻画语气、神态、心理,使读者身临其境
		调整节奏,渲染意境,表现题旨
	积极修辞功能	标点符号的重复或连续使用
		标点符号做句子语法成分
		在常规不用标点符号的地方用标点
		在常规用标点符号的地方不用标点

(一)消极修辞功能

标点符号的消极修辞功能取决于两点,即一方面看能否清晰表达基本概念和用法,另一方面看能否清楚传达语段意义,不产生歧义。

1.概念清晰,语义表达明确

(1)我生平最受用的有两句话:一是"责任心",二是"趣味"。

——梁启超《敬业与乐业》

(2)在长江上游,瞿塘峡像一道闸门,峡口险阻;巫峡像一条迂回曲折的画廊,每一曲,每一折,都像一幅绝好的风景画,神奇而秀美;西陵峡水势险恶,处处是急流,处处是险滩。

例(1)中作者用冒号，强调了宾语成分，为总说。随后采用分说的方式进一步说明这“两句话”，语义表达清晰明了，便于读者理解。例(2)句中运用两个分号，将描写瞿塘峡、巫峡、西陵峡的语句断开，符合事物的并列关系特征，同时在视觉上增强了阅读的有效性，便于读者把握和理解语段的内容。

2. 生动刻画语气、神态、心理，使读者身临其境

(3)“家里还有什么人呢？”

“娘，爹，弟弟妹妹，还有一个姑姑也住在我家里。”

“你还没娶媳妇吧？”

“……”他飞红了脸，更加忸怩起来，两只手不停地数摸着皮带上的扣眼。半晌他才低下了头，憨憨地笑了一下，摇了摇头。

——茹志鹃《百合花》

例(3)省略号用在了句首。虽无一字，但使用了省略号这种无声语言，把小通讯员在一个陌生女同志问话面前的腼腆忸怩和难以启齿的窘态，惟妙惟肖地表现出来了。

3. 调整节奏，渲染意境，表现题旨

(4)你永远居住在太阳升起的地方，
你永远居住在人民心里，
你的人民世世代代想念你！
想念你呵，想念你，
　　——想——念——你……

——柯岩《周总理，你在哪里》

破折号的使用增加、延长了语音的停顿，缓慢了语速，配合诗歌的内容，渲染了庄严肃穆的气氛，表现出人民沉痛哀悼周总理场景里的沉重哀伤。

(二)积极修辞功能

标点符号的积极修辞功能是通过标点符号的超常使用取得特殊的表达效果。如“无标点文字”“标点符号的变异用法”“标点符号的重复或连续使用”“标点符号做句子语法成分”“在常规不用标点符号的地方用标点”“在常规用标点符号的地方不用标点”等情况，突破一般标点用法的框架，呈现一种形式上新颖的特点。

1.标点符号的重复或连续使用

(5)人窝里有骂声:“疯子,你要出人命啊?!”

在句末使用了复标点问号和叹号。不同的标点具有不同的修辞功能,前者表示责问,后者表达气愤。复标点的使用,运用标点的组合摹写人物多样心理,表现复杂感情,所表达的感情和语气相对来说更复杂和强烈。

2.标点符号做句子语法成分

(6)陡峭的山崖上悬下的一块岩石,就像是一个巨大的“!”,令人心悸。

(7)山谷地里流淌的小溪,就像一个“?”。

以上两例可谓是标点符号的一种妙用。为了逼真地描写山岩和小溪,都直接用标点符号“!”“?”作喻体,形象直观。此处标点镶嵌在句中,成为句子的必不可少的直接的语法成分,以其纯符号的形式诉诸读者的视觉感观,达到对事物的形象性描绘。

3.在常规不用标点符号的地方用标点

“她一知道,拍桌打凳的(?)大怒了一通之后,使将那孩子取到天上,要看机会将他害死”。

——鲁迅《风马牛》

句中不必停顿之处“拍桌打凳的”之后插入了问号,则明显具有讽刺、调侃的意味,兼有“何必拍桌打凳大发雷霆呢”的语气。句中不必停顿之处插入标点符号(一般为问号或叹号),且用括号括住,具有情感修辞作用,即为了突显对某事的怀疑或惊异等情感或语气,会收到言简意深、耐人寻味的修辞艺术效果。

4.在常规用标点符号的地方不用标点

“只消瞧瞧摆在地上列阵的白酒啤酒果酒空瓶,便知这酒已经喝到足以叫他们成了醉八仙的地步了。男女仙人们个个泛祥光腾云驾雾,天南海北语无伦次分不清谁是主讲谁是听众谁和谁抬杠谁和谁结盟整个一团迷魂阵。”

——《人民文学》1990年第2期航鹰《过街雨掉钢镚儿》

作者在这里着意不用标点，易于表现这种吵闹、说笑缠绕裹挟的杂乱情景，渲染那种乱哄哄的气氛。如果在句中加上了标点，句子变得更加清晰，节奏更缓慢，反而不能烘托情景。有效地突显了标点的修辞力量。

本章小结

本章主要阐述现代汉语语法的基本知识和基础理论，介绍语法的概念内涵、语法单位、句法成分，分析现代汉语的词类、短语和句子的类型，讲述现代汉语语病的修改方法和标点符号的规范用法，归纳现代汉语语法系统的特点。现代汉语语法与印欧语语法存在较为明显的差异，本章内容在知识讲解的过程中，由简单到复杂，由分析到综合，由理论到实践，全面阐述了现代汉语语法的基本面貌，并通过汉英对比、偏误分析等突显现代汉语语法的民族特征。

一、关键概念

语法　短语　句子　韵律词　构式　字本位　实词　虚词　名词　动词　形容词　区别词　数词　代词　拟声词　副词　量词　介词　连词　助词　语气词　叹词　词类兼用　词类活用　主语　谓语　述语　宾语　定语　状语　补语　中心语　独立语　形态　短语　主谓短语　动宾短语　中补短语　偏正短语　连谓短语　兼语短语　同位短语　方位短语　介宾短语　“的”字短语　名词性短语　动词性短语　形容词性短语　层次分析法　歧义分析　单句　复句　主谓句　非主谓句　句类　陈述句　疑问句　祈使句　感叹句　句式　“把”字句　“被”字句　双宾句　存现句　比较句　关联法　意合法　并列复句　承接复句　递进复句　选择复句　解说复句　转折复句　让步复句　因果复句　目的复句　假设复句　条件复句　多重复句　紧缩复句　语病　句群　标点符号　标号　点号

二、基本主张

汉语属于分析型语言，语序、虚词以及句法格式是表达语法意义的重要手段，句子的句法结构和语义结构关系较为复杂，语音、语义、语用对句法结构具有重要影响。

学习评价

评价维度	评价项目	评价内容	评价标准
知识维度	归纳梳理汉语知识	1.语法概述;2.句法成分;3.词类;4.短语;5.句类;6.句组;7.语病;8.现代汉语语法系统的特点;9.标点符号	掌握现代汉语语法的基本知识和基础理论,能够陈述汉语语法知识的相关概念和分析方法
能力维度	分析汉语句法结构		具备良好的理解、分析和运用汉语的能力,能够辨析句法结构的类型,具有修改语病的能力
素质维度	撰写语法研究论文		热爱祖国语言文字,自觉遵守语言规范,能够运用所学语言理论分析现实生活中的语言现象

推荐阅读

[1]施春宏.汉语纲要:上册[M].北京:北京语言大学出版社,2018.

[2]黄伯荣,廖序东.现代汉语:上册[M].增订6版.北京:高等教育出版社,2017.

[3]邵敬敏.现代汉语通论:全2册[M].3版.上海:上海教育出版社,2016.

[4]陆俭明.现代汉语语法研究教程[M].4版.北京:北京大学出版社,2013.

本章自测

1.填空题

(1)语法是由小的_______组合成大的_______所依据的法则。

(2)语法的性质主要有_______、_______、_______、_______。

(3)根据汉语中的“走、看、听”可以说成“走走、看看、听听”可以归纳出“汉语的动词可以重叠”这样一条语法规则,这说明语法具有_______性。

(4)在一定的条件下词和短语加上语调一般都可以形成_______。

(5)语言中最小的能够自由运用的韵律单位是_______。

(6)构式通常具有三个特征:_______、_______、_______。

(7)汉语中的同语式“NP就是NP”属于_______语块。

(8)句法结构是由_______组成的_______或_______里的_______关系的总和。

(9)一般句法成分是句子里跟前后别的_______或_______有_______关系的某个实词或短语。

(10)_______是人们通过语言传情达意的基本单位。

(11)_______和_______是语言的备用单位,_______则是语言的使用单位。

(12)句子根据语气可以分为四种类型,即_______、_______、_______和_______。

(13)_______是根据句子的显著特点划分出来的句子类型。

(14)汉语特殊句式类型非常多,最有特色、最常用的是________、________、________、________、________。

(15)“三个客人两个没来”中的话题是________性话题,“什么问题他都能解决”中的话题是________性话题。

(16)英语单词“argument”中的“ment”是________形态。

(17)在汉语“聪明反被聪明误”中“聪明”的词性是________。

(18)“创新”是________式合成词,“大美中国”是________结构的短语,“写小说很容易。”是________结构的句子。

(19)“谣言止于智者”的韵律节奏是________。

(20)语言中最小的能够独立运用的有音又有义的语言单位是________。

(21)从词性上看,“他遇到一点儿麻烦”中的“麻烦”是________,“这件事真是麻烦你了”中的“麻烦”是________,“这道题计算起来很麻烦”中的“麻烦”是________。

(22)从结构上看,“撸起袖子加油干”是________短语,“向沙漠进军”是________短语,“平凡而伟大”是________短语。

(23)根据谓语语法性质的不同,主谓句可以分为________谓语句、________谓语句、________谓语句。

(24)从意义上看,“生活中不是缺少美,而是缺少发现美的眼睛”,这个句子是________复句;“他不是在图书馆,就是在去图书馆的路上”,这个句子是________复句。

2.判断题

(1)汉语的语法系统只有一个,描写和解释它的语法学说可以不止一个。(　　)

(2)因为语法结构具有递归性,所以语言可以用有限的规则生成无限的句子。(　　)

(3)“放在桌子上”中的“放在”属于韵律词。(　　)

(4)构式在语言实际运用中可以形成不同的构式义。(　　)

(5)构式和语块是同一种语法结构,两者没有差异。(　　)

(6)中心语是一种句法成分。(　　)

(7)限制性定语与中心语之间不能加“的”。(　　)

(8)判断下列短语的结构类型。

绿色的	见证历史	快速移动	吓了一跳	鼓励他继续努力
三盏	脱帽敬礼	一些问题	所记住的	下个月之后
睡不醒	喜欢阅读	同学提问	非常激动	叫人哭笑不得
阳台上	叶子黄了	躺下睡觉	珍珠一般	炎热的夏天

(9)很多短语加上语调就可以成为句子。(　　)

(10)“此处禁止吸烟。”是陈述句。(　　)

(11)汉语中的话题就是句子中的主语。(　　)

(12)“他比诸葛亮还诸葛亮”中的前一个“诸葛亮”是名词,后一个“诸葛亮”是形容词。(　　)

(13)形式动词“进行”和“加以”后面一般跟双音节动词做宾语。(　　)

(14)汉语中的双音节动词大都可以与非常规宾语进行搭配。(　　)

3.选择题

(1)“高低杠”中的“高低”属于(　　)。

A.语素　　B.语素组　　C.词　　D.词组

(2)“毕业典礼”的句法结构关系是(　　)。

A.主谓关系　　B.中补关系　　C.动宾关系　　D.定中关系

(3)“非常高兴”的句法结构关系是(　　)。

A.主谓关系　　B.中补关系　　C.状中关系　　D.定中关系

(4)“我是她的好朋友。”谓语的语义类型是(　　)。

A.描写型谓语　　B.叙述型谓语　　C.判断说明型谓语

(5)“我考了第一名。”谓语的语义类型是(　　)。

A.描写型谓语　　B.叙述型谓语　　C.判断说明型谓语

(6)“太阳、云、海水和我都成了明亮的。”宾语的语义类型是(　　)。

A.施事宾语　　B.受事宾语　　C.中性宾语

(7)“老板卖我一条鱼。”双宾语的语义类别是(　　)。

A.“给予”类双宾语　B.“取得”类双宾语　C.“表称”类双宾语

(8)下面哪个描述是不正确的?(　　)。

A.非主谓句由词或非主谓短语组成

B.中补短语可以构成形容词性非主谓句

C.主谓句多用于正式场合,非主谓句则在口语中多见

D.代词不能构成特殊非主谓句

(9)下列不是主谓句类型的是(　　)。

A.名词性谓语句　　B.动词性谓语句　　C.叹词句　　D.形容词性谓语句

(10)下列属于感叹句的是(　　)。

A.今天好热闹啊!　　B.让他走吧!

C.你可得好好干呐!　　D.大家都少说几句吧!

(11)下列语言形态标志和形态变化不够丰富的是(　　)。

A.汉语　　B.英语　　C.俄语　　D.德语

(12)下列词语的搭配不符合汉语韵律规则的是(　　)。

A.吃饺子　　B.唱大戏　　C.阅读报　　D.写小说

4.标注题

(1)照样子,标出下列句子中的定语和状语,如有多个层级的,只标记第一层定中或状中关系。

例:[昨天]晚上我做了一个(美)梦。

①这学期班里来了一个俊俏的姑娘。

②他到底不要别人的东西。

③你有什么事吗?

④地面铺上了一层厚厚的雪。

⑤愿意来的人都来了。

⑥做这个工作的人都能言善辩。

⑦那边传来一阵银铃似的歌声。

⑧老人从口袋里掏出一枚奖章。

⑨他对这本书有很大兴趣。

⑩小明为找实习单位奔波在大街小巷里。

(2)照样子,标出下列句子中的补语(多层补语只需标记第一层中补关系),并在横线上写出该句补语的语义类型。

例:这道题做〈对〉了。<u>　结果补语　</u>

①同学们都把作业做完了。________

②你一言,我一语,说得我心中闹得慌。________

③我家孩子比他家孩子闹一点。________

④我们的记者特意为您走了一趟。________

⑤他根本挤不进密密层层的人墙,只好远远看上几眼。________

⑥这场竞赛把孩子都折腾憔悴了。________

⑦他凝神望着窗外,外面传来了山歌声。________

⑧此刻,他不知道自己躺在哪里。________

⑨孩子的病耽误不得,一定要坚持治疗。________

(3)分别用句子成分分析法和层次分析法标记下列句子。

①他们又把厨房里的炊具来了个大搬家。

②我要叫牵牛花爬着绳儿登上屋檐。

③白洋淀的朋友送了螃蟹来。

(4)给下列句子加上不同的标点,使它表示两种意思。

①爸爸说我还得出去锻炼。

②我想她不会独自去旅游。

5.简答题

(1)句法歧义的类型有哪些？请举例说明。

(2)什么是"把"字句？"把"字句的特点有哪些？

(3)现代汉语疑问句有哪些类型？请举例说明。

(4)现代汉语语法与印欧语语法存在较大差异，请通过汉外对比说明现代汉语语法系统的特点。

6.实践题

请从报纸杂志或其他社会用语中搜集10个有语病的句子，其中语体和语用方面的病句不少于2例，说明语病产生的原因，并将其改正过来。

参考文献

[1]Adele E. Goldberg.构式:论元结构的构式语法研究[M].北京:北京大学出版社,2007.

[2]Adele E. Goldberg.运作中的构式:语言概括的本质[M].北京:北京大学出版社,2013.

[3]范晓,张豫峰,等.语法理论纲要[M].修订本.上海:上海译文出版社,2008.

[4]冯胜利.汉语的韵律、词法与句法[M].2版(修订版).北京:北京大学出版社,2009.

[5]冯胜利.汉语韵律句法学[M].增订本.北京:商务印书馆,2013.

[6]黄伯荣,廖序东.现代汉语:上册[M].北京:高等教育出版社,2017.

[7]刘红妮.汉语跨层结构的词汇化研究[M].上海:学林出版社,2019.

[8]陆俭明.现代汉语语法研究教程[M].4版.北京:北京大学出版社,2013.

[9]牛保义,李香玲,申少帅.构式语法研究[M].北京:外语教学与研究出版社,2020.

[10]施春宏.汉语纲要:上册[M].北京:北京语言大学出版社,2018.

[11]施春宏.形式和意义互动的句式系统研究:互动构式语法探索[M].北京:商务印书馆,2018.

[12]邢福义,汪国胜.现代汉语(第二版)[M].2版.武汉:华中师范大学出版社,2011.

[13]邢福义.汉语复句研究[M].北京:商务印书馆,2021.

[14]徐烈炯,刘丹青.话题的结构与功能:增订本[M].上海:上海教育出版社,2007.

[15]徐通锵.汉语字本位语法导论[M].济南:山东教育出版社,2008.

[16]徐通锵.语言论:语义型语言的结构原理和研究方法[M].北京:商务印书馆,2014.

[17]叶蜚声,徐通锵.语言学纲要(修订版)[M].4版.北京:北京大学出版社,2010.

[18]伊丽莎白·特劳戈特,格雷姆·特劳斯代尔.构式化与构式演变[M].北京:商务印书馆,2019.

[19]张斌.汉语语法学[M].上海:上海教育出版社,2003.

[20]张斌.现代汉语描写语法[M].北京:商务印书馆,2010.

[21]朱德熙.语法讲义[M].北京:商务印书馆,1982.

[22]胡裕树.现代汉语:重订本[M].6版.上海:上海教育出版社,1995.

[23]吕叔湘.现代汉语八百词[M].增订本.北京:商务印书馆,1999.

[24]吕叔湘.语法学习[M].上海:复旦大学出版社,2006.

[25]张斌,胡裕树.汉语语法研究[M].北京:商务印书馆,1989.

[26]张斌.新编现代汉语[M].上海:复旦大学出版社,2002.

[27]张钟和.现代汉语简明语法[M].重庆:重庆出版社,1987.

[28]赵元任.汉语口语语法[M].吕叔湘,译.北京:商务印书馆,1979.

[29]朱德熙.现代汉语语法研究[M].北京:商务印书馆,1980.

[30]邵敬敏.现代汉语通论:全2册[M].3版.上海:上海教育出版社,2016.

[31]黄伯荣,廖序东.现代汉语教学与自学参考[M].增订6版.北京:高等教育出版社,2019.

[32]标点符号用法GB/T15834—2011[S].北京:中国标准出版社,2012.

[33]卢伟鹏.标点符号用法[M].南京:东南大学出版社,2013.

[34]王庆.标点符号的种类及用法[M].太原:北岳文艺出版社,2014.

[35]韩凝.浅谈标点符号的修辞功能[J].读与写(教育教学刊),2008,5(3):47-48.

第六章　现代汉语语用

本章概要

本章内容一共五节，主要介绍语用概说、话语理解、会话原则和语境、语言表达，通过教学和训练，指导学习者了解语用学相关概念及知识，掌握话语理解、会话原则、语境等基本含义，了解相关研究方法，获得语言表达相关能力，从而提升语言教学、研究和表达能力。

学习目标

1. 了解语用概念、语用学的相关知识。

2. 理解话语理解、会话原则、语境的特点。

3. 掌握话语分析能力和语言表达技能。

4. 了解语用学研究的相关知识，增强民族自豪感，树立投身语言文字工作和教学研究的理想抱负。

学习重难点

学习重点

1. 了解语用的基本概念。

2. 把握话语理解的维度、会话原则和语境的分类。

3. 掌握话语分析能力和语言表达技能。

学习难点

1. 掌握话语理解及话语分析能力。

2. 掌握合作原则和礼貌原则的特点。

3. 理解语境及语境的分类，掌握语境的分析和运用。

思维导图

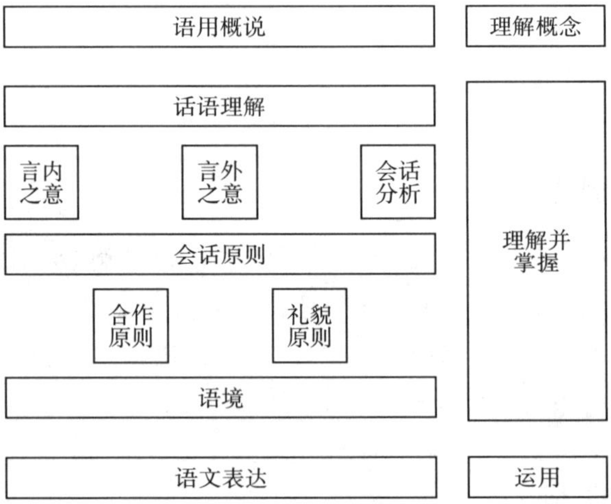

第一节 语用概说

一、语用

语言是一种符号系统,运用语言符号进行具体的言语交际活动就是语用。语用具体表现为在一定的语境条件下,说话人运用语言恰当地表达,听话人准确地理解并积极地回应的一个动态过程。其直接结果就是把抽象的语言符号变成具体的话语。

<table>
<tr><th>举例</th><th colspan="3">所属范畴及意义</th></tr>
<tr><td rowspan="4">今天我累了</td><td>语义研究范畴</td><td>表明“某人某天累了”</td><td>静态意义</td></tr>
<tr><td rowspan="3">语用研究范畴</td><td>例如,下班的张三回家对妻子说“今天我累了”,表达的意思是“请来关心我吧”</td><td rowspan="3">动态意义</td></tr>
<tr><td>例如,妻子叫张三做饭,张三回答“今天我累了”,表达的意思是“我不想做,不能做饭”</td></tr>
<tr><td>例如,午休时妻子叫醒张三,张三回答说“今天我累了”,表达的意思是“让我多睡一会儿吧”</td></tr>
</table>

语义研究强调句子本身所表达的含义,在句子没有进入交际时,它是由语言符号及其规则组合而成的抽象的句子,它的意义只是表明“某人某天累了”,是泛指的,静态的,不随语境的变化而变化。语用研究则强调句子进入交际活动之后所呈

现的言外之意，这是跟随语境变化而变化的动态意义，也是语用研究的对象。

二、语用学

语用学，就是研究语用即言语交际活动及其规律的学科。语用学是一门新兴的学科，因美国哲学家、逻辑学家查尔斯·莫里斯（Charles William Morris）在1938年出版的《符号理论基础》中首次使用自造的英语“pragmatics”（汉译“语用学”）而得名。

语用学源自多个学科领域不同角度的研究，研究范围宽，涉及面广，因此语用学与很多学科有密切的联系，例如与语言学各分支以及哲学、心理学、逻辑学、文化学、社会学、美学等学科。其中最为直接的是语义学和修辞学。

莫里斯研究符号理论，提出符号学（Semeotics），他把语用学定义为研究“符号与符号解释者的关系”；语义学研究“符号与符号所指对象的关系”；符号关系学研究“符号之间的形式关系”。1955年，英国哲学家奥斯汀（John Langshaw Austin）正式提出第一个语用学理论即言语行为理论。20世纪80年代，语用学已被很多人看作语言学的一个基本分支，后来，语用学领域又涌现出新的理论如关联理论、新格赖斯原则等。1983年，英国语言学家莱文森（Levinson）出版了第一本语用学教科书《语用学》，该书从指示、会话含义、预设、言语行为、会话结构五个方面论述了语用学问题。

语用学是一门古老而又年轻的学问。早在古希腊、古罗马时期的学术著作中，语用学的有关课题曾在雄辩术的名义下得到论述。尽管如此，语用学是在1977年《语用学杂志》在荷兰正式出版发行了以后，才作为语言学的一门新兴的独立学科得到确认，成为语言学的前沿领域。

关于语用学现象的研究、论述，在中国古代，中国人曾经涉猎并领先。汉语有专门术语“意会”和“言外之意”。语用学研究的现象可以称为“意会大于言传”，汉语的“意会”专指不能用语言表达的意义。语用学可以说是研究“言外之意”的学科。“言外之意”是汉语独有的专门术语。

语用学与修辞学关系密切，莫里斯把修辞学称作语用学的先行学科。语用学与修辞学的最大共同点，就是都研究语言运用的问题。但它们的研究兴趣不同，修辞学立足于表达的角度，关注的重点是语音的调配、语句的选择、辞格的运用、语体风格的调试等方面；语用学则立足于言语交际这一广阔的视角，重点研究言语交际者在特定语境条件下如何利用语境,准确而得体地使用语言和理解语言。

语用学的发展(国外)		
阶段	时间	事件
第一阶段	1938年—1983年:"杂物箱"似的语用学	1.语言哲学家巴尔-希勒尔(Bar-Hillel)1954年提出指引词语(Indexical Expressions)是语用学的具体研究对象 2.奥斯汀1955年正式提出第一个语用学理论(言语行为理论);美国哲学家塞尔(J.Searle)1969年的《言语行为》(*Speech Acts*)、1975年的《间接言语行为》(*Indirect Speech Acts*),进一步完善了"言语行为理论",使其成为语用学的重要研究内容 3.美国语言哲学家格赖斯(H.P.Grice)1975年提出的会话含义理论以及合作原则等等,为语用学的创立提供了基本的理论基础 4.1977年,《语用学杂志》在荷兰的阿姆斯特丹正式出版发行
第二阶段	1983年至今:语言学意义的语用学	1.1983年,两本优秀教材出版:列文森(S.C.Levinson)的《语用学》和利奇(Leech)《语用学原则》 2.1986年"国际语用学会"正式成立,并把《语用学杂志》和《语用学与其他学科》作为学会的学术刊物 3.1986年,法国斯波伯和英国威尔逊提出关联理论 4.1987年,列文森提出"新格赖斯会话含义理论"
语用学的发展(国内)		
	1980年至今	1.1980年,北京大学英语系教授胡壮麟先生在《国外语言学》杂志第三期上发表文章《语用学》 2.1988年,何自然编著的《语用学概论》和1989年何兆熊编著的《语用学概要》两书相继问世 3.中国语用学研究会的首届学术研讨会于1989年11月27—30日,在广州外国语学院召开,之后每两年召开一次 4.2001年,束定芳主编的《中国语用学研究论文精选》出版 5.汉语语法学界从20世纪70年代末80年代初形成了三个平面的语法理论,胡裕树、张斌、范晓等倡导语法研究应该把句法平面、语义平面和语用平面区分开来

第二节　话语理解

一、会话含义

(一)言内之意

会话指语言在交际过程中的对话,体现为书面语或口语。在言语交际中,话语本身所直接表达的内容,即话语的字面意义,也叫言内之意。例如:

丽丽看见老张的小狗溜出来了,跑去告诉老张说:"你的狗跑了。"

"你的狗跑了"这句话有着明确的字面意义,就是指老张养的一只小狗跑掉了。这是该句话本身所直接表达的内容,也就是字面意义或者言内之意。而丽丽说的这句话实际所隐含的一个意思是"你赶快把它抓回来吧",这是言外之意。

(二)言外之意

顾名思义,言外之意指的是话语没有明说而能使听话人体会出来的说话人话语的本意,它通常表达的是说话人话语的目的、意图。言外之意即会话含义,是语用学研究的重要内容。言外之意指的是从话语的字面意义推导出来的意义,是在语境中获得的临时性含义,也叫语用意义。言外之意依托语境而产生,如果没有语境,人们只能从句子字面意思去理解该句的含义,有了语境之后,就能推导和获得该句的言外之意。例如:

周萍:对了,我预备明天离开家里到矿上去。
蘩漪:你到矿上做什么呢?
周冲:妈,你忘了,哥哥是专门学矿科的。
蘩漪:这是理由么,萍?
周萍:说不出来,像是家里住得太久了,烦得很。
蘩漪:(笑)我怕你是胆小吧?
周萍:怎么讲?
蘩漪:这屋子里曾经闹过鬼,你忘了?

——曹禺《雷雨》

繁漪对周萍故意说些晦涩话语“我怕你胆小吧”和“这屋子里曾经闹过鬼”（指周萍和后母繁漪这对“男鬼”和“女鬼”的乱伦行为，怕被周朴园觉察识破），目的只在于使周萍心领神会，不让在场的第三者周冲听明白。

1.顺势推理

如果一句话的字面意义在特定语境中能必然地引发某种推理，那么，推理的结果就是这句话的言外之意。例如：

八圈牌打毕，方鸿渐赢了近三百块钱。同局的三位，……一个子儿不付，一字不提，都站起来准备吃饭。鸿渐唤醒一句道：“我今天运气太好了！从来没赢过这许多钱。”

——钱锺书《围城》

2.违反原则

如果说话人说话时故意违反某些交际原则，使其话语产生言外之意，并让听话人意识到。这个故意违反原则产生的意义就是言外之意。例如：

可是，小姐……您听着，……这是美丰金店六百五十四块四，永昌绸缎公司三百五十五块五毛五，旅馆二百二十九块七毛六，洪生照相馆一百一十七块零七毛，久华昌鞋店九十一块三，这一星期的汽车费七十六块五，还有……

——曹禺《日出》

这是当交际花陈白露声称她不愿意见银行家潘经理后，旅馆茶房福生对她说的一席啰唆话。这段话的含义是：你这位交际花负债累累，不屈从于开银行、有大钱的潘经理你能混下去吗？

3.巧用修辞格

修辞格很多都可以表达言外之意。例如：

白发三千丈，缘愁似个长。

——李白《秋浦歌十七首·十五》

用了夸张修辞格，这句话的字面意义是“头上生出三千丈长的白头发，因为心中的忧愁像这样长”，其含义是“心中愁得很厉害”。

鲍小姐的回答毫不合逻辑：“也许你喜欢苏小姐死鱼肚那样的白。你自己就是扫烟囱的小黑炭，不照照镜子！”说着胜利地笑。

——钱锺书《围城》

比喻、夸张。这种说法有明显的范畴谬误，应推导出其会话含义“你自己就长得很黑”。

二、会话分析

会话是人类最原始的语言使用形式，也是话语最基本、最重要的形式。通过对会话结构的分析，可以揭示会话构成的规律，解释自然会话的连贯性，有益于话语意义的准确理解。会话分析（Conversation Analysis，CA）是由一群社会学家如萨克斯（H.Sacks）、谢格罗夫（E.A.Schegloff）、杰弗逊（G.Jefferson），即通常所说的“民族方法论者”（Ethnomethodologists）在20世纪60年代末70年代初开创的。会话分析是指对会话的分析与研究。广义的会话分析是对会话本身的深入研究。它把普通、琐碎的会话提升为科学研究的对象，并对会话的规律进行了系统而全面的研究。对会话进行研究和分析不仅可以使人们意识到言语交际的内在规律，提高人们的口头交际能力，还能从日常会话中常见的、但未被注意的现象中发现人们理解世界的方法，揭示语言的本质。

1.会话分析的基本单位

为了便于对日常会话进行描述、分析、研究，会话分析通常使用话轮、语对和语列这样的单位进行描述。

（1）话轮

会话在两个或多个人之间展开，一般每次只有一个说话人，说话人在某一时间内连续说出的话语被称作一个话轮（Turn）。会话的特点是轮流说话，一次会话至少得由两轮话组成：A先说，停下来后，B再接着说，两人对话的分布是A—B—A—B—A—B。萨克斯、谢格罗夫、杰弗逊（1974，1978）提出，支持轮流说话的机制是一套依次选用的规则，这套规则只对会话中的轮流交替起作用，因此叫做“局部支配系统”。受支配的最小单位是会话中的一个话轮：即说话人的话从开始到结束。一个说话人最初只被分派给这样的一个单位（话轮）。

一个话轮可以由一个到数个不同的话轮构成单位（Turn-conversational Unit，TCU）组成。话轮构成单位是指任何一个可以独立构成话轮的句法结构形式，既可以是句子，也可以是短语或词。发话人在某一时间内所拥有的说话的权利叫做话语权。当发话人结束当前话轮时，话语权就移交给听话人，此时听话人应该接过话语权产出新的话轮，从而由听话人变为说话人，话轮在听话人和听话人之间的这种转换机制叫做话轮转换机制（Turn-taking System）。

（2）语对

两个相邻话轮之间的关系不是任意的。有些情况下，在两个紧邻的话轮中，第一个话轮的出现，往往规定或预示着第二个话轮的性质，此时的两个话轮就被称为相邻对或毗邻语对(Adjacency Pair)。这一概念对揭示会话结构有重要作用。最典型的语对是问-答、问候-问候、提议-认可或拒绝、道歉-抚慰等。

语对具有以下特征:

语对的特征	毗邻
	由不同的发话人产出
	可按顺序排位第一部分和第二部分
	类型一致,即特定的第一部分规定了特定的第二部分(或者第二部分的选择范围),比如第一部分请求规定第二部分需为接受或拒绝,第一部分为问候决定第二部分也为问候等

(3)语列

几个语义上连贯的话轮之间构成一个语列(Sequence)。在毗邻语对中,说话人发出的话语可能会收到非期待的回答(即非期待的第二部分),非期待的第二部分会损害说话人的面子,为了避免这种情况的发生,说话人在实施某一言语行为之前,往往先用某些话语进行探听,推测实施该言语行为的可能性。这种为实施某一言语行为作准备的话语,称为前置语列(Pre-sequence)或者预示序列,是说话人在以言行事之前所使用的探听虚实的一类话语。通常是为表达"邀请""请求""宣告"等语力的最典型的会话结构格式。

2.会话分析的标记法

会话分析的方法十分严谨,通常用各种符号来表示。会话分析的标记法如下表所示:

会话分析标记法	
//	表示从这一点开始接下去说的话跟下一行记录的话交迭
※	表示说话交迭终止的一点
::	表示音节拖长
斜体	表示在音强、音高、音长上重读的音节
大写	表示语音较强的部分
(())	表示记录者不想深入考虑的现象或某些非言语行为等
()	表示记录中不能肯定的部分
?	表示语调上升
.	表示语调下降
,	表示语调保持不变
(0.0)	表示大致相当几百毫秒时长的停顿或间隙
= =	表示前后说的话紧紧相连无间隙
→	注意跟讨论直接有关的现象的定位
hh	表示可以听到的出气声;·hh表示吸气声

第三节　会话原则

一、合作原则

在人们的交际过程中，对话双方的话语总是希望能被对方理解，因此说话人与听话人都在共同配合努力实现这一愿望，交际过程有意无意地遵循着某一原则，以求有效、顺利地进行表达和理解的合作从而完成交际任务，该原则即合作原则。合作原则包括量的准则、质的准则、关系准则、方式准则，其中，部分准则还包括数量不等的次准则。

量的准则	(1)所说的话应该满足交际所需的信息量 (2)所说的话不应超出交际所需的信息量
质的准则	(1)不要说自知是虚假的话 (2)不要说缺乏足够证据的话
关系准则	对话要对应相关
方式准则	(1)避免晦涩难懂 (2)避免产生歧义 (3)尽量简单干练 (4)尽量井井有条

1. 量的准则

量的准则在会话过程中主要体现为所需的信息量既要满足交际所需信息的最低量，又不能超过所需的信息的最高量。如：

(1)A：几点了？
　B：不到九点。

上述对话中，显然A和B对于时间的提问是建立在“现在”的基础上，因此即使双方都没有给出“现在”这一更加具体的信息，这轮对话依然顺利完成了。

2. 质的准则

质的准则主要表现为会话过程中必须保证话语信息是真实的，不提供确定是虚假的信息或不确定真实性的信息。如：

(2)乔：我想欧文先生现在要先走了。
　欧文：是吗？

乔:是的,你要和别人谈一笔大生意。

欧文:哦,是的,大生意。

乔:是的,不能爽约。

欧文:(对安妮公主)再见了。

安妮公主:祝你的生意谈得顺利!

——电影《罗马假日》

这段对话中,乔和欧文所提供的信息都是明知虚假的,目的在于使欧文有一个合理的理由暂时离开安妮公主和乔。又如:

(3)庞葱:韩王打算把军队交给孙膑?

奸细:我只是听说……不过,无风不起浪……

庞葱:再探,有了确凿的消息我们再回魏国……

——电视剧《孙子兵法与三十六计》

上述对话属于回答者所说的话缺乏足够的证据证明其真实性,不足以说服听话人,奸细所说的话违背了质的原则。

3.关系准则

关系准则是指双方或多方交流时所提供的话语信息的对应关系。如:

(4)A:今天星期几?

B:我该回家了。

上例中,B所提供的信息与A的问题没有任何直接的联系,因此B的回答违背了关系准则。

4.方式准则

方式准则关涉的是所提供的话语或信息是否清楚明白。如:

(5)王处一道:"师叔,赵志敬不知怎么得罪了您老人家?弟子定当重重责罚。"周伯通:"嘿嘿,这贼牛鼻子引我到山洞去盗旗,却原来藏着红红绿绿的大蜘蛛,巨毒无比,幸亏那小姑娘,咦,那小姑娘呢?蜜蜂哪里去了?"他说话颠三倒四,王处一哪里懂得,只见他东张西望地找寻小龙女。

——电视剧《神雕侠侣》

通过上述例子,我们不难发现,合作原则是人类进行交际过程中需要遵守的基本原则。会话内容一旦违背了某个准则或次准则,那么对会话内容的理解将受到影响。但合作原则可以遵守,也可以违背,且违背合作原则并不意味着话语表达与理解的失败。事实上,人们反而会通过违背合作原则中一个或多个准则或次准则来实现交际意图。如例(2)中欧文与乔的交流,其受话人是安妮公主,此案例属于交谈者在不让受话人觉察的情况下悄悄违反合作原则。例(4)中的回答,对其回答的另一种解读是B不愿意回答A的问题,进而以"回家"为借口拒绝了回答。例(5)中周伯通的语无伦次事实上也是对王处一问题的回答。在这种情况下,例(4)和例(5)就属于交谈者通过故意明显地违反合作原则而进行的交流。

二、礼貌原则

礼貌是不同社会文化条件下的一种行为规范,同时也是一种语用现象,这已经成为语用学界的共识。礼貌通常被理解为说话人为了实现某一目的而采取的策略。与合作原则强调说话人与听话人同等重要不同,礼貌原则是以说话人为中心的一种交际准则。

(一)礼貌原则的分类

礼貌原则通常被分为六类,每类包括一条准则和两条次则。

分类	准则	次则
得体准则	减少表达有损他人的观点	最小限度地使别人受损 最大限度地使别人受益
慷慨准则	减少表达有利于自己的观点	最小限度地使自己受益 最大限度地使自己受损
赞誉准则	减少表达对他人的贬损	最小限度地贬低别人 最大限度地赞誉别人
谦逊准则	减少对自己的表扬	最小限度地赞誉自己 最大限度地贬低自己
一致准则	减少自己与他人在观点上的不同	使对话双方的分歧减至最小限度 使对话双方的一致增至最大限度
同情准则	减少自己与他人的情感对立	使对话双方的反感减至最小限度 使对话双方的同情增至最大限度

1.得体准则

得体准则是诸多准则中最具"礼貌"代表的基本准则,它以减少表达有损他人的观点为目的。因此,该准则的出发点建立在"听话人",即"他人"的基础上。如:

(1)有一次苏轼游完莫干山后,便来到半山腰的一座寺庙。道士见苏轼穿着十分简朴,态度冰冷地应付道:"坐!"对小童吩咐道:"茶!"苏轼于是坐下了,喝茶。他随便和道士闲谈了几句,道士见来人出语,马上请苏轼入大殿,摆下椅子说:"请坐!”又吩咐小童:“敬茶!”苏轼于是继续和道士攀谈。苏轼妙语连珠,道士连连称道。道士于是不禁问起苏轼的名字来,苏轼道:“小官乃杭州通判苏子瞻。”这道士连忙起身,把苏轼请到一间静雅的客厅,并且恭敬地说:“请上座!”而且又吩咐随身道童:“敬香茶!”苏轼见这个道士非常势利,坐了一会儿就告辞了。

由例(1)可以看出,说话人在与听话人交流的过程中,其态度逐渐由“冰冷”转向“恭敬”,“坐”和“茶”这两句话毫无礼貌可言,满足了说话人“应付”的目的,属于最大限度地使自己受益,因此是本段对话中最不符合得体原则的内容。“请坐”与“敬茶”相对于前面的内容较有礼貌,而最后的“请上座”和“敬香茶”属于最大限度地使听话人受益,是得体礼貌的最佳表现。

2. 慷慨准则

与得体准则“减少有损他人”的观点不同,慷慨准则是以“减少表达有利于自己的观点”为目的。该准则的出发点建立在“听话人”,即“他人”的基础上。如:

(2)你去收作业。
(3)你去收一下作业吧?
(4)请你去把作业收一下。
(5)请你去把作业收一下,好吗?

从上述话语的主题上,“你去收作业”明显有利于说话人。而从礼貌程度上看,例(2)到例(5)的礼貌程度逐渐增加,其中例(3)和例(5)通过问句方式削弱了对听话人的驱使程度,最大限度使听话人受益,从而降低了说话人的受益程度。

3. 赞誉准则

是围绕“他人”展开的准则,主要表现为最小限度地贬低别人,最大限度地赞誉别人。如:

(6)A:这件衣服样子太难看了。
B:这件衣服的样子挺与众不同的。
(7)A:这道菜你忘了放盐了吧?
B:这道菜味道挺清淡。

上述例子中,A均违背了最小限度地贬低别人的次则,B相对于A由于表达委婉则显得礼貌很多。又如:

(8)A:今天的菜还行。
B:主食也凑合。

(9)A:今天的菜真好。
　　B:主食也不错!

上述例子中,例(8)违背了最大限度地赞誉别人的次则,例(9)相对于例(8)由于表达赞誉的程度更高,因此显得更加礼貌。

4.谦逊准则

该准则主要围绕"自己",即说话人展开,主要表现为最小限度地赞誉自己,最大限度地贬低自己。如:

(10)A:我这幅画是不是很棒?
　　B:我这幅画还凑合吧?
(11)A:我现在的工作挺赚钱的。
　　B:我现在的工作收入只是糊口而已。

上述例子中,A均违背了最小限度地赞誉自己的次则,B相对于A由于少了些许"自夸"的成分而显得更有礼貌。又如:

(12)A:你做的饭真好吃。
　　B:那是!我做的饭比你做的饭好吃多了。
(13)A:你做的饭真好吃。
　　B:哪里,哪里,粗茶淡饭而已。

上述例子中,例(12)违背了最大限度地贬低自己的次则,例(13)相对于例(12)由于贬低自己的程度更高,因此显得更加礼貌。

5.一致准则

该准则主要围绕说话人与听话人双方展开。主要表现为减少自己与他人在观点上的不同,即使对话双方的分歧减至最小限度,使对话双方的一致增至最大限度。

(14)A:我觉得他今天是因为不舒服才迟到了。
　　B:我不这么认为,他肯定是因为起晚了才迟到。
(15)A:我觉得他今天是因为不舒服才迟到了。
　　B:也许,但也有可能是因为起晚了才迟到。

例(14)中,B的观点明显与A相违背,双方分歧并未减少,这违背了使对话双方的分歧减至最小限度的次则。例(15)中,B与A在观点上存在分歧,但也仅为部分分歧，B的话语增加了双方观点的一致性，因此也显得更礼貌，从而遵守了使对话双方的一致增至最大限度的次则。

6. 同情准则

减少自己与他人的情感对立。主要表现为使对话双方的反感减至最小限度，使对话双方的同情增至最大限度。此准则主要关注双方的心理感受。如：

(16)A：我昨天去看病了。

B：没住院？

(17)A：我昨天去看病了。

B：没事吧？

例(16)中，B的话语明显未与A产生共情，反问句更增加了反感，这违背了使对话双方的反感减至最小限度的次则。例(17)中，"没事吧？"体现了B对A在"看病"这件事结果的期待，观点与A保持一致，存在共情的特征，因此也显得更礼貌，从而遵守了同情准则。

除上述基本准则与次则外，礼貌原则还存在四条附加原则。①反讽原则，不采取直接的方式进行批评，而是通过正话反说、嘲讽等方式实现批评。如"你看他，思考问题时两眼紧闭，就和睡着了一样，思考得多认真啊！"②逗乐原则，通过一些不礼貌或不真实的话语交流突显双方关系的亲密。如"A：草莓好吃吗？B：不好吃，你别吃了。"③有趣原则，通过不确定性内容引起对方兴趣。如"哎，听说了吗？"④乐观原则，说表现乐观态度的正面话语。如"不管怎样，明天又是新的一天！"

(二)礼貌原则的特征

礼貌原则具有三大特征——级别性、冲突性与合适性。

级别性	A.语言手段或语言表达时的礼貌级别 B.恪守礼貌原则时的礼貌级别 C.注意语言手段所表现出的礼貌级别和礼貌原则的级别性特征的关系
冲突性	A.得体准则与慷慨准则之间的冲突 B.谦逊准则与一致准则之间的冲突 C.一致准则之间的冲突
合适性	A.根据不同的内容确定合适的礼貌方式 B.根据不同的交际对象确定合适的礼貌方式 C.根据不同的交际场合确定合适的礼貌方式

1.级别性

级别性是指在日常交际中，虽然处处体现着礼貌，但礼貌仍然有程度之分。按照礼貌的程度不同，礼貌存在不同级别。主要体现在：

语言手段或语言表达时的礼貌级别，即由于礼貌程度不同带来的级别性。如：

(1)你的词典让我用用。

(2)请让我借用一下你的词典。

(3)不知道你是否介意把词典借我用一下呢？

上述三例中，从例(1)到例(3)，礼貌程度逐渐增强。我们也可以感受到，话语表达越直接，礼貌程度越低。反之，语言的手段或表达方式越委婉间接，礼貌程度越高。

恪守礼貌原则时的礼貌级别，即以“受益”程度和“受损”程度为标准的级别性。如：

(4)你去拿一下教材。

(5)你去吃饭吧。

(6)我去打扫卫生。

(7)你去工作。

上述四例中，例(4)和例(7)让听话人受损，因而最不礼貌，例(5)和例(6)让说话人受损、听话人受益，话语的礼貌级别随着听话人的受益程度和说话人的受损程度的变化而变化。听话人越受益，表明话语越礼貌；话语越礼貌，意味着说话人越受损。

注意语言手段和礼貌原则的级别性特征之间的关系，即礼貌与否是由听话人或说话人的损益决定的。

(8)赶紧来我们家吃饭！

(9)我可以去你们家蹭饭吗？

通常，例(9)的问句使听话人的受损程度相较于祈使句要低，显得更加礼貌。但例(8)较例(9)明显使听话人受益更大，因此例(8)显得更有礼貌。

2.冲突性

冲突性是指礼貌原则中各条准则或次则在同一话语中或在相同的语句中可能发生冲突。

得体准则与慷慨准则的冲突：客套带来冲突性。

(10)吃饭了没?没吃就上我家来吃点?

例(10)有可能属于一句客套话,即说话人并非真心邀请听话人来家里吃饭。遵守得体原则(最大限度地使别人受益)的同时,违背了慷慨原则,不想让自己多受损。

谦逊准则与一致准则之间的冲突:贬低与赞美不一致造成的冲突性。

(11)A:你家的画真漂亮。
B:过奖过奖,丑死了。

B遵守了谦逊准则,尽量贬低自己。但贬低自己的同时又违背了一致准则,造成了礼貌的冲突。

一致准则之间的冲突:局部一致造成的冲突性。

(12)A:这幅画真不错。
B:笔法真不错,只是颜色暗了些。

虽然B通过“笔法真不错”尽量与A保持一致性,但后半句仍然突显了其与B的观点相左。这种表面一致、实则相左就是一致准则之间的冲突。

3.合适性

合适性是指表现为运用礼貌原则时要根据适当的语境、内容、对象、礼貌级别等要素,选择恰当的表达礼貌的语言手段。具体表现为:

根据交际内容确定礼貌方式:“走,今晚一块儿吃饭。”从话语的随意性上可以表明说话人与听话人之间是平等关系。在这种关系中,使用上述话语较为合适。

根据交际对象确定礼貌方式:“师父,您今晚是否有空一起吃个饭?”从话语中可以分析出听话人与说话人的关系为师徒关系,采用较为礼貌的方式进行交流更合适。

根据交际场合确定礼貌方式:“不知道您这会儿是否有空接受一下我们的问卷调查?”此话语的交际场合发生在正式场合,相较于一般非正式场合,此话语应恪守礼貌原则中的得体原则。

从上述案例可知,礼貌原则的这三个特征能够引导人们正确地使用礼貌原则,并且能够帮助人们有机地运用礼貌原则,进而更好地表情达意,以实现交际目的。

第四节　语境

语境，是指使用语言的环境。人们进行言语表达活动时总是处在言语及非言语要素包围的环境之中，因此对话与理解也必须建立在特定的语境之中。学界对语境有多种分类方法，既可分为文化语境、情景语境，又可分为言内语境、言外语境、言中语境，诸多语境类别既有交叉，又相对独立。语境能够制约说话人的话语组织和表达，同时也制约着听话人对话语的理解。所以，说话人必须根据语境来建构和调节话语；听话人也必须根据语境来理解话语，并根据语境的变化来完善对话语信息的准确把握。合理使用语境能够更有效地达到预期的交际目的。

一、文化语境、情景语境

文化语境	民族文化传统、思维方式、民族习俗、时代环境、社会心理
情景语境	时间、地点、场合、话题、身份、目的

（一）文化语境

文化语境，指与言语交际相关的社会文化背景，即某一言语社群特定的社会规范和文化习俗。作为一种非语言语境，文化语境通常与该语言并存的各种文化元素，如民族、时代、社会习俗、人文风景等因素有关。

1.民族文化传统

由于不同民族的历史文化发展过程不同，不同民族都具有自身的文化特征，这些特征在塑造民族特性方面起着至关重要的作用。而在共同的民族文化背景下形成的文化传统也成为族群内部的对话双方提高话语交流质量、话语表达效率的重要语境。如：

（1）美珍嫂子：连燕子都在为你们家道喜了！大婶儿啊，新媳妇儿你称心吗？
　　大婶儿：称心称心！

——电影《喜盈门》

在上例中，美珍嫂子借“燕子”向这家长辈道喜。在中国传统文化中，燕子喜欢成双成对，飞则相随，因而成为爱情的象征。燕子属于候鸟，每到春天百花盛开之时迁徙回北方，且往往住在人家屋内或屋檐下，因此又有了燕子报春的说法。正是燕子成双成对和报春的习性,因此有了借燕子报喜、祝贺佳人成对的文化含义。在这样的文化传统语境下,才有了美珍嫂子由燕子道喜到“媳妇儿称心”的话语表达。

2.思维方式

思维方式也是一种重要的语境条件,尤其是受话人一方在进行判断时,对同一话语或同一认识对象往往存在多种判断结果。这就需要说话人与听话人尽量具备相近的思维方式才能保障话语表达理解的顺利完成。正所谓“话不投机半句多”。在具体实践中,思维方式语境可以被视为说话人与听话人表达、理解话语的基础语境因素。如:

(2)罗斯:看看你干了什么好事?!

瑞秋:发生什么事了?

钱德勒:我想罗斯发现我和莫妮卡的事了。

罗斯:我以为你是我最好的朋友,这可是我妹妹!我最要好的朋友和我妹妹,我真不敢相信!

钱德勒:但我们不是一时冲动,我爱她,我深爱着她。

莫妮卡:抱歉让你这样发现,但这是真的,我也爱他。

罗斯:(开心)我最要好的朋友和我妹妹,我真不敢相信,(向瑞秋)你们也想拥抱吧?这可是大新闻噢!

——电视剧《老友记》

以上就是一段在思维方式语境基础上形成的对话。莫妮卡是罗斯的亲生妹妹,而钱德勒是罗斯认识多年的好友。莫妮卡和钱德勒的恋爱交往,让罗斯认为二人是一时冲动,所以他十分愤怒。但当二人表示他们是真心相爱时,罗斯的思维发生了转变,他同众人的思维回归一致:这是一件值得大家一起拥抱的喜事。听话人对同一认识主体的态度发生转变,思维发生转变前后,“我最要好的朋友和我妹妹”这句话的情绪韵律线索也发生了反转式的变化。

3.民族习俗

民族习俗是某一族群在相应的社会生产生活方式基础上,通过一定时间的积累与传承而形成的约定俗成的风尚礼仪与习惯的总和。如人类在衣食住行、婚丧嫁娶、生老病死等方面,都有相应的社会习俗与规范将之形式化。在话语交际中,习俗也形成了提升说话人与听话人交流效率的语境。

(3)仁文:不在新房里陪新媳妇儿,怎么先回来了?

大嫂:媳妇儿娶到家了,客人伺候完了,连交杯酒我都替她喝了,你还要我给她铺被窝、端尿盆儿啊。

——电影《喜盈门》

在中式婚礼中，迎娶新娘、举行仪式、款待宾客、闹洞房是婚礼的基本流程。在这一语境下，面对大哥仁文的问题，大嫂三言两语将婚礼的流程全部讲清楚。其含义是结婚的仪式都已经走完，接下来就是新郎新娘的休息时间，因此大嫂才回了自己家。

4.时代环境

时代是指能影响人的意识的一种客观环境。时代不仅是如“学生时代”般与人紧密联系的时空概念，更是一个时期的社会、政治、文化架构，因此时代语境中人和社会的关系高度密切。在话语交际中，一定要将对话语的表达与理解置于相应的时代语境中，才能理解话语中的深意。如：

(4)美珍嫂子：二爷爷，你可真是个有福之人啊！两个孙子，仁文是兽医，仁武当队长。

邻居：这叫文武双全嘛！

…………

大嫂：(对仁文)一件衬衣，今年穿了明年穿，你也不去买件新的，亏你还是个挣工资的医生。……下月发了工资，说啥也得给我买条涤纶绸裤子。

——电影《喜盈门》

从上例中可以感受到二爷爷作为“有福之人”的前提条件是两个孙子一个是兽医，一个是队长。在20世纪80年代初的中国农村，一方面，牲畜是重要的农产品和生产资料，兽医的工作十分重要，加之兽医数量稀缺，因此兽医在农村中的地位较高、待遇较好，属于农村中“挣工资的医生”。生产队是当时我国农村的基层管理单位，全队的大小事情均由队委会集体决定。生产队长又是队委会的核心，因此生产队长的地位举足轻重。将以上知识带入作品所描述的时间语境中，美珍嫂子和大嫂的两段话语就比较容易理解了。只有了解了与时代相关的背景知识，才可以理解表达者真正要表达的意思。

5.社会心理

社会心理语境是指个体在成长过程中受社会群体环境因素影响而形成的一种具有同一性的心理语境。与思维方式语境略有不同，社会心理语境强调的是一种宏观的思维定式。

(5)仁文:她(大嫂)欺负我妈,虐待我爷爷,我才打她的。

围观群众:虐待老人,打耳光这算是轻的,严重的要逮捕法办呐。

——电影《喜盈门》

群体对社会现象的感受和理解表现在人们普遍的生活情绪、态度、言论和习惯之中。上例中,围观的群众对于“虐待老人”这一现象的反应是坚决反对的,这是中国社会在长期以来尊老敬老的环境中形成的社会规范。失道寡助,大嫂“虐待老人”的行为招致围观群众的一致反对和批评。在这样的社会心理语境基础上,作品中将本是围观群众的窃窃私语凸显出来,也体现了作品尊老敬老的主题。

(二)情景语境

情景语境,指言语交际过程所展现的情景。语境不仅指语言的上下文,还应包括情景的上下文。情景语境是由实际情景总结提炼出来的,对言语活动产生影响的部分因素,包括参与说话的人员、时间、地点、说话的正式程度、使用媒介、话题等。言语行为总是在一定的情景中发生的,这些因素也帮助听话者确定语言所表示的意义。

1.时间与地点

时间与地点语境,是指语言活动所涉及的时间和地点因素。学界普遍认为语境应当包括对时间、地点的认知,因此时间是塑造语境的重要因素之一。如:

(6)A:这大半夜的,你怎么来了?

B:要不是十万火急,我也不能这个点儿来呀!

按照人的正常作息,夜晚少有人员走动拜访,但A“大半夜”见B,表明事情确实“十万火急”。和时间语境一样,涉及语言活动的空间位置信息也是表达和理解话语的重要语境因素之一。如:

(7)就在这次,他给我谈了他的身世:他童年丧母,家庭很穷,他不但要给人家当苦工,还要照顾两个弟弟。“那时候,什么活没干过,什么苦没吃过?”彭总感触很深地说:“今天,住到这个圆明园,皇帝老子住过的地方啊!”

——丁隆炎《补旧》

圆明园是清代著名的皇家园林之一。上例中,说话人用“圆明园”这一地点语境表示自己现在的生活已经非常幸福。

2. 场合

场合，指人、事、物、地点或抽象概念的统一名称。话语的意义总是在一个真实的场合中体现。如：

(8)徐鹏飞微微点头，仿佛他很赞同许云峰的话似的。许云峰却清楚地看出对方在这种场合下的复杂心情：冲动、暴怒都于事无补，他既然有所安排，抱有企图，就不能不忍受一些并不使他愉快的谈话，这样一来，他对付场面会更加棘手，比上次刑讯室里的交锋还要头疼！

又是一片掌声之后，徐鹏飞站起来，硬着头皮讲话了。

"我来介绍一下，许先生——云峰，嗯，是共产党方面市委的负责干部，工运书记……嗯，是中国不可多得的人才。为了庆贺许先生恢复自由，为了欢迎许先生的光临，我们，嗯……"

——罗方斌、杨益言《红岩》

上例中，国民党反动派徐鹏飞原本想通过一场记者招待会，伪造中共地下党人许云峰与之合作的假新闻，因此徐鹏飞全程道貌岸然。由于场合语境的影响，徐鹏飞在阴谋失败后非常生气，但又顾忌记者招待会的场合，不宜撕破脸皮教训许云峰，只能违心夸奖，这一基于场合语境形成的话语体现了国民党反动派阴谋的又一次破产。

3. 话题

话题是话语交际的中心，任何话语交际都应该围绕说话人与听话人共同认可的话题才能实现交流的顺利进行，因此，基于话题形成的语境是保障交际活动顺利完成的前提。如：

(9)老站长：胖队长，这件事我看再不会有什么问题了吧？

胖队长：咱们是不是再多考虑考虑啊？

老站长：你怎么还考虑啊？我都急坏了。

胖队长：你也太急了点。

老站长：可我不能不急啊，这档子事要是解决不了啊，我睡觉都睡不踏实。

胖队长：瞧你说的。

老站长：不瞒你说啊，我好几宿做梦都梦见这档子事。我的好队长啊，你想，这事要成了，咱们是多美呀。就是全公社和车站所有的人，他们也是跟着咱们高兴啊。

胖队长：你小点声，不怕让人家听去。

老站长：嗐，从前是八字里没一撇，要保密，如今这事根本算成了，谁听见也不怕了。哎,队长,只要你点个头,咱们是赶前不赶后,马上就办!

…………

胖队长:就算咱们俩都同意了,也得容我跟组织上谈谈啊。

老站长:嗐,组织上主动跟我谈了,他们都同意了。

…………

胖队长:要是你看着合适,那我也同意。

老站长:哎,这不就对了吗。你要早这么痛快一点,咱们何必赛这个跑啊。那你看,咱们是什么时候运呢?

胖队长:运……啊?运?

老站长:要不,派人来挑?

胖队长:挑?挑什么?

老站长:电滚子。

——电影《锦上添花》

老站长与胖队长有心相爱,但羞于表白。一日老站长就电滚子(发电机)与胖队长商谈,但胖队长误以为老站长是来和她谈成亲之事。结果彼此在自己的话题语境下完成了以上谈话,但交流基本失败。

4.身份

身份,指人的出身和社会地位。在日常交际中,我们认为身份是一个人在社会环境中的角色。如:

(10)龙刚:慢一点儿,别太快。

仁芳:抢时间嘛,不快还行?

龙刚:那……那也得注意安全嘛。说实话,我整天为你提心吊胆的。

仁芳:叫人担心的倒是你这个打算盘、拿笔杆儿,整天和钱打交道的大会计。

龙刚:嗐,咱这是"保险牌"的铁算盘,日清月结分毫不差!像今天,光现金就收入了1424.02元,早就记好账了!

仁芳:看你神气的!

——电影《喜盈门》

上例中,仁芳和龙刚的工作身份分别是拖拉机手和会计,通过两人的对话,可以感受到双方对彼此工作的印象,拖拉机手就要"抢时间"、要"注意安全";会计是"打算盘""拿笔杆儿""整天和钱打交道"。拖拉机手的身份设定赋予了仁芳风风火火、大大咧咧、直来直去的角色形象,而会计身份的龙刚心思细腻、处处为集体考虑,两个人在这样的身份语境下也固定了自己的性格,为后面的故事埋下了伏笔。

5.目的

目的通常是指行为主体根据自身的需要,预先设想的行为目标和结果。话语表达总是带有一定目的,基于此,话语也总是围绕一定的目的建构起来的。如

(11)大嫂:家家有本难念的经。就说咱们家吧,爷爷老,婆婆病,小姑子厉害得像个野小子,老老少少一大家子,吃饭穿衣一大摊子,难呐!

二嫂:这大家庭过日子,互相谦让点儿就好。

大嫂:谦让?谁让谁?你别傻了,爹有娘有,还不如自己有呢。以后你听我的没有错!

——电影《喜盈门》

在上例中,大嫂的目的是拉拢新过门的二嫂,在今后的家庭纷争中争取其支持。基于此语境的谈话中,大嫂首先介绍了家庭的困难情况:如爷爷老、婆婆病、小姑子太厉害、大家庭的日常琐事等。其次,基于上述话语,二嫂提出解决困难的办法是“大家庭过日子,互相谦让点儿就好”,但这一表述直接影响大嫂实现其自身话语的目的,因此大嫂果断反驳“谁让谁?”,并提出“爹有娘有,还不如自己有”的自私想法。最后,大嫂表明了本次谈话的目的,即“以后你听我的没有错”。从而完成了基于目的语境的话语表达。

二、言内语境、言外语境、言中语境

言内语境	上下文语境:句内、句际 语篇语境:语篇段落
言外语境	社会文化语境:文化传统、思维方式、民族习俗、时代环境 认知背景语境:虚拟及现实世界的百科知识
言中语境	伴随语境:语体、风格、情绪、关系、媒介

(一)言内语境

狭义的语境就是指言内语境,人们通常通过语句或语篇的上文来推导理解下文内容的准确含义。言内语境主要包括句内语境、句际语境、语篇段落语境三大部分。

1.句内语境

句内语境指的是在同一个句子中,由句子的不同构成要素相组合而产生的语境。具体而言,影响句内语境的主要因素是词语,同一词语在不同的搭配中具有不

同的意义，一旦通常的搭配和位置发生变化，词的意义就会偏离甚至违背基本义或常用义，进而产生特殊的修辞效果。如：

(1)这个人说话一向算数。

(2)我算数不行。

例(1)中所说的算数是指承认有效，说到做到。但例(2)所说的算数指的是计算能力。由此可知，当同一个词语具有不同的语义时，其具体含义需借由不同的语境表达。

2. 句际语境

句际语境是指一个句子与其他句子间所构成的语境。它要求对话人要从宏观的角度考虑在语境内部语义上的连贯性和黏合性，符合基本语义或常用语义，做到句子与句子之间语义清晰连贯，上下文语义信息完整。如：

(3)A:今天休息，还赶上了个好天气。

B:是啊，不出去走走就可惜了。

例(3)中，A和B共同建构的语境是：好天气，休息日，适合外出。语境信息由两句话共同建构而成。

3. 语篇段落语境

语篇的首要功能是设置语境。语篇建立在一定语境之上，离开语境就根本谈不上对语篇的理解。而语篇表达的实现又有赖于不同段落结构各自功能的实现。因此，不管是语篇语境还是段落语境，都需要引起我们的重视。如：

(4)草地是红军在二万五千里长征中最难走的一段路程。那里，没有人迹，甚至连一只鸟的叫声都难得听见。在我们视力所及的地方，是灰色的云，灰色的草，还有腐草拌着积水的土地。每天我们的两只脚就在这又湿又滑的草地上艰难地行进着……

——《一碗炒面》

例(4)是整个语篇的第一段，描述了当时红军长征的艰难，交代了故事发生的宏观时空背景。在此背景下，再通过讲述具体内容，进而体现全篇的中心思想——革命前辈患难相助的阶级友爱精神。上例的语境通过语篇的第一段得以建立，最终通过全篇得以实现。

言内语境作为一种基础语境具有相当的稳定性和共同性。因为人们通常共同遵守这种语境交际规则,因此它们对语言交际的影响具有明显的制约作用。

(二)言外语境

言外语境,是指影响具体言语活动的现实的、非语言的环境条件和因素。即文化语境、情景语境。关于言外语境的相关知识在前面部分已经做了详细论述,在此不再展开。

(三)言中语境

言中语境,又称伴随语境,是言内语境和言外语境之间的过渡区域。伴随语境的语境因素包括各种临时因素,如语体、风格、情绪、体态等副语言。

1.语体

语体是构成语篇的语言形式。不同的变量,如阶层、学科、年代和目的不同,语体也带有不同的特征。而语体本身也提供了一种语境。如语体通常被分为实用体、艺术体、公文体、政论体、科学体、文艺体等。在长时间的语体使用过程中,人们也形成了“特定语体提供特定语境”的认知习惯。以至于当言语内容与语体类型不一致时,人们会本能地感觉到别扭。如:

(5)今天我们怀着十分沉痛的心情悼念“内涵段子”不幸永久关闭。“内涵段子”创建于2012年的8月,死于2018年4月10日(农历二月二十五日)。

例(5)中所述内容为某移动手机应用功能关闭,其内容本身属于新闻语体,但文章采用类似讣告形式的公文体,平添几分诙谐。

2.风格

在相同语言内容中,不同的语言风格也体现了不同的语境。如中央电视台《共同关注》栏目主持人朱广全的段子式播报,其诙谐的语言使得原本严肃的新闻栏目变得轻松幽默。

(6)是干是湿,让猪先吃。猪可以吃的是厨余垃圾;吃了会死的是有害垃圾;连猪都不吃的是其他垃圾;可回收垃圾则可以卖了钱买猪。猪肯定想说:我为人类付出了太多。

上述的案例将枯燥且科学的垃圾分类新闻,以如此轻松诙谐的风格进行表达,增强了新闻节目的可看性。

3. 情绪

出于表情达意的需要，不同话语内容总是依托不同的情绪表达，因此可以将情绪看作是影响语境的因素之一，事实上，不同的情绪状态赋予相同的话语内容不同的表意效果。如：

(7)吸烟的四大好处：一、节省布料，因为吸烟易患肺痨，导致驼背，身体萎缩，所以做衣服就不用那么多布料；二、可以防贼，抽烟的人常患气管炎，通宵咳嗽不止，贼人以为主人未睡，便不敢行窃；三、可防蚊虫，浓烈的烟雾熏得蚊虫受不了，只得远远地避开；四、永葆青春，不等年老便可去世。

如上例所示，吸烟是公认的影响健康的行为，有百害而无一利。但上例开始就以“四大好处”展开表述，并对“四大好处”进行了认真分析，实现了正话反说。表达幽默的同时，也实现了增强戒烟公益广告宣传的目的。

4. 体态等副语言

体态，是指在交流中运用身体的变化，如表情、动作、体姿、身体空间距离等作为传递信息、交流思想感情的辅助工具的非语言符号。除体态语外，在话语表达过程中还有多种非语言符号在发挥着营造语境的功能。

例如，为了突出年节氛围，电视主播可以用体态等多方面非语言符号实现年节语境的塑造：从表情语言上，电视主播表情可以呈现喜悦神态；从动作语言上，电视主播可以双手成作揖状向观众拜年；从服饰语言上，电视主播的服饰可以带有民族传统服饰的特色；等等。

第五节　语言表达

语言表达能力是现代大学生必备的基本素质之一。在当今社会发展的大背景下，人与人的交往日益频繁，语言表达能力显得愈发重要。好的口才与文笔往往被认为是现代人应当具备的一种必要的能力——能够将自己的想法及意图准确表达出来的一种语用能力。然而受传统文化与网络媒介等因素影响，当代大学生依然存在语言表达能力不足的问题。本节所涉及的语言表达内容主要是指话语表达。话语就是言语的成品，是指能切分成若干份长短不等、意义完整的独立部分的连续体。

话语	口语	语言存在的口头形式,是以语音为物质材料记录语言的形式
	书面语	语言存在的书面形式,是以文字为物质材料记录语言的形式

话语从形式上可分为两类:作为口语组成部分的话段和作为书面语组成部分的文段,即常说的口语和书面语。作为语言存在的客观形式,口语和书面语虽然并存,但口语仍是第一性的语言形式,因此口语的建立与发展无需建立在书面语的基础上,口语的特点如下表所示。

口语特点	口语形态发展变化较快,处于不断创新的状态	如:生日快乐—生快—SK
	口语欠精准,和书面语相比,多余或杂乱的成分多	如:今天的天气不错,比昨天要好,咱们出去走走吧
	口语既可利用有声语言直接表达,也可借助语境和体态、表情等非语言符号进行辅助	如:A:你今天能把作业做完吗? B:(耸了耸肩)难说。
	口语表达存在简化、省略比较多的情况	如:A:你这样播种能长出麦子吗? B:我种的是水稻。

书面语指语言以书面存在的形式,书面语以文字为物质材料记录语言而成。书面语是第二性的语言形式。书面语的建立与发展必须建立在口语的基础之上,但同时,书面语对口语也有重大的反向影响,书面语的特点如下表所示。

书面语特点	因规范性强,所以变化小且慢,在较长时间内都很稳定,因此创新成分少	如:他岳丈名唤封肃,本贯大如州人氏,虽是务农,家中都还殷实
	运用时加工时间较长,有充足的时间对文字内容进行打磨,因此内容较精准,长句和复句的使用较常见	如:深入学习贯彻习近平总书记重要讲话精神,就要深刻把握党和国家的历史性变革和历史性成就,切实增强“四个意识”,牢固树立“四个自信”,更加奋发有为地做好党和国家各项工作
	可突破时空限制用于间接交际,对现实语境依赖较少,简化省略现象较口语来说也少	如:不在其位,不谋其政;见义不为,无勇也

口语和书面语这两种话语的表现形式在具体的话语表达上也具有不同的个性。在运用话语进行表达时,需要利用它们不同的个性特征来提高表达效果。

(一)口语表达能力优化

口语表达包含多种话语活动形式,如交谈、介绍、报告、演讲等,有些口语表达无文字材料,有些则是凭借文字材料进行的。但任何人的口语表达能力都需要凭借不断积累、训练得以提升,除遵循常规的话语交际原则之外,还要注意训练自身发音,运用语音要素传情达意,实现口语的表情达意效果。

口语表达能力优化	发声训练	呼吸控制:通过胸腹联合式呼吸法进行呼吸,易于产生坚实的中音 口腔控制:通过对吐字归音的控制,实现语音发声的清晰表达 共鸣控制:运用胸腔、口腔等腔体进行共鸣,实现声音美化 喉部控制:运用喉部器官实现对音高、音长、音强、音色的控制 声音弹性:结合表达内容,合理使用声音,实现精准地表情达意
	语音训练	停连:有声语言需要通过停顿与连接才能实现各意群的表意功能 重音:为突显主题、抒发情感而对词语加以突出强调的音 语气:思想感情运动状态下,语句的声音形式 节奏:与整个语篇思想感情对应的声音形式的抑扬顿挫
	即兴口语表达训练	复述:运用有声语言将书面材料的内容用自己的话重说一遍 描述:依据文字等素材,用有声语言进行描绘叙述的活动 评述:对文字、见闻等素材进行夹叙夹议的口语表达活动

气息是发声的动力,也是声音美化的基础。人们可以通过共鸣训练提高发声效率,美化声音,改善声音质量。吐字归音的要领是:出字,即字头的发音要叼住弹出。立字,是指字腹拉开立起,字腹是主要元音,发音时口腔开合度最大,泛音共鸣最丰满。归音,即韵尾的发音,要求自然收住。

重音不等于重读。在话语表达中,可以通过调整音高、音长等手段实现重音表达。重音的使用单位是词,且在同一句中会同时出现重音和次重音。停连得当能增强表情达意效果,同时能使口语表达富于韵律的变化。有时还可以表达弦外之音。如:“人们看着他的背影走了很远,很远……”,句子本来不长,在两个“很远”之间停一下,有一种回味之感。

(二)书面语表达能力优化

在书面语表达中,文字等书面符号有很重要的作用。因此,除了话语表达的共同要求之外,书面语表达还要注意书写,并充分运用书面符号表意,以提高表达效果。

书面语言表达能力优化	注意书面语书写	书写规范:应运用规范汉字工整书写,利于阅读者辨认理解 行款得体:书写或排印文字的行列款式要根据不同语体的要求,规范得体 清晰整洁:书写时字迹应当清晰,纸面整洁与否也影响书面语表达的效果
	正确运用书面语符号	利用汉字结构表意,如:烟是火因,因火戒烟 利用汉字字体表意,如:书法字体和公文字体的表情效果 利用汉字字号表意,如:广告标语中不同字号的字体

在书面语表达时书写要规范工整,要运用规范汉字,同时做到字迹清楚、工整美观,以利于阅读者辨认理解,否则可能会影响交际。如我国卫生部曾专门颁布《病历书写基本规范》,要求病历书写文字工整、字迹清晰。

行款指书写或排印文字的行列款式。不同的书面语语体对行款有不同的要求，如诗歌与散文、一般文章与公文等，行款各不相同。因此要根据不同语体的要求，规范得体地处理安排行款。有时行款还具有一定的形式意义，如将文字分行排列就会具有一定的“诗味”，可恰当利用。

书写时卷面整洁与否有时也会影响书面语表达的效果，因此这种看似语言之外的表达因素也要引起我们足够的注意。

汉字的结构可以用来表意，比如将“婚”字分成“女”与“昏”两部分，借以发挥表意作用。例如：

看看“婚”字就知道：这真是女人让男人发了昏啊！而妻子恰恰对这个字有相反的解释：女人只有发了昏才会嫁给男人！

——张炜《外省书》

不同字体笔画的粗细、走势、疏密及字的整体轮廓各不相同，会使人产生不同的视觉感受和心理联想。如宋体方正谨严，风格严谨；仿宋体笔画纤细秀丽，风格清丽；黑体笔画粗重匀称，风格厚重；正楷笔画丰满，字体端正，风格端庄；魏碑笔画风格古朴拙壮。

本章小结

本章通过对语用学相关知识的梳理及案例的解释说明，将本章所涉及的语用学理论、话语理解、会话原则、语境及语言表达等方面的知识进行了详细阐述，并为学习者提供了大量的语用学案例。通过教学和训练，指导学习者了解语用学相关概念及知识，掌握话语理解、会话原则、语境基本含义、分类与特征，了解语用学知识的相关学习方法，获得语言表达相关能力及优化方法，从而促进学生在语言学习、语言研究和语言表达能力上获得提升。

一、关键概念

语用学 言内之意 言外之意 话语 话语理解 会话分析 合作原则 礼貌原则 语境 口语 书面语

二、基本主张

理解语用学对全民日常语言生活与国家语言文字工作的理论与实际指导意义。

学习评价

评价项目	评价标准	分值	得分
教学目标	是否实现了学生了解和掌握语用学基础理论知识及相关能力的学习目标	20	
教学内容	教学内容是否涵盖本章所授的全部内容,是否能够结合实际案例讲解相关语用知识	30	
教学过程	教学过程应围绕教学目标展开,应充分体现教学内容,整个过程应循序渐进,合理布局,强调生动性	30	
教学效果	学生在学习完本章内容之后是否对语言应用及日常语言生活有了新的认识	20	

推荐阅读

[1]徐默凡,刘大为.汉语语用趣说[M].广州:暨南大学出版社,2011.

[2]姚晓东.经典格赖斯语用学研究:一个整体视角[M].北京:北京大学出版社,2014.

[3]贡贵训,于皓.生活中的语言学[M].芜湖:安徽师范大学出版社,2015.

本章自测

1.填空题

(1)语言是一种符号系统,运用语言符号进行具体的言语交际活动就是______。

(2)最先写出《语用学》这本教科书的作者是英国学者______;从理论角度看,语用学是一门______理论课。

(3)最先在我国撰文全面介绍“语用学”一词的学者是______,他的文章发表在1980年《国外语言学》杂志第三期上,文章名字是______。

(4)“正话反说”属于违背了________准则。

(5)情景语境是指言语交际过程所发生的________。

(6)文化语境包括文化传统、________、________、________、________。

(7)语篇的首要功能是________。

(8)书面语的结构较为________,可以突破________限制,进行________交际。

(9)语用学是研究________活动及其规律的学科。

(10)言内之意是指话语的________意义。

(11)会话分析通常使用________、________、________等单位进行描述。

(12)“对话要对应相关”这一次则属于________准则。

(13)社会心理语境属于________语境的一部分。

(14)口语表达能力的优化可以从________、________、________三方面进行。

2.判断题

(1)语用学的产生弥补了传统语言研究及理论语言学的不足。(　　)

(2)人只能通过遵守合作原则才能实现交流。(　　)

(3)礼貌原则包括级别性、冲突性、合适性、对称性四大特征。(　　)

(4)交际的目的也是一种语境。(　　)

(5)话语的意义不必总是在一个真实的场合中体现。(　　)

(6)媒介语境属于言外语境。(　　)

(7)话语的意义不必总是在一个真实的场合中体现。(　　)

(8)口语形态发展变化较快。(　　)

(9)记录书面语的物质材料是文字。(　　)

3.简答题

(1)谈谈语用学与修辞学的关系。

(2)试指出下面这些话语的语用含义。

①他翅膀长硬了。

②哥们儿,你一唱就是三小时,我们也得睡觉吧!

③甲:九寨沟的风景太美了,我给你介绍介绍吧!

　乙:这普洱茶真好喝。

④学对外汉语专业的就是学对外汉语专业的。

(3)谈谈合作原则与幽默的关系。

(4)你认为礼貌原则三大特征中的哪个特征对你日常的话语交际影响最大?

(5)谈谈你在日常交际中是否利用过言中语境。

(6)你认为影响书面语言表达效果的主要因素是什么?

(7)话语理解的特点。

(8)语境的分类。

(9)礼貌原则的特点。

(10)谈谈语用学知识对于个人日常语言交流的促进作用。

4.实践题

以青春、大学、新时代为要素,完成一次两分钟的即兴口语表达。

参考文献

[1]罗常培,王均.普通语音学纲要[M].修订本.北京:商务印书馆,2002.

[2]何自然.语用学概论[M].湖南:湖南教育出版社,1988.

[3]何兆熊.新编语用学概要[M].上海:上海外语教育出版社,2000.

[4]徐默凡,刘大为.汉语语用趣说[M].广州:暨南大学出版社,2011.

[5]王建华,周明强,盛爱萍.现代汉语语境研究[M].杭州:浙江大学出版社,2002.

[6]冯广艺.汉语语境学教程[M].武汉:湖北人民出版社,2012.

[7]张金梅.汉语语言要素的语境研究[M].天津:南开大学出版社,2014.

[8]冉永平.语用学:现象与分析[M].北京:北京大学出版社,2006.

[9]冯广艺.变异修辞学[M].修订本.武汉:湖北教育出版社,2004.

[10]索振羽.语用学教程[M].北京:北京大学出版社,2000.

[11]何自然,冉永平.新编语用学概论[M].北京:北京大学出版社,2010.

[12]黄伯荣,廖旭东.现代汉语:上册[M].增订6版.北京:高等教育出版社,2017.

[13]罗国莹,刘丽静,林春波.语用学研究与运用[M].北京:中国书籍出版社,2013.

[14]姚晓东.经典格赖斯语用学研究:一个整体视角[M].北京:北京大学出版社,2014.

第七章　现代汉语修辞

本章概要

本章共七节，旨在系统介绍现代汉语修辞的含义、原则、内容、要求、方式以及不同语体的特点和使用规范，通过教学和实践训练使学生掌握修辞格的使用方式，了解修辞与文章的关系，为准确使用修辞、语体等文章撰写、赏析和从事语文教学及相关语言文字工作打下基础。

学习目标

1. 了解现代汉语修辞的含义、原则、内容、要求和方式。

2. 掌握现代汉语不同修辞格的特点和使用方式，能在文学作品的赏析中体会中国语言文学的艺术之美。

3. 掌握现代汉语不同语体的特点，了解不同语体文章的写作方法。

学习重难点

学习重点

1. 了解修辞的基本概念。

2. 理解现代汉语修辞格的特点。

3. 掌握汉语不同语体的特点和写作技能。

学习难点

1. 掌握现代汉语修辞格的特点和用法。

2. 掌握现代汉语不同语体的特点和写作技能。

3. 理解修辞和选词炼句的关系。

思维导图

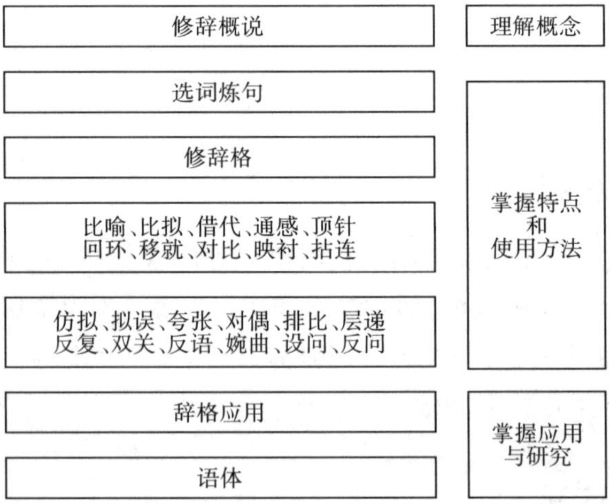

第一节　修辞概说

一、修辞

（一）修辞的含义

对于修辞的学习，首要任务是认识修辞是什么。修辞既可以作一个名词，又可以作一个动词。作为名词时有两种含义：一是指有利于提高语言表达效果的**各种方法、技巧和规律**，二是指**修辞学**，即修辞相关的知识和内容。作为动词时指加强语言表达效果的修辞行为。

修辞所研究的对象是修辞现象。修辞现象是指人们在适应特定的语境前提下，为提高表达效果对语言进行加工整理的现象。

修辞现象	适应特定的语境需要
	对语言进行加工整理
	目的是提高语言的表达效果

陈望道先生在《修辞学发凡》中提到“修辞以适应题旨情景为第一义”，说明修辞与题旨情景的密切关系也就是修辞与语境的关系。语境是修辞的基础，任何修辞都离不开它，凡是取得较好表达效果的修辞都是具体语言环境的产物。这里的语境包括社会环境、自然环境以及上下文的语境等方面。

修辞过程中需要对语言进行加工整理,不仅要求语言真实、准确,还要生动、形象,在语言的同义表达中运用艺术的手法和技巧,提高语言的表达效果。修辞研究语言的表达效果,语言自身的规律以及接收效果都不是修辞的研究范围。

修辞与语音、词汇、语法之间有着密切的关系,它们之间既不是并列的关系,也不是隶属的关系,它们属于语言学科的一个分支。修辞从语音、词汇、语法层面,对语言进行综合的运用来增强语言的表达效果。

(二)修辞的原则

修辞的原则是指整个修辞活动中所要遵守的总规律、总纲领,是修辞的基本法则。主要有三种原则:得体原则、立诚原则、美的原则,其中最高原则是得体原则。

修辞的原则	得体原则(最高原则)
	立诚原则
	美的原则

得体原则是修辞的总原则,在修辞活动中,影响和制约着其他的原则。它主要指语言对环境的适应度,要求修辞符合特定的语境条件,在适当的场合讲得体的话,满足具体语言环境的需要,是判断语言表达效果好坏的重要标准。

“修辞”两字最早出现于《易经》“修辞立其诚”。“立其诚”要求修辞要遵守立诚原则。所有修辞活动都要按照规律进行,如实地反映事物,表达的内容要真实可靠,不能弄虚作假,不能搞神秘论。

美的原则指修辞的语言美,它受制于得体原则和立诚原则,一方面要与得体原则保持统一,在得体的前提下,追求语言的艺术表达和技巧,另一方面要符合立诚原则的要求,修辞所表达的内容要真实可靠,不能一味地追求脱离内容的形式美,要实现语言形式与表达内容的辩证统一。

(三)修辞的内容

狭义的修辞研究以修辞格的运用为中心,如:比喻、拟人、夸张等。

广义的修辞内容包括修辞格运用、词语的锤炼、句式的组合、语言的艺术手法及技巧、文章整体的谋划布局等。

辩证唯物主义认为内容与形式是对立统一的关系,内容决定形式,形式服务于内容。修辞根据表达内容的需要,对语言进行加工整理,采用同义手段选择最恰当的表达形式,以提高表达效果。

修辞的内容	遣词造句
	语体风格的运用
	语言的艺术手法及技巧
	文章整体的谋划布局

二、修辞学

（一）什么是修辞学

修辞学是研究修辞的一门学科，以研究语言的综合运用规律为对象，其目的是提高语言表达效果，属于语言学科的一个分支。

修辞学	是研究修辞的一门学科
	研究对象是语言综合运用的规律
	目的是提高语言表达效果
	属于语言学科的一个分支

修辞学，顾名思义是研究修辞的学问，主要研究修辞过程中语言的运用规律。对于修辞学的属性，古今学者存在着争议，主要有“边缘学科说”“语言本位说”“美辞说”等。

学术界比较权威的观点认为修辞学属于语言学，它作为语言学的一个分支，需要注意两点：

（1）修辞学是研究语言的科学，它不是研究语言的某一部分，而是综合地分析语言的所有组成部分，研究为了提高表达效果而采用的各种语言艺术及技巧。但是非语言的交际方式不是修辞的研究对象，如肢体动作、脸部表情、文字字体的变化等。

（2）交际活动由说写者和接受者构成，两者对立统一，都影响着交际效果的好坏。修辞学研究的是语言的表达效果，表达效果不等同于接受效果，两者是不同的概念，接受效果的好与坏不是修辞的研究范围。

（二）修辞学与其他学科的关系

修辞学与其他许多学科有着密切的关系，其中与语法学、语用学、逻辑学的关系尤其密切。修辞学与语法学的关系：

	修辞学	语法学
联系	属于语言学的学科	
区别	综合研究语言所有组成部分的运用效果，主要研究表达效果的“好与不好”	静态地研究语言本身的规律和使用法则，探讨语言的使用是否合理、正确

修辞学与语用学的关系：

	修辞学	语用学
联系	研究语言的实际运用，并总结归纳语言综合运用的规律，追求语言的表达效果，属于语言学的重要学科	
区别	研究词语的锤炼、句式的组合、语言的艺术手法及技巧、文章整体的谋划布局等，它只研究语言交际中的表达效果，不研究接受效果	研究语言在不同环境中的运用，揭示言语交际过程中深层的规律，不仅研究语言的表达效果，也研究接受效果，研究对象包括指别、会话含义、前提、言语行为、会话分析等

修辞学与逻辑学的关系：

	修辞学	逻辑学
联系	语言是思维的外在形式，任何语言的使用都是建立在正确逻辑思维基础之上的。只有符合逻辑规律，才能提高语言的表达效果，同时逻辑的内在思维规律也需要最恰当的修辞方式来表达，从而让更多的人理解	
区别	属于语言学的分支，研究语言的表达效果	属于哲学的分支，研究人类思维的内在规律

（三）学习修辞学的意义

修辞学作为一门独立的学科，特别值得我们深入学习与研究。

学习修辞学的意义	有助于语言表达、写作能力、演讲水平的提升，使自己想传达的思想和情感最大限度地被接受者所理解
	有助于阅读能力和欣赏能力的提升，提高语言的审美层次，更准确地理解表达者语言的意义
	信息传递更顺畅、意义表达更明确

第二节　选词炼句

一、词语锤炼的要求和方法

词语锤炼是一种积极的修辞行为，与一般的修辞格相比，它更多是对语言文字进行趣味的探索，在反复推敲的过程中，寻求最恰当的词语。准确、妥帖是用词的基本要求，在此基础上追求用词的形象、生动。

词语锤炼要求	基本要求：准确、妥帖
	形象、生动

一方面,用词要准确、妥帖,一是要仔细地观察客观事物,在同义表达中选择更恰当的词语,细腻地刻画其特征,从而提高表达效果;二是要了解表达对象的差异,掌握同义词在色彩、词性、意义上的细微差别,选择精确、贴切的词语。另一方面,词语要形象、生动,这也是词语锤炼的更高境界。在准确、妥帖的基础上,追求用词的形象和生动,使语言富有表现力,将作者的思想情感表达得更深刻,更富有感染力。

词语的锤炼还要符合使用环境,包括社会环境和语言环境。一方面,语言是社会的产物,随着社会的发展而发展,作者的语言就像一面镜子,反映当时社会的面貌和差异;另一方面,词语锤炼要符合语言环境的需要,既要符合上下文的环境,又要与文章整体风格保持一致。

词语锤炼的好坏直接影响句子的表达效果。要想词语锤炼得好,先要夯实语言基础,增加汉语词汇量,根据特定的语言环境,选择最恰当的词语组合成句。这个过程不是在追求华丽辞藻,而是在准确地把握表达对象的基础上,精心挑选,追求语言表达的艺术性。

词语锤炼方法	意义锤炼:加强思想的锤炼,提高对事物的认识能力;力求词语搭配得体,文章整体和谐统一;力求词语色彩鲜明
	声音锤炼:音节整齐匀称、声调平仄相间、韵律和谐、声音传情
	字形锤炼
	词语的锤炼包括词语选择和词语搭配两个方面

每个词(字)都包括音、义、形,词语锤炼的方法包括三个方面:声音的锤炼、意义的锤炼及字形的锤炼,其中声音的锤炼和意义的锤炼最为重要,是本章节讲解的主要内容。

意义锤炼方法	(1)加强思想的锤炼,提高对事物的认识能力 (2)力求词语搭配得体,文章整体和谐统一 (3)力求词语色彩鲜明,包括感情色彩、语体色彩、形象色彩

(一)意义锤炼

意义锤炼是词语锤炼的重点,其目的在于提高语言的表达效果。从词义的角度反复推敲,选取一个最恰当的词语,这个过程并不容易,需要我们长期积累、反复实践才可能实现。

1.加强思想的锤炼,提高对事物的认识能力

我们要坚持正确的思想态度,树立科学的价值观和人生观,将锤炼思想与锤炼词语相统一,提高对事物的观察能力,准确地反映事物特征,将作者的思想认识和

内心情感充分表达。从修辞实践来看，动词、形容词、虚词的艺术效果更佳，尤其要重视动词的锤炼，动词在句子中充当谓语成分，表示动作、行为及心理活动等，是词汇中最富有表现力的一类词，动词用得好能使句子更形象，开拓丰富的意境。

例如：

①团结带领全党全军全国各族人民撸起袖子加油干、风雨无阻向前行，义无反顾进行具有许多新的历史特点的伟大斗争。

②中国人的饭碗要牢牢端在自己手中，就必须把种子牢牢攥在自己手里。

例①在号召团结全国人民加油干的时候，所用的动词是"撸"，即撸起袖子，与撸起袖子意义相近的"卷起袖子""挽起袖子"相比，这里的"撸"字将劳动人民热火朝天的生产生活场面刻画得淋漓尽致，表达了全国人民对劳动的积极热情以及对未来美好生活的向往。例②中国人要保证有饭吃，不饿肚子，除了饭碗要端在手里，粮食的种子也必须牢牢攥在手里，"攥"字体现了种子的可贵，只有视若珍宝才会紧紧"攥"在手里，害怕丢失。与"拿在手里""放在手里""握在手里"相比，这个"攥"很形象生动地描绘了劳动人民对粮食种子的珍惜与渴望。

③曹雪芹如果没对当时的社会生活做过全景式的观察和显微镜式的剖析，就不可能完成《红楼梦》这种百科全书式巨著的写作。

④我代表新一届中央领导机构成员感谢全党同志的信任，定当不负重托，不辱使命。

例③是形容词的锤炼，其中"全景式""显微镜式"形容全面、细致，修辞效果明显，说明曹雪芹深感世态炎凉，对当时所处的封建社会有清醒、透彻的认识，经历千辛万苦，终于创作出伟大的艺术作品《红楼梦》。例④中"定当"属于副词，是一种坚定不移的语气，表达领导机构成员的决心和毅力，不辜负党员同志的信任，不辱没时代赋予的历史使命。

2.力求词语搭配得体，文章整体和谐统一

词语的锤炼除了选词准确、生动之外，词语之间的搭配也很重要。词语搭配得体可以取得较好的修辞效果，使词语增添新义或附加感情，传递言外之意。在词语搭配时，要考虑上下文语境对词语的制约作用，前后搭配的词语要具有连贯性，与文章整体风格保持和谐统一。

⑤"长江病了"，而且病得还不轻。治好"长江病"，要科学运用中医整体观，追根溯源、诊断病因、找准病根、分类施策、系统治疗……，对母亲河做一次大体检……，通过祛风驱寒、舒筋活血和调理脏腑、通络经脉，力求药到病除。

例⑤采用整体与部分的辩证关系说明中医治理“长江病”的过程。在系统讲述治疗长江病时，运用了一系列的中医术语，如“中医整体观”“诊断病固”“祛风驱寒”“通络经脉”“药到病除”等，将治病的过程描述得生动形象，有理有据，文章整体的风格保持和谐统一。

3.力求词语色彩鲜明

词语的色彩包括感情色彩、语体色彩、形象色彩三种，在基础意义之外，以附加的色彩义表达特定的情感。色彩词要适应特定的语言环境，完成词语在情态和意境上的修辞作用。

(1)词语的感情色彩配合

感情色彩词是在表达意义时，体现出情感和态度的词语。正确搭配感情色彩词语，有利于表明我们的立场和态度。主要分为两种情况：

a.有些词语本身就带有感情色彩，如褒义词和贬义词，这种色彩鲜明的词语在汉语中占小部分。但有些褒义词和贬义词，由于语境的改变，所表现出的感情色彩有所变化。

⑥文艺不能当市场的奴隶，不要沾满了铜臭气。

⑦没有可以奉为金科玉律的教科书，也没有可以对中国人民颐指气使的教师爷。

例⑥的“奴隶”是没有自由，被人支配的对象，属于贬义词，“铜臭气”是嘲讽唯利是图的人，也是贬义词，这里说文艺不能像奴隶那样，被人支配，要发挥自主创作的精神，也不能唯利是图只追求经济利益的回报，而应该让文艺为人民服务，反映社会生活生产的面貌。例⑦中“教师”是一个褒义词，指传道授业解惑的人，加上“爷”字突出其辈分极高，主要指旧时德高望重的老师，这里的“教师爷”是一种贬义，主要指以居高临下的姿态对人指手画脚地说教的那些人。

b.有些词本身没有感情色彩，但是它的引申义却带有某种感情色彩。

⑧只要我们把政治底线这个圆心固守住，包容多样性的半径越长，画出的同心圆就越大。

⑨不是要营造自己的后花园，而是要建设各国共享的百花园。

例⑧中“同心圆”是一个数学概念，表示同一个圆心而半径不同的圆，象征圆满、美好，引申为在党中央的领导下，各族人民紧密团结，同心同向聚共识、合力合拍谋发展。例⑨强调不能只谋求自身的利益，应该为了全球各国的共同利益而努力，其中“后花园”暗示个人的利益，“百花园”则是世界共同利益的象征，这句话体现我党开放、平等、共享、文明的“世界观”。

(2)词语的语体色彩配合

语体色彩是某些词专门用于某种语体而体现的风格，一般分为口语语体和书面语语体。口语语体用于日常交流及谈心谈话，如谈话语体和演讲语体；书面语语体则适用于正式场合，如政论语体、科技语体、文艺语体等。我们运用语体时要保持文章整体风格的和谐一致，不能造成文章风格的混乱。

⑩共建“一带一路”，顺应经济全球化的历史潮流，顺应全球治理体系变革的时代要求，顺应各国人民过上更好日子的强烈愿望。

⑪人每天都在接触灰尘，所以要经常洗澡，打点肥皂，用丝瓜瓤搓一搓，用水冲一冲，洗干净了，就神清气爽了。

例⑩“一带一路”、“经济全球化”、“全球治理体系变革”及“各国人民”属于政论语体，用词科学、严谨，逻辑性强，表明了中国推进“一带一路”的决心与勇气，以及为全国人民谋幸福的初心始终。例⑪“经常洗澡”、“打点肥皂”及“用丝瓜瓤搓一搓”一系列动作的描述具有口语化的特征，生动，活泼，有强烈的生活气息，将道理融入口语交流中，通俗易懂，更容易让人接受。

(3)词语的形象色彩配合

形象色彩词的运用是对事物形象绘声绘色地描述，或突出颜色效应，给人一种直接的视觉感受，仿佛事物就在眼前，让人产生直观的视觉美感体验。主要用于写景性的抒情散文。

⑫春天的颜色真是五彩缤纷，太阳是红灿灿的，天空是湛蓝的，树梢是嫩绿的，迎春花是娇黄的……难怪诗人爱吟咏春天，画家爱描绘春天，因为春天是世界一切美的融合，一切色彩的总汇。

例⑫“红灿灿的”、“湛蓝的”、“嫩绿的”及“娇黄的”一系列的色彩词将春天的颜色描绘得色彩斑斓，既形象又生动，给人一种视觉美感体验。

(二)声音锤炼

声音是语言的物质外壳，我国古人特别讲究声律的运用，音节的长短加上声调的抑扬顿挫，构成音乐美，增强语言的表现力、感染力，提高语言的艺术表达，从而达到一定的修辞效果。声音的锤炼体现在音节整齐匀称、声调平仄相间、韵律和谐以及声音传情四个方面。

声音锤炼方法	(1)音节整齐匀称 (2)声调平仄相间 (3)韵律和谐 (4)声音传情

1.音节整齐匀称

现代汉语以双音节词为主,很多双音节词和单音节词存在同义并存的现象,为音节整齐匀称提供了条件。词语搭配时根据音节的需要选择恰当的词语进行搭配,如单音节对应单音节,双音节对应双音节,可构成音节匀称的整齐美,也可交错运用不同音节数的词语形成富有韵律的句子。例如:

①我们深入贯彻以人民为中心的发展思想,在幼有所育、学有所教、劳有所得、病有所医、老有所养、住有所居、弱有所扶上持续用力,人民生活全方位改善。

②我们党立志于中华民族千秋伟业,致力于人类和平与发展崇高事业,责任无比重大,使命无上光荣。全党同志务必不忘初心、牢记使命,务必谦虚谨慎、艰苦奋斗,务必敢于斗争、善于斗争,坚定历史自信,增强历史主动,谱写新时代中国特色社会主义更加绚丽的华章。

例①采用"所+V"四音节词语的连续使用,相同的音节数整齐匀称,通过并列的结构形式增强语言的感染力,侧面说明我国发展以人民为中心的全面性。例②是多音节的交错运用,"立志于"和"致力于"是三音节,"无比重大"和"无上光荣"是四音节,三个"务必"是双音节,构成形式美观,音节匀称且富有旋律,表达了我党谱写新时代中国特色社会主义篇章的决心与毅力。

2.声调平仄相间

声调的高低变化使语言的音调抑扬起伏,避免拗口。古人在作对联和古诗时都要涉及声调平仄的运用,声调的平仄协调使语言产生抑扬顿挫、悦耳动听的音乐美。现代诗歌和散文也讲究平仄的变化,增强语言的音乐感。在普通话中,阴平、阳平为平,上声、去声为仄,平仄的运用不仅体现在句内的变化,也体现在句与句之间的末尾。

③"一带一路"延伸之处,是人文交流聚集活跃之地。民心交融要绵绵用力,久久为功。

④魂飞万里,盼归来,此水此山此地。百姓谁不爱好官?把泪焦桐成雨。生也沙丘,死也沙丘,父老生死系。暮雪朝霜,毋改英雄意气!依然月明如昔,思君夜夜,肝胆长如洗。路漫漫其修远矣,两袖清风来去。为官一任,造福一方,遂了平生

意。绿我涓滴，会它千顷澄碧。

例③中四字格的成语讲究平仄的运用，形成抑扬顿挫音乐美，“一带一路”为平仄平仄，“绵绵用力”为平平仄仄，“久久为功”为仄仄平平，通过句内音节的平仄搭配，进一步说明“一带一路”给人民的生活带来深远的影响。例④是一首歌颂焦裕禄的诗词，词中“魂飞万里，盼归来，此水此山此地。百姓谁不爱好官？把泪焦桐成雨”是平平仄仄，仄平平，仄仄仄平仄仄。仄仄平仄仄仄平？仄仄平平平仄。整首词的平仄规律相间，读起来朗朗上口，富有音乐旋律的美感。

3.韵律和谐

韵律和谐主要体现在押韵和双声叠韵两方面，在诗歌和散文中运用较多，反复、和谐的韵律可以增强语言的感染力。

押韵是作诗词曲赋等韵文时，在不同的语句中同一个位置上，韵母中韵腹相同或韵腹韵尾相同的字，一般在句末押韵，便于吟诵和记忆，使语言的旋律优美动听；双声叠韵是汉语利用音节表达内容的一种特殊形式，在古典诗歌中，连绵词的两个音节常常构成双声或叠韵的关系，现代抒情散文中也经常运用双声叠韵的手法。

⑤关系亲不亲，关键在民心。

⑥文艺要赢得人民认可，花拳绣腿不行，投机取巧不行，沽名钓誉不行，自我炒作不行，“大花轿，人抬人”也不行。

⑦悠哉游哉，辗转反侧。

⑧像今晚上，一个人在这苍茫的月下，什么都可以想，什么都可以不想，便觉是个自由的人。

例⑤中“亲”和“心”构成押韵，读起来顺口，听起来也悦耳，语言朴实、亲切，拉近了与老百姓之间的距离。例⑥中谈到文艺工作要坚持以人民为导向，通过五个“……不行”的押韵形式，强调文艺不能脱离群众，要为人民服务，反映人民的真实生活。例⑦和例⑧是双声叠韵的运用，“辗转”指人由于思念之情，翻来覆去难以入睡。“苍茫”形容在皎洁的月光下，作者独处时的悠然自得的状态，双声叠韵词往往可以细腻生动地表达思绪，令人回味无穷。

4.声音传情

声音传情是利用语言声音的特点临摹或传情，使语言达到惟妙惟肖的效果，主要有词语叠音、语气词和叹词的使用以及儿化音等。

词语叠音是描述客观事物时运用叠音来增强形象性，一般用于拟声状物、神态临摹等，其表达形式有AABB式、AAB式、ABAB式；语气词和叹词可以体现人物的神态及情绪，将人物的喜怒哀乐表现得淋漓尽致，其中语气词在句尾加上感叹号可独立成句，表示感叹的作用；儿化音是韵母后面加上r表明读音可以儿化，使用时语言有活泼、俏皮的特点。

⑨曲曲折折的荷塘上面，弥望的是田田的叶子。叶子出水很高，像亭亭的舞女的裙。

层层的叶子中间，零星地点缀着些白花，有袅娜地开着的，有羞涩地打着朵儿的。

⑩大弦嘈嘈如急雨，小弦切切如私语。嘈嘈切切错杂弹，大珠小珠落玉盘。

⑪帝高阳之苗裔兮，朕皇考曰伯庸。摄提贞于孟陬兮，惟庚寅吾以降。

⑫“花瓶儿”“脸蛋儿”“钢镚儿”。

例⑨中大量运用叠词，如“曲曲折折”“田田”“亭亭”“层层”等，通过叠词将荷塘的美景描绘得宛如一幅画，反复朗读品味其优雅、朦胧、幽静之美。例⑩中“嘈嘈”“切切”“嘈嘈切切”体现了琵琶女曲艺的高超，琴声的婉转、悠扬。例⑪《离骚》中叹词“兮”出现了100多次，在句中没有实际的作用，是为了增强作者的语气，影响全文的情感和气势。例⑫是儿话音的运用，具有口语的色彩，表达一种亲切、喜爱的情感。

二、句子锤炼的要求和方法

（一）句子锤炼的要求

跟词语锤炼一样，句子的锤炼也很重要。历代文人对句子锤炼都需要不断地琢磨研究，在不同的句式中选择最恰当的表达形式，从而达到炼句的最好效果。句子的锤炼要根据语境的需要，灵活地选择句式，不仅要求语义完整、逻辑合理，而且要具备较好的修辞功能。

句子锤炼的要求	(1)句子的语义完整 (2)句子的逻辑关系合理 (3)句式的修辞功能 (4)符合上下文的语境条件

句子是语言的基本运用单位，可以表达一个完整的意思。语义完整是句子锤炼的基本要求，只有句子的语义表达清楚了，才能追求更高的语言艺术。在语义完整的基础上还要满足逻辑关系合理、句与句之间的衔接顺当、结构层次鲜明等要求。从修辞的角度来看，句子的锤炼是同义句式的比较选择，是指同一个意义采用不同的句类来表达，在意义相同或相似的句子中选择最恰当的句子，既要表达作者

的思想认识和情感，又要符合句子的语体风格。

句子锤炼还要符合上下文的语境要求，不同语境下的句子意义各不相同。首先要求作者掌握不同句子的运用和组合，善于调整句式，提高句子的表达效果，其次要保持句与句之间在主旨、风格、语义上的相辅相成，协调统一，句子锤炼得好，整个句群和篇章都能达到更佳的境界。

（二）句子锤炼的方法

句子本身没有好坏之分，在具体的语境中选择更恰当的句式，可以提高表达效果。句子的锤炼主要考察我们对同义句式的运用能力，所谓同义句式，主要指语义相同或相近，在风格、语体、色彩方面有所区别的句子。根据表达内容和情感的不同，灵活调整句式的运用，如长短句的运用、整散句的运用、倒装句的运用，另外，肯定句与否定句、主动句与被动句等不同的句式所体现的修辞功能有所区别，都可以提高句子的表达效果。

句子锤炼的方法	（1）长句和短句的运用 （2）整句和散句的运用 （3）倒装句的运用 （4）肯定句与否定句、主动句与被动句

1. 长句和短句的运用

根据句式的长短可分为长句和短句。长句是结构复杂、容量大、字数较多的句子，常用于概念、科技、政论等书面语语体，其特点是庄重、严谨；短句与之相反，主要是结构简单、字数较少的句子，用于生活中谈话式交流，具有简洁、明快的口语色彩，可用于表达愤怒、激动的情绪。

长短句的运用与表达内容有密切关系，论述性的文章多采用长句，可以将内容阐述得更准确、严谨，而陈述性的文章多采用短句，清晰明了地表达意思即可。一般而言，根据内容和语境的需要，大部分文章是长句与短句交错运用的，力求言简意赅。例如：

①我们党要带领13亿多人民全面建成小康社会，必须适应、把握、引领经济发展新常态，创新党领导经济社会发展的观念、体制、方式方法，提高党把握方向、谋划全局、提出战略、制定政策、推进改革的能力，为发展航船定好向、掌好舵。

②不能因为彼此是朋友，低头不见抬头见，抹不开面子，就不敢批评。

③创新是文艺的生命。要把创新精神贯穿文艺创作全过程，大胆探索，锐意进取，在提高原创力上下功夫，在拓展题材、内容、形式、手法上下功夫，推动观念和手段相结合、内容和形式相融合、各种艺术要素和技术要素相辉映，让作品更加精彩

纷呈、引人入胜。

例①中的长句是由5个分句组合而成，细致严密，逻辑性强，具有书面语的色彩，体现我党有信心带领全国人民建设小康社会的决心与勇气；例②的长句是由4个分句组合而成，结构简单，语言短小精悍，指出了当前文艺工作面临的问题，要积极营造风清气正的文艺风气；例③是一组长、短句的交错运用，语言活泼、周密，短句起概括总结、提炼句义的作用，长句则是展开分析和阐述，长短融合的句式使语言的表达更有层次。

提示：长句和短句之间是可以相互转换的。两者的区别在于：长句的修饰语多、并列成分多以及分句的结构复杂。将长句改为短句可以考察语言的综合运用能力，在历年国家公务员考试的言语理解部分中经常出现。

④爱国统一战线是中国共产党团结海内外全体中华儿女实现中华民族伟大复兴的重要法宝。(长句)

⑤爱国统一战线是重要法宝。中国共产党要团结海内外全体中华儿女，实现中华民族伟大复兴。(短句)

例④的长句变成例⑤的短句，先要找到句子的谓语动词“是”，将主干部分组合成句子，即“爱国统一战线是重要法宝”，再把长句的修辞语分析出来，将修饰语变成短句子，调整句子的语序，按照逻辑关系将分解的句子进行调整即可。短句变长句的方法则反向推之，先分析各个短句，确定其中一个短句作为主干成分，再将其他的句子作为主干句的修饰语成分，最后修改句子的关联词语，保证语义通畅。

2.整句和散句的运用

根据句子结构的差异可以分为整句和散句，整句由结构相似、长度相近的若干句子组成，形式上整齐美，读起来节奏鲜明，铿锵有力；散句则是由结构不同、长短不一的若干句子组成，形式上错落有致，不拘一格，给人一种生动、活泼的感觉。

现代汉语中双音节占优势，为整句的形成提供有利的音节条件。排比、对偶、回环、顶针等句型多为整句，主要运用在诗歌和演讲中，通过类比的语言形式增强语义表达，或气势如虹，或深情吟唱，使人流连忘返。在句式的实际运用中，大部分是整散句交错使用，灵活组合句子，以达到更好的表达效果。

⑥中国坚持对话协商，推动建设一个持久和平的世界；坚持共建共享，推动建设一个普遍安全的世界；坚持合作共赢，推动建设一个共同繁荣的世界；坚持交流互鉴，推动建设一个开放包容的世界；坚持绿色低碳，推动建设一个清洁美丽的世界。

⑦依法治国，首先是依宪治国；依法执政，关键是依宪执政。

⑧江山就是人民，人民就是江山。中国共产党领导人民打江山、守江山，守的是人民的心。

例⑥中运用5个“坚持……，推进……”的排比句式，形式整齐，读起来铿锵有力、气势贯通，体现了中国外交政策的高水平，努力推动构建人类命运共同体；例⑦采用的是对偶句式，其中“依法治国”对应“依法执政”，“首先是依宪治国”对应“关键是依宪执政”，强调了宪法在依法治国和依法执政中的重要性，是治理国家的法律依据，是执政为民的法律根本。例⑧则是采用回环的形式，强调了江山和人民之间的关系，两者缺一不可，是相辅相成的辩证关系。

⑨即便听到了尖锐的甚至是偏颇的批评，也要有则改之、无则加勉，成为青年愿意讲真话、交真心、诉真情的知心朋友。青年要向年长者学习，年长者也要向青年学习，相互取长补短，相互信任帮助。

例⑨整句和散句的交错运用，其中“有则改之、无则加勉”“青年要向年长者学习，年长者也要向青年学习”“相互取长补短，相互信任帮助”的结构整齐，语言生动活泼、气势贯通，强调要重视青少年的意见和想法。

3.倒装句的运用

在汉语语法中，由于汉字缺乏典型的形态变化，句子的语序具有重要的作用，通过语序的调整可以取得一定的修辞效果。一般而言，句子中的主谓结构语序是“主+谓”，偏正结构语序是“定+中”或“状+中”，其中修饰语放在中心语的前面起修饰、限制的作用；句与句之间的语序按照前后因果、时序等逻辑关系排列，但有时因为特殊的表达需要，或强调重点，或表达情态上的请求，采用了倒装的形式，调整句子原有的语言顺序，在不改变原有意义的基础上，增强了句子的表达效果。

汉语中由于表达的需要，可以将正常的陈述句转换成倒装句，突出强调倒装的部分。转换时要保持句子的基本意义不变，句子内部结构关系不变，只是成分的位置发生变化，倒装的部分是突出重点。如国歌歌词：“起来！不愿做奴隶的人们！把我们的血肉筑成我们新的长城！”将谓语动词“起来”提前到句首，强调中国人民站起来，不愿意像以往那样被压迫被奴役。将它转换成正常语序为“不愿做奴隶的人们起来！把我们的血肉筑成我们新的长城！”对比发现，原句突出表达中国人民勇于反抗和斗争的要站起来的决心与毅力。

⑩反对腐败、建设廉洁政治，保持党的肌体健康，始终是我们党一贯坚持的鲜明政治立场。

⑪轻轻的我走了，正如我轻轻的来；
我轻轻的招手，作别西天的云彩。

⑫他很努力地学习，尽管家庭条件不好。

例⑩中谓语动词“是”的作用是判断主语和宾语的关系，本句将宾语“反对腐败、建设廉洁政治，保持党的肌体健康”放在句首，目的是突出强调反腐倡廉的必要性。例⑪是一首抒情的诗歌，采用了排比的句式，将定语“轻轻的”放在主语、谓语的前面，突出作者离别康桥时的眷恋之情。例⑫是状语从句的倒装，主要强调努力的学习态度，后面的从句起修饰的作用。

4.肯定句与否定句、主动句与被动句

肯定句是对事物作出肯定判断的句子，否定句是对事物作出否定判断的句子，多用“不是”和“没有”等否定词。肯定句的语气直接、明了，语意表达强，而否定句的语意表达较弱，带有一定的情绪和语气，其修辞风格委婉平和。同一个意思可以采用肯定句和否定句两种表达方式，根据表达的需要，灵活地转换句式，如“这件衣服好”和“这件衣服质量不差”都表达衣服质量好，肯定句的语气坚定，否定句的语气较弱。

否定句中的双重否定，采用否定加否定的形式，表达肯定的语意，它比一般的肯定句语气更坚定，语义表达更强，附带说话者的情感和思想。双重否定表示肯定，它与肯定句之间也可以相互转换。如“他来了”和“他不得不来”，都表示他来了的意思，其中双重否定的语气更强烈。

主动句指主语是施事的句子，用于叙述角度，陈述动作、事件的过程；被动句指主语是受事的句子，目的是强调受事者对象。采用被动句主要为了突出受事对象，或使复句中的叙说角度一致，语义保持贯通。根据特定的语境条件，灵活选择主动句和被动句，它们所产生的修辞效果有所差异。

主动句与被动句可以相互转换，如“小韩把钥匙带回家了”和“钥匙被小韩带回家了”，将主动句中宾语调整到被动句的句首，强调受事对象，不同的句式表达的内容相同，但表达效果有所差异，要根据语言环境的需要，灵活选择句式。

⑬抓创新就是抓发展，谋创新就是谋未来。

⑭爱国，不能停留在口号上，而是要把自己的理想同祖国的前途、把自己的人生同民族的命运紧密联系在一起，扎根人民，奉献国家。

⑮一个国家、一个民族不能没有灵魂。

⑯反之，如果这个基础被破坏，两岸关系就会重新回到动荡不安的老路上去。

例⑬是一个肯定陈述句，谓语动词“是”叙述一个事实，表达肯定的语气修辞；

例⑭是一个简单否定句，其语意较轻，它与肯定句并用，形式为“不能……，而是……”，突出作者所表达的肯定意思，强调自己与祖国、民族之间紧密的关系；例⑮是双重否定句，有两个否定副词——“不能”“没有”，与一般的肯定句相比，语气的表达更强烈；例⑯采用被动句式突出基础的重要性，强调“九二共识”政治基础不可动摇的地位，如果改成主动句“反之，如果破坏了这个基础，两岸关系就会重新回到动荡不安的老路上去”，则主要是陈述破坏的行为过程及后果。

句子的锤炼也可以根据语调的变化来实现，语调的变化可以使字面相同的句子表达不同的意思。感叹句带有浓厚的感情色彩，可增强表达的气势。祈使句要求对象做或不要做某事，带有请求、命令的语气。

⑰希望记者朋友们今后继续为增进中国与世界各国的相互了解作出更多的努力和贡献。

⑱伟大、光荣、正确的中国共产党万岁！伟大、光荣、英雄的中国人民万岁！

例⑰中的祈使句带有请求的语气，希望记者朋友们为中国和世界各国的发展作出努力与贡献；例⑱是感叹句，感叹中国共产党和中国人民的伟大、光荣，带有浓厚的感情色彩。

第三节　修辞格(上)

修辞格是具有特定的构成方式和相应的表达效果的修饰方式。恰当地运用修辞格，可以提高话语表达的效果。

一、比喻

比喻，是本质不同的事物间具有相似点，用乙事物去描摹甲事物的修辞方式。甲是被比方的事物，叫“本体”，乙事物是用来打比方的事物，叫“喻体”，联系本体、喻体的纽带是相似点，连接二者的词语叫“喻词”。

比喻类型	本体(甲)	喻词	喻体(乙)	形式	例子
明喻	出现	像、似、如、仿佛	出现	甲像乙	她像天使
暗喻	出现	是、成为、等于	出现	甲是乙	她是天使
借喻	不出现	不出现	出现	乙	天使帮助了我

1.明喻

直接、明白地用喻体来描写本体，常用“像”“似”“如”“仿佛”等喻词连接。一般形式是“本体”像“喻体”（甲像乙）。如：

①我吃了一吓，赶忙抬起头，却见一个凸颧骨，薄嘴唇，五十岁上下的女人站在我面前，两手搭在髀间，没有系裙，张着两脚，正像一个画图仪器里细脚伶仃的圆规。

——鲁迅《故乡》

②这初秋之夜如一袭藕花色的纱衫，飘起淡淡的哀愁。

——何其芳《秋海棠》

2.暗喻

直接将本体等同于喻体来描写本体，常用“是”“成为”“等于”等喻词连接。一般形式是“本体”是“喻体”（甲是乙）。如：

③美感的记忆，是人生最可珍的产业，认识美的本能，是上帝给我们进天堂的一把秘钥。

——徐志摩《曼殊斐儿》

④我们伟大的队伍是万里长城！

——殷夫《五一歌》

3.借喻

不出现本体和喻词，直接用喻体来描写本体。一般形式是只有“喻体”（乙）。

⑤她曾经远离过这些人，在她和她们之间筑了一堵墙。

——贺光涛《路》

⑥这轮晓日从我们民族历史的地平线上一跃而出，闪射着万道红光，照临到这个世界上。

——杨朔《泰山极顶》

4.比喻的变化形式

比喻的变化形式主要有引喻、博喻、较喻、反喻等。引喻，本体和喻体各自成句，前后并列。博喻是用几个喻体去描摹一个本体。较喻是比喻兼比较，在某一相似点上，本体超过或不及喻体。反喻是从反面说明本体不像喻体。例如：

⑦人要交心，浇树要浇根。

⑧层层的叶子中间，零星地点缀着些白花，有袅娜地开着的，有羞涩地打着朵儿的；正如一粒粒的明珠，又如碧天里的星星，又如刚出浴的美人。

——朱自清《荷塘月色》

⑨我看见蝗虫遮天蔽日
向农民争夺粮食
而地主比蝗虫更凶
甚至掠夺去妻女

——邹荻帆《乡音》

⑩人非木石，岂能一味谈理，碍于情面而偏过去了，在这里正有着人气息。

——鲁迅《送灶日漫笔》

例⑦是引喻，例⑧是博喻，例⑨是较喻，例⑩是反喻。

二、比拟

比拟是根据想象，把物当作人，把人当作物，或把甲物当作乙物来描写的修辞方式。被比拟的事物称为“本体”，用来比拟的事物称为“拟体”。

1. 拟人

拟人就是把物当作人来写，赋予物以人的动作行为或思维情感。如：

①下面溪水大概是涸了，看着有无数用为筑桥剩下的大而笨的白色石块，懒懒散散睡了一溪沟。

——沈从文《遥夜》

②正义被绑着示众，真理被蒙上眼睛。

——艾青《在浪尖上》

例①“睡”是有生命的人或者动物的行为，移用于溪水，把溪水当作人来描写，将人睡着的慵懒情态赋予溪水。例②“正义”和“真理”像人一样“被绑着示众”“被蒙上眼睛”，受到践踏、蒙蔽。

2. 拟物

拟物把人当作物来写，或者把甲事物当作乙事物来写。如：

③所以诗人在冬夜，只合围炉话旧，这就有点近于“蛰伏”了。

——茅盾《冬天》

④五婶、张木匠、小飞蛾三个人都要动身了，小飞蛾说：“艾艾！你不去看看你

姥姥?”艾艾说:“我不去!初三不是才去过了吗?”张木匠说:“不去就不去吧!好好给我看家!不要到外边飞去!”

——赵树理《登记》

例③把用于动物的“蛰伏”移用于诗人,叙述他们在冬夜围炉话旧的生活情趣。例④将“飞”移用于艾艾,描述了艾艾的贪玩好动。

三、借代

借代是用与人或事物有关的东西来代替人或事物,被代替的事物叫“本体”,用来代替的事物叫“借体”。

1. 借特征、标志代本体

用借体的特征、标志去代替本体的名称。如:

①“我们这些人也可怜。”老魏断断续续地说,“说来归其,我们太爱惜乌纱帽了。”

——王蒙《布扎》

②一间阴暗的小屋子里,上面坐着两位老爷,一东一西。东边的一个是马褂,西边的一个是西装。

——鲁迅《写于深夜里》

例①“乌纱帽”代表权力和官职。例②“马褂”和“西装”分别指老派和新派的两位老爷。

2. 借特称代泛称

借有典型性的人或物的专用名词作借体代替本体。如:

③你们杀死一个李公朴,会有千百万个李公朴站起来!

——闻一多《最后一次讲演》

④小朱说,老赵你不是做生意了吗?什么时候您也请咱们上那儿撮一顿,让咱们这帮刘姥姥也长回见识。

——宁空《赶海》

例③用“李公朴”代指民主战士,例④用“刘姥姥”代指没有见识的人。

3.借具体事物代抽象事物

⑤人民浴血奋战赢得的胜利,又将为血泊所淹没。中国往何处去?

——刘白羽《红太阳颂》

例⑤用“血泊”代替战争。

4.借部分代整体

⑥春天,树木开花了,是晴明、暖和的天气,早晨大路上还充满了褴褛的衣服和光赤的脚。

——巴金《能言树》

例⑥用“褴褛的衣服和光赤的脚”代指穷人。

5.借结果代原因

⑦“宝宝”都上山了,老通宝他们还是捏着一把汗。

——茅盾《春蚕》

例⑦“捏着一把汗”是提心吊胆的结果。

四、通感

通感,又称移觉,指在叙事状物时运用形象性的词语将不同的感官沟通起来的修辞方式。例如:

①蓦然,她格格地笑动。……笑声如同欲滴而未滴的露珠,似含似吐颤而不落。

——朱苏进《金色叶片》

②她的声音像蜜,听着甜滋滋的。

——李叔德《赔你一只金凤凰》

③方鸿渐看唐小姐不笑的时候,脸上还依恋着笑意,像音乐停止后袅袅空中的余音。

——钱锺书《围城》

④她刚开到口,说到话,这一条嗓子,才爱煞人呀!有四个字可当。四个什么字?尖、甜、媚、脆。

——王少堂《武松》

例①由听觉转移到视觉。例②由听觉转移到味觉。例③由视觉转移到听觉。例④“尖”可听可见可触,集三种感觉于一身,“甜”是味觉,“媚”是视觉,“脆”是听觉,除了嗅觉,四种感官都被调动起来,协同感受嗓音之美,优美的嗓音被表现得淋漓尽致。

通感建立在视觉、听觉、味觉、嗅觉和触觉等感觉挪移基础上,常常借助比喻、比拟、夸张等修辞方式来表达。

五、移就

把原属于甲事物的词语移属于乙事物,这种修辞方式叫移就。

①然而悲惨的皱纹,却也从他的眉头和嘴角上出现了。

——鲁迅《鲁迅全集》

②农家夫妇的幸福,读书阶级的飘零!我女人经过的悲哀的足迹,现在更由我在一步步的践踏过去!若是有情,怎得不哭呢!

——郁达夫《还乡记》

例①用“悲惨的”修饰皱纹,实则是修饰人生,悲惨的人生使他的眉头和嘴角出现了皱纹。例②“悲哀的”修饰对象由“我女人”转移到“足迹”,将“我女人”一步步地送别我去漂泊异乡时那凄楚悲凉的心境叙述得十分生动,令人动容。

六、对比

对比是把两种不同事物或者同一事物的两个方面,放在一起相互比较的一种辞格,又称对照。对比分为两体对比和一体两面对比,两体对比是把两种不同事物放在一起相互比较,一体两面对比是把同一事物的两个方面放在一起相互比较。

1.两体对比

①一个扰攘喧嚣,一个肃穆幽静;一个珠光宝气,炫人耳目,一个雄奇深邃,浑然天成;一个灯火辉煌,城开不夜,一个月色迷离,万籁俱寂;一个矗起沙漠间,蓝天绿地,却置身万丈红尘,一个历经千百劫,刀劈斧斫,反化成胸中丘壑。

——邵燕祥《大峡谷去来》

例①中一个是美国最大的赌城拉斯维加斯,一个是闻名于世的自然景观大峡谷,反差强烈。

2. 一体两面对比

②有的人太自私，对公事敷衍了事，对自己的私事却一丝不苟。阳奉阴违，口是心非，当面说得好听，背后又在捣鬼，这就是两面派行为的表现。

——毛泽东《中国共产党在民族战争中的地位》

例②将两面派对待公事、私事截然相反的态度进行对照，讽刺、批判意味鲜明。

七、映衬

为了突出主要事物，用相关、相似的事物做背景，从旁陪衬，这种修辞方式叫映衬，又称衬托。映衬分为正衬和反衬两类，分别从正面和反面进行衬托。

1. 正衬

①我站在那个有路可上的近二千米的山顶，极目眺望，在湛蓝的天穹之下，那一望无际、形态各异、连绵不断的山外有山的吕梁山脉的蓝色连山，好像成了北武当山的天然屏障。我虽不能设想传说中的真武大帝的自得其乐，但也感到心胸开阔，有时，山鹰在天空里从容飞翔，我仿佛也能体验它的自由感。

——王朝闻《北武当游》

例①用壮丽的山色衬托作者开阔的心情。

2. 反衬

②窑里静悄悄的，只听见锅台后面那只老黄猫的呼噜声。

——路遥《人生》

例②以“老黄猫的呼噜声”从反面衬托窑里的安静。

第四节　修辞格(中)

一、拈连

甲乙两事物连在一起叙述时，把用于甲事物的词语就势拈来用于乙事物，这种修辞方式叫拈连。例如：

①我毫不知天高地厚,一片憨直野气,土铳一样,这么铳了一句:“考学问,又不是考衣服!”

——曹靖华《忆当年,穿着细事且莫等闲看》

②雾儿又从低凹处升起,泛着紫色的光,一丝丝,一缕缕,缠住了我沉沉的腿,缠住了我沉沉的心。

——冉丹《草原上的雾》

例①中作者回忆当年从山沟沟里进城考洋学堂的经历,“考学问”与“考衣服”两相对照,妙趣横生。例②中动词“缠”从“腿”拈来搭配“心”,表里为一,形象生动。

二、顶针

用上一句结尾的词语做下一句的开头,使得前后句子蝉联,这种修辞方式叫顶针,又叫顶真、联珠。例如:

①一见面是寒暄,寒暄之后说我“胖了”,说我“胖了”之后即大骂其新党。

——鲁迅《祝福》

②有翼的床头仿佛靠着一个谷仓,仓前边有几口缸,缸上有几口箱,箱上有几只筐,其余的东西便看不见了。

——赵树理《三里湾》

例①从时间上叙述了鲁四老爷见到作者后的一系列行动,一气呵成。例②交代了故事发生的环境,言简意赅。

三、回环

回环也叫回文,是使语句或语篇顺读、倒读都能成文,是具有循环往复特点的修辞方式。回文的形式在晋代以后就很盛行,而且在多种文体中被采用。人们用这种手法造句,还写诗、填词、度曲,分别称为回文诗、回文词和回文曲。例如:

①柳庭风静人眠昼,昼眠人静风庭柳。
香汗薄衫凉,凉衫薄汗香。
手红冰碗藕,藕碗冰红手。
郎笑藕丝长,长丝藕笑郎。

——苏轼《菩萨蛮》

②你站在桥上看风景,
看风景的人在楼上看你。
明月装饰了你的窗子,

你装饰了别人的梦。

——卞之琳《断章》

③咱们的局长这几天就常常提起您老，说您老要上楚国发财去了，也许从这里经过的。敝局长也是一位隐士，带便兼办一点差使，很爱读您老的文章，读《齐物论》，什么“方生方死，方死方生，方可方不可，方不可方可”，真写得有劲，真是上流的文章，真好！您老还是到敝局里去歇歇罢。

——鲁迅《故事新编·起死》

例①用的是逐句回文，上阕写昼眠情景，下阕写醒后怨思。用意虽不甚深，词语自清美可诵。无论是顺读还是倒读，都可以细细品味出内容上的含蓄与形式上的巧妙。例②诗中用短句构成回环，诗的上节构建了一幅白日游人观景的画面。而画面的重心却在看风景的桥上人和楼上人的身上，更确切地说，是落在了这两个看风景人在观景时相互之间所发生的那种极有情趣的戏剧性关系上。例③“方生方死，方死方生，方可方不可，方不可方可”用的是回文手法。

四、仿拟

故意模仿现成的词语或句子、篇章而仿造新的词语或句子、篇章，这种修辞方式叫仿拟。

①反正他挣钱不多，花匠也罢，草匠也罢。

——老舍《柳家大院》

②“球稳稳地进了，对方队员只能望‘球’兴叹！”

——张抗抗《杯》

③二婆左邻有位三叔公，人称“谭半仙”，旧时挂牌占过卦。他知书识墨，转了行在墟头摆摊代人书信。渐渐，稍晚一辈的人都识字了，他也就收档养老，种菜东篱下了。

——孔捷生《乡下人》

④阔人已骑文化去，此地空余文化城。
文化一去不复返，古城千载冷清清。
专车队队前门站，晦气重重大学生。
日薄榆关何处抗，烟花场上没人惊。

——鲁迅《伪自由书·崇实》

例①是仿词，“草匠”仿拟“花匠”。例②是仿语，“望球兴叹”仿拟“望洋兴叹”。例③是仿句，“种菜东篱下”仿拟“采菊东篱下”。例④仿拟崔颢《黄鹤楼》。

五、拟误

为了达到某种修辞目的，作者把说话人有语病的句子有意识地写入作品中，这种修辞方式就是拟误。

①“这这些些都是费话”，又一个学者吃吃的说，立刻把鼻尖胀得通红。“你们是受了谣言的骗的。其实并没有所谓禹，‘禹’是一条虫，虫虫会治水的吗？我看鲧也没有的，‘鲧’是一条鱼，鱼鱼会治水水水吗？”他说到这里，把两脚一蹬，显得非常用劲。

——鲁迅《理水》

②他打算吃住在梁处长公馆里。可是梁处长抬起头，眼珠从鼻尖两旁射下来，眉毛中间打三条皱纹。

“唔，本来呢，我这里可以住。唔，但是呃，唔，住了两个客。那，你住到处里去罢，我先通知梁副官，唔？横竖你不是外人。”

——张天翼《皮带》

例①“这这些些”“鱼鱼会治水水水吗？”这些都是一个顽固、自以为是、卖弄学问的御用文人所发表的一通结结巴巴的言论，作者把其如实记录下来，具有讽刺和嘲笑的意味。例②“唔”是梁处长的口头禅，作者如实记录下来，逼真地描绘了梁处长那种装腔作势的神态。

第五节　修辞格(下)

一、夸张

故意言过其实，对客观的人或事做夸大或缩小的描述，这种修辞方式叫夸张。故意把一般事物往大处说是扩大夸张。故意把一般事物往小处说是缩小夸张。故意把后出现的说成是先出现的，或是同时出现的，是超前夸张。

①想不到郭振山勃然大怒，大眼珠在鼓眼泡里瞪得拳头大。

——柳青《创业史》

②你只有谷城县弹丸之地，池塘小，难养大鱼。

——姚雪垠《李自成》

③同车的人告诉她：“黑龙江人常说，这里的土，插根筷子都会发芽。”

——丁玲《杜晚香》

例①是扩大夸张,例②是缩小夸张,例③是超前夸张。

二、对偶

把字数相等、结构相同的词语或短语排列起来表意的修辞方式叫对偶。对偶有严对、宽对之分。严对要求上下句字数相等,结构相同,词性一致,平仄相对,不重复用字。宽对要求结构基本相同,可重复用字。

①破帽遮颜过闹市,漏船载酒泛中流。

——鲁迅《自嘲》

②风中的野火呵,长明不灭!
有多险的关隘,就有多勇的行列。
浪里的渔舟呵,身轻如蝶!
有多大的艰难,就有多壮的胆略。

——郭小川《秋歌》

例①是严对,例②是宽对。

三、排比

把三个或三个以上结构相同或相似、语气一致、意思密切关联的句子或句子成分排列起来,表达强烈的语气或感情,这种修辞方式叫排比。例如:

①我一步一步艰难地走着,不怕三头怪兽,不怕黑色魔鬼,不怕蛇发女怪,不怕赤热沙地。

——巴金《十年一梦》

②它既不需要谁来施肥,也不需要谁来灌溉。狂风吹不倒它,洪水淹不没它,严寒冻不死它,干旱旱不坏它。它只是一味地无忧无虑地生长。松树的生命力可谓强矣!

——陶铸《松树的风格》

③他哭了,不是因为邻居的眼色,这个从南市来的孩子从小见惯了各种各样冷漠和怀疑的眼色。

他哭了,不是因为路人的歧视,这个在各国港口为中国争取到荣誉的海员,有的是对付歧视的办法。

他哭了,不是因为亲人们——妻子儿女,特别是哥哥,那个一心一意支持他走上这条路的哥哥的质问。虽然他们疑虑的视线在他心上织起了灰色的和有罪的雾似的迷网……

——柯岩《船长》

例①是句子成分的排比，例②是句子的排比，例③是段落的排比。

四、层递

按照事物的逻辑关系，连用结构相似、内容上递升或递降的语句，表达层层递进的事理，这种修辞方式叫层递。层递分为递升和递降两类。

①这种作风，拿了律己，则害了自己；拿了教人，则害了别人；拿了指导革命，则害了革命。

——毛泽东《改造我们的学习》

②你们五个人面对着敌人冲过来的大队，五十米、二十米，只有几米了，你扔出一颗手榴弹。

——李株《这样的战士》

例①是递升层递，例②是递降层递。

五、反复

为了突出某个意思，强调某种感情，有意重复某些词语或句子，这种修辞方式叫作反复。反复可分为连续反复和间隔反复两类。连续反复是连续重复相同的词语或句子，中间没有其他词语。间隔反复是有其他词语或句子把反复出现的词语或句子隔开。

①一个浪，一个浪
无休止的扑过来
每一个浪都在他脚下
被打成碎沫，散开……

——艾青《礁石》

②看一看自己的身体，平平常常，同过去一样。看一看周围的环境，平平常常，同过去一样。金色的朝阳从窗子里流了进来，平平常常，同过去一样。

——季羡林《八十述怀》

例①是连续反复，例②是间隔反复。

六、双关

双关是借助语音或语义的联系，使语句同时关涉两种事物，表达两种意思，是言在此而意在彼的修辞方式。

①我看你是贾家的姑娘嫁贾家，贾门贾氏，明明是熊蛋包，还要往自己脸上贴金。

——杨朔《三千里江山》

②蘩漪（喝一口）：苦得很。谁煎的？

四凤：我。

蘩漪：太不好喝，倒了它。

四凤：倒了？

蘩漪：这些年喝这种苦药，我大概是喝够了。

——曹禺《雷雨》

例①用"贾"谐音"假"，字面上是说姓氏，实际上以谐音"假门假氏"讽刺女主人公假模假样，惺惺作态。例②的"苦药"是一语双关，它表面上指四凤煎好的药，实际上是指加在蘩漪身上的精神创伤与情感奴役。

七、反语

反语是指故意使用与本来意思相反的词语或句子去表达本意，也叫"反话"。反语可分为以正当反和以反当正两类。以正当反就是用正面的语句去表达反面的意思。以反当正就是用反面的语句去表达正面的意思。例如：

①但衣角会被踹住，可见穿的是长衫，即使不是"高等华人"，总该是属于上等的。

——鲁迅《推》

②小陶气愤地说："这些死人！只管看着干什么，还不把你们的雨衣扔过来。"

——徐怀中《西线轶事》

例①"高等华人"的人格实际上是非常低劣的，在这里表达了对穿长衫者的讽刺。例②"死人"是气话，实际上表达的是一种见到战友时的亲切感。

八、婉曲

有意不直接说明某事物，而是借用一些与某事物相应的同义语句婉转曲折地表达出来，这种辞格叫婉曲。例如：

①我向他打听卖灶糖的老汉，他告诉我，卖灶糖的老汉老去了。

——张洁《拣麦穗》

②照部队规定，当战士的是不准谈"个人问题"的。

——徐怀中《西线轶事》

例①“老去了”是去世的委婉说法。例②“个人问题”是恋爱婚姻的委婉说法。

九、设问

无疑而问,自问自答,以引导读者注意、思考问题和强化感情,这种修辞方式叫设问。

①没多久,到了菊花将开的月份,马子才听见南院人声嘈杂,闹闹嚷嚷,简直像是香期庙会:这是咋回事?扒在板门上偷觑:喝,都是来买花的。用车子装的,背着的,抱着的,缕缕不绝。

——汪曾祺《聊斋新义·黄英》

②周总理,我们的好总理,
你在哪里呵,你在哪里?
你可知道,我们想念你,
——你的人民想念你!

——柯岩《周总理,你在哪里》

例①以马子才视角询问黄英兄妹所住南园热闹如庙会的原因,随后以马子才所见之景阐释南园热闹的原因。例②运用设问的方式呼唤,寻找已经逝世的人,深沉而真实地抒发了全国人民无限怀念周总理的感情。

十、反问

明知故问,不需要作答,以疑问的形式表达确定的意思,这种修辞方式叫反问,又称激问、反诘。反问的基本形式有两种:肯定式反问,是以肯定的形式表示否定的意思;否定式反问,是以否定的形式表示肯定的意思。

①钢琴笨重如棺材,小提琴要数十百元一具,制造虽精,世间有几人能够享有呢?

——丰子恺《山中避雨》

②我心里在想着,宁静的竹海里难道没有人家?

——黄蒙田《竹林深处人家》

例①用“世间有几人能够享有”的肯定形式表达“世间没有几人能够享有”的意思。例②用“宁静的竹海里难道没有人家”的否定句式表达“宁静的竹海里有人家”的意思。

第六节　修辞与篇章

一、辞格连用

辞格的连用是指几种辞格在一段文字中前后衔接，连续出现的综合运用。具体可细分为同类辞格连用和异类辞格连用两种情况。

1.同类辞格连用

同类辞格连用是指同一种辞格接连出现。

①……伟岸，正直，质朴，严肃，也不缺乏温和，更不用提它的坚强不屈与挺拔，它是树中的伟丈夫。

——茅盾《白杨礼赞》

②如果拿城市比人，那么莫斯科是甲胄森严的骑士，柏林是冠服齐楚的缙绅，布拉格宛如雍容华贵的少妇，索非亚却像明眸皓齿的村姑，巴黎赛似花容玉貌、一顾倾城的名姝，布宜诺斯艾利斯却好比风鬟雾鬓、仪态万方的绝代佳人。

——柯灵《绿色的"南美巴黎"》

例①是拟人这一辞格的连用；例②是比喻这一辞格的连用。

2.异类辞格连用

异类辞格连用指不同的辞格连续出现。

③"吹面不寒杨柳风"，不错的，像母亲的手抚摸着你。

——朱自清《春》

④要问白洋淀有多少苇地？不知道。每年出多少苇子？不知道。只晓得，每年芦花飘飞苇叶黄的时候，全淀的芦苇收割，垛起垛来，在白洋淀周围的广场上，就成了一条苇子的长城。

——孙犁《荷花淀》

例③是引用和比喻两种辞格的连用，先是引用南唐僧志南的诗句来说明温暖柔和的春风，接着又使用了比喻的手法，把抽象的"春风"比喻成"母亲的手"，进一步描写春风吹面的体验。例④是设问和比喻的连用，通过提问，引出白洋淀芦苇地的一片收获的情景，用"长城"来比喻芦苇草垛，形象生动。

辞格连用的特点是前接后应，鱼贯而下；前后配合，力量加强；互补互称，珠联璧合。使思想内容表达得更加丰富多彩。

二、辞格兼用

辞格的兼用是指一种表达形式兼有多种辞格。辞格兼用的特点是语句中多种辞格交织在一起，相依相存，从这个角度看是某种辞格，从另一个角度看又是另一种辞格。例如：

①惊蛰一过，春寒加剧。先是料料峭峭，继而雨季开始，时而淋淋漓漓，时而淅淅沥沥，天潮潮地湿湿，即连在梦里，也似乎有把伞撑着。而就凭一把伞，躲过一阵潇潇的冷雨，也躲不过整个雨季。

——余光中《听听那冷雨》

②处处干燥，处处烫手，处处憋闷，整个老城像烧透的砖窑，使人喘不出气。

——老舍《骆驼祥子》

例①兼用了排比、层递两种辞格，同时利用词语的双声、叠韵和叠音，使人顿感凄冷，为全文奠定了忧伤的基调。例②中“整个老城像烧透的砖窑”用了比喻中的明喻，也用了夸张的修辞手法。

三、辞格套用

辞格的套用是指在一个辞格中含有别的辞格，分层组合套用。

①桃树、杏树、梨树，你不让我，我不让你，都开满了花赶趟儿。红的像火，粉的像霞，白的像雪。

——朱自清《春》

②看吧，狂风紧紧抱起一层层巨浪，恶狠狠地将它们甩到悬崖上，把这些大块的翡翠摔成尘雾和碎末。

——高尔基《海燕》

例①前一句是拟人，后一句使用了排比，排比中又套用了三个比喻。例②则是将比拟和比喻套用，整个句子是比拟，“大块的翡翠”是比喻。

四、辞格综合应用

人们在表情达意时，往往综合运用两个或两个以上的辞格，以达到更加突出的修辞效果，这种情况就是辞格的综合应用。以上我们谈论到的辞格的连用、套用和兼用，都属于辞格的综合应用。

①长征是宣言书，长征是宣传队，长征是播种机。

——毛泽东《毛泽东选集》

②薇龙一夜也不曾合眼。才合眼便恍惚在那里试衣服，试了一件又一件，毛织品，毛茸茸的像富于挑拨性的爵士乐；厚沉沉的丝绒，像忧郁的古典化的歌剧主题曲；柔软的软缎，像《蓝色的多瑙河》，凉阴阴地匝着人，流遍了全身。

——张爱玲《沉香屑·第一炉香》

例①既有辞格的连用，又有辞格的套用，"长征是……长征是……长征是……"整体连用了排比，每一个分句内部又套用了比喻。

例②既有辞格的套用，又有辞格的兼用。句中排比套用了比喻，三个比喻分别是把试穿衣服的感觉比作"爵士乐""歌剧主题曲""《蓝色的多瑙河》"，在这个过程中，触觉与听觉被打通，这用了通感的修辞手法。

五、修辞与文学艺术

修辞本义就是修饰言论，也就是在使用语言的过程中，利用多种语言手段以达到尽可能好的表达效果的一种语言活动。所谓好的表达，包括准确性、可理解性和感染力，并且是能符合自己表达的目的，适合对象和场合的得体的、适度的表达。

文学是语言的艺术。一个作家，他表现什么生活，选取什么题材，以及他对这种生活抱有什么样的态度，怎样评价，如何表现，都决定了文学作品的思想、艺术价值。这需要作者选择与作品相适应的言语表达形式，譬如选什么词，词语怎么搭配，用什么句式，句子怎么排列，采用何种修辞格，等等。因此，修辞是文学艺术的颜色，使文学艺术呈现出五彩缤纷的美妙景象，修辞也是文学艺术的翅膀，使读者产生无限的艺术遐想。从这个角度来讲，文学艺术离不开修辞。

现代修辞学与语境、语体、风格、结构、语用等息息相关，而文学艺术的段意、布局、推陈、呈现等都需要通过修辞的方式来体现。许多优秀的作家和诗人对自己的文学作品斟词酌句，一再推敲，反复修改，通过比较的方法来选择更好的句式和辞藻，从而提高语言的表现能力。比如，《沁园春·雪》中原句为"原驰腊象"，毛泽东接受臧克家的建议，将"腊"字改为"蜡"，与上面"山舞银蛇"的"银"字相对。再例如：

①当三个女子从容地辗转于文明人所发明的枪弹的攒射中的时候，这是怎样的一个惊心动魄的伟大啊！中国军人的屠戮妇婴的伟绩，八国联军的惩创学生的武功，不幸全被这几缕血痕抹杀了。

——鲁迅《记念刘和珍君》

"伟大"、"功绩"和"武功"在句中所表现的意义，并不是这些词本身的意义，而是这些词的相反意义。鲁迅先生正是采用了这种反其意而用之的方法，加强了语言的讽刺性和批判力，从而深刻地揭露了帝国主义者和反动军阀屠杀人民的血腥罪行。

文学艺术中使用修辞的目的在于更好地为语言表达服务，而不是刻意追求辞藻华美，我们在学习中要能理性衡量修辞的价值。当我们在文学艺术创作中谈论句式的选择、辞格的综合使用时，要认真理解语言与言语环境的关系，注意避免孤立地、形式主义地讲求修辞和滥用新奇的修辞方式。

拿比喻来说，几乎会写文章的人，都会使用比喻的修辞方式，即便不会写文章的人，在生活中也随处可见打比方。有的人使用比喻刻意追求标新立异，本体和喻体之间毫无相似性；而有的人使用比喻却朴实无华，深受读者喜爱，例如：

②三仙姑却和大家不同，虽然已经四十五岁，却偏爱当个老来俏，小鞋上仍要绣花，裤腿上仍要镶边，顶门上的头发脱光了，用黑手帕盖起来，只可惜宫粉涂不平脸上的皱纹，看起来好像驴粪蛋上下上了霜。

——赵树理《小二黑结婚》

下了霜的驴粪蛋在北方农村十分常见，作者用来比喻三仙姑浓施粉黛的脸，人物“人老心不老”的性格特点跃然纸上，让人感到熟悉又意想不到。

文学艺术的美感性要通过修辞来实现。例如：

③不必说碧绿的菜畦，光滑的石井栏，高大的皂荚树，紫红的桑葚；也不必说鸣蝉在树叶里长吟，肥胖的黄蜂伏在菜花上，轻捷的叫天子(云雀)忽然从草间直窜向云霄里去了。

——鲁迅《从百草园到三味书屋》

作者经过推敲，通过“碧绿”“光滑”“高大”“紫红”“肥胖”“轻捷”等形容词，细腻地描述了百草园的景象，环境描写带来的艺术美感使读者如入其境。

许多优秀的作家在选用词语方面还十分注重表现鲜明的感情色彩，从而增加作品的思想性，例如：

④如果美是专指“婆娑”或“旁逸斜出”之类而言，那么白杨树算不得树中的好女子。但是它伟岸，正直，朴质，严肃，也不缺乏温和，更不用提它的坚强不屈与挺拔，它是树中的伟丈夫。

——茅盾《白杨礼赞》

茅盾先生通过“伟岸”“正直”“朴质”“严肃”“坚强不屈”“挺拔”“伟丈夫”等褒义词，高度赞扬了傲然挺立的白杨树，进而礼赞坚持抗战的北方人民。

有些学生认为大量使用形容词能使语言更美，比如琼瑶式的“我好高兴好快乐……”；有些学生刻意使用一些网络新语，仿佛最流行的词语就最有趣；还有些学生在写文章时精心选用许多文言词汇、文言句式，使文章文白夹杂，仿佛这样就显得很高雅，比如称自己的文章为“拙作”。实际上这个词是古人的自谦之词，同“故人”“舍下”一样，带有一定的历史语用环境色彩，在现代汉语中已经较少使用，如果它们出自青年学生之口，虽然其出发点也是自谦，但给人的印象总有点老气横秋、矫揉造作，反而不美。

应该说，文从字顺不仅是语言美的一个重要基础，其本身也是美的呈现。相反，大量的使用比喻、夸张、拟人等修辞格，也未必就一定是美。文学艺术中，通过修辞来表现美的方式是多种多样的：句式整齐统一是美，错综复杂也是美；语句紧凑递进是美，舒缓分散也是美；浓墨重彩的叙述是美，朴实无华的描写也是美；文风大气磅礴是美，委婉曲折也是美。修辞在文学作品中的使用不在多，不在杂，而在是否恰当合理。

第七节　语体

一、语体概说

语言是人类最重要的交际工具。由于交际任务的不同，交际主体根据交际目的选择适当的语言材料和表达方式，日益形成了相对稳定的独立的体系，这些相对稳定的独立的体系就是语体。汉语是世界上历史最悠久的语言之一，汉语的语体也是源远流长的。早在文字产生以前，就出现了口头的文学创作，如葛天氏的《八阕》、伊耆氏的《蜡辞》以及《弹哥》等远古诗歌，说明中国文艺语体早在古代就出现了。

语体是人们在不同的交际领域，根据交际目的，运用语言表达而渐渐形成的，由此可知语体的主要要素包括交际领域（语境）、交际目的、语言表达。

我们根据语言表达形式的不同，将语体分为口语语体和书面语语体两个大类。

二、口语语体及其特点

口语语体是在口头交际的基础上形成的，主要用于日常生活的交际领域，说话者以语音为载体表达思想，传递信息，交流感情，还可以借助各种非语言因素来增强表达效果，如点头表示同意、伸出大拇指表示称赞等。

口语语体根据交际领域(语境)可以划分为谈话语体、讨论语体和演说语体。

谈话语体	谈话语体是语体中最基本、最重要的一种,这种语体主要产生于人们日常社会交往的口头交谈,即总是采用口语为其表达方式。谈话语体是想到什么说什么,想怎么说就怎么说,往往有较强的随意性,并且可以不断地进行自我调整和修补
讨论语体	讨论语体是指围绕某一特定的中心主题,采用讨论、会谈、争辩、论争等方式,有目的、有意识地展开的两人或两人以上的谈话
演说语体	演说语体是指说话主体就某一个或某几个问题对听话者说明事理、发表见解、介绍经验、传播知识等,整个过程是单向的信息输出,听话者不参与说话

1.谈话语体

谈话语体具有随意性,主题不集中。省略语句和谈话主题突转,常导致谈话语流不连贯,甚至还可能产生同化、异化、脱落等音变现象。

2.讨论语体

讨论语体对谈话的时间、场合、内容都有一定的限制和要求,不像谈话语体那么自由、随意。比较正式的讨论语体,如答记者问、辩论会、学术讨论、新闻访谈等;不太正式的讨论语体,如会议发言、私人通信等,这一类就比较接近于谈话语体了。

主持人:有一些新闻事件,会让人联想到"你到底懂不懂美?"。我们现在的生活太需要美育了。蔡元培先生曾经也说"美育代宗教",那么你们这些专门研究"美"的人,能跟我们说说什么叫"美"吗?

嘉宾一:你光从理论上讲"美"这个定义,我觉得是无法定义的。历史上有各种各样的对"美"的不同定义的说法,有人说"美"是自由,因为"美"是很抽象的,完全不能回到一个实证的方面去。对我而言,我觉得"美"有很重要的一点,就是它是大自然的一种韵律和秩序。比如说黄金比例。我在创作时需要根据这个黄金比例去完成构图或者排版,我认为这是大自然的一种暗合。

嘉宾二:我认为美是动态的。比如伦勃朗同时代的人如果看到了达·芬奇、看到了毕加索的画,他们是什么感觉?一个太平洋上的土著看到《兰亭集序》,他有没有可能觉得美?就是说这个美有没有可能跨文化?跨种族?跨时代?

嘉宾三:也许会有共鸣。当我们只谈论作品内在的韵律和均衡感时,好像可以跨越时代和地域差异,人们可以共享"美"。但是如果我们追求"永恒的美",这可能就不存在。

——综艺《圆桌派》第六季第四期

上段讨论是讨论者就"何为美"这个主题展开的,每个人讨论的内容都很集中,讨论者从"美"的定义、"美"的动态、"美"的共享等方面紧扣主题进行分析和阐述,自始至终没有改变讨论的主题。和日常谈话语体相比,上段讨论语气显得比较严肃专业，表现在运用“黄金比例”“伦勃朗”“毕加索”“达·芬奇”“跨文化”等美学专业术语，语句比较完整，话语组织条理性强，可以看出讨论者是经过事先考虑的，话语组织呈现出条理性和准确性。

3.演说语体

演说语体与谈话语体不同。谈话语体是两个或两个以上的人之间的谈话，每个参与者既是说话者也是听话者，他们之间通过讨论、会谈、争辩等方式进行交流和沟通。演说语体是一个人面对众人发表讲话，说话者和听话者之间没有话语的交流和沟通。说话者主要通过声音来传播信息，因此，为了使听话者听明白，演说语体要求说话者有较清晰的语音，多选用字音响亮的词语；词汇方面，不同于谈话语体，演说语体避免了日常口语啰唆、随意等缺点，保留了通俗、易懂、上口等优点；句式简短且较完整，使用较为严密的逻辑来表达和组织说话内容。

历史长河波澜壮阔，一代又一代人接续奋斗创造了今天的中国。

今天的中国，是梦想接连实现的中国。北京冬奥会、冬残奥会成功举办，冰雪健儿驰骋赛场，取得了骄人成绩。神舟十三号、十四号、十五号接力腾飞，中国空间站全面建成，我们的“太空之家”遨游苍穹。人民军队迎来95岁生日，广大官兵在强军伟业征程上昂扬奋进。第三艘航母“福建号”下水，首架C919大飞机正式交付，白鹤滩水电站全面投产……这一切，凝结着无数人的辛勤付出和汗水。点点星火，汇聚成炬，这就是中国力量！

今天的中国，是充满生机活力的中国。各自由贸易试验区、海南自由贸易港蓬勃兴起，沿海地区踊跃创新，中西部地区加快发展，东北振兴蓄势待发，边疆地区兴边富民。中国经济韧性强、潜力大、活力足，长期向好的基本面依然不变。只要笃定信心、稳中求进，就一定能实现我们的既定目标。今年我去了香港，看到香港将由治及兴十分欣慰。坚定不移落实好“一国两制”，香港、澳门必将长期繁荣稳定。

今天的中国，是赓续民族精神的中国。这一年发生的地震、洪水、干旱、山火等自然灾害和一些安全事故，让人揪心，令人难过，但一幕幕舍生取义、守望相助的场景感人至深，英雄的事迹永远铭记在我们心中。每当辞旧迎新，总会念及中华民族千年传承的浩然之气，倍增前行信心。

今天的中国，是紧密联系世界的中国。这一年，我在北京迎接了不少新老朋友，也走出国门讲述中国主张。百年变局加速演进，世界并不太平。我们始终如一珍视和平和发展，始终如一珍惜朋友和伙伴，坚定站在历史正确的一边、站在人类文明进步的一边，努力为人类和平与发展事业贡献中国智慧、中国方案。

——习近平《二〇二三年新年贺词》

习近平同志的贺词,联系新年展望的语境,围绕中国现状进行演说。发言时,多选用排比的修辞方式,从中国力量、中国创新、中国精神、中国智慧等方面总结全国一年的发展,语言内部条理清晰,逻辑严密,层层递进。

三、书面语语体及其特点

书面语语体是在口语语体的基础上发展形成的,是口语语体的加工形式。书面语语体一般比较舒展、严密,词汇量也较口语更丰富。书面语语体以书面形式为基本形态,用于正式的交际场合,既包括图书、报刊或其他书写形式,也包括经过加工、比较文雅、合乎标准语规范的书面转换形式或口头形式(如演讲、报告、官方会谈等可看作口语语体的书面转换形式或者书面语语体的口头转换形式)。

书面语语体一般都有加工和润饰的过程,由于不在同一交际场合,因而使用长句、复句、结构严谨的完全句比较多。布局层次分明、逻辑关系严谨是它的主要特征。

书面语语体按交际领域(语境)可以分为应用语体、科技语体、政论语体、新闻语体和文艺语体。

1.应用语体

应用语体是国家党政机关、企事业单位、社会组织为处理公务所撰写的包括行政公文在内的各种实用文书形成的标准体系和语言体式。

应用语体有广义和狭义之分。广义的应用语体包括公文文件、规章制度和日常应用文三类。公文文件,如命令、指示、通知、公告、通报、批示、计划、总结、调查报告、综合反映、请示报告等。规章制度,如法规、制度、公约、条例、守则、须知、注意事项等。日常应用文,如书信、启事、条据、倡议书、广告、使用说明等。狭义的应用语体就是指行政公文,即命令、决定、公告、通告、通知、通报、议案、报告、请示、批复、意见、函、会议纪要。

应用语体一般有以下一些特点:

第一,语言庄重、清晰、简明、准确。应用文代表了某一机构组织的权力意志,具有一定的权威性和约束力,行文语言也要求庄严、郑重,避免产生歧义和误解。在时间、数量、范围等方面都要求写得十分明确。如:“必须严格执行,违者依法惩处。”“本专业计划招生四十五名(其中女生二十名),学制为四年。”

第二,有固定的行文格式。在长期的使用过程中,为保证文书的质量和提高办公效率,应用文形成了若干固定的行文格式。例如行政公文格式包括发文机关标志、发文字号、签发人、份数序号、保密等级、缓急程度、公文标题、主送机关、正文、附件、成文时间、主题词等。

第三,有专门的习惯用语。撰写应用文时,根据需要,恰当地运用这些习惯用语，能有效增强语言的简明性、得体性和庄重性。例如：

开端用语：据、根据、依照、为了、由于、兹介绍、兹定于
引叙用语：据了解、近悉、收悉
过渡用语：现通知如下、现答复如下、特通知如下

第四，句式简要完整，语义周密严谨。应用文多用陈述句、祈使句，较少用疑问句、感叹句，多用完整句，较少用省略句。语言比较平实、朴素，要求把握住要点，将事情交代清楚，很少运用抒情和描写，用较少的文字来表达复杂的内容，要求做到言简意赅。

2. 科技语体

科技语体是指适应科学技术领域的研究、发展和普及的需要而形成的语言特点体系。科技语体随着科学技术的产生而产生，发展而发展，它拥有一整套与科学技术活动的场合、过程、结果相适应的语言材料和表达手段，语体"个性"特征非常明显。

科技语体又分为专门科技体和通俗科技体。

专门科技体以实用为目的，包括专著、学术论文、科学报告、读书笔记等。其特点是：

第一，大量而准确地运用专门术语。科技语体对客观现象和规律的表述，力求精确、简洁，论证力求严谨、周密，因此用词比较注意精确性和单一性，较多使用专门术语；与此同时，同一科学范畴中的术语，彼此又形成与该科学体系相应的术语系统。如"电子"一词，相应的术语有电子束、电子管、电子秤、电子货币、电子对抗、电子侦察、电子邮箱、电子眼。

第二，句子结构完整，语义严密，大量使用长句。科技语体需要高度的精确性和严密性，因此使用的句子力求完整，不作任意省略，大量运用各种复杂的修饰成分、限制成分、并列成分构成长句，或者利用各种各样的分句之间的关系，表现精密复杂的内容。

第三，图表、符号的配合使用。科技语体中图表、公式、符号的运用是随处可见的，借助这些辅助符号增强示意作用，可使表达简洁明晰，有利于学术间的交流。

第四，较少使用修辞格。科技语体尊重科学规律的客观性，力求语言表达的准确、严密、简洁，以减少抽象性，增加形象性，帮助读者理解科技文章，很少使用夸张、拟人等修辞格，有时使用比喻也是为了论证和说明。例如：

本文研究结果显示，各国人工智能产业的进步能显著促进GVC网络的深化。人工智能对GVC网络的积极影响主要是通过劳动力替代和缓解资源错配实现。相比于发达国家，人工智能对深化发展中国家GVC网络的促进效应更强；相比于高出

口依赖型国家，对低出口依赖型国家的积极效应更加突出。人工智能除了影响各国GVC网络的深化外，还能延长GVC长度，增强GVC竞争力，以及推动各国向GVC上游攀升。这一发现对当前“双循环”新发展格局构建——“内循环为主、外循环赋能”具有重要的战略指引。

——吕越、谷玮、尉亚宁、包群《人工智能与全球价值链网络深化》

通俗科技体主要运用于一些普及性的通俗科技读物中，多含有通俗的、大众化的、人民群众易于接受的词汇，便于传播、普及各种科学知识，为公众所理解、掌握甚至运用。通俗科技体是专为广大人民群众普及科学知识服务的，要求语言深入浅出，既注重科学性、准确性，又具有形象性、趣味性，它把科学技术的知识形象化、情节化，通常为了增强对读者的吸引力，表达活泼、生动，句式的运用也比较灵活多变。例如：

那么，新冠病毒是如何进入人体的呢？

研究表明对非典相关冠状病毒易感的中间宿主活体动物作为人类接触的新冠病毒祖细胞的主要来源发挥了核心作用，就像非典的起源一样。换句话说，人类与携带非典相关冠状病毒活体动物之间的接触导致病毒传播是新冠疫情大流行的最可能原因。但新冠病毒的确切动物来源仍不清楚。

论文称，人类现在是新冠病毒的主要宿主物种。目前的危险在于，新冠病毒可能会从人类传播到其他动物物种，即出现所谓的“反向人畜共患病”现象。有研究显示，美国东北部三分之一的白尾鹿体内都存在新冠病毒抗体，表明它们已经感染了新冠病毒。它们究竟是如何感染新冠病毒的，已成为一大谜团。

论文表示，Sarbecovirus（乙型冠状病毒支系B，即新冠病毒所属的冠状病毒亚属）对不同宿主物种的混杂感染意味着未来非典相关冠状病毒很可能从野生动物中溢出，而目前的疫苗可能无法预防新的变异。为了更好地了解这种溢出风险，迫切需要提高对Sarbecovirus的采样强度。

论文强调，人类必须跨越国界共同努力，扩大在人与动物层面对冠状病毒的监测，以最大限度地减少现有变异和正在进化的逃避疫苗抗体的变异的威胁，并阻止未来病毒溢出事件的发生。

——张佳欣《〈科学〉发文论证新冠病毒的动物起源》，人民网

这是一篇通俗科技文章，作者从“新冠病毒是如何进入人体的”这一问题引入主题，陈述病毒的来源、宿主和监测，对读者有较强的吸引力。除此之外，作者在不违背科学原理和科学事实的前提下，回避生僻的名词、术语，使用生动、浅显的语言介绍科学知识。

3.政论语体

政论语体是指通过对社会政治生活中各种问题进行分析和阐释，向广大人民群众进行宣传和动员，起到宣传和教育作用的语言特征体系。主要包括社论、时评、宣言、短评以及部分新闻报道等。

政论语体的特点是：

第一，大量运用有政治色彩的、时代感强的词语。政治语体在论述各种社会政治问题时要大量使用政治术语，同时也会恰当运用成语、谚语、惯用语、格言、典故、俗语等。

第二，灵活运用各种句式。汉语的四种基本句类陈述句、疑问句、祈使句和感叹句，常常在政论语体中被交错运用，长句和短句结合使用，使文章的思想内容和作者的感情倾向得到更好表现，语言富于感染力和说服力。

第三，运用多种修辞格。政论语体为了实现宣传和教育的作用，较多地运用比喻、对偶、对比、排比、反问、设问、反语等常见的修辞格，晓之以理，动之以情，以引起群众的共鸣。如：

作为防疫政策优化调整后的首个春节，“返乡过年”成为今年春节很多人的首选。但是，为抢抓复工复产进度，同时也为应对感染高峰，确保城市平稳运行，这个春节里，很多城市的很多岗位依然离不开劳动者的坚守支持，一些企业的连续生产，也关乎整座城市的运转。在这样的特殊情况下，多地提前出台“稳岗留工”政策，以“真金白银”的补贴来鼓励劳动者继续坚守岗位、企业持续提供服务，也就有了现实必要性。

这些“稳岗留工”政策里，既有明码标价的补贴，也包括“公共交通免费使用，景区免费开放”的公共服务倾斜；既有针对一线员工的补贴鼓励，也有面向企业的奖补。应该说，无论从鼓励力度，还是从政策的辐射面来说，都体现了城市对劳动者的尊重和对企业的支持态度。

事实上，在过去三年的防疫背景下，类似的举措在很多地方都有。一方面，这些公共鼓励政策，重新定义了特定时期里政府、企业、个体之间的关系，为凝聚经济社会发展的动力和抗疫合力发挥了重要作用；另一方面，特殊时期里，这些针对企业和劳动者的扶持、鼓励政策，也反映出，越来越多的城市都看到了“人”和市场主体对于城市发展和平稳运行的重要性。因此，这样一种公共善意，在“后疫情时代”应该被继续发扬、放大。

——光明网评论员《真金白银支持春节“稳岗留工”，这份公共善意值得放大》，光明网

作者在这一篇时评中，紧紧贴近事实，运用了“防疫政策”“复工复产”“稳岗留

工”“返乡过年”“后疫情时代”等具有政治色彩或者时代感强的词语，提出热点、焦点问题，吸引读者注意力，然后再针对问题进行分析论证。

4.新闻语体

新闻语体是为了适应社会传播信息的需要而产生的，是人们运用语言传播信息时形成的语言特征体系，其传播对象为人民大众。现代科学技术的发展日新月异，新闻的传播媒介突破了传统领域，迎来了信息化、网络化时代，电子媒体与网络媒体快捷、超时空的特性使得新闻语体在人们生活中发挥着越来越重要的作用。

新闻语体包括消息、通讯、评论等。消息有动态消息、经验消息、综合消息、社会消息、述评消息等，通讯有人物通讯、事件通讯、概貌通讯、工作通讯、主题通讯等，评论有社论、短评、声明、评论员文章等。

新闻语体一般有如下的语言语用特点：

第一，简洁精练。这一特点是由新闻传播要求迅速及时和受众的接受心理决定的，具体表现为新闻语体的语篇短小，段落短小，语句精练且句子结构简单。

第二，通俗平实。新闻的传播对象是文化程度不同的广大人民群众，为了提高新闻的传播效果和扩大新闻的传播范围，不仅要求作者能用简洁精练的语言表述新闻事实，还要求其语言通俗易懂，深入浅出。所以，新闻语体多选用鲜活朴实的、接近口语的表达形式，常常把书面语词改成口语词，文言文词改成现代汉语词语，选用普通、常用的词语组织成句来表述事实，句子之间条理清晰，逻辑严密。如：

国务院副总理胡春华11日至13日在广西督导巩固脱贫攻坚成果等工作时强调，要全面贯彻落实习近平总书记关于“三农”工作的重要论述，以更加扎实有力的工作举措，加快促进脱贫地区发展，抓好春节期间“菜篮子”产品生产供给，切实落实农村疫情防控各项措施。

广西脱贫人口和乡村振兴重点帮扶县数量多。胡春华来到国家乡村振兴重点帮扶县之一的昭平县等脱贫县，深入脱贫村、脱贫农户、扶贫车间和易地搬迁安置小区等考察督导。他指出，要坚持把巩固拓展脱贫攻坚成果作为全面推进乡村振兴的底线任务，促进脱贫群众持续增收，不断缩小收入差距。要加大对因病因灾等原因造成生活困难群众的救济帮扶，切实加强兜底保障，确保过上一个欢乐祥和的春节。

广西是全国“菜篮子”产品重要产区。胡春华在桂林市、贺州市、贵港市、玉林市实地察看了蔬菜、水果、生猪、水产等生产和市场流通情况。他强调，要大力发展设施农业，提高农畜产品产出水平。要做好节日期间保供工作，确保生活物资供应充足、价格稳定。

胡春华在督导中指出，要按照党中央、国务院部署，全面落实属地责任，扎实抓好农村疫情防控各项工作,维护好农村居民身体健康和正常生产秩序。

——《胡春华在广西督导巩固拓展脱贫攻坚成果和“菜篮子”产品保供稳价工作》,新华网,2023年1月13日

这篇报道标题对内容作出准确、简要的提示。一般来说,每一段包括1—2个句子,语篇短小,简洁精炼,段落之间没有过渡段、过渡句、过渡词语,文字自然,节奏明快,表达凝练,段落安排有一定的内在逻辑。

第三,新颖独特。新闻语体按材料的重要性组织写作,形成了独特的“倒金字塔”结构。除此之外,新闻在报道新近发生的、有价值的事实时,常常使用反映新事物、新现象的词语,如大量使用生活中“直播”“带货”“防疫”“躺平”“鸡娃”等新词语。

第四,善用修辞格。新闻报道为吸引读者的注意力,常常运用比拟、双关、对偶、比喻、夸张以及词语的超常搭配等手段为本来索然寡味的事实报道增添诙谐幽默的氛围。如:

还在“朋克养生”? 熬夜后被自己丑哭了? 24小时睡不醒? 你需要用真正原产地的枸杞原浆,元气满满开启“红滋养”! 绵糯可口,清香回甘,这个春节,给爸妈带点宁夏粘小米,一份孝心,一份牵挂! 1月14日19:00,由共青团中央青年发展部主办,中国青年报社、共青团宁夏区委承办,共青团吴忠市盐池县委、狮城宁好电商网批(西部)运营基地支持的“青耘中国·冬藏未来”直播助农示范性活动即将开始,来快手“狮城宁好”直播间即可参与。

——《“青耘中国·冬藏未来”直播助农活动宁夏专场1月14日19:00精彩开播!》,中国青年网

上段通讯中,作者从设问入手,将宁夏枸杞比喻成“红滋养”,形象地说明了当地枸杞的营养价值,同时使用“丑哭了”“睡不醒”等诙谐的表达,给报道营造了活泼、幽默的气氛。

5.文艺语体

文艺语体是指在文学创作过程中,对语言材料和表达方式进行运用而形成的语言特点体系。这种语体通过艺术形象反映现实世界的人、事、物,抒发感情,表达思想,语体的表现手法丰富多彩。其语言特点是:

第一,语言的形象性和情感性显著。文艺作品是通过塑造艺术形象来反映社会生活,体现创作意图的。内容的形象性是通过形式的形象性来体现的,常运用各种各样的形象化的语言手段进行具体、生动、传神的描写和说明,如写人物要惟妙惟肖,呼之欲出;写景色要绘声绘色,如临其境。作者为了传达某种复杂的思想、情

感,或爱或憎,或喜或怒,或褒或贬,或平静或激烈,使读者受到感染,引起读者的共鸣,必然要调动语音、词汇、语法、辞格等语言要素来刻画艺术形象,传达心声。例如:

女人赔小心似的媚笑,这笑扩充到肩背腰腹,使她全身丰腴的曲线添了波折,说的话仿佛被笑从心底下泛了上来,每个字都载沉载浮在笑声里。

——钱锺书《上帝的梦》

这句话写女人的媚笑,不直接写笑得如何厉害,而是借因笑而引起的身体变化来衬托这个媚笑,可谓匠心独运。

第二,广泛运用各种句式。文艺语体可以容纳各种各样的句式,如主谓句、非主谓句、单句、复句、省略句、整句、散句等,各种句式的交错运用,使得文艺语体语言表达生动、活泼、贴切、丰富,能恰如其分地表情达意。

第三,广泛地运用各种修辞格。文艺语体可以说是修辞格运用的一个广阔舞台,比喻、拟人、夸张、借代、双关、排比、对偶、反复等修辞格增强了文艺语体的感染力和表现力。例如:

曲曲折折的荷塘上面,弥望的是田田的叶子。叶子出水很高,像亭亭的舞女的裙。层层的叶子中间,零星地点缀着些白花,有袅娜地开着的,有羞涩地打着朵儿的;正如一粒粒的明珠,又如碧天里的星星,又如刚出浴的美人。微风过处,送来缕缕清香,仿佛远处高楼上渺茫的歌声似的。这时候叶子与花也有一丝的颤动,像闪电般,霎时传过荷塘的那边去了。叶子本是肩并肩密密地挨着,这便宛然有了一道凝碧的波痕。叶子底下是脉脉的流水,遮住了,不能见一些颜色;而叶子却更见风致了。

——朱自清《荷塘月色》

这段描写使用比喻、拟人、通感,将荷叶比喻成"舞女的裙",像人一样"密密地挨着","更见风致";将荷花比喻成"明珠""星星""美人",其清香让人联想到渺茫的歌声,甚至流水也是脉脉含情的,夜色中的荷塘景色便跃然纸上。

四、正式语体与非正式语体

正式语体是人们在正式场合使用的规范用语,通常语句较长,词汇和语法合乎规范。正式语体的使用范围上至政府签发的官方文件、法令,下至一所学校发布的启事和文告等,其被广泛地运用于报纸、杂志、广告、电视、通俗书籍等领域中。例如:

学校、幼儿园周边不得设置营业性娱乐场所、酒吧、互联网上网服务营业场所等不适宜未成年人活动的场所。营业性歌舞娱乐场所、酒吧、互联网上网服务营业场所等不适宜未成年人活动的场所的经营者,不得允许未成年人进入;游艺娱乐场所设置的电子游戏设备,除国家法定节假日外,不得向未成年人提供。经营者应当在显著位置设置未成年人禁入、限入标志;对难以判明是否是未成年人的,应当要求其出示身份证件。

——《中华人民共和国未成年人保护法》第五十八条

正式语体的对立面就是非正式语体,是指在非正式的场合使用的语体,包括私人交谈、个人书信来往、日常口语等。例如:

我寄你的信,总要送往邮局,不喜欢放在街道边的绿色邮筒中,我总疑心那里会慢一点。然而也不喜欢托人带出去,我就将信藏在衣袋内,说是散步,慢慢的走出去,明知道这绝不是什么秘密事,但自然而然的好像觉得含有什么秘密性似的。待走到邮局门口,又不愿投入挂在门外的方木箱,必定走进里面,放在柜台下面的信箱里才罢。

——鲁迅《鲁迅全集·两地书·一二〇》

五、语体与雅俗

雅与俗,是文化形态上的一组对立概念,二者之间有着不同的价值取向。雅与俗也可以随着语境的变化而相互转化。现代汉语语体中有"雅"的一面,也有"俗"的一面,文本写作需要雅俗相伴、雅俗共赏,使雅和俗相得益彰。

"雅"的基本字义有两种:第一,表示正规的、标准的,如"雅言""雅正";第二,表示美好的、高尚的、不粗俗的,如"文雅""高雅""典雅"。从这个意义上说,书面语语体、正式语体中那些思想内涵博大、观点深刻先进、境界高尚远大、想象丰富美好、写作技巧独特高超、语言优美纯洁的文本都可以算作"雅文"。

"雅文"可以适当选择一些具有凝练性、典雅性的古语词进行修辞渲染,如古语词的一些实词"阁下""宣告""逝世"等,和一些虚词"此""何""以"等,具有典雅、庄重的色彩,例如:

他文能治国,武能安邦,功盖中华,誉满天下,从不居功。

——《人民日报》社论《遵循周总理的遗愿,纪念周总理》

陈然忽然收到一封没有署名的短信:"近日江水暴涨,闻君欲买舟东下,谨祝一帆风顺,沿途平安。"

——罗广斌等《在烈火中永生》

亲仁善邻、协和万邦是中华文明一贯的处世之道，惠民利民、安民富民是中华文明鲜明的价值导向，革故鼎新、与时俱进是中华文明永恒的精神气质，道法自然、天人合一是中华文明内在的生存理念。

——习近平《深化文明交流互鉴 共建亚洲命运共同体》

还可以引用一些古典诗词。古典诗、词、文蕴涵着深厚的文化底蕴和情感资源，妙用它们可以激活语言表达、彰显文化底蕴，使文本散发出浓浓的书卷气和文化气。例如：

忽然想起采莲的事情来了。采莲是江南的旧俗，似乎很早就有，而六朝时为盛；从诗歌里可以约略知道。采莲的是少年的女子，她们是荡着小船，唱着艳歌去的。采莲人不用说很多，还有看采莲的人。那是一个热闹的季节，也是一个风流的季节。梁元帝《采莲赋》里说得好：

于是妖童媛女，荡舟心许；鹢首徐回，兼传羽杯；棹将移而藻挂，船欲动而萍开。尔其纤腰束素，迁延顾步；夏始春余，叶嫩花初，恐沾裳而浅笑，畏倾船而敛裾。

可见当时嬉游的光景了。这真是有趣的事，可惜我们现在早已无福消受了。

于是又记起《西洲曲》里的句子：

采莲南塘秋，莲花过人头；低头弄莲子，莲子清如水。

今晚若有采莲人，这儿的莲花也算得"过人头"了；只不见一些流水的影子，是不行的。这令我到底惦着江南了。

——朱自清《荷塘月色》

名言警句对"雅文"也有点染的作用。这些句子蕴含着深邃的哲理，闪耀着理性的光辉，可以增强文章的说服力和感染力。例如：

今天，新时代中国青年处在中华民族发展的最好时期，既面临着难得的建功立业的人生际遇，也面临着"天将降大任于斯人"的时代使命。

……青年志存高远，就能激发奋进潜力，青春岁月就不会像无舵之舟漂泊不定。正所谓"立志而圣则圣矣，立志而贤则贤矣"。

——习近平《在纪念五四运动100周年大会上的讲话》

"俗"多与贬义相伴，如庸俗、俗套、俗气等，但文本写作在"雅"的基础之上，既需要文学性，又不能脱离日常生活，因此，适当适度地运用通俗语言，可以化难为易、妙趣横生。

"俗文"注重口语化和通俗性，可以在写作中适当地使用一些口语词、俗语、谚语等，多使用白话句式，平直流畅，易为人民群众所接受。口语语体、新闻语体、文艺语体等中皆有“俗文”的身影。例如：

研究语文问题，有一个重要条件，就是要有极其敏锐的语感，无论是看书看报，或者听人说话（包括听自己说话），要能一眼就看出来，一耳朵就听出来，“这就是我的材料”。没有这种敏感怎么办呢？不要紧，可以培养。实在培养不出来，那也只能拉倒了。

——吕叔湘《给一位青年同志的信》

你这个人什么都好，就是嘴快，水盆里扎猛子，也没个深浅。

——杨朔《三千里江山》

为了增强语言的形象性和幽默性，还可以与时俱进，吸纳新鲜的网络热词和流行语，如2022年出现的网络流行语“冬奥会”“冰墩墩”“二十大”“中国式现代化”等。

适当的“俗文”风格平实、质朴、接地气，便于人民群众理解和接受，但是通俗不等于低俗和庸俗，我们在日常生活中也要警惕语言低俗化和庸俗化倾向，对报纸、电视、网络上的媒体语言功能进行规范，引导雅俗共赏，做到“通俗而不庸俗、用情而不滥情、娱乐而不愚乐、平凡但不平庸”。

六、各类语体的相互渗透

各种语体都是在人们长期运用语言的过程中形成的，具有相对独立性。但是由于交际范围的扩大，交际任务的增多，各类语体之间也在互相渗透、互相影响、互相融合，形成了许多语体交叉的现象。

有些作家在进行艺术创作时，有意把不同语体类型的语言样式结合在一起，就出现了一些语体融合的样式，比如以诗作广告：

对酒当歌，人生几何！譬如朝露，去日苦多。慨当以慷，忧思难忘。何以解忧？唯有杜康。

——曹操《短歌行》

曹操在《短歌行》第一节，抒写人生苦短的忧叹，不经意间为杜康酒作了广告，杜康酒也因该首诗词成为酒的代称。

这样的融合样式还有书信体小说，例如：

我亲爱的朋友，毫无疑问，你的话很有道理。要是不那么痴情、不那么执着地把想象投入过去的悲苦中（只有上帝明白人为什么流行如此），要是能多想想怎样把握现在，人类受的苦就会大大减轻。

恳请好心的你告诉我母亲，我将尽我所能办好她的事宜，也将最快地告诉她消息。我已经拜见了姨母，发现她和我们的朋友形容的那种人相去甚远，她精力很充沛，说话爽快，是个善良的人。我对姨母说了母亲对她一直压着不分配遗产非常不满，她告诉我她的理由，还有她打算将遗产全部交出的条件，这些遗产比我们要求的多了很多。简单地说，我暂时不再絮叨这件事了，请转告我母亲，事情会得到圆满的解决。

——歌德《少年维特的烦恼》

《少年维特的烦恼》是德国作家歌德创作的中篇小说，它描写了进步青年对当时鄙陋的德国社会的体验和感受，表现了作者对封建道德等级观念的反应以及对个性解放的强烈要求。使歌德由一位德意志诗人一举成为世界闻名的作家，也在全球范围内掀起一股“少年维特热”。这部小说采用的书信体形式更是开创了德国小说史的先河。

尽管这些样式吸收了应用语体的某些语言表达手段，但从整个作品来看仍属于文艺语体的范畴。

由于有些语体长期地互相影响、渗透，使得融合出现的一些语体样式逐渐稳定下来，成为独立的体裁。比如，杂文就是文艺语体和政论语体融合的结果，科学文艺就是科技语体与文艺语体融合的结果。

中国现在的所谓中国字和中国文，已经不是中国大家的东西了。

古时候，无论那一国，能用文字的原是只有少数的人的，但到现在，教育普及起来，凡是称为文明国者，文字已为大家所公有。但我们中国，识字的却大概只占全人口的十分之二，能作文的当然还要少。这还能说文字和我们大家有关系么？

也许有人要说，这十分之二的特别国民，是怀抱着中国文化，代表着中国大众的。我觉得这话并不对。这样的少数，并不足以代表中国人。正如中国人中，有吃燕窝鱼翅的人，有卖红丸的人，有拿回扣的人，但不能因此就说一切中国人，都在吃燕窝鱼翅，卖红丸，拿回扣一样。要不然，一个郑孝胥，真可以把全副“王道”挑到满洲去。

——鲁迅《中国语文的新生》

杂文实际上是散文的一种。它是直接而迅速地反映社会事变或社会倾向的一种文艺性论文，以短小、活泼、锋利为特点，内容广泛，形式多样。有关社会生活、文化动态以及政治事变的杂感、杂谈、杂论、随笔，都可归入这一类。“五四运动”以后，许多革命家、思想家、文学家都写过优秀的杂文。其中最杰出的当推鲁迅，他是开创一代杂文新风的大家。他说“在风沙扑面，狼虎成群的时候”，杂文是“匕首和投枪，要锋利而切实”，是“和读者一同杀出一条生存的血路的东西”；也“是在对有害的事物，立刻给以反响或抗争，是感应的神经，是攻守的手足”。这就将现代杂文的作用作了准确的说明。

科学文艺一词于20世纪30年代从苏联传入中国，是用文艺形式宣传科学知识的各种文体的总称，包括科学童话、科学故事、科学幻想小说、科学散文、科学小品、科学寓言、科学诗、科学相声、科学谜语等多种体裁。早在20世纪初，被称作“科幻小说之父”的法国作家儒勒·凡尔纳的作品就被引进到中国，鲁迅先生对他的科幻小说评价非常高，称他为科学文艺的先驱。

科学文艺反映科学内容，提倡科学的思想方法，既不同于一般的文学作品，也有别于采用理论论述、逻辑推理等抽象概括方法介绍知识的科普读物。它通过艺术的构思，运用文学的手法，把具体的科学内容形象生动地表现出来，是科学与文艺的有机结合。

新中国成立之后，在“繁荣儿童文学创作”旗帜下的50年代和“向科学进军”的70年代末80年代初，科学文艺创作先后经历了两次高潮，出现了《揭穿了小人国的秘密》《珊瑚岛上的死光》《小灵通漫游未来》《飞向人马座》等优秀作品，产生了巨大的社会影响，比如《揭穿了小人国的秘密》，就是把细菌的生命史、细菌对人类所造成的伤害和人类与细菌战斗的科学知识用童话诗的形式写出来，告诉我们如何认识细菌、防御细菌、注意个人卫生和公共卫生。再例如：

爷爷让我扶着船舷的栏杆，朝船底瞧，我这才发现，这艘船是一艘怪船：它的船底是完全腾空的，脱离了水面，像腾云驾雾似的在江面上航行！

爷爷告诉我：这艘船是一种新式的船，叫作“原子能气垫船”。在船上，有一个巨大的风扇，不停地往船底鼓风，使整个船都腾空，脱离水面。这样，船在航行的时候，不受水的阻力，所以像飞一样快。正因为这样，船还能在陆地上行驶——它在陆地上也是腾空的，脱离地面。昨天夜里，他们从江里开到陆地上休息，把机器关掉，船停在草地上。我就在那时，跃过了栏杆，躺到长椅上睡熟了。清早，气垫船起航了，又从陆地开往江里，这时我仍在酣睡。

——叶永烈《小灵通漫游未来》

《小灵通漫游未来》是一本深受广大读者喜爱的经典小说。小说通过小灵通三度漫游未来的种种见闻，多角度、全景式、生动有趣地展示了未来的美好景象。小说内容涉及航天、航海、医疗、气象、农艺、建筑、交通、通讯、电子、微生物以及机器人等诸多科学领域。小说文笔极佳，情节跌宕起伏、扣人心弦，深受小朋友的喜爱。

语体的交叉是语体发展过程中出现的正常现象。这种现象并不影响语体本身的相对独立性。我们承认语体的交叉，也承认各种语体是独立存在的，只要从它的基调来观察，是不难分清各种语体的。

本章小结

语音、词汇、语法是语言的三要素。修辞既不是语言的第四要素,也不从属于语言三要素。语言三要素是修辞的材料、手段、基础;修辞是对语言三要素的综合艺术加工及其效果,是语言三要素的高级体现。修辞包含三层含义,即修辞行为、修辞规律、修辞理论。修辞要遵循得体原则、有效原则。修辞要注重对象、场合,运用恰当的语言材料、表达方式以达到良好的表达效果。语境是进行修辞的依据,也是检验修辞效果的依据。锤炼词语、调整句式,二者结合方可收到理想的表达效果。辞格的修辞效果能使表达的内容和形式呈现出丰富、生动的特点。修辞活动受到语体的制约,要时刻注意切合语体。

一、关键概念

修辞　语境　修辞学　修辞的原则　词语锤炼　句子锤炼　修辞格　辞格连用　辞格兼用　辞格套用　语体　口语语体　书面语语体

二、基本主张

一定要理解修辞与语境的关系,把握修辞的辩证原则、得体原则和功能原则。

学习评价

评价维度	1.掌握现代汉语修辞的基础理论和基本知识。 2.运用相关技能提高语言理解和表达能力。
评价项目	1.现代汉语修辞知识、能力与实践等方面的综合素养的提升。 2.体会现代汉语的艺术之美,增强文化自信,培养创新思维能力。
评价内容	1.了解现代汉语修辞的含义、原则和内容,掌握现代汉语修辞格的特点和不同语体的特点。 2.言语交际、撰写文章时注重选词炼句,使用修辞格,把握语体色彩。
评价标准	1.现代汉语修辞专业基础知识的掌握和课堂表现。 2.学习任务(个人主题作业、小组合作任务、课程小论文)的完成情况以及社会实践的表现。

推荐阅读

[1]黄伯荣,廖序东.现代汉语:上册[M].增订6版.北京:高等教育出版社,2017.

[2]陈望道.修辞学发凡[M].上海:复旦大学出版社,2014.

[3]胡裕树.现代汉语:重订本[M].上海:上海教育出版社,2019.

[4]吕叔湘,朱德熙.语法修辞讲话[M].2版.北京:商务印书馆,1979.

[5]郑远汉.现代汉语修辞知识[M].武汉:湖北人民出版社,1979.

[6]王希杰.汉语修辞学[M].3版.北京:商务印书馆,2014.
[7]罗常培,王均.普通语音学纲要[M].修订本.北京:商务印书馆,2002.
[8]施春宏.汉语纲要:上册[M].北京:北京语言大学出版社,2018.

本章自测

1.填空题

(1)修辞的原则:________、________、________。

(2)________是修辞的基础,任何修辞都离不开它。

(3)修辞上把意思相同或基本相同而风格色彩、修辞功能、表达效果方面存在细微差别的句式叫作________。

(4)口语句式的修辞作用主要是________、________,书面语句式的修辞作用主要是________、________。

(5)比喻的基本类型有______、______、______三种,用"像"作喻词的是______,用"是"作喻词的是______,这两种比喻都由______、______和______三个部分构成。

(6)利用同音现象构成的双关叫________双关,利用多义现象构成的双关叫________双关。

(7)顶针和回环都有首尾蝉联的特点,但它们的结构形式不同:顶针的轨迹是________;回环的轨迹是________。

(8)利用前后语句的循环往复以表现两种事物之间相互制约、相互依存关系的修辞方法叫作________。把上句结尾的词语作为下句的开头,使相邻语句首尾蝉联、上递下接的修辞方法叫作________。

2.判断题

(1)修辞内容包括修辞格运用、词语的锤炼、句式的组合、语言的艺术手法及技巧、文章整体的谋划布局等。(　　)

(2)汉语中由于表达的需要,可以将正常的陈述句转换成倒装句,突出强调倒装的部分。(　　)

3.简答题

(1)请谈谈修辞与语境的关系。

(2)肯定句和双重否定句都表示肯定的意思,请谈谈两者在语气和语义上的区别。

(3)新闻语体对语言的要求是什么?请结合实例进行说明。

(4)分析修辞与语境的关系。

(5)举例说明辞格的综合运用有哪些情况。

(6)简要分析语体的类别及其特征。

(7)吕叔湘认为修辞讲究各有所宜,你怎么理解“各有所宜”?

4.分析题

(1)请将下列长句化成短句。

①创新是哲学社会科学发展的永恒主题,也是社会发展、实践深化、历史前进对哲学社会科学的必然要求。

②实现中华民族伟大复兴,是中华民族近代以来最伟大的梦想,也是我们这一代人的历史使命。

(2)请将下列肯定句改成双重否定句。

①这一年,中国继续保持世界第二大经济体的地位。

②历史正确的一边、人类文明进步的一边,无疑是坚定开放取向的一边。

(3)将这个双重否定句改成肯定句。

曹雪芹如果没对当时的社会生活做过全景式的观察和显微镜式的剖析,就不可能完成《红楼梦》这种百科全书式巨著的写作。

参考文献

[1]黄伯荣,廖序东.现代汉语:上册[M].增订6版.北京:高等教育出版社,2017.

[2]陈望道.修辞学发凡[M].上海:复旦大学出版社,2014.

[3]胡裕树.现代汉语:重订本[M].上海:上海教育出版社,2019.

[4]吴礼权.现代汉语修辞学[M].4版.上海:复旦大学出版社,2020.

[5]黄伯荣,廖序东.现代汉语教学与自学参考[M].增订6版.北京:高等教育出版社,2019.

[6]王希杰.修辞学通论[M].南京:南京大学出版社,1996.

[7]张弓.现代汉语修辞学[M].石家庄:河北教育出版社,2014.

[8]张谊生.《现代汉语》练习与参考[M].北京:中国人民大学出版社,2013.

[9]邢福义.现代汉语[M].北京:高等教育出版社,2015.

[10]邢福义,汪国胜.现代汉语(第二版)[M].2版.北京:高等教育出版社,2020.

[11]邵敬敏.现代汉语通论:全2册[M].3版.上海:上海教育出版社,2016.

[12]汪国胜,吴振明,李宇明.汉语辞格大全[M].南宁:广西教育出版社,1993.

[13]宋振华，吴士文，张国庆，等．现代汉语修辞学[M]．长春：吉林人民出版社，1984.

[14]李嘉耀，李熙宗．实用语法修辞教程[M]．上海：复旦大学出版社，2007.

[15]谭永祥．修辞新格（增订本）[M]．广州：暨南大学出版社，1996.

[16]王德春．大学修辞学[M]．福州：福建人民出版社，2004.

[17]王德春，陈晨．现代修辞学[M]．上海：上海外语教育出版社，2001.

[18]鲍厚星，罗昕如．现代汉语[M]．长沙：湖南师范大学出版社，2009.

[19]刘蔼萍．现代汉语[M]．重庆：重庆大学出版社，2016.

第八章　现代汉语的特点

本章概要

本章共六节，从语音、词汇、语法、语用、修辞等方面对现代汉语的特点进行概括总结，以期对现代汉语的特点有一个整体的把握。

学习目标

1. 了解现代汉语与印欧语、古代汉语相比所具有的特点。
2. 了解现代汉语在语音、词汇、语法、语用、修辞方面的特点。

学习重难点

学习重点

1. 现代汉语与印欧语(比如英语)相比所具有的特点。
2. 现代汉语与古代汉语相比所具有的特点。

学习难点

1. 语法与修辞的关系。
2. 语用与修辞的关系。
3. 修辞在语音、词汇上的表现。

思维导图

语言特点概说	识记、理解
现代汉语语音特点	理解、运用、分析，提高推普能力
现代汉语词汇特点	理解、运用、分析，提高用词能力
现代汉语语法特点	理解、运用、分析，提高造句能力
现代汉语语用特点	运用、分析、综合，提高评价能力
现代汉语修辞特点	运用、分析、综合，提高表达能力

第一节　语言特点概说

语言是一种符号系统。任何符号都包括能指(表现成分)和所指(被表现成分)。能指和所指是互相依存、不可分割的统一体。语言符号的能指是声音,所指是意义,声音和意义之间没有必然的联系,是一种约定的关系。所谓系统,一是指它不是单一的东西,是由许多单位组成的;二是指这些单位不是孤立的,它们互相联系,处于一定的关系之中。语言是一个包括语音系统、词汇系统、语法系统的复杂符号系统。

语言是人类社会最重要的交际工具和思维工具。与手势、旗语、图画等各种交际工具相比较,语言使用的轻便性、负载信息的无限性、表意传情的精细性,使它成为人类社会最重要的交际工具(载体)。同时,语言也是人类的思维工具(载体),任何思维活动都必须以一种物质形式为依托,而语言就是最方便、最灵活的依托。因此,语言是思想文化的载体,它本身也是一种文化。

传统语言学将语音、词汇和语法称作语言三要素。语音是语言的物质外壳,是词汇和语法的存在和表现形式;词汇是语言的建筑材料;语法是语言的“间架”。

语言是人类特有的一种社会现象,社会性是其本质属性。语言是社会的产物,它和人类社会一起诞生,并随着社会的发展而发展。

世界上现存的语言大约有6000多种。通常来说,每个民族都有自己的语言和交流方式,因此语言也是一个民族的重要特征。联合国官方工作语言有6种:汉语、英语、俄语、法语、西班牙语、阿拉伯语。

语言有口语和书面语两种形式。口语是口头上应用的语言,其特征是简短、疏放,较多省略,声音一发即逝,难于流传久远。书面语是用文字记录下来的语言,其特征是周密、严谨,结构完整,长句较多。口语是书面语的源泉,对书面语的发展起着决定性作用。书面语是口语的记录形式和加工形式,克服了口语在时间和空间上的限制。

第二节　现代汉语的语音特点

现代汉语语音音节界限分明、乐音较多,噪音少,加上声调高低变化和语调的抑扬顿挫,因而具有音乐性强的特点。具体表现如下:

1.没有复辅音

音节内辅音不连用,现代汉语的音节结构中,一个音节最多包含两个辅音,而且没有两个辅音连在一起的拼法,即没有str、sp等,因而噪音少。(ng、zh、ch、sh是两个字母表示一个音素,不是复辅音。)

2.元音占优势(多)

每个字(音节)都有元音,普通话的音节里可以没有辅音,但不能缺少元音;汉语中一个元音可以构成一个音节,如"阿姨"的"阿(ā)",但是辅音一般不能单独构成音节;复元音比例高;因为元音是乐音,所以汉语语音中乐音成分比例大。

3.音节整齐简洁

界限分明,辅音和元音互相间隔,形成了分明的音节;多数音节一个辅音在前,一个单元音或复元音在后,辅音在后的很少;音节数目较少,现代汉语普通话的不带声调的音节有405个,带声调的音节有1339个。

4.有声调

声调是汉语音节结构中不可缺少的成分,每个音节都有几个固定音高形式的声调,表示不同的意义。声母韵母相同的音节往往靠不同的声调来表示不同的意义,因此"chūxi"(出息)和"chūxí"(出席)的意思不一样。许多外国语里没有声调的分别,外国人学习汉语时,往往对声调的掌握感到困难;声调还可以使音节界限分明,使语言富有高低升降的变化。

5.显著的音乐性

汉语通过元音音高和音长的变化以及与辅音的交错组合,从而在语音层面形成了它所特有的音乐性——声音悦耳,音调柔和,节奏明朗,韵律协调。音节中元音占优势,元音是所有发音系统中最为嘹亮清脆的声音,因此也被称为乐音,因而汉语乐音较多;音节分明,语言富有节奏性;"平长仄短"是形成吟诵音乐节奏特征的重要因素,声调交替自然地形成了抑扬顿挫的鲜明节奏。平仄与声调的变化,使语言具有抑扬高低的音乐色彩,使语流更易带给人一种抑扬起伏的音乐旋律感。而语调则更易通过声音来牵动听众的情感,从而在心头形成一种音乐。萨丕尔在比较汉语和拉丁语时就指出这一特征:“拉丁和希腊诗依靠音量对比的原则;汉语诗依靠数目、响应和声调对比的原则。”词汇里双音节化和四字格的词语结构以及双声、叠韵、叠音的形式等,也都能显现出汉语语音的音乐性。

第三节 现代汉语的词汇特点

现代汉语在词汇方面的特点表现如下:

1.单音节语素多,双音节词占优势

古汉语单音词多,发展到现代汉语,逐渐趋向双音节化,如“率——率领”“议——议论”。有些多音节短语也被缩减为双音节词,如“家用电器——家电”“公共关系——公关”。

2.构词广泛运用词根复合法

汉语运用复合法,使用词根语素构成的合成词最多,如“冰箱”“人物”等。使用附加法,用词缀语素加词根语素构成的词较少,如“老乡”“来头”等。相比之下,英语中的词的结构大部分包括原词和词根,较为简单。现代汉语还通过重叠、轻声和儿化等方式构成无限多的新词,如“走走”“刚刚”“我们”“桌子”“花儿”“女孩儿”。现代汉语的词的结构较为复杂,分为单纯词和合成词。其中单纯词又分为联绵词、叠音词、音译外来词等;合成词分为复合式、重叠式、附加式等。

3.同音语素多

有很多同音不同义的单音节语素(字),如“帅”“率”读音相同,但意思不同。例如“yì”有“亿、意、义、亦、易、异、译、艺、疫”等同音字(单音节语素)。“shì”有“事、式、试、士、市、视、释”等同音字(单音节语素)。

现代汉语里词汇还具有丰富性,这与灵活多样的构词方式相关,也同它能不断地吸收古语词、方言词和外来词来充实自己是分不开的。方言是全民语言的分支,在一定的地域内为人民服务,部分常用的词汇成分不断地被普通话吸收,成为现代汉语词汇得以日益丰富的重要来源之一。在吸收外来词方面,由于汉语词汇的丰富性和构词方式的特殊性，直接借用的外来词在汉语中的比重较小，许多原来是音译的词，后来慢慢为“汉化”的意译词所代替。

第四节　现代汉语的语法特点

语音是语言的物质外壳，词汇是语言的建筑材料，语法是语言的组合法则，专指组成词、短语、句子等有意义的语言单位的规则。[①]现代汉语语法是汉语各级各类语法单位的组合规则和聚合规则的总和。现代汉语语法的特点要从语法的构成规则和组合规则两个方面来概括。此外，还可以与其他语言相比较来彰显现代汉语语法的特点。

一、汉语语法缺乏形态标记和形态变化

汉语语法最大的特点是没有严格意义的形态变化，词类本身没有形态标记，名词、动词、形容词等进入句子后无形态变化。在汉语里，我们无法从词语的词形上看出哪个是名词，哪个是动词，哪个是形容词。在印欧语里，以英语为例，动词通过单复数变化，表现人称的不同，通过分词形式表现时态的现在、过去和将来。例如“我看，你看，他看，他们看”都是在说“看”，但是动词“看”不因人称的不同而在形态上发生任何变化。英语则不同，“I see, you see, he sees, they see”中“see”在与第一、二人称和第三人称复数搭配时保持动词原形不变，在与第三人称单数他(he)或她(she)搭配时，形态由“see”变为“sees”。

汉语里也有少量能用形态变化表示单复数和动作进行、完成的词语，例如词缀“们”表示复数，助词“着”表示动作在进行或状态的持续，“了”表示动作的完成或性状的实现，“过”表示曾经发生这样的动作或曾经具有这样的性状。但是他们的使用不具有普遍性，有的场合能用，有的场合不能用。例如“老师们和同学们，老师和同学们，老师和同学”，都表示不止一个老师，不止一个同学；“他们是老师”，“老师”虽然是复数，却又不能加“们”。

印欧语因为有了形态变化，就比较容易进行语法分析，汉语没有严格的形态变化，在语法分析上就会出现很多问题，汉语语法也因此带来了一系列次特点。

①黄伯荣，廖序东：《现代汉语：下册》，高等教育出版社，2017年，第1页。

(一)词类具有多功能性,与句法成分的关系较为复杂

在印欧语里词类与句法成分基本上是一一对应的关系,名词跟主语、宾语对应,动词跟谓语对应,形容词跟定语对应,副词跟状语对应。动词和形容词只能通过构词手段或者句法手段转化成名词性成分后才能在主、宾语位置上出现。而汉语词类和句法成分之间的关系是错综复杂的,因为没有严格的形态变化。与印欧语不同,汉语的动词和形容词可以做主、宾语;名词可以做定语;形容词可以做谓语和状语;名词在一定条件下可以作谓语。汉语里同一类词可以充当多种句法成分,词类在语法方面呈现出多功能性。比如,“今天星期天”,名词“星期天”充当谓语,在“星期天下雪了”中“星期天”充当主语,在“星期天的工作完成了”中“星期天”充当定语。

汉语因其缺乏形态变化,造成了词类的多功能性,一部分词具备两类或更多的语法功能,与印欧语词类与句法“一对一”的关系相比,汉语词类与句法成分之间的关系更为错综复杂,因此也产生了汉语的兼类现象。“兼类”指的是某个词在某一场合具备甲类和乙类的特点,在另一场合具备乙类词的特点而不具备甲类词的特点。例如“端正”“方便”是形容词兼属动词,因为是形容词,所以前边能加程度副词“很”,但是加“很”后,后边就不能带宾语了。“品行端正”“方便食品”就是做形容词,“端正工作态度”“方便百姓”则是做动词,带上宾语后就不能加“很”了。

(二)同一种语法关系可以表达复杂的语义关系,而无需任何形态标志

汉语实词进入句子不会发生形态变化,因此同一语法关系可以表达多种语义关系,以动宾关系为例:

挖野草	【动作-受事】
(一间房子)住两个人	【动作-施事】
坐火车	【动作-工具】
吃食堂	【动作-方式】
吃利息	【动作-凭借】
躲高利贷	【动作-原因】
打比赛	【动作-目的】

汉语语法因为缺乏形态变化,同一语法关系可以隐含较大的语义容量,所以汉语中经常出现歧义现象,比如“饭吃完了”“鸡不吃了”。在主谓句“饭吃完了”中,“饭”和“吃”既可以表示动作和受事关系“饭被吃完了,没有多余的饭了”,也可以表示动作和施事关系“某人吃饭这个动作结束了”。同样,在主谓语句“鸡不吃了”中,

“鸡”既可以做“吃”的施事,也可以做“吃”的受事,所以“鸡不吃了”在语义上可以理解为“鸡不吃东西了”,也可以理解为“人不吃鸡了”。

(三)语序和虚词是汉语主要的语法手段,语序是否固定、虚词是否省略对语境有很大的依赖性

印欧语主要依靠形态变化来表示语法意义和语法关系,汉语没有丰富的形态变化,往往通过语序和虚词来表示语法关系,不同的语序往往代表不同的结构,表达不同的语法意义,因此语序和虚词十分重要。比如“田野调查”与“调查田野”,前者为偏正结构,后者为动宾结构,结构不同是由于语序不同,“写字”与“写的字”的结构不同是由于添加了虚词。

汉语的虚词虽然是主要的语法手段,但是在口语中常常可以省略。连词的省略,比如“你不做我做”省掉了句头的“如果”,又如“没带钥匙打不开”省掉了中间的“所以”。介词有时候也可以省略,比如“你放地上吧”省掉了介词“在”。

汉语的语序比较固定,基本语序是:主语在谓语之前,宾语在动词之后,修饰语在中心语之前,补语在动词或形容词之后,语序变动,结构关系和语法意义就会发生改变。例如:

①眼睛红红的(主谓关系)	红红的眼睛(偏正关系)
②敌人来了(主谓关系)	来了敌人(动宾关系)
③来晚了(动补关系)	晚来了(偏正关系)

关于动词与宾语、定语与中心语的位置,汉语与藏缅语的其他语言存在差异。汉语的语序一般采用“主语+动词+宾语”“定语+中心语”结构,而藏缅语的藏语、彝语、景颇语等普遍采用“主语+宾语+动词”“中心语+定语”结构。①

二、汉语句子的构造规则和词、短语的构造原则基本上是一致的,但具体形式复杂多变

汉语里的词分为单纯词和合成词,由一个语素构成的词是单纯词,由两个或两个以上的语素构成的词是合成词。合成词一般通过重叠、附加和复合三种方式构成。重叠即由词根语素进行重叠,如“姐姐、爸爸、星星、刚刚”;附加也叫“派生”,由词根和词缀组合成词,如“兔子、石头、老人、初五”等。重叠是汉语构词的形式之一,汉语里只有一部分动词、形容词和单音节量词可以重叠。动词重叠表示尝试或短时态,形容词重叠表示程度加深或合适,量词重叠表示“每”的意思。而在汉藏语

①邢福义,汪国胜:《现代汉语(第二版)》,华中师范大学出版社,2011年,第8页。

其他语言里,名词、代词、动词等均可以重叠。如,纳西语的动词重叠表示“相互”的意义,景颇语的名词重叠表示多数,凉山彝语的动词重叠表示疑问。①

复合即由词根与词根组合成的词,叫作复合词,主要有联合、偏正、补充、动宾、主谓和连动六种类型:

联合:“朋友、语言、开关、国家、善良、干净、美丽”等。

偏正:“红豆、冰箱、牛奶、笔直、雪白、铁路、羊肉”等。

补充:“治理、提高、扩大、花朵、船只、信件、车辆”等。

动宾:“司机、签名、动员、称心、达标、放哨、照旧”等。

主谓:“地震、心酸、耳聋、年轻、肝颤、神往、雪崩”等。

连动:“聘用、指正、研究、调查、汇报、招考、剪辑”等。

汉语按照内部的结构方式不同,可将短语分为主谓短语、动宾短语、偏正短语、中补短语(也有学者称正补、后补短语)、联合短语、同位短语、连动短语和兼语短语。

	构造原则							
复合词	主谓	动宾	偏正	联合	补充	连动		
	地震	动员	雪白	朋友	提高	汇报		
短语	主谓	动宾	偏正	联合	补充	连动	同位	兼语
	地面震动	回武汉	英雄气概	调查研究	做得好	出门逛街	他自己	让他走

汉语的句子构造原则与词组的构造原则的一致性还体现在主谓结构上,与印欧语比较时,主谓结构作谓语是汉语语法的一个显著特点。也就是我们常常看到的主谓谓语句,例如“大家斗志昂扬”“他性格开朗”等。

三、汉语里有丰富的量词,有表示各种语气差别的语气词

在汉语中,数词和名词结合时,一般需要在数词后加量词,而量词又随它后面的名词而不同,例如“一头牛、两匹马、三只兔子、四个人、一张纸、一朵花”等,其中“头、匹、只、个、张、朵”都是量词,组合的名词不同,量词也随之改变。

印欧语则是通过名词单数和复数的变化,来表示数量的不同,数词和名词组合时绝大部分都不需要量词,例如“a dog”“one person”“three cars”“nine sheep”。印欧语中似乎也有量词,例如“a cup of water”“two bottles of milk”“a piece of chalk”,“cup”“piece”“bottle”在这里实质上还是名词,它们只出现在不可数名词前面,跟汉语的量词用法有本质区别。

汉语里有系统的语气词,如“啊、吗、吧、呢、呗、了”等,常常出现在句末,表示各种语气的细微差别,例如“是他吗?”“是他吧!”“是他呢。”“是他呗。”英语里没有语

①邢福义,汪国胜:《现代汉语(第二版)》,华中师范大学出版社,2011年,第8页。

气词，主要靠句调表示语气变化。

四、汉语词汇的单双音节对语句结构有重要影响

现代汉语里的词语结构常常受单双音节的影响，最明显的是“双音化”的倾向。[①]比如把单音节词凑成双音节词：一个人姓罗，就叫他“老罗”或“小罗”，如果姓尉迟，就叫“尉迟”，而不叫“老尉迟”或“小尉迟”。单音节的地名和国名也凑成双音节词，原本是双音节词的则不需要。例如“咸丰”“利川”“祁县”“歙县”“荷兰”“瑞士”“英国”“法国”。

双音节词要求搭配其后的词也是双音节词，比如“进行讨论”（进行讨×）或“热爱劳动”（热爱劳×）。当前边的双音节词变成单音节词时，后边的双音节词最好也变成单音节词，例如“调查研究”与“调研”。

汉语里存在着大量的四字词语，其中绝大部分是由两个双音节词组合而成的。

第五节　现代汉语的语用特点

语用具体表现为在一定的语境条件下，说话人运用语言恰当地表达，听话人准确地理解并积极地回应这样一个动态过程。其直接结果就是把抽象的语言符号变成具体的话语。[②]语言的使用与语境息息相关，如果说语法和修辞研究的是静止状态的语言，语用可以理解为是研究在语境中动态使用的语言。同样一句话，在不同的语境中表达的意义和效果就不一样，由此可见，语境在语言使用过程中起到的作用不可小觑。

语用学研究语句运用离不开三个方面：一是语句的发出者和理解者（说话人和听话人）；二是使用语句的环境，如说话的场合、对话的双方或者其上下文等；三是语句在语境中产生的临时意义和附加意义。从信息论的角度来看，话语交际由六个环节组成，即编码、输出、传递、接收、解码、反馈。这六个环节存在于说话人和听话人话语交际的动态过程中，所以探讨语用学的相关问题，离不开对说话人和听话人的讨论，重点离不开对“编码”“解码”“反馈”的讨论。考察汉语的语用特点，我们也需要从人（说话人和听话人）、语境（语言语境和非语言语境）和汉语使用特点等方面入手。

---

①吕叔湘：《现代汉语八百词》，商务印书馆，1999年，第8页。

②邢福义，汪国胜：《现代汉语（第二版）》，华中师范大学出版社，2011年，第315页。

一、语言使用者要"说得清楚，听得明白"

编码，是发话人把自己要表达的内容按照一定的语言规则组织成内部言语。解码，是受话人把听到、获取的话语信号，输送到大脑的语言中枢进行处理，以解读发话人所表达的意义。[①]编码和解码都是一种语言心理行为。在理想的交际过程（不包括违反话语交际原则的情况）中，说话人和听话人要追求"词达意"的最高适配度，即说话人将要表达的内容清晰地道出；同时，听话人能正确解读说话人言词之意并作出反应。

"说得清楚，听得明白"就是要求说话人和听话人的知识层次接近、社会文化背景相似、心理期待趋同。说话人在遣词造句表达自己想法的过程中，要了解词义、句义以及听话人的心理期待和理解能力，才能在"编码"时运用双方熟知的符号来表情达意。听话人要尽可能多地理解说话人的说话意图，也要具备与之相近的言语能力和背景知识储备，如此才能"听得明白"。下面通过几个实例来说明话语交际中的"说不清楚，听不明白"。

①一位外国友人到老罗家做客，外国友人夸赞老罗的夫人长得漂亮："罗夫人长得真好看啊。"罗夫人谦虚回答："哪里哪里。"外国友人接着说："您的眉毛、眼睛、鼻子、嘴巴都漂亮。"

外国人表达直白简明，中国人讲究含蓄谦逊，外国友人夸赞罗夫人长得美丽，如果罗夫人"听得明白"就应该按照外国人习惯的表达方式，回答"谢谢"即可。此例中说话人和听话人的文化背景不同，罗夫人的回答虽然符合礼貌原则，却违反了合作原则中的真实准则，所以罗夫人才会"听不明白"。

②短视频平台的一则视频对话：

一位奶奶看到孙子在喝可乐，连忙劝诫："不要喝带颜色的水。"孙子问其原因。奶奶说："带颜色的水都有'辐射'。"孙子惊恐问奶奶，有什么辐射。奶奶说："核辐射。"

例子中闹了笑话，也是因为说话人和听话人的知识储备不对等，孙子知道可乐是没有辐射的，故意打趣奶奶，询问可乐辐射的种类。奶奶对辐射的不了解，促成了这段话语交际的继续，告知孙子"可乐有核辐射"，于是就闹了笑话。孙子看破不说破，明明知道"可乐没有辐射"却不告知奶奶，还诱导奶奶继续说出错误结论，故意违反会话原则，实现自己打趣奶奶的目的。

语用学关注的不是说话人说了什么，而是说话人说的话意味着什么，听话人又

①邢福义，汪国胜：《现代汉语（第二版）》，华中师范大学出版社，2011年，第322-323页。

是怎么听的。“表达”和“理解”之间的鸿沟，需要说话人和听话人的知识背景、语言掌握程度、心理期待等方面的适配来填平。汉语的语用特点之一，就是会话双方要熟练掌握汉语词语、句子的运用，不论是有意违反会话原则的表达，还是理想化的话语交际，都离不开使用言语材料，这样才能“说得清楚，听得明白”。

二、汉语语用对语境的高度依赖性

语义学研究的是静态的语言意义，即语言符号直接反映的字义、词义、句义等。语用学则是研究动态的语言意义，研究人对语言的运用。语言的使用是置于一定语境中的，不论是书面语中的上下文，还是口头交际中的交际时间、地点、环境等，都是语用学不可回避的研究对象，因此语境对语用研究至关重要。

对话的背景是一个富裕，但是妻子很节省的家庭：

妻子：最近胃疼，不知道什么原因。

丈夫：你最近喝咖啡喝的吧？

妻子：我以前也喝咖啡啊，之前都挺好的。不过，你一说好像提醒了我，最近喝的咖啡是上个月买的临期打对折的咖啡。

丈夫：你太棒了！

丈夫说的“你太棒了！”在例中不是对妻子真正的表扬，实则是“太棒了”的褒义贬用，对妻子有批评之意。因为该家庭是一个富裕家庭，妻子因节省喝了临期打折咖啡弄得胃疼，丈夫觉得得不偿失，也没有必要。如果没有说明该家庭是一个富裕家庭，此处的“太棒了”就会让读者产生是丈夫称赞妻子节约行为的理解。

（一）特定语境中，汉语的重要虚词可以省略

前文在介绍汉语的语法特点时提到：因为汉语缺乏形态标记和形态变化，所以语序和虚词是汉语主要的语法手段，但是语序是否固定、虚词是否省略对语境有很大的依赖性，在一定的语境中有些重要虚词都是可以省略的。例如：

①没戴眼镜看不见。（因为没戴眼镜，所以看不见——省略连词）

②他有一个女儿，去年上的大学。（他的女儿去年上的大学——省略代词）

③就放桌上，别动。（就放在桌上——省略介词）

例①中的会话双方都知道句子的隐含主语是“戴眼镜的人”，所以才会说“没戴眼镜看不见”。例②在上文的背景交代下，会话双方都知道“上大学的是他的女儿”，所以分句可以省略代词。例③“物品放在桌上”是汉语的习惯表达方式，省略介词“在”不影响交际双方对语句的理解。

（二）汉语使用中，语境可以帮助消解歧义

因为汉语缺乏形态变化，同一种语法关系可以表达复杂的语义关系，所以汉语存在歧义句是非常普遍的语言现象。一般的语义分析只能确定歧义句到底表达了几层含义，却无法消除歧义。比如：鸡不吃了。通过语法、语义分析可知，这句话既可以表达“鸡吃饱了，鸡不再吃食物了”，也可以表达“人吃食物吃饱了，这只鸡人就不吃了”。在具体的语境中，不需要过多的语法分析就能消除歧义，例如：

①中午，李雷吃了一盘红烧肘子，一碗饺子，鸡不吃了。

②今天，阿红拌饲料的时候倒多了，满满的一大盆，鸡不吃了。

在言语交际中，言语的歧义必须能够在某种层面上得以消解，否则就会引起困惑。但放到特殊的语境中，巧妙利用歧义句还可以表现出不凡的语用效果，尤其是在广告语篇和网络语言中。比如联想品牌的广告语：

③人类失去联想，世界将会怎样。

④联想，汇聚世界的力量。

“联想”指的是由于某人或某事物而想起其他相关的人或事物，由于某概念而引起其他相关的概念。例③“联想”既可以表示词语的本义，如果没有“联想”，世界可能就不会进步、人类就不会发展；也可以表示“联想品牌”，失去了联想的产品，世界将会怎样，以此来说明联想品牌的产品对世界的重要性。例④同样也是利用“联想”义项的歧义，以此做联想品牌的产品宣传。

（三）语境有助于理解语句中的临时意义和附加意义

汉语句子的构造规则和词、短语的构造原则基本上是一致的，但是在实际运用中，词语、句子的表现形式非常灵活。汉语基本的结构有主谓式、动宾式、偏正式、联合式、补充式，但具体的句子里，很多句子不能直接套用这些结构类型，例如：

①今天星期二。

②因为爱着你的爱，所以梦着你的梦。

③他很女人。

例①名词“星期二”作句子的谓语成分。例②“你的爱”名词，“爱”作动词，“梦着”动词，“梦”作名词。例③中“女人”名词作形容词。这些句子有些词语临时改变了词性，有的充当了不常做的句法成分，有的说法是修辞上的转类，是词语的活用。修辞打破静态语法规制的使用被广泛认可后，人们也就接受了这些语法形式，渐而

成为固定用法被保留下来。

不论是修辞的转类，还是语法的活用，在这些新的词汇形式和语句形式出现时，人们能理解其临时意义和附加意义，依赖的是句子所存在的语境。19世纪的德国语言学家洪堡特指出："在其他语言里，为了理解一个句子，先必须弄清词的语法属性，并据之构造句子。而在汉语里却不能这样做。我们必须直接利用字典，句子的构造完全取决于词义、词序和语感。"①这里说的"语感"，其实也就是语句放在语境中带来的感受，感觉到其在什么条件下能用，什么条件下不能用。除了语言的静态规则制约，语言环境和非语言环境也是语句是否能存在的重要影响因素。例如以下夫妻间的对话：

妻子：你的意思是，只有你对我好，我对你不好？结婚这么多年，我是不是好吃的都给你吃，好穿的都给你穿，家里大小事务都是我，你又给家里操了多少心？

丈夫：对对对对，你说的都对，就你对我好。

我们知道汉语里经常利用双重否定来表示肯定，以加强肯定语气，让语句表达更加坚定有力。如"没有一个人不为民族大义舍小家为大家的"中"没有……不"表示十分肯定的意思。在这段对话中，丈夫回答"对对对对"，表面看起来是肯定妻子的说法，实则是对妻子话语的不认可，为了不再讨论该话题，以退为进勉强答应。听话人都能听出丈夫是不同意妻子的说法的。肯定形式"对对对对"在这里达到了双重或多重肯定表示否定意思的效果，也只有在强语境的条件下，听话人能一下听出语句的真实含义。

三、文化背景是读懂汉语"言外之意"的基本前提

制约话语交际的因素主要有交际目的、交际者、交际话题、交际方式、交际场景、社会文化背景。②汉语的语用离不开语句表达、使用汉语的人和环境。语句的表达涉及交际目的、交际话题和交际方式，用什么词语、什么句子把目的"说得清楚"，如果交际者深谙汉语语法规律和词汇意义，在"编码"环节是不会出现太大问题的。但是，是不是只要熟练掌握汉语词汇意义和语法规律，就能够用好汉语呢，答案是否定的。以下将举两个例子进行说明：

①阿春：快迟到了，小明怎么还不来？

小罗：他刚才说已经到最后一个路口了，两分钟就能到……你看，他来了。真是"说曹操，曹操到"。

①转引自姚小平：《洪堡特论汉语和汉字》，外语学刊，1993年第3期，第1—6页。

②邢福义，汪国胜：《现代汉语（第二版）》，华中师范大学出版社，2011年，第329页。

②张姐：你看看小李他老婆，在家游手好闲啥都不干，结婚好几年了，做个饭都能烧糊了。

王大妈：小张啊，你别不是“吃不到葡萄说葡萄酸”羡慕嫉妒恨呢，小李爱老婆可是出了名的，他们家的家务都让小李干完了，他媳妇也用不着干什么。他俩啊，是“周瑜打黄盖，一个愿打一个愿挨”。

这两个例子经常用于考察留学生掌握汉语的情况，例①设问：“到底是谁到了？”A. 阿春 B. 小罗 C. 曹操 D. 小明。例②设问：“张姐羡慕谁的媳妇？”A. 周瑜 B. 黄盖 C. 小李。如果没有一定的汉语文化背景，即使熟练掌握了汉语的语法规律和词汇意义，这两道题目也会难倒很多留学生。

汉语交际中，掌握汉语词汇意义和语法规律是基础，了解熟悉中国文化和社会背景，才能真正自如使用汉语。

第六节　现代汉语的修辞特点

现代汉语的修辞特点，既要从语言要素的选用上总结，也要从与印欧语的对比中凸显。

一、语音、词汇、语法都是语言的构成因素，为修辞提供物质基础

王力先生在《汉语语法纲要》一书中曾说：“若拿医学来作比喻，语法好比解剖学，逻辑好比卫生学，修辞好比美容术。”朱光潜先生也多次打比方说，逻辑研究“真”，语法研究“善”，而修辞则研究“美”。修辞所研究的“美容术”和“美”，无非是指说话要合适得体。汉语的语音、词汇、语法是汉语语言表达的基础构成要素，如果将语言活动比作一间房子，语音、词汇和语法构筑的就是一间毛坯房，而修辞活动则是对房子的装修，遣词造句应用得好，这间房子就可以成为精装房。

语音是语言的物质外壳，谐音、叠音、拟声、双声、叠韵、平仄、押韵、字调、语调、重音、轻声、停顿、儿化和节奏等语音现象，都是修辞可利用的语音条件，它们可以增强修辞中的音律美，丰富修辞内容。词汇的筛选和锤炼是汉语修辞研究的重要方面，几乎所有的修辞方式都与词汇有关，如语义双关、反语、仿词、对比、对偶、借代、夸张、顶针、回环、拈连、反复、比喻等。研究如何实现适应题旨情境的修辞效

果，需要从词汇的声音、意义、色彩、用法等多方面进行研究，熟练掌握同义词、反义词、多义词、褒义词、贬义词，外来词、行业语、熟语、歇后语等的用法，从而实现修辞表达方式的最优化。

修辞是在会说话的基础上，把话说好，基本前提就是说的话要符合语法规范。所以，修辞在一般情况下要合乎语法，但有时为了适应特定的情境需要，修辞在实际运用中会超出语法规制的要求。此外，修辞的表达效果还依靠句式的选用和调整来实现，即修辞中长句和短句、整句和散句、单句和复句以及句群的选用都会影响修辞的效果。

二、修辞的音律美、字形美和意象美

修辞离不开遣词，词语是由语素构成的，语素是一个个音、义、形结合的汉字的集合，所以研究修辞的特点，落脚点可以放在汉字的特点上。

（一）汉语修辞中有丰富的声韵和声调运用

从记音方式上来看，汉字是将声、韵、调三者结合在一起的。不论是古代汉语，还是现代汉语，汉字都是语义的承担者。现代汉语的词汇从音节角度看，可以分为单音节词、双音节词和多音节词，但以双音节词和多音节词为主。在英语中，语音也是修辞中的重要手段，但是因为英语没有声调，大部分的修辞是通过押韵、重音来实现的。例如美国诗人沃尔特·惠特曼(Walt Whitman)在献给林肯的诗歌《啊，船长！我的船长》(节选)中写道：

O Captain！ My Captain！ Our fearful trip is done，
The ship has weather'd every rack ，the prize we sought is won，
The port is near，the bell I hear，the people all exulting，
While follow eyes the steady keel，the vessel grim and daring，
But O heart！ Heart！ Heart！
O the bleeding drops of red！
Where on the deck my Captain lies，
Fallen cold and dead.

诗歌中每一句的结尾，都利用单词的语音构成了韵脚押韵，如"done"和"won"，"exulting"和"daring"，"red"和"dead"；又如句中的"is near""I hear""steady keel"。

因为汉字是声、韵、调的结合，所以汉语的修辞不仅有音韵的和谐相配，还有平仄、声调的相间。例如：

风雨送春归，飞雪迎春到。已是悬崖百丈冰，犹有花枝俏。

俏也不争春，只把春来报。待到山花烂漫时，她在丛中笑。

——毛泽东《卜算子·咏梅》

诗中“春归”“春到”“争春”“来报”都是利用声调的平仄，即“平平”“平仄”。“花枝俏”的“俏”和“丛中笑”的“笑”既是韵母相同，也是声调相同。

又如：

至若春和景明，波澜不惊，上下天光，一碧万顷，沙鸥翔集，锦鳞游泳，岸芷汀兰，郁郁青青。而或长烟一空，皓月千里，浮光跃金，静影沉璧，渔歌互答，此乐何极！登斯楼也，则有心旷神怡，宠辱偕忘，把酒临风，其喜洋洋者矣。

——范仲淹《岳阳楼记》

整个段落作者大部分用四字短句描绘出了春风和畅、景色明丽、水天一碧的良辰美景，用简短的句式、明快的节奏，将登楼由郁闷转为喜悦的心情描写了出来。

汉语中有大量的同音字，因此在修辞中经常巧妙地利用同音字构成谐音双关的修辞表达方式。例如毛泽东《蝶恋花·答李淑一》中“我失骄杨君失柳，杨柳轻扬直上重霄九。”“柳”和“九”是押韵，“杨柳”表面上指的是杨花、柳絮，实际是利用同音字指代杨开慧和柳直荀两位烈士。

汉语中有很多歇后语、熟语都利用了谐音双关来构成，例如：

罐子里掏虾米——抓虾（瞎）

耕地里甩鞭子——催（吹）牛

臭虫钻进花生壳——硬充好仁（人）

（二）汉字形体的拆分体现了汉语修辞的精妙

汉字是表意文字，也叫作意音文字，文字的字符既表示意义，也表示声音，是音义的结合。现代汉字中构字成分按照空间关系和方位关系的不同来构造汉字。汉字的笔画与笔画之间以及部件与部件之间存在着相离、相接、相交的关系；合体字中部件的方位和部件之间的组合又形成了汉字的空间关系。与表音文字英语的线性表达不同，汉字是平面的，汉字自古就有字形之美，从甲骨文、金文、小篆、隶书、楷书、草书到行书，每种字形都有其自身呈现的形态美。可以利用空间和方位关系对其进行拆分，在实现修辞效果的同时，体现出汉字的字形美。

字形也是修辞所利用的主要材料之一，陈望道先生通过分析汉字的“离合”“增损”“化形析字”等来讨论修辞现象。现代汉语中常常对汉字进行组合、拆分，以及套用组合与拆分来实现理想的修辞效果。同样在《三国演义》第七十二回“诸葛亮智取汉中，曹阿瞒兵退斜谷”中：“塞北送酥一盒至。操自写‘一合酥’三字于盒上，置之案头。修入见之，竟取匙与众分食讫。操问其故，修答曰：'盒上明书一人一口酥，岂敢违丞相之命乎？'"此处，杨修将"一合"拆分成"一人一口"，巧妙地为自己化解了危机。

此外，汉字是表意文字，汉字的不同形体也给人带来不同的感官体验。不同的字体在卷面可以表达不同的情感和文体风格，如政务文件要求仿宋字体，书写清晰，笔画纤细，风格清丽，易于受众阅读文件时处于轻松的阅读氛围中，有利于对文件精神进行吸纳和理解。

（三）汉语修辞的意象美

英语是表音文字，呈线性分布，在表意上更为直白。汉字是音义结合的表意文字，汉字里存在着大量的同音多义字，这个是英语无法相比的。不论是古代汉语，还是现代汉语，一字多义、同音多义，都为汉语修辞呈现的丰富意象表达奠定了基础。几千年以来，诗人、作家对物象赋予的不同意义，构成了中华文化独有的意象美，形成了中国人的专属浪漫。以"月亮"为例：

1.月亮是美的象征

①月出皎兮，佼人僚兮，舒窈纠兮，劳心悄兮。

——《诗经·陈风·月出》

②垆边人似月，皓腕凝霜雪。

——韦庄《菩萨蛮·人人尽说江南好》

③新月如佳人，出海初弄色。

——苏轼《宿望湖楼再和吕察推诗》

月亮皎洁、明净，"佼人"就是美人，把美丽的女性与月亮作比。柔和，可亲，月亮犹如一位温柔美丽而且冰清玉洁的女性，永远那么可人地高悬于夜空之中，风情万种。例②以月喻人，形容江南酒垆边卖酒的女子美丽无比。例③抒写女子之美，新月如俏丽的女子一般。

2.月亮是永恒的象征

④人有悲欢离合，月有阴晴圆缺，此事古难全。但愿人长久，千里共婵娟。

——苏轼《水调歌头·明月几时有》

⑤江畔何人初见月？江月何年初照人？人生代代无穷已，江月年年望相似。不知江月待何人，但见长江送流水。

——张若虚《春江花月夜》

月亮时晦时明，时圆时缺，周而复始，它既是运动的代表，又是永恒的象征，从古至今，它启示人们对宇宙永恒地思考，也寄托了人们对月圆人恒久的美好期盼。

3.月亮承载着思乡、落寞、怀才不遇的情感

⑥露从今夜白，月是故乡明。

——杜甫《月夜忆舍弟》

⑦海上生明月，天涯共此时。情人怨遥夜，竟夕起相思。

——张九龄《望月怀远》

⑧我本将心向明月，奈何明月照沟渠。

——高明《琵琶记》

月亮牵系着相思的心灵，缩短着时空的距离，客居他乡的人，看到月亮，就如同在故乡望月一般，所以月亮经常被用来抒发思乡之情。月明，象征着美好、光亮，所以当诗人郁郁不得志或者身处逆境的时候，也会借用月亮来作比。

三、修辞要合乎语法规范，在特定情境下也可超出语法规制

汉语修辞的特点有一部分是由汉语语法特点决定的，如长句子的结构比较严密、细致，适用于科技文体、政论文体；短句子结构简单、节奏明快，多用于日常交流、文艺语体。一般情况下，汉语修辞要符合语法规则，有的修辞在长期的使用和发展过程中演变为新的语法现象。修辞是在适应特定的题旨情境下，运用语言手段，实现表达效果的语言活动，在特殊题旨情境下，语言活动是允许修辞打破语法规范追求表达效果最优化的。

（一）修辞中词性的临时活用与语序的调整

王安石的《泊船瓜洲》："京口瓜洲一水间，钟山只隔数重山。春风又绿江南岸，明月何时照我还？"诗中的"绿"字用得精妙，历来为人所称道。试将"绿"改成"到""入""过"等词，表达效果都不如"绿"来得生动。按照维特根斯坦家族成员象似性理论我们可以理解为："绿"在春天的环境中，处于词语选用的中心位置，"到""过"等词处于相对边缘位置，所以"绿"能迅速激发读者对春天意象图式的想象，使得作者和读者产生共鸣。此处"绿"由形容词临时借用为动词，写出了春天江南勃勃的生机。

因表达需要，修辞中词性的临时活用现象在现代生活中应用也十分广泛。如由网络语言发展而来的日常表达语"很女人"，就是把名词"女人"作为形容词来使用。此外，政府报告、党的报告等正式文件中，词性活用的现象也越来越多。

①党的十八大以来，以习近平同志为核心的党中央把全面从严治党纳入“四个全面”战略布局，科学回答了在新时代建设一个什么样的党、怎样建设党这一重大课题。习近平同志关于党的建设的重要论述，是对党的十八大以来全面从严治党新实践新成就新经验的科学总结，是马克思主义党建理论中国化的最新成果，是习近平新时代中国特色社会主义思想的重要组成部分。它以全新的视野和丰富的内涵反映了时代发展变化对党的建设提出的新要求，为新时代加强党的建设提供了根本遵循。

——《新时代党的建设的根本遵循》，人民日报

“遵循”是动词，党的十八以来，习近平同志关于党的建设的重要论述为新时代加强党的建设提供了根本遵循，此处的“遵循”是名词，“根本遵循”此后频繁出现在党的建设的相关文章中。为了方便识记，让党的理论、政策更易于老百姓理解，党的十八大以来的很多科学论断都以四字形式的标题出现，标题中的词性也发生了改变。如“两个确立”（党确立习近平同志党中央的核心、全党的核心地位，确立习近平新时代中国特色社会主义思想的指导地位），“四个自信”（道路自信、理论自信、制度自信、文化自信），“两个维护”（坚决维护习近平总书记党中央的核心、全党的核心地位，坚决维护党中央权威和集中统一领导）。“确立”“维护”是动词，“自信”是形容词，在这里都用作名词，该用法在党的理论文章中已被广泛应用。例如：

②深入研讨阐释“两个确立”的决定性意义、历史必然、科学内涵和实践要求，不断增强拥护“两个确立”、做到“两个维护”的思想自觉、政治自觉、行动自觉。

——狄英娜、高天鼎、冷兴邦《深刻领悟“两个确立”决定性意义 更加坚定自觉做到“两个维护”》，光明网

③深刻领悟“两个确立”的决定性意义，增强“四个意识”、坚定“四个自信”、做到“两个维护”，不断提高政治判断力、政治领悟力、政治执行力。

——《全面、系统、整体落实党的领导(人民观点)》，人民日报

汉语的语法特点之一就是缺乏形态变化，语序是重要的语法手段，因此语序也是重要的修辞手段。在汉语中，一般的语序是固定的，采用“主语+动词+宾语”“定语+中心语”结构。有时，为了增强语言的表达效果，在修辞中会调整汉语语序。

④邹忌修八尺有余，而形貌昳丽。朝服衣冠，窥镜，谓其妻曰：“我孰与城北徐公美？”其妻曰：“君美甚，徐公何能及君也？”

——《战国策·邹忌讽齐王纳谏》

⑤快点儿呀！干什么呢你！

例④“我孰与城北徐公美?”是宾语前置句,正常语序应该是“我与城北徐公谁美”,宾语提前是为了强调比较的结果;例⑤“干什么呢你”正常语序是“你干什么呢”,谓语前置是为了突出“你正在做的事情”,为什么延误了时间,能不能快一点。

(二)修辞中的句式变换增强语言表现力

修辞中的句式应用很灵活,除了语法中讲到的主动句和被动句,句子的长短、整散、肯定和否定,以及对不同语气类型句子的使用,都能影响修辞效果。对句式的灵活使用,在古代汉语和现代汉语的修辞中,都十分常见。

①《诗经》因为采集的都是各地民风,所以都以短句为主,如:

青青子衿,悠悠我心。

——《诗经·国风·邶风·击鼓》

死生契阔,与子成说。执子之手,与子偕老。

——《诗经·国风·周南·关雎》

硕鼠硕鼠,无食我黍。三岁贯汝,莫我肯顾,逝将去汝,适彼乐土。

——《诗经·国风·魏风·硕鼠》

②衔远山,吞长江,浩浩汤汤,横无际涯,朝晖夕阴,气象万千,此则岳阳楼之大观也,前人之述备矣。……

不以物喜,不以己悲,居庙堂之高则忧其民,处江湖之远则忧其君。是进亦忧,退亦忧。然则何时而乐耶?其必曰“先天下之忧而忧,后天下之乐而乐”乎!噫!微斯人,吾谁与归?

——范仲淹《岳阳楼记》

作者通过短句、长句的交替使用,使文章的节奏跌宕起伏,忽快忽慢,既能直抒胸臆,也能增强表达效果。

③人民性是马克思主义的本质属性,党的理论是来自人民、为了人民、造福人民的理论,人民的创造性实践是理论创新的不竭源泉。一切脱离人民的理论都是苍白无力的,一切不为人民造福的理论都是没有生命力的。我们要站稳人民立场、把握人民愿望、尊重人民创造、集中人民智慧,形成为人民所喜爱、所认同、所拥有的理论,使之成为指导人民认识世界和改造世界的强大思想武器。

——习近平《高举中国特色社会主义伟大旗帜 为全面建设社会主义现代化国家而团结奋斗》

例③中,第一句连续用三个判断句,来解释“人民至上”。其中,还以“来自人民、为了人民、造福人民”三个四字短句进行排比。第二句前后两个分句分别是肯定句和否定句，形成了对比。第三句是六字短句构成的排比和三字“所喜爱、所认同、所拥有”小排比的联用，为最后的总结作了铺垫。

本章小结

本章主要梳理了现代汉语的语音、词汇、语法、语用和修辞特点。汉语的语音由音节构成，没有复辅音、元音占优势，且有声调，汉语简洁的音节形式、明快的声调起伏，赋予了汉语语音的音乐美。汉语词汇以双音节词为主，广泛运用词根复合法构词。汉语语法最大的特点就是缺乏形态标记和变化，致使汉语词类具有多功能性，同一种语法关系可以表达多种复杂的语义关系。语境对汉语语用和修辞研究有着重要意义。

一、关键概念

语言　言语　现代汉语　汉语规范化标准　汉语的地位　复辅音　双音节词　词根复合　词类　句法关系　辞格

二、基本主张

1.语音方面：音节界限分明，声调高低变化抑扬顿挫，汉语语音具有音乐美和节奏美。具体表现为：(1)没有复辅音；(2)元音占优势；(3)有声调；(4)音节整齐简洁。

2.词汇方面：(1)单音节语素多，双音节词占优势；(2)构词广泛运用词根复合法；(3)同音语素较多。

3.语法方面：(1)汉语语法缺乏形态标记和形态变化：词类具有多功能性，与句法成分的关系较为复杂；同一种语法关系可以表达复杂的语义关系，而无需任何形态标志；语序和虚词是汉语主要的语法手段，语序是否固定、虚词是否省略对语境有很大的依赖性。(2)汉语句子的构造规则和词、短语的构造原则基本上是一致的，但具体形式复杂多变。(3)汉语里有丰富的量词，有表示各种语气差别的语气词。(4)汉语词汇的单双音节对语句结构有重要影响。

4.语用方面：(1)语言使用者要“说得清楚，听得明白”；(2)汉语语用对语境的高度依赖性：特定语境中，汉语的重要虚词可以省略；汉语使用中，语境可以帮助消解歧义；语境有助于理解语句中的临时意义和附加意义。(3)了解文化背景是读懂汉语“言外之意”的基本前提。

5.修辞方面：(1)汉语的语音、词汇、语法都是语言材料的构成因素，为修辞提供物质基础；(2)汉语修辞的音律美、字形美和意象美：汉语修辞中有丰富的声韵和声调运用；汉语字形的拆分体现了汉语修辞的精妙；汉语修辞的意象美。(3)修辞要合乎语法规范，在特定情境下也可超出语法规制：修辞中词性的临时活用，语序的调整；修辞中的句式变换增强语言表现力。

学习评价

评价维度	1.掌握现代汉语的语音、词汇、语法、语用和修辞特点的理论要点。 2.运用相关技能提高语言的表达能力。
评价项目	1.现代汉语语音、词汇、语法、语用和修辞特点等知识要点的掌握。 2.培养语感,提升对语料的观察力、敏锐度,在实践中,总结现代汉语的特点。
评价内容	1.熟练掌握现代汉语语音、词汇、语法、语用和修辞特点的相关理论。 2.在言语交际中、撰写文章时,能学以致用,做到用词精炼,语法正确,语用得当。
评价标准	1.现代汉语特点基础知识的掌握。 2.结合日常生活、文学作品,举例说明现代汉语的语音、词汇、语法、语用和修辞特点。

推荐阅读

[1]黄伯荣,廖序东.现代汉语:下册[M].增订6版.北京:高等教育出版社,2017.

[2]朱德熙.语法答问[M].北京:商务印书馆,1985.

[3]胡裕树.现代汉语:重订本[M].上海:上海教育出版社,2019.

[4]邢福义,汪国胜.现代汉语(第二版)[M].2版.武汉:华中师范大学出版社,2011.

[5]吕叔湘.现代汉语八百词[M].增订本.北京:商务印书馆,1999.

[6]何自然,冉永平.新编语用学概论[M].北京:北京大学出版社,2010.

本章自测

1.填空题

(1)从功能上说,语言是人们最重要的交际工具,也是认知世界的工具,就与文化的关系来说,语言是________。

(2)汉语最明显的特征是缺乏形态变化,语言单位的组合注重________。

(3)汉语字音之声调、句子之语调的不同,主要是________的不同变化决定的。

(4)语言演变的特点是________和________。

(5)________是现代汉语的词的主要语音形式。

(6)汉语方言的差异性表现在语音、________、________等各方面。其中________的差异最大。

2.简答题

(1)汉语里词的语法特征表现在哪些方面?

(2)《汉语拼音方案》的优点有哪些?

(3)联合国六种通用语是什么?各属于什么语系和语族?

3.论述题

谈谈现代汉语语法有哪些特点。

4.实践题

充分利用现代汉语修辞的特点,尝试编撰一段"脱口秀"。

参考文献

[1]黄伯荣,廖序东.现代汉语:下册[M].增订6版.北京:高等教育出版社,2017.

[2]朱德熙.语法答问[M].北京:商务印书馆,1985.

[3]胡裕树.现代汉语:重订本[M].上海:上海教育出版社,2019.

[4]邢福义,汪国胜.现代汉语(第二版)[M].2版.武汉:华中师范大学出版社,2011.

[5]陆俭明.现代汉语语法研究教程[M].4版.北京:北京大学出版社,2013.

[6]邢福义.汉语语法学[M].修订本.北京:商务印书馆,2016.

[7]吕叔湘.现代汉语八百词[M].增订本.北京:商务印书馆,1999.

[8]陈望道.修辞学发凡[M].上海:复旦大学出版社,2014.

[9]何自然,冉永平.新编语用学概论[M].北京:北京大学出版社,2010.

[10]陈新仁.汉语语用学教程[M].广州:暨南大学出版社,2017.

[11]孙汝建.现代汉语语用学[M].武汉:华中科技大学出版社,2014.

[12]万业馨.谈汉字形声化与汉语词汇双音化[J].古汉语研究,2021(3):67-82.

[13]沈德芳.浅析和汉字特点相关的修辞方法[J].新闻世界,2010(12):162-163.

[14]习近平:高举中国特色社会主义伟大旗帜 为全面建设社会主义现代化国家而团结奋斗——在中国共产党第二十次全国代表大会上的报告[EB/OL].(2022-10-25)[2023-10-16].https://www.gov.cn/xinwen/2022-10/25/content_5721685.htm?eqid=988fef430003b53b000000046474667c.

[15]新时代党的建设的根本遵循[EB/OL].(2018-08-08)[2023-10-16].http://data.people.com.cn/rmrb/20180808/7.

[16]深刻领悟"两个确立"决定性意义 更加坚定自觉做到"两个维护"[EB/OL].(2022-09-03)[2023-10-16].https://m.gmw.cn/baijia/2022-09/03/35999588.html.

[17]全面、系统、整体落实党的领导(人民观点)——深入推进新时代党的建设新的伟大工程②[EB/OL].(2023-02-02)[2023-10-16].http://data.people.com.cn/rmrb/20230202/5.

后记

本书是有一定特色的普通高校汉语言文学专业核心课(“现代汉语”课程)教材,是团队协作的作品。

主编黄劲伟博士于2022年7月编写了本书的详细提纲。随后西南大学出版社请专家审阅了提纲,匿名审稿专家认为该提纲特色鲜明,内容框架设计明晰,逻辑缜密,内容丰富充实,同意编写人员依据该提纲撰稿。主编张春泉、邱庆山、黄劲伟结合专家的修改意见认真研讨了提纲,最后确定了提纲。

此后,黄劲伟于2022年9月提交了样章(“现代汉语语音”),同时提炼和呈现出本书特色。紧接着出版社请专家对样章进行审阅。黄劲伟收到专家对样章的修改意见之后,对样章做了一些调整。邱庆山和张春泉研读修订后的样章,样章定稿,供编写组作为重要参考。

随即由主编商定编写人员(编委),组建了年富力强、思维敏锐、视野开阔、学缘结构较为合理的编写团队。编写人员(含主编、副主编、编委)全部具有硕士或博士学位,来自西南大学、四川外国语大学、湖北大学、南昌师范学院、湖北经济学院、中南民族大学、武汉晴川学院、西华师范大学、北京师范大学、武汉大学、海南师范大学、湖北师范大学、河北大学等多所高校,均为高校教师。编委中有首届“重庆英才·青年拔尖人才”吴锋文教授、江西省百千万人才工程人选余俊宏教授等青年学者,还有一批具有海外留学背景的青年才俊,如在芬兰的东芬兰大学获得博士学位的王荔博士、在美国匹兹堡大学工作一年的陈鹏冰、曾两度赴海外工作访学(2014年7月至2015年6月于美国匹兹堡大学孔子学院担任志愿者汉语教师,2018年9月至2019年8月于荷兰莱顿大学语言学中心访学)的冉晨等。

2022年10月,召开了全体编写人员参加的编写工作推进会。会上明确分工,集中熟悉样章,统一全书体例规范。特别要求编写组恪守学术规范(比如重复率不得高于一般正式出版的专著,即按照严格意义上的学术专著的要求进行撰写)。

2022年10月,编写工作全面启动。编委撰写完自己负责的章节之后交给主编审阅。2023年6月起,黄劲伟团队开始统稿,四川外国语大学研究生范姝呈、熊沁、袁馨苑、欧阳添、张娜、周永杭、高宇、李菁轶、苗文權、黎永惠、赵梓研、熊彬涵在协助黄劲伟主编统稿过程中,付出了辛勤劳动,谨此致谢!随后主编邱庆山逐字逐句进行了审阅修改。最后主编张春泉通读全部书稿,并做了一定修订。2023年9月向西南大学出版社提交定稿。

由于编者水平有限,书中难免存在问题和疏漏,恳请读者诸君批评指正。